审计名著译丛
（第一辑）

王家新　晏维龙　主编

绩效审计

——问责政府的利剑

PERFORMANCE AUDITING
Contributing to Accountability in Democratic Government

[英]杰瑞米·朗斯代尔 [澳]彼得·威尔金斯 [英]汤姆·林 编著
Edited by Jeremy Lonsdale, Peter Wilkins & Tom Ling
季益广　译

中国财经出版传媒集团
经济科学出版社
Economic Science Press

图书在版编目（CIP）数据

绩效审计：问责政府的利剑/（英）杰瑞米·朗斯代尔，（澳）彼得·威尔金斯，（英）汤姆·林编著；季益广译．—北京：经济科学出版社，2018.3
（审计名著译丛/王家新，晏维龙主编．第一辑）
书名原文：Performance Auditing：Contributing to Accountability in Democratic Government
ISBN 978－7－5141－9148－6

Ⅰ.①绩…　Ⅱ.①杰…②彼…③汤…④季…　Ⅲ.①政府审计－研究　Ⅳ.①F239.44

中国版本图书馆CIP数据核字（2018）第045907号

责任编辑：李　雪　刘战兵　张庆杰
责任校对：王苗苗
版式设计：齐　杰
责任印制：邱　天

绩效审计
——问责政府的利剑
PERFORMANCE AUDITING
Contributing to Accountability in Democratic Government
［英］杰瑞米·朗斯代尔　［澳］彼得·威尔金斯　［英］汤姆·林　编著
Jeremy Lonsdale，Peter Wilkins & Tom Ling
季益广　译
经济科学出版社出版、发行　新华书店经销
社址：北京市海淀区阜成路甲28号　邮编：100142
总编部电话：010－88191217　发行部电话：010－88191522
网址：www.esp.com.cn
电子邮件：esp@esp.com.cn
天猫网店：经济科学出版社旗舰店
网址：http：//jjkxcbs.tmall.com
固安华明印业有限公司印装
710×1000　16开　26印张　420000字
2018年5月第1版　2018年5月第1次印刷
ISBN 978－7－5141－9148－6　定价：68.00元
（图书出现印装问题，本社负责调换。电话：010－88191510）

Performance Auditing

Contributing to Accountability in Democratic Government

Edited by

Jeremy Lonsdale

Peter Wilkins

Tom Ling

Edward Elgar

Cheltenham, UK • Northampton, MA, USA

Published by
Edward Elgar Publishing Limited
The Lypiatts
15 Lansdown Road
Cheltenham
Glos GL50 2JA
UK

Edward Elgar Publishing, Inc.
William Pratt House
9 Dewey Court
Northampton
Massachusetts 01060
USA

译者序

一、本书的特点

本书是一本有关绩效审计方面的论文集。对于从事公共管理的人来说，本书的问世无疑是大受欢迎和令人振奋的。因为它是为数不多的详细论述审计机构如何履行绩效审计职责的专著。为了了解绩效审计方面的最新动态，审计师很可能会阅读此书。同时，文集作者经过精心设计使其适合更多读者阅读，当然也包括那些常常成为绩效审计对象的公共管理者。

本书第一个值得关注的特点是，文集中各篇文章的作者均是审计从业人员和审计机关的专家学者。这一点不但特别少见，也极其难得。事实上，许多作者都是“实用理论家”（pracademics），他们一方面在公共机构任职，另一方面在学术界从事教学或研究工作。美国公共管理领域的奠基者，如伍德罗·威尔逊（Woodrow Wilson）、卢瑟·古利克（Luther Gulick）、查尔斯·梅里亚姆（Charles Merriam）等，都是实用理论家，他们在政府部门的出色工作，一方面丰富了其理论的内涵，另一方面他们的理论又指导了他们的实践。这些作者集一手的实际经验和深厚的学术素养于一身，而这些对于深刻理解这一领域的发展至关重要，读者也将受益匪浅。

本书另一个引人注目的特点是，文集的各个章节内容翔实丰富，案例和图表生动清晰，涵盖了多个主题，涉及许多重大问题。这些章节囊括了从组织策略、审计工具和方法到审计标准的论题，提供了一种许多公共管理者难得一见的探讨审计操作的视角。国内读者从中不仅可以领略到西方主要发达国家审计环境的现状，也可以了解全球审计环境的变化以及各国审计领域为迎接这些挑战而付出的努力。本书有关章节对绩效审计影响的探讨颇具启发性，有助于我们在更为广泛的政策制定过程中更好地理解绩效审计所发挥的作用。审计师需要就他们如何影响政策制定进行更精辟的分析，而本书为他们理解自己的工作产生的预期的和非预期的效果提供了丰富的资料。

本书最突出的一个特点就是它的比较性和实践性。在经济全球化的背景下，审计也必须不断变革，以适应不断变化的环境。本书提供了有关比利时、荷兰、英国、澳大利亚和美国的审计机构的材料，这为我们学习其他国家的先进经验并与国际接轨提供了有益的借鉴。同时，这也让我们在审计研究的过程中有了全新的感知和整体的了解与认识。本书是一本融合公共管理理论与实践的论文集，作者均具有丰富的审计实践经验，并且都从事过有关审计和管理方面的研究，其中有几位来自学术界或与学术机构有某种联系。因此，本书既具有从业者熟悉的审计文献，又具有学术界参与审计实践的双重视角。它的编辑出版旨在引起绩效审计有关人员的兴趣，这些人员包括世界各地公共部门的官员，以及将绩效审计报告用于绩效改善目的的其他人员。

二、本书的结构

本书分为三个部分。

在引言（第 1 章）之后，在本书的第 2 章中，简—埃里克·

福如博（Jan－Eric Furubo）进一步审视了绩效审计的内涵，探讨了绩效审计的性质。他在本书中为绩效审计提供了一个具有可操作性的定义，而在本书的结论部分再次讨论了这一主题。

本书的第一部分就绩效审计在若干国家的运作情况进行了反思并提出了一些思考。首先，将目光集中在审计机构如何选择其研究的审计项目上，因为，这是绩效审计师独立性的重要标志。维塔尔·普特和鲁迪·特克斯马（第3章）这两位学者都有在审计机构工作的经验，他们首先选择了荷兰和比利时并对这两个国家的审计情况进行了考察和研究，因为这两个国家从事审计的方法与众不同。其次，维塔尔·普特（第4章）对绩效审计中使用的准则和标准进行了思考，审计师就是用这些准则和标准评估被审计机构的绩效。这一章考察了荷兰和英国审计机构所选择的审计准则。在选择了一个审计项目并决定如何进行评估后，下一步绩效审计师要做的是选择收集和分析证据的方法。杰瑞米·朗斯代尔（第5章）专门考察了英国，对审计署在过去20年中积累的方法进行了思考，尤其是将重点放在审计工作的环境对选择审计方法的影响上。再次，亚历克斯·沙拉施金（第6章）观察了审计师如何利用证据来构建其论点。这一章考察了审计师认为什么是恰当的证据以及他们如何利用这些证据。这样，审计师就能以清晰的思路回应来自那些对审计项目提出质疑的人。与此相联系的是贾斯廷·基恩（第7章），他是一位来自卫生保健领域的学者。20世纪90年代末，他在国家审计署做了两年的研究员。他思考的问题是审计师如何得出结论。绩效审计涉及如何从一系列不同的资料来源中挖掘证据进行分析。在制定一个讨论绩效审计师用来得出报告的策略框架之前，这一章详细地考察了审计师在得出审计结论时的思维过程以及对审计师的影响。最后，在有关审计行为的部分，彼得·威尔金斯和理查德·博伊尔（第8章）考虑了标准和质量问题。绩效审计的质量对于国家审计机构的地位和信誉至关重要。在过去这些年里，审计师制定了自己的标准，建立了质量保证安排以协助维护和提高标准，但还有一些审计师则越来越多地参与标准制定的过程。

本书第二部分评价了绩效审计对提高政府效率的促进因素。这是一个充满挑战的领域。艾迪·范·洛克和维塔尔·普特（第9章）考察了绩效审计影响力的实证证据，并利用14项实证证据得出结论：有证据显示，审计影响力有时巨大，有时根本不存在。马克·芬克豪泽（第10章）是美国堪萨斯州一名久负盛名的审计师，他支持绩效审计，并引用了两位绩效审计学术评论家罗布特·本恩和梅尔文·达布尼克的观点。他们认为，审计师有理由相信他们的工作具有影响力。尽管存在疑虑，这一章还是显示了来自美国的证据：绩效审计能够并且的确对政府运作的方式产生了实质的影响。弗兰斯·L. 莱乌（第11章）提供了一个更加令人质疑的观点，一种对审计、政府、评价和学术界持模棱两可的态度的视角。他思考了那些绩效审计证据有悖常理的效果。这一章利用大量的文献展示了作者对于绩效审计问题的观点。上述三章都强调了理解绩效审计师工作价值的重要性，而卡特瑞恩·维茨（第12章）对此进行了进一步探讨，考虑了在地方政府层面上绩效审计的效果性。她利用其他学者创造的方法，探讨了在何种程度上绩效审计是真正有效的，并且分析了哪些因素会影响绩效审计发挥其影响力，并特别探讨了荷兰鹿特丹市审计机构的工作。在随后的两章中，本书探讨了绩效审计师提高其工作价值的方法，即通过知识共享和与被审计单位交流。杰瑞米·朗斯代尔和埃琳娜·比彻伯格（第13章）探讨了绩效审计师如何进行知识共享，同时在责任审计过程中发挥审计的作用。近年来，许多国家的审计师得出结论，单纯出炉审计报告和发布审计结果不足以推动产生有利的变化。这一章考察了审计报告其他形式的进展，包括有效的实践指导和旨在帮助政府官员提高工作绩效的工具箱。通过观察荷兰审计法院如何参与选择审计单位、审计方法和审计方式，彼得·范德克纳普（第14章）分析了最高审计机关如何加强与被审计单位的沟通，以使其工作更有效。

通过前面几章的讨论，本书第三部分回答了怎么办的问题。杰瑞米·朗斯代尔、汤姆·林和彼得·威尔金斯（第15章）探讨了审计结果对审计署和政府来说意味着什么，并分析了绩效审计在多大程度上能帮助改善政府的绩效。

三、本书的翻译

本书充分反映了英美等多个国家在绩效审计理论和实务方面的最新研究成果。书中介绍的一系列新概念、新方法，有的在国内尚无相应的通用译法，译者只能根据自己的理解尽量选择意译以贴近原文的意思，同时在书后索引中以英汉对照的形式列出，以方便读者理解和查阅。书中出现的专业术语已有通用译法的，以通用译法为准。全书英文人名翻译以商务印书馆《英语姓名译名手册》（第4版）为准，涉及书名已有中文译名的，以已有中文译名为准。在较短的时间内翻译一本专业性很强的鸿篇巨制其难度可想而知，加之译者水平有限，疏漏错误之处在所难免，恳请读者批评指正。最后，感谢南京审计大学的项目资助。

季益广
2016年10月于南京

目录

第二部分 绩效审计的贡献

第三部分　结　　论

作者简介

埃琳娜·比彻伯格（Elena Bechberger） 是总部设在伦敦的英国国家审计署（NAO）方法和创新部负责人。她曾在德国的康斯坦茨大学（University of Konstanz）学习公共政策，拥有伦敦经济政治学院（LSE）政府治理博士学位。2006年，她作为研究员加入英国国家审计署，此前她曾在德国经济部工作，并且担任欧洲委员会（European Commission）项目的评估师。她从事项目评估定性和定量方法的研究与培训，以及财政和社会政策方面的研究和培训。

保罗·波斯纳（Paul L. Posner） 是乔治梅森大学（George Mason University）的教授、公共管理硕士项目主任，曾任华盛顿特区政府责任署联邦预算和政府间关系处主任，在哥伦比亚大学获得博士学位。

理查德·博伊尔（Richard Boyle） 是爱尔兰都柏林公共管理学院研究、出版和公司关系部负责人。1986年以来，他一直在国际认证协会（IPA）工作，早先曾研究过英国地方政府有关政策和评估问题。他的研究兴趣主要集中在公共服务现代化、公共部门成果的管理，以及开发和应用有效的绩效管理与评估系统。他研究并撰写了大量有关公共服务改革、绩效计量和评估方面的论文。他在爱尔兰中央和地方政府、经合组织（OECD）和世界银行有过广泛的任职经历。2002～2005年，他是欧洲评估协会董事会的成员，并担任爱尔兰评估网络的主席。

马克·芬克豪泽（Mark Funkhouser） 目前是美国密苏里州堪萨斯市市长。他拥有政治学学士学位、社会工作硕士（MSW）、工商管理硕士（MBA）以及公共管理和社会学博士学位。他的著作《诚实、胜任的政府：绩效审计的承诺》（*Honest, Competent Government: The Promise of Performance Auditing*）（2009）展示了审计如何提高公民对政府的信任。他还撰写了大量的文章和论文，这些文章和论文都发表在《公共管理评论》（*Public Administration Review*）等刊物上，以及《公共管理：管理角色发挥案例》（*Public Administration: Cases in Managerial Role – Playing*）等著作中。马克还担任了9年的《地方政府审计》（季刊）（*Local Government Auditing Quarterly*）的编辑。在他40年的职业生涯中，他担任过职业康复咨询师、助理教授，以及城市审计师。2003年，马克被《治理杂志》（*Governing Magazine*）评选为“年度最佳公职人员”之一。

viii **简—埃里克·福如博（Jean – Eric Furubo）** 就职于位于斯德哥尔摩的瑞典国家审计署，负责关注绩效审计的长期发展。他的著作范围广泛，主要涉及评估方法论、评估在民主决策过程中的作用及其与预算和审计的关系。他与其他学者合作主编了《国际评估图表集》（*International Atlas of Evaluation*）（2002）和《评估——寻求真理还是权力?》（*Evaluation – Seeking Truth or Power?*）（2010）。他还为《公共政策分析手册——理论、政治和方法》（2007）（*Handbook of Public Policy Analysis – Theory, Politics and Methods*）撰稿，与他人共同在《评估》（*Evaluation*）（2008）上发表了一篇有关评估系统的论文，并为《国际视野下的公共政策评估改善公益行动》（2009）（*Evaluer les politiques publiques pour améliorer l'action publique, Une perspective internationale*）撰稿。

贾斯廷·基恩（Justin Keen） 1996～1998年担任英国国家审计署第一任审计和评估方面的研究员。此后，他就职于总部位于伦敦的一家慈善机构——国王基金（King's Fund），并曾供职于英国的伦敦大学学院。从2001年至今，他在利兹大学担任健康政治学教授。在过去的20年中，他对健康政策进行了大量评估，对开发更加稳健的政策分析方法具有特别浓厚的兴趣。

弗兰斯·L·莱乌（Frans L. Leeuw）是隶属于荷兰安全与司法部的司法研究、统计和信息中心主任，荷兰马斯特里赫特大学法律、公共政策和社会科学研究教授。他也是一位社会学家（1983 年获莱顿大学博士学位）。早期他曾担任乌得勒支大学评估研究学教授、荷兰国家审计署绩效审计与评估部主任、荷兰开放大学人文和社会科学系主任、荷兰高等教育总监和莱顿大学政策研究的副教授。他是欧洲评估协会的创始人之一，并且担任过该机构的会长。目前，他是荷兰评估协会的会长，还是国际开发评估培训项目（IP-DET）的成员。他曾就职于世界银行、欧盟以及荷兰政府的许多机构和部门。

汤姆·林（Tom Ling）是总部设在英国剑桥的兰德欧洲评估和绩效审 ix
计部主任。他在英国剑桥大学学习社会政治学，并在英国埃塞克斯大学（Essex University）获得政府治理博士学位。在英国国家审计署担任了 4 年的研究员后，他加入了兰德公司。他曾参加了欧洲委员会、英国政府部门、健康基金会的评估项目，以及许多其他的项目。他发表了多篇有关评估、责任和相关主题的论文。最近，他为兰德欧洲公司编写了《绩效审计手册》，并且与他人合作编写了《证据手册》（*The Evidence Book*），论述了在公共政策和服务交付中对证据使用的严格审查（由 Transaction 出版公司于 2010 年出版）。他是英国安格利亚鲁斯金大学（Anglia Ruskin University）公共政策教授（名誉）、英国剑桥大学名誉高级客座研究员。

杰瑞米·朗斯代尔（Jeremy Lonsdale）是总部设在伦敦的英国国家审计署绩效审计部主任。他曾在伦敦大学国王学院学习历史，后成为一名合格的会计师，并于 2000 年在国家审计署的资助下在布鲁内尔大学（Brunei University）获得了博士学位。他与其他学者合著了《绩效还是合规？5 个国家的绩效审计和公共管理的实践》（*Performance or Compliance? Performance Audit and Public Management in Five Countries*）（由牛津大学出版社于 1999 年出版），并与他人共同编著了《使责任发挥作用：评估和审计的困境》（*Making Accountability Work: Dilemmas for Evaluation and for Audit*）（由 Transaction 出版公司于 2007 年出版）。他最近的一篇论文《审计社会：培养还是损害对政府的信任》（*The Audit Society: Helping to Develop or Undermine*

Trust in Government）［与欧文·拉普斯利（Irvine Lapsley）合著］发表在由迈克尔·阿德勒（Michael Adler）编辑的《语境中的行政公正》（*Administrative Justice in Context*）上。

维塔尔·普特（Vital Put）从1998年至今一直就职于总部设在布鲁塞尔的比利时审计法院，开始作为一名绩效审计师，后来担任绩效审计主管。除此之外，自2003年起，他在鲁汶大学公共管理学院担任研究员。早先他曾在比利时多个部门（司法部、劳动部，以及社会事务部）工作。维塔尔拥有公共管理和犯罪学的硕士学位和社会科学博士学位，曾发表过一些关于绩效审计方面的文章并在相关著作中撰写过一些章节。

亚历克斯·沙拉施金（Alex Scharaschkin）是位于伦敦的英国国家审计署的消费者和竞争绩效研究中心的主任。目前，他领导国家审计署有关经济管制和在公共服务提供中运用市场机制的绩效评估工作，先前曾主持过健康领域的绩效研究工作。他对绩效评估中统计和经济方法的使用，以及对一般绩效结论证据支持的性质感兴趣。他先前曾在行政部门、教育部门以及伦敦大学和墨尔本大学任职，2000年加入了国家审计署。他的学术背景为数学领域，但也从事过应用心理学和教育计量方面的研究并发表了研究成果。

鲁迪·特克斯马（Rudi Turksema）是位于海牙的荷兰审计法院的绩效审计专家。他的工作主要集中在绩效审计的质量和有效性上，还包括绩效信
x 息的质量、评估研究，以及以结果为导向的预算。在到荷兰审计法院工作前，他获得了荷兰乌得勒支大学的社会学博士学位（研究有关政府政策对日托服务供给的影响）。

彼得·范德克纳普（Peter van der Knapp）是位于海牙的荷兰审计法院绩效审计部主任。在此之前，他是位于海牙的财政部政策评估处的负责人，主要职责是引进以绩效为导向的预算体系和相应的评估框架。此前，他曾担任过预算督查，并且在鹿特丹的伊拉斯姆斯大学（Erasmus University）学习，1997年获得博士学位。他发表过有关政策审计和评估、以绩效

为导向的预算，以及以政策为导向的学习方面的论文，并讲授这方面的课程。

艾迪·范·洛克（Eddy Van Loocke）1985年以初级审计师的身份进入了位于布鲁塞尔的比利时审计法院。1998年，当审计法院依法拥有绩效审计的权力时，他将其活动重点放在了这项新的工作上。2004年以来，他一直担任审计主管，主持过多项绩效审计，并且经常参加同业互查和审计监督委员会的工作。他向规划与执行绩效审计的审计团队提供指导。他对计划和执行绩效审计的团队成员进行培训。另外，他还是佛兰德评估协会（Flemish Evaluation Society）协调委员会的成员。

卡特瑞恩·维茨（Katrien Weets）自2007年以来一直担任比利时鲁汶天主教大学公共管理学院的研究员。她拥有政治学（公共管理）硕士学位。作为与政策研究中心（佛兰德斯的政府组织）关系紧密的研究员，她主持了基础研究和以实践为导向的研究。她的主要研究兴趣包括公共绩效管理、公共预算和公共审计。目前，卡特瑞恩正在佛兰德斯攻读有关市政规划和预算方面的博士学位。

彼得·威尔金斯（Peter Wilkins）是西澳大利亚的副巡视官，曾任审计长助理若干年，负责西澳大利亚审计长的绩效审查。在公共部门绩效审查、报告和责任方面，他拥有广泛的实践和研究经验。他与澳大拉西亚、北美和欧洲的巡查员和审计机构保持着定期的联系，并且对本国和国际审计工作做出了贡献。他还担任西澳大利亚科庭科技大学（Curtin University of Technol- xi
ogy）会计学院和约翰科庭公共政策学院的兼职教授、澳大利亚维多利亚州拉筹伯大学（La Trobe University）公共部门治理和责任研究中心副主任，同时也是国际评估研究组织的成员。

前言

保罗·L. 波斯纳
(Paul L. Posner)

在任何民主体制下，责任对于公共管理实践来说一直都是至关重要的。xii
作为人民监督其领导人的主要工具，公共管理领域对于责任的概念一直十分重视。

在许多经合组织国家里，责任一词已经拥有了重要的地位，具有了象征性的意义，使得这个具有多种含义的词汇与一系列理想和议题联系在一起。[1]随着人们对公共服务的期望越来越高，作为范围广泛的利益相关者和参与者在制定政策的过程中感到责任的压力也越来越大。公共组织注定要生活在一个与公共项目有关的风险越来越大的世界里，但其中的众多参与者对于目标、预期或标准却很难达成共识。

过去那种直截了当的、简单的公共管理已不复存在，取而代之的是公共领导人和管理者必须设法满足人们相互矛盾的责任预期。实际上，现代观点认为，责任是一个多面的概念，包含着对于内部和外部利益相关者来说相互独立且常常相互矛盾的责任。一个经典的观点认为，大多数政府机构同时受惠于下列四种责任体制：(1) 官僚体制；(2) 法律体制；(3) 专业体制；(4) 政治体制。毋庸置疑，这些相互冲突的观点使得公共管理者难以在不同的责任之间取得平衡。[2]实际上，大多数公共机构就是为机构内部和外部各色各样的委托人服务的代理人。有些人甚至暗示，大多数公共机构因这种多重责任混乱而苦不堪言。[3]

大多数发达国家通过聚焦于政府运作和项目绩效与结果的明确的制度改

革而对责任的规则问题做出响应。在过去的几十年中，绩效评估和政策分析
xiii 已成为管理和预算编制的主流。政府以外的许多政策倡导者和政策分析机构不遗余力地向政策制定者传达他们的分析结果和有关信息，他们或是提出新的问题，或是对现有的项目和操作进行监督并提出自己的见解。

但是，最引人注意的是审计机构的改革。国家审计署已将其职权范围从传统的金融和合规性审计扩大到绩效审计和评估上。绩效审计已经成为许多发达国家审计部门的主要特征。这种情况常常在美国审计机构内部的监察处得到验证。的确，一些机构受到推动扩大了自身政策角色的范围，除了传统的项目审查责任外，还成为各种新问题的鉴证者，成为政策方程和预算预测的裁判者。

多年来，我在美国政府责任署担任总裁，负责政府责任署联邦预算编制工作。从这一经历中我亲眼目睹了这些发展的趋势。这一审计机构成立于20世纪20年代，拥有数以千计的财务审计师，其职责是审查联邦机构所有的财务交易。现在该机构拥有一支具有众多专业人员的队伍，主要从事绩效和项目评估，但其规模要小得多。由于政治领导人和倔强的公众对政府的要求比以前更苛刻、要严格，联邦机构的监察长以及州和地方的审计师也要顺应这一潮流。国会和总统要求联邦审计师应该超越岗位绩效审计（post-performance audit），在项目启动时，就应与公共管理者共同努力减少和防止潜在的浪费与舞弊。

由于扩大了绩效审计的作用，审计师在制定政策议程和公共政策方面发挥了重大作用。在美国，政府责任署的意见对于推动诸如医疗保健报销方案、经费的分配、联邦储蓄与养老金项目等政策领域的改革至关重要。一个突出的例子是，加拿大审计长关于马丁政府以权谋私的报告被认为是导致政府倒台的最重要的事件。

但是，审计师就是在那些高度竞争的体制中发挥自己的影响力，而在这些体制中充满了各种相互冲突的价值观。由于缺乏决定性的影响力，这些体制似乎在责任不足和责任过剩之间徘徊，主要取决于诸如责任部门的实力和
xiv 更为广泛的政治体制的承受力等变量。审计师常常有足够的资格对日常工作提出严格的要求，促使政府官员修改计划来解决报告中提出的问题。在议会制的政治体制下，审计长被赋予在少数党主持的监督委员会面前作证的机

会。但是，其他参与者也在争夺影响力，包括既得利益集团和官僚机构。在保护他们的项目和诉求方面，他们的竞争力表现得十分突出。

在政策制定过程中，什么样的情形促进或阻碍审计署影响力的发挥，对此，我们知之甚少。一个明显的情况就是审计署本身的动机和能力问题。在政策制定过程中，问责机构本身的特殊性也限制了其作用的发挥。例如，许多审计机构在传统上不参与提出政策的倡议。它们一直因其独立性而成为封闭的机构，也不愿与其他机构合作。因此，这些机构也不会指望能与其他机构结盟。如此封闭的机构因为害怕泄密，所以，起草的报告只有内部人知道，对于有关的信息也不能与外人分享，只有享有特权者才能接触到。对于有关问题，他们不便在公开场合发表意见或牵扯到与他人的争论中。当审计人员对于所审计的项目过于熟悉的时候，审计机构会对其人员轮岗，目的是保持其独立性，但常常是以牺牲专业性为代价。这种机构的封闭和隔绝削弱了其在大多数体制的政策开发和变革中发挥的作用。[4]

那些全面接触政策制定者的审计机构也面临着自身的机构风险。大多数审计署的工作都是应两党国会议员请求而完成的。所以，审计机构必须在以下两个方面达到平衡：一方面要制定研究日程以对合法的信息需求做出响应，另一方面在形成研究成果和报告时要保持独立性。同时，与媒体、高校或其他机构更加广泛的接触也能扩大其声誉，赢得支持，减少干扰。但是，涉及项目结果和效益审查的问责职业的审计机构显然会面临一定的政治风险。许多法规限制了它们涉及问题的范围，从而使它们无法对政策和项目设计问题提出建议。

虽然在公共管理领域审计师的作用越发显得重要，但是公共管理者和政策制定者通常很少与这些独立的责任制度维护者有联系和对话。处于项目执行前沿的管理者常常不熟悉审计准则和重要标准或其他对绩效审计师来说不
可或缺的审计工具。在政府机构中，对审计师信誉至关重要的大受追捧的独 xv
立性反而成为一道将责任审计师与管理者分隔开来的屏障。

几年前在一次国际会议上，我成功地将几个主要经合组织国家的高级预算项目负责人与这些国家审计署的官员聚集在一起。令人惊奇的是，他们相互之间知之甚少。的确，正如一位预算项目负责人所言，他是来参加这次会

议才有机会了解到还有这样一个如此陌生和神秘的机构在做审计工作，而这个机构对于他的国家和其他国家来说已经变得十分重要。

管理者与审计师这种在现实生活中相互隔离的情况也存在于学术界。虽然多年来责任的概念已成为公共管理的基础，但人们对于审计机构的关注却少得可怜。例如，作为在美国和世界范围内管理领域顶尖的期刊《公共管理评论》（*Public Administration Review*），在过去十年中只刊登过一篇以审计机构为题的论文，并且仅有六篇文章涉及审计机构的一些内容。[5]如果有人要想寻找审计机构在公共管理领域中的作用及其管理模式方面的研究资料，那么他就必须去看会计和审计期刊。

对于公共管理来说，本书的问世无疑将大受欢迎和令人振奋。本书是为数不多的详细论述审计机构如何履行绩效审计职责的著作。虽然审计师很可能会阅读此书，但本书的各位作者经过精心设计使其适合更多读者阅读，其中也包括常常成为绩效审计对象的公共管理者。

同时，值得关注的是，本书的撰稿人均为审计从业人员和涉及审计机构的学者。这不但很少见，也极其难得。事实上，本书的许多作者都是“实用理论家”（pracademics），他们一方面在公共机构任职，另一方面在学术界从事教学或研究工作。美国公共管理领域的奠基者，如伍德罗·威尔逊（Woodrow Wilson）、卢瑟·古利克（Luther Gulick）、查尔斯·梅里亚姆（Charles Merriam），都是实用理论家，他们在政府部门的出色工作，一方面丰富了其理论的内涵，另一方面其理论又指导了他们的实践。[6]这些作者集一手的实际经验和深厚的学术素养于一身，而这对于深刻理解本领域的发展至关重要，读者也将受益匪浅。

本书另一个引人注目之处是其各个章节涵盖了许多重要问题。这些章节囊括了从组织战略、审计工具和方法到审计准则的论题，提供了一种许多公共管理者难得一见的探讨审计操作的视角。

xvi 本书有关章节对绩效审计影响的探讨颇具启发性，有助于我们对在更为广泛的政策制定过程中绩效审计所发挥的作用有更好的理解。审计师自己在如何实现对政策制定产生影响方面需要精辟的分析，而本书提供了丰富的资料，有助于他们了解审计工作中预期和非预期的效果。本书的另一个贡献就是它进行的比较研究，有些章节提供了有关比利时、荷兰、英国、澳大利亚和美国等国审计机构的材料。

我希望本书能促使审计师、公共管理者和公共管理专业的学生之间展开一场更为广泛的对话。虽然审计报告在批评政府机构与项目之间各自为政时振振有词，但是，在我们自己的行业领域中，我们也筑起了职业的壁垒，这种情形已经阻碍了不同行业的公共管理者之间的交流和有价值的合作。建设性的接触有助于促进管理人员和审计师实现目标，而不会损害对审计机构声誉来说至关重要的独立性。作为一个坚信理念在公共政策中具有重要作用的人，我相信，这样的著作有助于在未来实现公共管理理论与实践的更大程度的融合。

注释

1. Melvin J. Dubnick and Jonathan B. Justice (2004), "Accounting for Accountability", paper delivered at the Annual Meeting of the American Political Science Association, September.

2. Barbara S. Romzek and Melvin J. Dubnick (1987), "Accountability in the Public Sector: Lessons from the Challenger Tragedy", in *Public Administration Review* 47 (May/June).

3. Thomas Schillemans and Mark Bovens (2008), "The Challenge of Multiple Accountability: An Empirical Analysis", paper prepared for Kettering Symposium on Public Accountability, Dayton, Ohio, May 22 –4.

4. Rob Schwartz and Paul L. Posner (2008), "Accountability Institutions and Information in the Policy Process", paper prepared for Kettering Symposium on Public Accountability, Dayton, Ohio, May 22 –4.

5. Search by the author in Blackwell Synergy index of *Public Administration Review*, 2000 –10.

6. Paul L. Posner (2009), "The Pracademic: An Agenda For Re-engaging Practioners and Academics", *Journal of Public Budgeting and Finance* 29: 1 (March).

1. 导论

杰瑞米·朗斯代尔
(Jeremy Lonsdale)

绩效审计旨在评估政府的政策、项目和机构是否得到良好的执行和管 1
理，其运行是否具有经济性、效率性和效果性。这是一项极具潜在重要意义的任务——在实践层面使民众受益，在更为抽象的层面能使民主治理保持健康和活力（Pollitt et al.，1999）。

后泡沫时代将对大手大脚失去耐心。这个时代会变得冷酷，注重价值，越发难以容忍铺张浪费。它将要求公共部门就其运行方式向纳税人做出合理的解释……如果不能交出一份有效率的答卷，埋藏在人们心头的怨恨就会变成冲天怒火［安德鲁·罗恩斯利（Andrew Rawnsley），英国《观察者》报专栏（2009）］。

21世纪的头十年将因全世界经历的那场空前的经济危机而被载入史册，人们的生活将因为政府对已经发生的重大变化所做出的反应而改变。全世界股票市场的市值在2008年几乎减半，意味着损失了将近30万亿美元的财富。2000年第一季度，日本的工业生产下降了62%，德国下降了42%。

为了解决一系列影响公共部门和私营部门的政治、经济问题，全球经济危机迫使各国政府在巨大的压力下迅速做出反应。这些行动包括：对金融部门进行迅速干预；为超常公共支出提供巨额预算承诺；迅速拓展公共部门的能力以应对危机的影响（如失业率上升）；重新确定现有支出项目的优先顺序，以便使政府的行动能够带来更多的实质性效果。在美国最实质的行动即根据《美国复兴和再投资法案》出台的8000亿美元的一揽子刺激计划已经到位，而其他许多国家也采取了类似的措施。

这场危机的规模和影响也要求各国政府将注意力集中在公共部门的潜在支出浪费上，这使得公共部门承受了巨大的压力。这些压力包括以下几种：

2 • 公共就业大幅度减少。

• 项目支出大幅度削减，尤其是在可以酌情处理的活动领域。

• 持续的增效节约计划。

• 减少政府内部规制的努力。

• 日益注重从信息与通信技术创新、流程再造、机构的合并、共享服务和市场型机制中获益。

由经济危机引发的赤字削减计划已经为政府提供了一个新的机遇，同时也迫切要求其公共支出物有所值。在英国，《2009年劳工预算》承诺，公共部门的财政紧缩政策至少延长至2017~2018年。而2010年选举上台的保守党和自由民主党联合政府立刻宣布要减少公共支出，作为减少1560亿英镑预算赤字努力的一部分。各国政府机构在努力减少采购支出和提高公共部门生产力的同时，纷纷引进了削减开支和增加效率的计划。有些机构减少了提供服务的范围或改变了资格认证的规则。在撰写此文时，我们还不清楚，减少支出的努力是否会在一些国家导致使用"刀耕火种"的原始方法，或者对削减支出进行更仔细的思考。

提高公共部门绩效的努力在一些国家比在另一些国家可能更加引人注目。例如，在英国和美国，大银行的拯救计划被看成是必要的激进的变革。其他国家受银行业危机的影响较小，公共部门不会面临如此严峻的挑战。然而，税收下降、重建基础设施的费用、公共部门养老金资金不足、人口老龄化的影响——所有这些问题，连同环境问题，在经济危机爆发之前就摆在了各国政府面前——都迫使各国政府将注意力投向为社会提供公共服务的方式上。

2008~2010年的事件使人们日益关注公共支出和效率，但在本次危机之前，世界各国政府早就开始采取措施改善公共部门的管理，以确保在工作中节约开支和提高效率。塔尔博特（Talbot，2010）注意到："在最近几年中，许多国家公共服务绩效评价和管理水平在不断提高。”鲍克特和哈利根（Bouckaert and Halligan，2008）将绩效描述为过去15年中公共管理领域两个重大问题之一（另一个是市场的作用）。

为改进对公共部门绩效的评估，以及为了提高责任意识和透明度（这 3
一点存在争议）而增加公众可获得的信息，各国也采取了一些措施。在美国，1993年推出了《政府绩效与结果法案》，该法案“旨在通过系统的评估和与机构目标一致的绩效指标的报告来提高联邦项目的效果和公众的满意度”（De Lancer Julnes，2006）。2000年，加拿大政府推出了一个包括效果、开支和效益问题的管理框架《加拿大人的成效》（*Results for Canadians*）。大约在同时，瑞典政府开展了一系列绩效预算编制行动。在澳大利亚，2001年一个绩效管理框架已经形成。在英国，政府持续不断地努力提高效率。2004年进行的“格申评估”（Gershon Review）确认了节约的资金高达200亿英镑。2007年的综合支出评估（Comprehensive Spending Review）提到了政府的“意义深远的效益计划……释放了未来几十年维持公共服务不断改善和应对全球挑战所需的资源”（Treasury，2007）。2008年，英国政府启动了两项效益计划——运营效率计划（Operational Efficiency Programme）和公共价值计划（Public Value Programme）。在2009年的预算中，英国政府提出要“持续努力提高效益”，并且发布了更新版效益计划（Value for Money Update），列出了各个部门取得的成效（Treasury，2009）。

上面对最近发生的事件所做的简短总结强调了政府的三个重要方面，这些内容将贯穿本书，它们分别是：

- 公共开支要取得的价值。
- 面对治理形式的变化，公共部门绩效所需的问责机制。
- 政府及其提供的信息的可靠性和可信度。

最近几年发生的事件使这些问题的重要性越发突出，而不是把它们拿出来当成政治辩论的新材料。但是，这些问题的进展——以及正在产生的后果——只是增加了各种绩效管理的重要性，并鼓励人们对于它们为改进公共部门绩效而采取的行动是否到达要求进行辩论。由于这与绩效管理的一种形式——绩效审计——相关，因此寻找对那一问题的答案成为编写本书的根本原因。

4 ## 绩效审计与提高公共部门绩效的追求

过去30年出现的一系列绩效管理和评估技术包括合同安排、目标、检查制度、用户许可证、重组、半官方机构（arm's length bodies）的建立、与绩效有关的支付、购买者与提供者分开、排名表、强制竞争投标和用户选择形式（没有按特定的顺序排列）。所有这些措施常常需要以一种不受欢迎的方式收集数据。随着在这些方面取得的进展，不同的审计形式也得到了扩展（Power，1997；Lapsley and Lonsdale，2010）。各种形式的审计被政府看成是解决许多问题的方法，毋庸置疑，这些问题都与公共资金的使用有关，但同时也扩大了对公共部门绩效监督的范围。传统的审计——以审查财务报表为主——由于其他审计类型的加入而变得越来越复杂，这些审计类型包括环境审计、管理审计、法务审计、数据审计、知识产权审计、医疗审计，还有本书的主题，即现在广为人知的绩效审计。

在过去的几十年中，绩效审计在世界不断发展，其目的是评估政府组织的表现如何，以及对提供给它们的资源的使用情况等各个方面。绩效审计于20世纪70年代和80年代起源于欧洲、澳大拉西亚和北美，扎根于许多民主国家——在国家层面属于最高（国家）审计机构（SAI），还有其他不同层次，如州、省、地区、地方和市级——审计师已经扩大了他们的视野，从资金是否按计划被使用，到更为一般的考虑，即资金是否有效使用，甚至是从更具挑战性的角度来考虑，即资金的使用是否取得了良好的效果（参见表1-1）。

5 **表1-1　特定国家绩效审计授权情况**

年度	国家	立法
1921	美国	会计总署成立时被授予广泛的权力调查“与收据、支付和公共基金使用有关的所有事项”以及“为寻求公共支出更加节约和更具效率提供建议”。后续的法案对上述授权进行了说明和扩充
1948	奥地利	《联邦审计法》授权审查公司、公共机构、地方当局和省政府的经济性、效率性和效果性，以及国有经济公司的经济性和效率性

续表

年度	国家	立法
1967	法国	立法规定最高审计机关审查公共资金的经济性、效率性和效果性
1976	荷兰	《政府会计法》将绩效审计的权限扩大为确定政府、组织和管理服务的绩效。1992 年，该法得到扩展，允许对政策进行评估
1983	英国	《国家审计法》正式授予国家审计署审查政府支出的经济性、效率性和效果性的权利
1993	爱尔兰	《主计审计长法》（修正案）允许主计审计长对资源的获取、使用和处置是否以节约的、有效的形式执行进行审查，但不直接关注效果性
1997	澳大利亚	《审计长法》授权总审计长对除国有企业之外的实体、英联邦当局或公司进行绩效审计
1998	比利时	提供公共基金有效使用的审计，审查其经济性、有效性和效果性

例如，在瑞典，绩效审计已成为前国家审计局（RRV）的一项主要工 4
作。1967 年，国家审计署进行了改造，财务审计已经从其审计权限中删除。因此，在 20 世纪 80 年代和 90 年代，国家审计署一直处于国际绩效审计发展的最前沿。在芬兰，20 世纪 70 年代，人们对单一的拘泥于法律条文的审计越来越感到不满，所以，1988 年，绩效审计作为一种单独的审计形式得以确立。在英国，在经历了几十年的由年度账目审计发起的支出和收入检查后，1983 年“效益”审计（value for money audit）被赋予了法律地位。到 20 世纪 90 年代末，英国国家审计署每年要发布 50 份重要的绩效审计报告（Pollitt et al.，1999）。

绩效审计随着时间的推移而不断演化，不断出现新的形式。例如，在荷 6
兰的审计部门——荷兰审计法院中，审计单位是在 20 世纪 60 年代成立的，目的是调查政府机构和早期计算机系统的效率。1976 年，《政府账目法》扩大了其权限，允许其进行绩效审计以确定管理层、组织机构和政府服务的绩效。20 世纪 80 年代，绩效审计出现了新的类型，其中许多类型主要是为正在实施中的计划提供保证，另一些类型则为各个部门之间的比较提供标杆。1992 年，《政府账目法》得以修正，允许审计署对政策进行审查。20 世纪 90 年代，审计署只是在有限的范围内审查政策的落实情况。2001 年后，审查政策的效果性和有效性变成了绩效审计的一项法定任务。审计的重点转向政策是否取得了理想的效果，更加关注社会问题，并试图确认政策和执行之间是否存在差距（Algemene Rekenkamer，1989，2010）。

最近，我们看到绩效审计又有了新的发展，如在东欧、亚洲（如日本和韩国）以及拉丁美洲取得的进展。在非洲，绩效审计在博茨瓦纳已经开展了将近30年，而率先实施绩效审计的是南非审计长，时间是1986年。如今，非洲讲英语的SAI组织（AFROSAI－E）将绩效审计描述为“六项规则之一”（AFROSAI，2009），并认为，为了符合国际标准和建议，绩效审计师数量需要在现有基础上增加10倍（目前为300名）。2009年，在非洲SAI组织最佳绩效审计比赛中，加纳审计署脱颖而出。一些绩效审计方面的工作在西欧SAI组织的帮助下取得了进展，如瑞典审计署自20世纪80年代以来提供的培训课程，由加拿大审计长提供的素质建设和研究投入，英国国家审计署对俄联邦会计协会的支持。同样，国际组织如世界银行、亚洲开发银行等也提供了支持，如支持中国提高绩效审计能力的工作。

定义和特征

本书的重点主要是研究国家层面的最高审计机关的运作，并试图确定绩效审计的定义。所以，恰当的做法是从国际最高审计机关（INTOSAI）开始，这是一个世界性的充当各国最高审计机关论坛的“伞状”组织。国际最高审计机关审计准则（INTOSAI，2004）规定：

7 绩效审计涉及审计的经济性、效率性和效果性，并包括以下内容：

(a) 根据有效行政原则和实务以及管理政策，审计行政活动的经济性。

(b) 根据被审计单位要求纠正已确定的缺陷，审计人力、财务和其他资源使用的效率性，包括审查信息系统、绩效措施、监察安排和程序。

(c) 审计与被审计单位实现目标有关的绩效的效果性，并审计其行为的实际影响与预期影响。

在这个宽泛的定义下，绩效审计发展出了多种形式。有些学者对实质性绩效审计与系统和程序性审计进行了区分（Shand and Anand，1996）。前者趋向于考虑效益性和效果性问题，后者集中在用于提供和评价项目的系统与程序上。还有学者（Bowerman，1996）的分析区分了管理系统、安排和程序、绩效程序审计、政策审计、绩效管理陈述审计、比较绩效审计和质量审计等的差别。最近，格兰隆德等（Grönlund et al.，2009）在评估瑞典审计署 2003～2008 年发表的报告时，确定了 8 种类型的绩效审计，涵盖了经济性、效益性、效果性、系统、管理、目标相关、政策和实证审计。

不同的解释导致不同重点的工作。例如，在澳大利亚两个不同的机构——西澳大利亚审计署和塔斯马尼亚州审计署，绩效审计包括“从每年的鉴证财务报表和绩效指标到对绩效检查直接报告的准备等一系列审计与评估活动”（Nichol，2007）。加拿大审计署规定，绩效审计为“以效果为重点的政府管理行为、监管措施和报告系统”（OAG，2010）。在英国，国家审计署的绩效审计旨在收集证据，然后做出是否取得了“效益”的结论，“效益”被定义为“为取得预期结果对资源的最佳使用”。

各最高审计机关已经使其绩效审计满足特定环境的需求。例如，瑞典 8
审计局宣布，“绩效审计应将重点放在与政府预算、政府活动、任务的执行和与效果有关的环境上。也可指总体的政府活动”（SNAO，2008，12）。瑞典审计局还声称，绩效审计必须“将重点放在对社会至关重要并且存在明显的效率缺陷风险的问题上”，同时确定审计的选择应基于下列标准：

- 审计应以假定的问题为基础。
- 审计应关注正在进行的或已经实施的实际的政府行为。
- 审计评估的依据必须要清晰地加以陈述。这一依据通常有两个来源：一是来自瑞典国会（Riksdag）的直接决定（或者在某些情况下来自政府的直接决定），二是可以从瑞典国会的直接或间接观点中加以推测。
- 应能高度可靠而准确地回答审计涉及的问题。
- 瑞典审计局（SNAO）报告的编撰应提供要求问责的依据。因此，在审计报告中明确分摊当事方之间的责任和批评十分重要。

通过选择或对所需任务的理解，最高审计机关以不同的方式来推进其工作。例如，如前所述，荷兰审计法院选择将其重点放在政策意图和政策执行的差距上，因为根据过去的绩效审计，政策制定被高估了而政策执行却被低估了，这样，对于荷兰纳税人来说，就造成了效益低下的结果。审计法院的报告明确：

> 调查各部部长的政策是否有效：能产生预期效果吗？我们关注通过执行各部部长的政策是否能取得预期的效果。我们还考虑政策执行的问题：各部部长是像原先商定的那样做的吗？其结果符合社会的利益吗？（Algemene Rekenkamer，2009）

在一定程度上，工作性质的多元化反映了在不同的辖区内适用绩效审计的不同规章制度。例如，有些最高审计机关没有审查效果性的权限。在澳大利亚的8个州和区中，有一个排除了审查管理和机构效果性的权限，而有两个重点是放在系统而不是管理上（Nichol，2007）。在加拿大，法律排除了
9 对效果性的直接评估，而在爱尔兰则允许主计审计长审查那些评估业务效果性的机构所采用的系统、程序和实践，并且与他认为合适的机构、业务和系统进行比较，但自己不直接审查这些活动的效果性。

绩效审计师的技能和专业各不相同，所以，其工作方式也不同。在有些辖区，审计工作是由专门的会计师来完成的，在另外一些管辖区，审计工作可以由律师或具有公共管理、社会或政治科学背景或其他专业的人员来担任。2005年，80%以上的欧洲最高审计机关报告称聘用了具有法律资质的雇员，除法国审计法院以外，所有审计署都聘用了具有会计或商务资质的人员（National Audit Office，2005）。不同的技能导致不同的方法。例如，在挪威，新员工的引进使对绩效审计的方法更具评价性（Gunvaldsen and Karlsen，1999），而朗斯代尔（2008，以及在本书中）呼吁人们关注英国审计署对审计方法的改进，例如，从招募具有不同技能的新员工到利用外部专家来协助进行审计。

绩效审计开展的制度环境也使审计工作方式发生了变化。这些工作方式在由宪法或法律所规定的政府体系中占有一席之地，并具有一些相似的主要特征：独立于政府、具有专业素养的员工、拥有接触有关信息和文件的绝对权力、发布报告的自由。但是，在欧洲内部，情况有些不同，例如，最高审计机关有四种不同的模式（National Audit Office，2005）：具有司法功能的法庭，如法国审计法院（French Cour des Comptes）；没有司法功能的学院式机构，如芬兰和德国；由审计长领导的审计署，如英国；还有一个“与众不同”的模式是由行业协会会长领导，在中央、地区和地方层面开展审计工作，如奥地利。考虑到制度的地位对法国和英国审计工作方式的影响，阿

斯蒂尔和佩吉（Astill and Page，2006）评价道：

法国审计法院的法律地位和其作为由公务员组成的国家机构（就像法国司法系统一样）的事实，意味着其处理诸如权威、信任和专业等问题的方法可以被描述为一种“内部人”方法。它利用根植于国家机构特有的权威、信任和专业以取得对被审计单位的影响。英国审计署……致力于被称为“外部人”的策略：首先，通过与政府内部人员进行交流，向他们证明自己的价值，从而建立其影响力；其次，依靠英国政府之外的团体和力量得出其结论，在政府内部人员不愿意接受其结论时推动他们接受。

若干国家审计制度简述 10

本书不可能涵盖全世界各种类型绩效审计的发展状况，我们将重点放在一些国家审计工作的某些方面，在这些国家，绩效审计有着良好、完善的传统，如澳大利亚、比利时、荷兰、瑞典、英国和美国（参见表1－2）。审计工作有多种形式，政府和立法机关利用审计的方式也各不相同。

表1－2　　绩效审计的作用 11

	审计报告的使用	使用的资源	产出量
澳大利亚国家审计署	报告为公共账目和审计联合委员会拥有	2008～2009年间花费2359.4万澳元	2008～2009年间发布了45份报告
审计法院（比利时）	议会政策委员会使用	在特殊情况下使用外部专家	每年发布15～20份报告
审计法院（荷兰）	国会委员会或政府机构使用	80名雇员（有些为兼职从事绩效审计） 390万欧元（占审计费用的21%） 偶尔使用外部专家	每年发布15份报告
国家审计局（瑞典）	各个议会委员会、政府部级单位和机构使用	100名雇员、1.33亿瑞典克朗（占预算的46%） 约20%的研究使用外部专家	2008年和2009年各发布了33份报告

续表

	审计报告的使用	使用的资源	产出量
政府责任署（美国）	报告直接提交国会。2007年，92%的绩效审计报告应国会特别请求或法律规定而进行的	利用总数为3100人的雇员 使用外部资源非常有限	2007年发布了1038份绩效审计报告
国家审计署（英国）	下院公共账目委员会用于监督听证会的依据	约有270名雇员（包括实习生） 大量使用外部专家	2009～2010年发布了63份报告

在澳大利亚，绩效审计由澳大利亚审计署（ANAO）和州审计机构承担。2008～2009年，澳大利亚审计署将重点放在下面一些主题上：治理和项目管理，边境安全和国家安全，社区扶持和福利，环境，工业、科学和教育以及实体的改造。在这一期间，该机构出具了45份绩效审计报告，平均每份的成本是39万澳元，涉及的主题从公共工程的资金管理、预备役部队、社会福利署（Centrelink）投诉处理体系到澳大利亚旅游局。澳大利亚审计署的报告由公共账目和审计联合委员会审查。该委员会在2008年审查了26份绩效审计报告，支持了审计署的所有建议。委员会的报告详述了在这届国会期间委员会审查绩效审计报告所发现的问题，并且选择了5份报告进行详细审查（NAO，2009）。

比利时审计法庭承担联邦、地区和省级的审计。2009～2010年，其审计报告涵盖了诸如特别税收督查的组织和运作、皇家美术博物馆及皇家艺术和历史博物馆藏品的知识和保存、东京议定书的执行、科学知识在保健政策中的应用、公私合伙、支持进入劳动力市场有困难的人员、政府的员工计划、建筑中理性使用能源、就业和职业培训办公室的运行、给予中小学的教育和行政支持等主题。比利时审计法院的审计报告由接受审计报告的立法委员会（联邦议会、佛兰德斯议会和瓦隆议会）讨论。

在荷兰，审计法院调查中央政府的税收和开支的征稽和使用是否合理、
12 中央政府政策的执行是否取得了预期的效果。作为这项权力的一部分，绩效审计调查部级制定的政策是否有效并且达到了预期效果（Algemene Rekenkamer，2010）。审计法院声称，大量使用外部专家审计部级单位的效率是要

观察为取得预期效果资金使用是否合理，其重点是中央政府，但也对使用公共资金完成公平交易法定任务的机构进行绩效审计。这些机构包括学校、福利机构和警察部队。一共约有 80 名审计师在审计法院进行绩效审计，审计金额高达 3500 亿欧元（Turksema and van de Knaap，2007）。审计法院每年提供 15 份报告，最近的报告涵盖了补贴和特别用途拨款、为年轻的无家可归人员提供的免费服务、道路交通对环境的影响和帮助没有就业资格的失业人员等。在提交特别委员会之前，众议院政府支出委员会将收到审计法院的所有报告。有时，在报告发布后，委员会会收集和传达众议院议员对审计报告提出的一些问题。被审计机构所做的答复和反馈也随之发布。

在瑞典，审计局对瑞典政府机构进行审计，每年要对 250 多个机构进行财务审计，进行约 30 次绩效审计。2008 ~ 2009 年，这些审计包括对欧盟农产品支持交叉合规的监督；政府出售桑内拉电信（TeliaSonera）8% 的股份；文化拨款——为创新提供有效监督和良好条件；为移民提供基本语言技能的瑞典移民项目；高等教育质量；私人养老服务的质量（Riksrevisionen，2009）。审计师发现的问题在得到对审计报告负责的审计长的批准后，将以报告的形式提交给政府，瑞典国会监督的机构除外。这包括公共机构、基金、国有企业、使用公共拨款和福利的实体、失业福利基金。

英国国家审计署每年提供 60 份重要报告，大多数是“效益”报告。审计署具有法定权力审查中央政府和一系列其他机构（包括大学、继续教育学院、医院和为政府服务的私人承包商）资金使用的经济性、效率性和效果性。大约 270 名雇员从事效益审计，他们当中的许多人接受了审计署的会计师培训，其他人则来自诸如统计、运筹学等其他专业领域。审计署的报告被当成下院公共账目委员会听证会的依据。在许多人看来，该委员会权限广泛，并以所提问题尖锐而著称。主计审计长，即国家审计署的首长，作为永 13
久证人参加该委员会，并且，在提供适当的审计团队的同时，还向委员会的议员提供情况介绍和帮助。2010 年早期的报告包括诸如公共服务津贴、中央政府重组、重要工程的内政管理、多用途加油机的交付、经济衰退时期对商业的支持、具有英国特色地区和有机农业环境有效性的再造计划等主题。

美国政府责任署是在一个宽泛的授权下运作的，负责调查“所有与收入、支出和使用公共资金的有关的事项”，以及“提出在公共支出方面追求更高经济性和效益性的建议”。政府责任署独立于联邦行政主管部门，直接向国会汇报。2007 年，政府责任署对 554 个新的绩效审计项目进行了审计，发布了 1038 份绩效审计报告。2007 年，大约 92% 的绩效审计是在国会特别请求下或根据有关法律规定进行的。为了协助向国会提供有关各种问题的信息和分析，并使其能做出监管、政策和资金方面的决定，政府责任署将提供广泛的包括通信、证词、案情摘要和审计报告在内的审计产品。其绩效审计师得到了诸如数据收集、统计和法律等技术领域专家以及保健专家、工程师、环境专家和精算师的支持（GAO，2008）。

超越最高审计机构

并不是所有的绩效审计都是由国家审计机构在国家层面进行的。保罗·尼科尔（Paul Nichol）对澳大利亚审计的考察（Nichol，2007）突出了各州和区如何确定绩效审计的不同定义并制定不同的审计法。在本书中，卡特瑞恩·维茨（Kartrien Weets）所写的章节重点强调了鹿特丹地方政府的绩效审计，鹿特丹是荷兰已经建立自己的审计机构的众多城市之一。马克·芬克豪泽（Mark Faunkhouse）在书中列举了美国一些城市和州的绩效审计的例子，说明了越来越多的美国城市在 20 世纪 80 年代和 90 年代是如何建立绩效审计单位的。在英国，审计委员会和地方审计部门在诸如地方政府和卫生服务领域有着悠久的效益审计历史，尤其是在 1982 年立法之后，虽然在本书写作时，政府已宣布解散审计委员会，但仍可以看到地方政府的效益在未
14 来将如何提高。随着苏格兰和威尔士政府权力下放安排的引进，两个单独的审计机构——威尔士审计署和苏格兰审计署——得以成立。这两个机构绩效审计的形式与国家审计署的运作方式已经有所不同。

绩效审计的作用是什么？

至此，本章一直在强调绩效审计的多样性和差异性，不过，我们仍然可以找到一些有助于我们思考绩效审计所发挥作用的共同的主题。

第一，我们可以看到，绩效审计已经成为最高审计机关均衡审计组合中必不可少的组成要素。虽然在某些情况下，绩效审计机构也从传统审计中取

得收入，但是它已经超越了传统的审计工作。在英国国家审计署，大约有1/3 的资源用在效益审计上（National Audit Office，2009）。在瑞典，这一数字达到了 50%，而在澳大利亚审计署，绩效审计占用了其 1/3 的资源和60% 的雇员。在许多发达国家的审计署，绩效审计如果不是占主导地位，也是占有相当重要的位置，最引人注目的是其工作本身。因此，它就成为国家综合审计功能的一个重要组成部分。

第二，我们可以将绩效审计报告看成是一种独立的责任机制，以能够独立获取权威资料和信息为基础，提供了对公共部门绩效的详细描述或分析。公共管理部门的官员可以根据审计报告提出的建议采取行动。正如波立特（Pollitt，2000）指出的那样：

> 有一类绩效信息确实引起了政府的注意，这种信息就是国家审计署以绩效审计的形式发布的。通常，这种关注是半强制性的，也就是说，从程序上说，部长们和/或立法特别委员会必须对上述报告做出反应。这虽然不能保证能产生实质性的影响（当然也不能保证建议得到实施），但是，这的确意味着需要某种正式的考虑和回应。

绩效审计使得绩效评估能够为人们所知晓，也使审计师越来越愿意以不同的形式宣传他们的工作——通过报纸、电台和电视，而且越来越多地放在播客甚至 YouTube 上（2008 年荷兰审计法院关于竞技体育的审计报告就是这样发布的，2010 年英国国家审计署关于“成功授权”的审计报告也是这样发布的）——这也意味着与 20 世纪 90 年代相比，现在的审计工作已变得更加引人注目。审计将杰夫·马尔根（Geoff Mulgan）所谓的“令人不安的信息”置于公众视野之下，而在某些情况下，政府并不愿意这些信息受到审查或将其公开（Mulgan，2006）。

第三，绩效审计日益成为立法机构或其审查委员会开展工作（通常为 15
其调查提供大部分证据）以及政府后续行动的基础。绩效审计师和审查委员会的关系有很多种。在荷兰，审计法院宣称众议院和政府是其主要“客户”，而将其职责看成是“向国会提供有用的和相关的信息，以便国会可以确定某一部长的政策是否有效。只要有可能，我们就会使我们的审计工作与国会的期望和需求保持一致”。在英国，几乎所有的公共账目委员会的项目都是由绩效报告组成的（其余的大部分为关于合格财务账目的报告）。委员会将这些报告作为向高级官员质询其机构绩效的依据。在这种情形下，正如怀特和霍林斯沃思（White and Hollingsworth，1999）指出的那样，“民主责任真正感到了刺痛：审计使国会至少可以部分地揭开部长的责任面纱，并参与政府自控的过程”。

第四，绩效审计使得最高审计机关能够辩称他们的工作以超出对规范和合规的关注的方式“增加了新的价值”，而有些评论家认为，规范和合规的视角具有很大的局限性（Behn，2001）。相反，绩效审计工作已经表明，它可以作为一种成熟的标准，指导政府机构改进工作，以便跟上以前所涉及的范围更广泛的绩效审计议程。为此目的，绩效审计被当成了英国、荷兰审计从业者召开会议或研讨会的基础，旨在将审计作为对绩效改善进行建设性、合作性讨论的起点。审计工作也为官员自我评价提供了工具，并已经成为大量非正式建议和指导的基础。朗斯代尔和比彻伯格（Bechberger）随后仔细讨论了这些主题。绩效审计加强了最高审计机关与业内不同实践群体、专家、民间社团的紧密联系，而如果只专注财务账目，这种联系是不可能发生的。通过这样的工作，最高审计机关为更广泛的政策辩论做出了贡献。

第五，在对绩效审计进行思考后，我们可以将其看成是最近30年发展起来的许多政策分析和评估形式之一。同时，越来越多的从业人员涉足其他专业领域，以推动其发展。这有助于强化关于绩效审计的下述观点：绩效审计是一种涉及多种学科活动的观点，为了实现其目标，它会利用各种手段以形成具有充分说服力的证据。绩效审计与评估之间的关系在审计文献中有详细
16 的记载（例如，Pollitt and Summa，1997，Leeuw，1996，Pollitt et al.，1999，Mayne，2006，Bemelmans - Videc，Lonsdale and Perrin，2007），大部分论文是由具有审计经验的作者撰写的。人们普遍认为，审计师们使用的许多方法与评估人员使用的方法相同，但使用的方式、制度背景、审计目的以及审计人员的心态常常各不相同。同时，与评估师相比，审计师的优势在于他们拥有更多的法定权力，利用现有正规程序以保证其报告得到政府的回应。

本书的主题和结构

正如本书开头指出的那样，在我们生活的这个时代，公共部门的绩效已

经成为政治辩论的中心。我们正在从一个公共部门持续增长（偶尔紧缩）的时代过渡到一个公共项目大幅度削减的更加令人不安的时代。在这一过程中，审计部门得到了锻炼。这有可能使审计部门及其关注的问题在未来十年或更长时间里成为人们关注的焦点。或者，同过去相比，审计的方法可能不再有效，因为人们关注的问题不再是效率，而更多的是关系到政府从所有部门退出的政治决定。同时，削减公共部门支出也使最高审计机关深受打击。事实上，2010 年，澳大利亚和英国审计署都是在资源减少的背景下运作的。

这会导致许多问题。例如，绩效审计师应如何在其审计中对这个新的环境做出反应？公共支出的严重削减对审计师有何影响？如果削减涉及公共支出的大幅度减少，如果审计师不能对政策提出质疑，他们又能做什么？有一点是清楚的，审计数据的增加并不能简单地与绩效的提高相关联，但如何对此做出反应，就不那么清楚了。如果推动绩效审计的国家审计机构的扩大不一定导致责任意识的增强，那么，他们过去 25 ~ 30 年的努力不是就白费了吗？

除了是一个现实问题外，现在研究绩效审计还有其他一些理由。尽管在过去十多年间有了一些发展，但研究的某些主题已经落后了 10 年或更长时间。然而，在这一时期，我们看到了大量的案例材料，这些材料探讨了绩效审计的各个方面。我们相信，在这些研究的基础上，人们一定会希望看到更多的立足现代角度的分析。同时，审计方法也有了重大进展，许多国家对审 17
计工作的结论及其更广泛的贡献表现出极大的兴趣。同时，人们也认为（RAND，2009），"在最近几十年中，支持和执行绩效审计的任务在技术上变得越来越难"，特别是：

> 现代国家体系正发生着变化，使绩效审计的作用也产生了问题。这样，至少作为对这一问题回应的一部分，必须采纳一套更为复杂的审计操作实务。在此情况下，"体系"（architecture）是指涉及提交、交流和根据审计信息采取行动的机构（审计实体和受命为审计实体的工作提供支持的组织、国会、政府、新闻机关以及部门和机构）之间的关系，这些机构使用的资源（资金、法定权力、技能、影响力），以及将它们联系在一起的权力关系。

这些变化如下：代理问题和确定谁来承担责任；归因问题；计量问题；“我们在计量谁的利益”的问题，以及确认可能存在多个利益相关者的需要。

重新审视这一领域的另一个理由是，帕沃（Power）的著作《审计世界》（*The Audit Society*）已经出版了10多年，这本书的出版使得人们开始关注审计的影响（这些影响有时是负面的），并带来了此后将近20年的法规、评估、检查和各种审查活动的扩张。因此，要重新审视最高审计机构的操作方式、其成果如何交流，以及产生何种后果，现在是一个很好的时机。

本书是一本经过编辑加工的论文集，各篇论文的作者均在审计机构工作多年，并且在此之前都做过审计方面的研究，其中有几位来自学术界或与学术机构有某种联系。因此，本书既包含了熟悉审计学术文献的实践者的观点，又包含了涉及审计实践的学者的观点。本书同样也希望引起那些绩效审计对象——即各国公共部门的官员——的兴趣，以及那些出于问责和绩效改善目的而使用审计报告的人的兴趣。

本书分为四个部分。在第一部分的引言之后，简—埃里克·福如博（Jan – Eric Furubo）进一步审视了绩效审计的内涵，并试图确定绩效审计的本质。他为本书中所写的章节为绩效审计提供了一个具有可操作性的定义，而在本书的结论部分，我们还会再次讨论这一主题。在第二部分，我们讨论了在一些国家绩效审计是如何执行的。首先，我们把目光集中在审计机构如
18 何选择其调查对象上，因为这是绩效审计师独立性的重要标志。维塔尔·普特（Vital Put）和鲁迪·特克斯马（Rudi Turksema）都有在审计机构工作的经验，他们分析了荷兰和比利时在选择调查对象时的影响因素，因为这两个国家从事审计的方法与众不同。然后，维塔尔·普特对绩效审计中使用的准则和标准进行了分析，审计师正是利用这些准则和标准评估被审计机构的绩效。这一章考察了荷兰和英国审计机构所选择的审计准则。

在选定一个审计对象并决定如何对其进行评估后，接下来，绩效审计师要做的便是选择收集和分析证据的方法。杰瑞米·朗斯代尔专门考察了英国的情况，讨论了英国国家审计署过去20年间选择方法的进展，重点分析了审计工作的环境对审计方法选择的影响。随后，亚历克斯·沙拉施金讨论了审计师如何利用证据来构建其论点。这一章考察了审计师认为什么是充分的证据，以及他们如何以可靠的方式来组织这些证据，以应对被审查对象的质

疑。与此相关，贾斯廷·基恩（Justin Keen，他是一位来自卫生保健领域的学者，20 世纪 90 年代末，他在英国国家审计署做了两年的研究员）探讨了绩效审计师如何做出判断。绩效审计涉及如何从一系列不同的资料来源中挖掘证据进行分析。这一章详细分析了在建立审计师用以形成其报告的战略讨论框架之前，审计师在做出判断时的思维过程及其对审计师的影响。最后，在有关审计实施的部分，彼得·威尔金斯（Peter Wilkins）和理查德·博伊尔（Richard Boyle）讨论了标准和质量问题。绩效审计的质量对于国家审计机构的声望和信誉来说至关重要。在过去这些年里，审计师制定了自己的标准，建立了质量保证安排以维护和提高标准，而另一些审计师现在越来越多地参与标准制定的过程。

本书第三部分评价了绩效审计对提高政府效率的促进因素。这是一个存在争议的领域。艾迪·范·洛克（Eddy van Loocke）和维塔尔·普特考察了绩效审计影响力的实证证据，并利用 14 项实证证据得出结论：有证据显示，审计影响力有时巨大，有时根本不存在。马克·芬克豪泽是美国堪萨斯州的一位久负盛名的审计师，他仍然支持绩效审计，并与两位绩效审计学术评论家罗布特·贝恩（Robert Behn）和梅尔文·达布尼克（Melvin Dubnick）展开了论战。他们认为，审计师有充分的理由相信他们的工作具有影响力。尽管存在着怀疑，但本章还是证明了在美国，绩效审计能够并且的确对政府运作的方式产生了实实在在的影响。弗兰斯·L. 莱乌（Frans Leeuw）提供了 19
一个更具怀疑性的观点，其视角跨越了审计、政府、评估和学术界。他讨论了关于绩效审计的负面效果的证据。这一章利用大量的文献展示了作者对于绩效审计问题的观点。所有这三章都强调了绩效审计师了解其工作价值的重要性，而卡特瑞恩·维茨（Katrien Weets）对此进行了进一步探讨，他讨论了在地方政府层面上绩效审计的效果性。这一章对其他学者开发的方法进行了调整，探讨了在何种程度上绩效审计是真正有效的，并且考虑了哪些因素会影响他们保证绩效审计影响力的能力。这一章特别关注荷兰鹿特丹市审计机构的工作。

我们继续讨论影响力的话题，本部分的最后两章探讨了绩效审计师如何寻找提高其工作价值的方法，即通过知识共享以及得到被审计对象的反馈。杰瑞米·朗斯代尔和埃琳娜·比彻伯格探讨了绩效审计师如何专注于确保在问责过程中不断学习，同时发挥一定的作用。近年来，许多国家的审计师得出结论，单纯出炉审计报告和发布审计结果不足以产生有利的变化。这一章考察了其他形式的审计结果的开发，包括优秀实践指南和旨在帮助政府官员提高工作绩效的工具箱。彼得·范德克纳普探讨了最高审计机关如何提高对审计对象的响应能力以努力使其工作更有效，讨论了荷兰审计法院如何参与选择审计单位、审计方法和审计方式。

最后，通过前面几章的讨论，第四部分回答了“那又怎样”这一问题。杰瑞米·朗斯代尔、汤姆·林和彼得·威尔金斯讨论了审计结果对审计署和政府来说意味着什么，并得出了绩效审计能够在多大程度上能帮助改善政府绩效的结论。

参考文献

AFROSAI（2009），“About us”，available at：www. performanceaudit. afrosai – e. org. za/content/about – us（accessed 15 May 2010）.

Algemene Rekenkamer（1989），*Algemene Rekenkamer*：*Past*，*Present and Future*，The Hague：Algemene Rekenkamer.

Algemene Rekenkamer（2009），“Performance audits”，available at：www. courtofaudit. com/english/Organisation/What_do_we_do/Performance – audits（accessed 15 May 2010）.

20 Algemene Rekenkamer（2010），“The history of performance auditing at the Netherlands Court of Audit”，available at：www. courtofaudit. com/english/Organisation/What_do_we_do/International_act.

ANAO（2009），The Auditor – General Annual Report 2008 – 09，available at：www. anao. gov. au（accessed 10 March 2010）.

Astill，S and E Page（2006），“Aims，instruments and interactions in VFM audit：a cross-national study”，Paper for the National Audit Office，London.

Behn，Robert（2001），*Rethinking Democratic Accountability*，Washington DC：Brookings.

Bemelmans – Videc，Marie – Louise，Jeremy Lonsdale and Burt Perrin（2007），*Making Accountability Work*：*Dilemmas for Evaluation and for Ac-*

countability, New Jersey: Transaction Publishers.

Bouckaert, Gert and John Halligan (2008), *Managing Performance: International Comparisons*, London: Routledge.

Bowerman, M (1996), "The rise and fall of VFM auditing", in I Lapsley and F Mitchell (eds), *Accounting and Performance Management: Issues in the Private and Public Sectors*, London: Paul Chapman Publishing, pp. 193 –12.

De Lancer Julnes, P (2006), "Performance management: an effective tool for government accountability? The debate goes on", *Evaluation*, 12 (2), 219 –35.

GAO (2008), "International peer review of the performance audit practice of the United States Government Accountability Office, peer review report", available at: www. gao. gov/about/internationalpeerviewrpt2008. pdf (accessed 15 May 2010).

Gronlund, A, F Svardsten and P Ohman (2009), "Value for money and the rule of law: the (new) performance audit in Sweden", *International Journal of Public Sector Management*, November.

Gunvaldsen, J and R Karisen (1999), "The auditor as evaluator: how to remain an influential force in the political landscape", *Evaluation*, 5 (4), 458 –67.

INTOSAI (2004), "International organization of Supreme Audit Institutions ISSAI 3000, implementation guidelines for performance auditing", available at: http: //www. issai. org/media (708, 1033) /ISSAI_3000E. pdf (accessed 15 May 2010).

Laspley, I and J Lonsdale (2010), "The audit society: helping to develop or undermine trust in government?", in M Adler (ed.), *Administrative Justice in Context*, Oxford: Hart Publishing.

Leeuw, F (1996), "Auditing and evaluation: bridging a gap, worlds to meet?", in C Wisler (ed.), *Evaluation and Auditing: Prospects for Convergence*, New Directions in Evaluation No 71, San Francisco: Jossey – Bass Publishers, pp. 55 –61.

Lonsdale, J (2008), "Balancing independence and responsiveness: a practitioner perspective on the relationships shaping performance audit", *Evaluation*, 14 (2), 227 –48.

Mayne, J (2006), "Audit and evaluation in public management: challenges, reforms and different roles", *The Canadian Journal of Program Evaluation*, 21 (1), 11 –45.

Mulgan, Geoff (2006), *Good and Power: The Ideals and Betrayals of Government*, London: Penguin.

National Audit Office (2005), *State Audit in the European Union*, 3rd edition, London: National Audit Office.

National Audit Office (2009), *Annual Report*, London: National Audit Office.

Nichol, Paul (2007), *Audit in a Democracy: The Australian Model of Public Sector Audit and its Application to Emerging Markets*, Aldershot: Ashgate.

21 OAG, Canada (2010), "Performance audits", available at: www. oag – bvg. gc. ca/internet/English/au_fs_e_9365. html (accessed 21 April 2010).

Pollitt, C (2006), "Performance information for democracy. The missing link?", *Evaluation*, 12 (1), 38 –55.

Pollitt, Christopher, Xavier Girre, Jeremy Lonsdale, Robert Mul, Hikka Summa and Marit Waerness (1999), *Performance or Compliance? Performance Audit and Public Management in Five Countries*, Oxford: Oxford University Press.

Pollitt, C and H Summa (1997), "Evaluation and the work of Supreme Audit Institutions", in M – C Kesseler et al. (eds), *Evaluation des politiques publiques*, Paris: l'Harmattan.

Power, Michael (1997), *The Audit Society: Rituals of Verification*, Oxford: Oxford University Press.

RAND Europe (2009), Performance Audit Handbook, Cambridge: Rand Europe.

Rawnsley, A (2009), "The long party is over for the public sector, whoever wins", in *The Observer*, London, 22 March.

Riksrevisionen (2009), Annual Report of the Auditors General, Stockholm: Riksrevisionen, available at: www. riksrevisionen. se/upload/1801/annualreport.

Shand, David and Paul Anand (1996), *Performance Auditing in the Public Sector: Approaches and Issues in OECD Member Countries*, OECD, Paris: Performance Auditing and Public Sector Modernization.

SNAO (2008), Audit Plan 2008, Stockholm: Swedish National Audit Office.

Talbot, Colin (2010), *Theories of Performance: Organizational and Service Improvement in the Public Domain*, Oxford: Oxford University Press.

Treasury (2007), *Meeting the Aspirations of the British People*, 2007 *Pre-budget Report and Comprehensive Spending Review*, London: HM Treasury, Cm7227, available at: www. official – documents. gov/document/cm72/7227/7227. pdf. (accessed 21 April 2010).

Treasury (2009), 2009 Value for money update, London: HM Treasury, available at: www. hm – treasury. gov. uk/d/vfm_2009update_pu787_230409. pdf. (accessed 21 April 2010).

Turksema, R and P van der Knaap (2007), "Planning and selecting performance audits at the Netherlands Court of Audit", *International Journal of Government Auditing*, July.

White, Fidelma and Kathryn Hollingsworth (1999), *Audit, Accountability and Government*, Oxford: Oxford University Press.

2. 绩效审计：审计还是审计的误用？

简—埃里克·福如博
(Jan – Eric Furubo)

22 绩效审计是对审计的某种误用。绩效审计是指一种特殊类型的可评估的活动，这些活动的名称中恰好包含了“审计”一词（Barzelay，1996）。

绩效审计的重要性在教科书、专题讨论会和国际协定中都得到了解释。[1]要找到像世界银行、经合组织、欧盟这样强大的支持者并不难。正如我们刚刚看到的那样，绩效审计现在被认为是民主国家体制的一个重要组成部分。另一方面，论述绩效审计的图书很少，且没有专业方面的刊物。我们还观察到，有关绩效审计方面的社团和专门讨论绩效审计的国际会议十分缺乏（尽管在 2009 年，美国有人发起成立绩效审计国际中心）。相比之下，人们对民主制度其他一些方面的讨论似乎永无休止。

对于这种情况，一个可能的解释是，绩效审计总是要在一个制度环境下加以解释。当谈到绩效审计时，讨论的话题集中在承担审计任务的机构在某一政府层面（国家、州和市）实际做了什么，或有时是声称做了什么。而从传统上讲，对于公开自己的运作方式以接受详细审查，这些机构中有很多心存忧虑（Pollitt et al.，1999）。

这一出发点的确令人玩味。这意味着，除了使用某类特定的机构选择的称呼绩效审计的术语外，我们无法对绩效审计议题进行讨论。因此，讨论大多是关于最高审计机构的话题、其实际的做法，以及这些做法当中的差异是如何得到解释的。同时，讨论也集中在绩效审计与其他知识的调查方面有着何种可能或不可能的关系。特别是，现在有一种趋势，将绩效审计作为更宽泛的评价体系中的一部分，而之所以定义为审计仅仅是因为它是由最高审计 23
机构来操作的。从某种意义上讲，这是一种循环论证。如果我们问最高审计机构的绩效审计功能是什么，他们会用“绩效审计”来回答。如果我们问绩效审计是什么，他们会回答：“这正是我们所做的。”

本章的观点与众不同。绩效审计可以并且的确在不同的制度背景下进行，这一点是清楚的，例如，我们可以从本书后面卡特瑞恩·维茨所写的关于荷兰市政府审计的章节中看出这一点。所以，我们称某件事为绩效审计，意味着我们拥有一些它与其他类型的调查区分开来的重要特征。如果一件事能展示出这些特征，那么不管什么机构在做，我们都应该能将其定义为绩效审计。如果将自己称为审计机构的单位所做的工作与这些特征毫无关系，那么，这个机构就没有被称为绩效审计机构的充分理由。为了确认这些特征，我们将绩效审计理解为韦伯主义（Weberian）意义上的“理想类型”。首先，我们将简要地讨论为什么更加深刻地理解绩效审计十分重要。

幼稚的话语

如前所述，研究和讨论绩效审计的书籍和杂志十分有限。这与评估或政府的其他许多评价系统相比大不相同。即使在我们承认的确对绩效审计的某些方面进行了研究（例如，Keen，1999；Morin，2001；Put，2005；Sharma，2007），并对某些国家更一般性的问题进行了探讨（例如，Ahlbäck，1999；Guthie and Parker，1999），这一一般结论也并不矛盾。

除此之外，大量的文献实际上将重点放在绩效审计与评估（许多学者认为它是一个与绩效审计相关的学科）之间的差异和相似点的对比上。对此，一种解释是，这一争论在很大程度上是由评价领域的参与者发起的，并发生在读者对象为评估人员的杂志上或其他环境中。当《评估新动向》出版了一期专刊《评估与审计：趋同展望》（Wisler，1996），以及最近约翰·梅恩（John Mayne）在《加拿大项目评估期刊》上发表了见解深刻的论文《公共管理领域里的审计与评估：挑战、改革和不同的作用》后，这种情况尤为明显。换句话说，绩效审计期刊的缺失造成了这样一种局面：少数想参

加广泛讨论的绩效审计师常常是在从其他专业和学术团体“借来的”的场
24 所中进行辩论。结果，他们似乎感到有必要以一种适合这些刊物和会议假定需求的方式来组织自己的讨论（如 Lonsdale，2008）。因此我们可以说，缺乏讨论绩效审计的特有场所使得绩效审计成了评估这一更具绝对优势的话题的殖民地。

还有一种情况是，许多绩效审计稿件的作者具有在审计机构工作的个人经历，同时具有更为广泛的评估环境（大学、政府机构、咨询事务所等）。对于在绩效审计领域引用率最高的作者之一埃利诺·赫利姆斯基（Eleanor Chelimsky）来说，情况尤其如此（Oral History Project Team，2009）。唯一关于不同国家绩效审计的广泛的比较研究是由一个团队承担的，这个团队的 6 名成员中有 4 名供职于最高审计机构，其余几人拥有评估领域其他方面的经验。这个项目的领导人克里斯托弗·波利特（Christopher Pollitt）是欧洲评估协会的第一任会长（Pollitt et al.，1999）。看来，这些来自不同“世界”的经验是一种推动力，推动人们对与绩效审计有关的相同之处和不同之处进行思考。[2]

在对绩效审计文献内容进行了讨论之后，在分析中我们对以下四个方面进行区分：

1. 基本理念和概念：绩效审计的作用、绩效审计潜在的理由，以及行政和政治体制中对人和其他因素的考虑。

2. 制度性前提的差别：法律约束、对信息的获取等。

3. 实际做法：采用的方法和技术、研究的目标、所提问题和应用的规范，以及由审计机构提供的审计结果在多大程度上得到使用。

4. 如何解释这些通常的做法：在不同的司法管辖区和文化中，这些常规做法有何差别。

从上面的观察来看，似乎辩论和研究主要集中在最后三个方面，或许主要是对第三个方面的讨论，许多作者使我们对实际的做法有了充分的理解。例如，施瓦茨（Schwartz）关于国家审计师为应对“效果性困境”而采用的不同策略的讨论（1999）建立在 6 个审计机构所做的实证研究的基础上。由波利特等（Pollitt et al.）所做的比较研究涵盖了第二个方面至第四个方
25 面，在某种程度上还包含了第一个方面。但是，很少有文章真正讨论我们

所谓的绩效审计的基本理念和概念。这并不意味着这些问题被完全忽视了。实际上，在某种程度上，莱乌（1996）、巴泽莱（Barzelay，1996）、梅恩（2006）、朗斯代尔和贝梅曼斯—维迪克（Lonsdale and Bemelmans - Videc，2007）、林（2007）和其他一些学者对这些问题进行了研究。尽管人们做了这些工作，但是，我们可以完全有把握地说，有关绩效审计的讨论更多的是以实践为导向，能够解释实践中的差异，而不是基本理念和概念的不同。除此之外，在转换到其他的分析方面之前，有关基本理念和概念层面的问题已经多次被顺便提及。

为什么讨论绩效审计的基本理念和概念很重要

即使有关读者接受了这一局面，提出下列问题也是合理的：为什么这是一个问题，为什么讨论绩效审计的概念问题可能如此重要。如果此类讨论变得有点过火，会有风险吗？毕竟，人们确实进行了绩效审计，审计报告也得以发表，其建议也得到了执行。为什么需要反思性的文献？

但是，我们认为，在绩效审计领域建立一套独立于评估的话语在今天比10年前或20年前更加重要。其原因与执行审计工作的环境有关。20世纪70年代和80年代，在那些开展绩效审计的国家，绩效审计成为评估领域里一个重要的参与者。在美国、荷兰、加拿大和瑞典，审计机构作为评估人担任着重要的角色并且在评估研讨中占有重要的地位（Mayne et al.，1992；Gray et al.，1993；OECD，1996）。作为当时评估领域里的先锋和开拓者的审计机构的角色在一些学者的研究中都得到了强调（Furubo et al.，2002）。[3] 今天，情况有了变化。我们拥有众多机构提供的大量评估信息（Rist and Steme，2007）。在具有悠久的绩效审计传统的国家，最高审计机构内的绩效审计部门提供的评估信息非常有限。智囊团、研究中心和咨询事务所都对公共政策倡议进行评估。在一些最近开展绩效审计实践的国家，绩效审计不大可能像几十年前那样在一些国家占主导地位。

因此，今天，绩效审计只是众多评估信息的提供者之一，同时像其他信 26
息提供者一样常常询问同一类问题，但却受到特殊制度安排的保护和支持。因此，确立绩效审计的基本理念和概念，以使我们能够明确它必须提供哪些独特的信息，这是非常重要的。

对绩效审计的不同解读

对这些理念和概念进行讨论马上就会遇到一个问题，那就是，要抓住绩效审计的含义谈何容易。我们或许可以假设，一个很自然的出发点是：绩效审计是一种特殊类型的审计，毕竟它也叫“审计”。但是，即使在这一点上，我们也很容易发现相互矛盾的观点。例如，巴泽莱宣称，“绩效审计是对审计的某种误用。绩效审计是对某一特别项目的评价活动，而这一活动的名称中恰好包含了‘审计’这个单词”（1996，19）。而且，据说许多来自其他背景而不是传统审计或财务审计的绩效审计从业者，可能会令听者更加信服，即使他们从事的是所谓的绩效审计的工作，当然，他们肯定不是审计师。他们是简报材料的评估者、分析师或提供者等，但绝不是审计师。

假定这种解读成立，那么，绩效审计这个术语就可以被认为是一种“概念的延伸”（Sartori，1970，1033）。这样，当审计机构对传统的财务审计领域进行扩展时，通过将其命名为审计，这种扩展就得到了促进并合法化。在这种环境下，看一看最高审计机构国际组织（INTOSAI）的文件对绩效审计描述的模糊性也许更有趣。这个组织的审计准则（2004）宣称，“绩效审计涉及审计的经济性、效益性和效果性”。但是，它的绩效审计应用指南却谈到了“对政府事业……的效率性和效果性的独立审查”。该指南还宣称，“绩效审计并非来源于私人部门熟悉的审计形式，而是来源于对政府项目和机构的经济性、效率性和效果性进行临时性的独立、广泛分析的要求”。

我们必须假定这样的事实，即指南没有将绩效审计师所从事的活动定义
27 为审计，而是使用了并非偶然使用的诸如“审查”（examination）和“分析”（analysis）这样的字眼。最高审计机构国际组织在其指南中对审计定义的不同视角在下面的摘录中表述得非常清楚：

> 审计通常与责任相关，但是在绩效审计中情况并不总是这样。审计责任可以这样描述，即判断不同级别的负责人实现其完全负责的工作目标以满足其他要求的程度如何（被审计人无法控制的因素不会影响审计结果）。另一

种办法是将注意力集中在理解和解释审计过程中已经得到的实际观察结果上。不是去发现谁有错，而是去分析所发现问题背后的因素，并且讨论如何解决这些问题。这一方法反映了绩效审计的总体目标是提高经济性、效率性和效果性这一理念。这两种方法代表了绩效审计的不同理念：一种理念是责任（与在合规和财务审计中一样）处于审计关注的中心；另一种理念则强调经济性、效率性和效果性，主要涉及审计案例所涉问题的争议事项（INTOSAI，2004，28）。

同样值得注意的是，直到不久前，英国国家审计署才开始在介绍审计工作的一系列方法和视角时使用“效益审查”，而不是审计，但最近又开始使用“审计”这个词来强调其工作和其他主要活动——财务报表审计——的相似性。这反映了经过20年渐行渐远的过程后将两类活动更加紧密地联系在一起的愿望。

我们将回到这些视角，但要展示的是“绩效审计就是审计”这一假设并非不言而喻。因此，在后面的章节中，我们将尽力提供对审计和绩效审计间关系的更为深刻的理解。

绩效审计的构建

构建绩效审计基本要素的第一步是描述什么是审计。作为第二步，我们要考虑，除了与传统（或财务）审计有关联的操作外，我们是否需要将其他操作考虑在内。这样，我们就可以考虑是否可以按与我们讨论其他类型的审计时同样的方法来考虑绩效审计。因此，我们将讨论如何对绩效审计进行定义。

第一步：作为理想模式的审计 28

为了回答“什么是审计”这一问题，我们要使用与马克斯·韦伯（Max Weber）有关联的一个分析工具，即理想模式（Idealtype）。强调韦伯的理想模式是从特定的角度创造一个在概念上清晰的理论架构，这一点十分重要。这种模式既不是现实世界的具体体现，也不是一种标准的模式（Brante et al.，2001，125）。韦伯自己在1904年宣称，“理想模式是由片面强调一个或多个观点以及由大量分散的、不相关联的、若隐若现的具体的个别现象所形成的，其结构的安排是根据将片面强调的观点融入一个统一的分析建构（analytical construct）中。由于其概念的纯粹性，这种心理建构（mental construct）无法用实证的方式在现实中找到”（Weber，1949，90）。韦伯还强调，“道德规则的理念，‘应该’存在那种‘模式’的理念应与分析建构区别开来，这就是该术语在严格的逻辑意义上的‘理想模式’”（Weber，1949，91）。

在关于审计的讨论中，帕沃（Power，1997）说明了根据某一术语如何被用来区分不同实践以定义一种现象的难度。他宣称，“审计的模糊性不是一个方法论的问题，而是一个真正的（substantive）事实”。因此，如果我们试图从不同审计形式中审计的具体实现来理解审计，则断言审计是什么似乎不太直截了当。

为了弄清理想模式意义上的审计的含义，我们必须回到我们所认为的审计的基本要素上来。在《审计的理念与原则》（*Philosophy and Principles of Auditing*）一书中，弗林特（Flint）提出了审计理论得以建立的一系列假设。他以下面的方式表述了他的第一个假设：“审计的首要条件是存在一种责任关系或公共责任的情形。”他通过将责任细分为若干部分以及不同的形式对此进行了详细阐述。首先是“在双方或多方之间，存在一种责任关系。在此意义上，就存在一方对另一方或多方的一种可接受行为的义务”。这一假设最简单的形式是一种具有两个特定关联方的情形（Flint，1988，23）。

弗林特指出，所有这些情形中的必要条件是“一方的行为……应受另一方或多方的审查，如果绩效没能达到已制定标准的预期，后者有权提请或
29 实施某种制裁或惩罚。作为对另一方或多方负有责任的一方，被要求做出说明、提供信息或提供获得信息的渠道作为惩罚决定的基础”（Flint，1988，24）。这种关系可以存在于若干层次，也可以被看成是责任关系的一个链条。在《民主责任再思考》（*Rethinking Democratic Accountability*）一书中，贝恩（Behn）谈到了问责者和被课责者，以及一种可能性，即在一种关系中为问责者，而在另一种较高层级的关系中又成为被课责者。

但是，我们也可以讨论其他关系中的责任，这种关系不是定义为可以“提请或实施某种制裁”的代理人与委托人的关系。这种责任也可以是“一

方建立其所负责信息的可信性和可靠性的需求，而这些信息有可能被特定团体或多个团体使用和信任，但上述使用者可能既不是固定不变的，也不能从个体上加以确定”（Flint，1988，22）。这些团体中有一些很容易确定，如潜在投资者、雇员、国会议员等。问题是，我们谈论的是有责任提供信息的实体和有权力（由传统或法律赋予）要求另一方提供信息以及要求这种信息以某种方式得到确认的团体。

我们可能注意到，第一种假设没有涉及审计师或审计功能的实际需求。弗林特的第二个假设对此进行了修改，宣称：“责任的目标太遥远、太复杂和/或意义太重大，没有审计的过程就不能证明职责的履行”（Flint，1988，26）。如果我们能够设想一种关系，其中问责者本身可以审查被课责者，那么也许更容易设想这样一种情况，即我们需要第三方即审计师来进行这种审查。我们还可能注意到，这一第三方的独立性被弗林特认为是先决条件。作为前两个假设这似乎是必要的。在履行责任过程中，审计师的功能是建立在免予调查和报告限制的独立和自由之上的。

第二步：将绩效审计置于审计之中

韦伯的理想模式及其对一个或多个观点的片面强调意味着其思想是建立在某一视角之上的。这意味着关于同一现象的不同视角可能导致建立不同的理想模式。到目前为止，这些观点或视角是不存在争议的。我们会或多或少地在大多数全面论述审计的教科书中找到同样的观点。审计涉及一种责任关系，并且需要（独立的）第三方参与。当涉及审查那些显示财务交易模式 30
的财务报表和某一实体的总体财务状况，以确保公共资金没有被挪为私用时，很少有人会质疑审计的必要性。即使我们从根本上对人性持正面的观点，我们当中的大多数人也会承认，存在有人贪污或做出其他欺诈行为的风险。

当我们更笼统地谈论绩效时，是否真的需要审计这一问题就变得有些令人困惑和复杂。我们可以像最高审计机构国际组织一样提出下面的问题：我们是否真的需要以审查财务绩效的方式来审查代理人的绩效。我们还可以提出这样的问题：是否仅仅告诉决策人和管理者如何提高其工作效率就够了。

我们还可以进一步提问：与责怪个人或机构相比，讨论如何应对那些被发现的问题是否不太重要。这些问题反映了一些关于个人和管理体制的潜在的假设。一方面，我们可以假设存在有人贪污或受贿的风险；另一方面，我们也假设，人们在其他方面愿意以体现其代理人意愿的方式忠实地履行其职责。我们还可以假设，人们愿意学习和改进，以便为了公众利益而追求效率和效果。

这些关于机构内的官僚体制和个人的相互矛盾的假设对我们如何看待绩效审计至关重要。为了细化那些具有潜在价值的观点，我们要借助卡尔·弗雷德里希（Carl J. Friedrich）和赫尔曼·芬纳（Herman Finer）之间持续了将近70年的辩论。在弗雷德里希和芬纳的辩论中，两个有关公共管理的不同理念发生了冲突。通俗一点儿说，这场冲突发生在“好人”和“坏人”的概念之间。在这场辩论中，弗雷德里希和芬纳都同意，管理体制的自由裁量权不断增加。对于民主的这一发展，弗雷德里希开出的药方包含两种成分：技术知识和政治责任。根据弗雷德里希的观点，技术知识是指，“寻求运用科学‘标准’的行政官员必须利用在某种程度上理性的和预先设定的一组假设来解释他们的行为。任何对假设的偏离都必须经过其在所谓的‘科学团体’中的同事的仔细审查”。政治责任是指，管理者不仅要考虑现有的知识，还应考虑“社区中人们已有的偏好，特别是绝大多数人的偏好”
31 (Friedrich, 1965, 169)。弗雷德里希假设，可以创建一种内部矫正机制并将不同的价值进行内化，这意味着可以假定官僚体制和个人将扮演“好人”的角色。

芬纳则站在相反的立场上，并采纳了一种更加阴暗、更加以“坏人”为导向的观点。自由裁量权已经增加了，但对这种权力扩大的反应是增加被选出的代表“在技术上可行的最低限度上决定公务员行动路径”的可能性(Finer, 1965, 77)。芬纳的立场是基于官僚结构必须得到控制这一观念。我们对行政机构如此不信任的原因是，“自古以来的政治和行政历史”已经“毫无疑问地”证明，各种形式的政府，包括那些仁慈的政府，“在缺乏外部严厉控制的情况下，迟早会出现权力滥用”。根据芬纳的观点，权力滥用“大致表现为三种情况”(Finer, 1965, 179 f)：

- 首先，政府和官员失职（nonfeasance），即由于懒惰、无知或玩忽职守，或贪污腐败，他们没有去履行法律和惯例要求他们承担的责任。

- 其次，在履行职责时，由于无知、疏忽，以及技术上不称职而造成破坏性的后果，从而出现渎职（malfeasance）行为。

- 最后，还有一种情况可以被称为过度作为（overfeasance），即在履行职责时，超越了法律和惯例的规定或授权。过度作为可能源于独裁的秉性，自命不凡的官僚的虚荣和野心，或者真心实意的公益精神。芬纳强调了这一权力滥用根源的重要性，并且宣称“我们这些身处公共管理领域的人，必须要像提防那些太坏的人一样当心那些太好的人”（Finer，1965，180）。

芬纳对人性的认识显然是阴暗的。但是，在一场有关审计的辩论中，决定哪种立场（不论是弗雷德里希的立场还是芬纳的立场）是对人性最正确的描述并不重要。原因很简单。我们当中的大部分人会接受下列论述当中的一个：

（1）弗雷德里希的描述基本是正确的。尽管如此，我们还是需要外部控制系统，或者因为其他道德机制并不能在所有情况下发挥良好的作用，以及/或者因为我们有时会遭遇特别的情形或特别（坏）的个人。

（2）芬纳持有的观点从本质上说更现实。尽管如此，我们同时也可以 32
观察到一种固有的利他行为，以及利用最佳技术知识来实现政治意图的意愿。这意味着，许多个体官僚以及官僚体制将利用新的知识来进行自我改进和“社会改良”。

这种推理过程意味着，在实践中，我们行动时就仿佛两种立场都正确一样，而不会考虑哪种立场最“正确”。这就意味着，由此产生的有关政府活动的知识可以具有不同的目的。大量的此类知识被制造出来，其中大部分是可评估的信息流，并在一种假想的范畴内放进“好人观点”中。但这也意味着，我们需要来自对管理者和行政组织的行为进行审查而形成的信息，而这种审查是基于“在缺乏外部严厉控制的情况下会存在权力滥用”这样的假设。

但是，接受“人性存在缺陷，由审计师发现并希望能够预防涉及金钱问题的不诚实行为十分重要”这一命题，就会使人们接受拓宽审计范围的必要性。由此看来，由于官僚体制和人性中的这一根本缺陷，经济、效率和效果也会受到威胁，而且我们无法相信官僚及其机构对于描述自己的缺点以便改进感兴趣。许多学者持这一观点，施瓦茨（Schwartz）对此进行了总结，并声称“管理者的兴趣在于机构的稳定性、预算的最大化和正面形象的促进，以希望阻止可能给机构的工作带来负面影响的评价”（Schwartz，1999，511）。

因此，我们可以认为我们需要审计师对政府机构绩效的不同方面进行审计，而不必考虑对现有审计机构具体实践的描述。这一观点意味着，绩效审计还是审计，并且，绩效审计与其他形式的审计存在的目的是一样的，即审查在责任环境下不同任务的完成情况。在这一过程中，关注的焦点当然是常常与绩效审计有关的 3E（即经济性、效率性和效果性），但也涉及组织绩效的许多其他方面。

我们所强调的是，审计是基于人性和官僚机构性质的某些假设。因此，关于绩效审计，指出这些假设可能与其他形式的评价实践所基于的假设有所
33 区别是很重要的。换句话说，我们可以区别那些能够解释不同形式的信息或知识所带来影响的理论。

对于许多评估理论家来说，假设的机制似乎都是这样的，即专家和决策人都愿意使用知识，而公共管理者的动机成了共同利益而不是私利。人们相信，获得某种知识的人比没有这种知识的人会做出更好的决定，工作会更有效率。马克、亨利和朱尔尼斯（Julnes）指出，“评估存在的理由……是通过向民主机构提供建设性的理性决定对社会改良发挥间接作用”（Mark et al.，2000，7）。在过去二三十年广受欢迎的，被贴上诸如目标管理、绩效预算、基于结果的管理［当然也包括 20 世纪 80 年代以来的新公共管理（New Public Management，NPM）］等标签的许多公共管理理论中，“好人”理念也可以被看成是处于核心地位。

相比之下，我们面对的以芬纳为代表的关于人性的理念就要阴暗得多。即使从这一视角出发，对不同机构的不同项目或活动的研究也有利于公共管理的改进，但这种改进的前提是要有一位追求监督和控制的重要人物。控制为社会理想价值观和高尚行为的弘扬提供了支持，这又反过来有助于做出更好的决定和对资源更好的利用，借此对社会信任水平产生影响。但这也可以被看成是一个悖论，因为审计是基于不信任，而会促进信任。因此，这里的论点是，因为我从根本上是不信任政府的，所以，只有当我知道政府受到了

控制，我才有可能信任政府。这并不是什么独创的观点。实际上，它是建立许多机构的基础。

当我们扩大审计的范围使其涵盖绩效方面的内容，而不仅仅涵盖传统审计/财务审计所包含的内容时，我们认为，这样做的原因是因为“坏人理念”至少是部分正确的。这一立场也是审计机构坚持独立性的根本原因。如果每个人都是“好人”，那么，独立性似乎就不那么重要了，因为每个人都能可靠地履行自己的职责而不需要监督。因为我们相信情况并不是这样，为了能够相信政府，我们需要站在独立的角度审查政府活动的机构。换句话说，控制和责任的基本前提是独立。因此，与评估相比，独立性对于绩效审
计具有更大的重要性，因为评估主要是用来改进决定或实践的。如果你为一 34
场一般的辩论或为了提高个人调解的效果而对信息进行加工，那么，独立性可能被认为更受条件限制。当涉及审计机构时，独立性并不是有时可能成为单个报告的一个特征，而是构成审计定义的一部分。没有独立性，审计就无从谈起。

这一见解至关重要。独立性也可附加在其他形式的评估活动中。我们可以认为，一项旨在改善管理者的实践水平和提高不同项目效率的研究，如果是以更加独立的方式进行的，那么这项研究就可能更值得信赖，因而更有用。但是，这一观点是有条件的。原因在于，我们也可以说相反的观点同样成立。我们很容易认为，为了提高使用水平和改进效果，依赖性而不是独立性更加重要。迈克尔·巴顿（Michael Patton）或许比任何人都更关注效用评估（Utilization - Focused Evaluation），他认为，“……效用评估应该由效用和实际使用来评价。因此，评估者应推动评估过程，并且在设计评估方案时仔细考虑一切从头至尾会影响使用的因素”（Patton，2004，277）。“评估应与被审查的个人或机构分开独立进行”这种理念与巴顿的观点当然相去甚远。换句话说，如果评估努力的根本原因是学习和改进，那么，独立性就可以用工具性的术语来讨论。与此相反，审计最重要的特征就是它总是（always）独立的。

在有关独立性的问题上以这样方式使用“总是”这个词可能会招致反对。毕竟，显而易见，没有人总是独立的。当然，我们承认，独立性的实际意义还可以进一步阐释。但是，我们所指的独立性是一种免于调查和报告束

缚的高度自由，这样就可以在责任的环境下进行评估。这包括审计师拥有选择审计对象、决定审计方法以及如何宣布审计结果的权利。但是，如果审计师揭露的是令人不安的事实，那么，独立性不仅包括某种执行不同任务的能力，而且也包括免于担心各种形式的惩罚的自由。

第三步：绩效审计的定义

根据我们已经总结的假设以及我们认为的在责任背景下使用的信息的基本条件，可以制定以下定义：

35 绩效审计是一种评估活动，这一活动对绩效或绩效信息进行评估。这种评估具有很高的可靠性以及免于调查和报告约束的自由，这使其可以用于责任领域。

本定义强调了绩效审计是一种评估活动。因此，我们需要考虑评估工作的主要特征是什么，以便能够知道如何将这些特征应用到绩效审计中。根据斯克里文（Scriven）的观点，我们可以把评估当成一个过程，以确定某一事物或该过程结果的优点、品质或价值（Scriven，1991，139）。因此，评价活动以某种方式涉及优点、品质或价值。这意味着，评估或评估信息可以十分宽泛地加以定义。[4]在许多国家，评估被认为是一种回顾性分析，但也有其他解释，如赫利姆斯基（Chelimsky）所说，“现在我们的评估既包括事前的也包括事后的”（Chelimsky，1995，4）。但是，假定在责任的环境下，我们定义中的“评估活动”主要集中于已经完成的事项，或有关现有的（或已完成的）干预。因此，虽然这也可能包含现有的有助于未来成功的先决条件，但这一定义可以因此被认为隐含着我们讨论的是事后评估。

许多评估师承认，我们必须在评估和其他形式的理性调查之间划清界限。例如，就其自身而言，描述性统计就不能贴上评估的标签。在许多国家已经存在200多年的统计学可能是评估的重要组成部分，对于我们如何看待社会以及如何界定社会问题常常至关重要。但是，对住房标准、在不同教育体制中的学生人数等进行的统计不能当成评估。同样，关于某一社会问题的声明不能仅仅因为它声称一项政策“愚蠢”或“设计完美”就成为一种评估。换句话说，评估必须对评估对象的优点、品质和价值进行仔细评价（Vedung，1997，3），而不是对某一观点缺乏深思熟虑的声明。当我们声称一种活动为评估时，我们暗示评估结果和评估过程达到了某种质量。但是，这种表述并不意味着评估必须根据反映某种认识论观点的一套特别的标准来进行。

但是，对这一术语过度模糊的使用使得评估或多或少地等同于来自学术机构、咨询公司和其他单位的各种知识产品。虽然后者从事的这些活动当然 36
可以被描述为系统性的、精心的探索，但评估还有一个突出的特点，即它是一种与反映某一特定目的和意图有关的调查性活动。

因此，我们对绩效审计作为一种评估活动的定义意味着：

（1）出具包括解释和判断的评估报告，而不只是描述。

（2）精心组织。

（3）与现有的或已完成的某种形式的干预有关，或更笼统地说，与已经完成的或正在完成的事项有关。

“评估”（assessment）一词的内涵也被认为十分宽泛。它并不是指任何实际的程序或这些评估报告应该如何传播。它可能是以特别的单个的报告，或是每年或每天（至少从理论上说）就某些事先确定的变量，以持续信息流的形式进行传播。

这一定义最基本的部分还在于这些评估报告可以用于责任领域。这意味着评估报告必须具有能使上述应用成为可能的特征。报告必须清楚地说明，谁应该承担责任，以及某事项被描述为满意或不满意在多大程度上可以归咎为某个人或组织的行为（或不作为）。定义的一部分是责任可归因于某人（个人或组织），他承诺做出回应。还有被课责者，他们可能根据对其绩效的判断得到奖励或受到惩罚。由此，提供的信息必须满足可靠和准确这样的高标准。为责任程序所设计的信息应该被认为具有真实性，并以某种方式围绕证据收集。我们很快就会回来继续讨论其含义。

责任的这一观点还意味着，定义中涉及独立性或“免于调查和报告限制的自由”的部分需要进一步讨论。显而易见，弗林特（Flint，我们从他那里借用了这一术语，以及其他术语）主要考虑了代理人带来的限制。但是，在政府背景下，特别是在议会制中，必须增加某些内容。在议会制下，议会与政府的实际关系同处于优势地位的委托人和处于劣势地位的代理人之间的关系相去甚远。在现实中，这种关系甚至可能（至少是部分地）正好 37

相反。因此，在议会制下，从某种意义上说，立法机构与执法机构的关系将很有可能不是一种真正的委托—代理关系。这意味着在议会制下，审计机构的独立性不能仅仅从执行机构的独立性方面来讨论。

重要的是，可以使用信息来确定个人或机构对于某一项目或活动的责任。这一定义也意味着，绩效审计可以确立有关绩效不同方面信息的可靠性和可信性。这样的信息不仅可以由负责执行某一项目或活动的机构提供，也可以由单独的机构提供。

对于为了评估绩效而需要采纳的准则或重点（如3E，即经济性、效率性和效果性），这一定义只字未提。因为绩效是一个十分宽泛的概念，而3E也是如此，它还可以是某一产品的生产、这一产品的社会影响以及从不同视角考察的产品质量。同样，还需要补充一点，即定义中的“用于责任领域”并不意味着绩效审计的评估必须总是要划定责任范围，这一点很重要。如果我们设想，绩效审计发现项目执行过程中存在问题，导致项目的目标没有实现，这样我们可以问，某些机构或个人的行为在多大程度上能够解释这些问题或失败。如果这些问题可以归因于某一团体的行为，我们也可以这样问，这一团体在多大程度上可以做出其他选择，而不是导致问题或失败的选择。

总之，我们所阐明和争论的绩效审计的定义不是制度性的。可以想象，督察员或其他监督机构能否像最高审计机构一样按照这样的定义进行工作。我们还可以想象，国会或政府可能将宽泛的任务交给一个同样可以满足这一定义的咨询公司。当然，独立性和免受约束是一个程度的问题，到达某一点后，再谈论以“免于调查和报告限制”的方式进行运作的可能性将越来越低。

后果和挑战

我们关于绩效审计的定义会对绩效审计能够实际提供的信息以及这些信息如何被使用产生影响。我们将要指出三个重要问题及其后果。

38 **与政治模棱两可的关系**

绩效审计与政治有着一种紧密和复杂的关系。最高审计机构国际组织执行指南宣称，“绩效审计以立法机构做出的决定或制定的目标为基础”（INTOSAI，2004，11）。换句话说，最高审计机构国际组织强调在政策与执行之间的一种假设的界线。这种界线的概念还可以通过审查最高审计机构国际组织对自身的评价而观察到。例如，荷兰国家审计法院（Algemene Rekenkamer）强调，“我们调查中央政府的税收是否得到征收，支出是否合理，以及中央政府的政策是否按照预期得到执行……我们对已经被采纳的政府政策发表意见；我们不表达政治意见”（Algemene Rekenkamer，2010）。德国审计署（Bundesrechungshof）宣称，“绩效审计考察在追求的目标和资源的使用之间是否达到了最优比率。它涵盖了政府的运作和执行的有效性与恰当性，包括目标的实现（效果性和项目结果审计）。它还包括审查资源的投入是否保持在最低的必需水平以取得预设的目标（经济性原则）”（Bundesrechungshof，2010）。

从其他众多最高审计机构的公告中也可以看到同样的情形（EUROSAI，2005，National Audit Office，2005），波立特等学者对此也有自己的看法，他们认为，“对一些最高审计机构，特别是国家审计署来说，对政策的质疑是一个明确的禁区；对其他审计机构来说，界线还没那么清晰”（Pollitt et al.，1999，26）。但这一立场也不一定是不变的。1999年，波立特等学者指出，在芬兰和瑞典，“政策目标（作为禁区）和执行之间的界线……不像对于国家审计署那样是一个的突出问题”（Pollitt et al.，1999，27）。但是，瑞典的情形自此也发生了变化；它现在强调进行审计的时间点由国会决定（Riksrevisionen，2008，10）。

这样我们可以看到，政治与执行之间的界线对于最高审计机构来说是一个引人注目的问题。在许多绩效审计师的经历中，它也是一个棘手的问题。波立特等学者认为：

> 在理论上，质疑政策目标和仅仅就在政策执行过程中对与3E有关的问
> 题提出疑问这两者之间的界线是论述绩效审计授权的非常清晰、明确的方
> 式。但是，在实践中，如果一个绩效审计项目延伸至一些分析性的问题，如
> 为什么受审项目观察到的有效性不令人满意，那么，想避开那些能够引发相 39
> 关性问题或具体目标的现实性问题的解释或许不太容易（Pollitt et al.，
> 1999，27）。

这种思维部分强调，正是通过行政体系，政府层面可以向选民兑现其承诺，并且有可能对各种干预做出判断，形成一种在某种程度上中立的观点。对效率的强调“意味着政策的执行的确可以与政策的决定分开。如果有一种最好的（因而也是最有效的）实施任何政策决定的办法和一个实施所有这些最佳办法的组织机构，那么政府的确可以将行政和政策分开”（Behn，2001，41）。但是，莱恩（Lane）认为，合乎情理的反对政治与行政分离的论据相当微弱，因为这些论据无法将下列这些相互关联的概念（entities）分开（Lane，2000，28）：结果与手段；价值与事实；偏好与工具；标准与存在；法规与现实。

值得注意的是，在政治与行政的这些分离形式不断传播的同时，绩效审计的扩散已经发生。正如我们已经注意到的，当它们宣称对各种政策的优点不发表意见而将自己限制在经济性、效率性和效果性之内时，最高审计机构的自我感知似乎也是建立在这种两分的基础之上。最高审计机构所面临的问题是，许多人反对政治与行政的分离。政治常常是围绕如何达到不同的目标以及达到目标的手段，而不是宗旨或根本目标。例如，很少有人反对减少犯罪、提高孩子的数学水平或减少性疾病的传播，但是，对于如何达到这些目标，我们的意见可能大不相同。

这对于绩效审计当然也是一个挑战。认为政治决定是绩效审计的一个禁区，这一观点意味着，绩效审计在范围上非常有限并且仅仅局限于技术应用的审查。但是，如果从问题的反面提出疑问则会引出客观性的问题，这说明审计师扮演了一个政治角色。有一点是清楚的，即对绩效审计的不同解释都会对如何解决这一问题产生影响。

责任与学习

朗斯代尔和贝梅曼斯—维迪克（Lonsdale and Bemelmans - Videc，2007）区分了审计和其他形式的评估信息，这些信息与他们“关于责任和学习的
40 立场”有关。他们将讨论建立在若干标准之上。首先，对于一项外部施加的工作，其工作对象对工作是否开展影响很小或没有影响，那么这一工作就很有可能具有一种强烈的责任成分。与那些接受法定审计的组织相比，受命对自己的运作进行评估的组织显然具有更大的控制力。其次，如果审

计的对象无法协商审计的时间安排（审计何时展开），同样，这样的审计也给人一种强烈的责任感。例如，无论发生了什么，财务审计都会在一个固定的时间展开，即每年的年末。最后，审计对象对审计方法进行协商或对其产生影响的程度也很重要（如何进行审计）（Lonsdale & Bemelmans - Videc，2007，12）。

基于这些标准，他们表达了这样的观点：被赋予了学习目的且无须公开发布的内部评估，在学习轴上可能处于很高的位置，但在责任轴上则可能处于很低的位置。而财务审计或多或少地可以说情况正好相反。在责任轴上，绩效审计被放在（略）低于财务审计的位置，而在学习轴上则被放在略高于财务审计的位置。学者们解释了这一事实：在学习轴上和责任轴上，他们都重视绩效审计，这说明“虽然责任是主要的目的，即因为审计报告可能成为（国会委员会、新闻媒体等）进一步审查的对象，但是报告中也包含着根据暴露的弱点而提出的改进工作的建议，这样就突出了学习的领域”。学者们还组织了与绩效审计有关的“旨在推荐改进和改革建议”的类似讨论。

朗斯代尔和贝梅曼斯—维迪克将责任看成绩效审计的主要目的，而将其他的影响看成一种（正面的）副作用，强调这一点很重要。换句话说，不要因为绩效审计也被当成一种学习工具就认为它不应该存在。学者们认为，当涉及学习时，其他形式的调查或评估活动会更有效。出于内部目的受委托而进行的对于学习效应的研究可能高于独立机构所进行的研究。因此，沿着这条思路来理解，如果绩效审计的根本原因是学习，那么，审计机构是否应该独立肯定会受到质疑！

可靠性与结果或影响

由于我们的定义声称审计是发生在责任领域的事项，因此可以认为绩效审计师提供的报告应该十分可靠。可靠性问题存在于许多层次上，但是，当涉及某种干预的社会效应时，处理起来可能更加困难。虽然如波立 41
特等（Pollitt et al.，1999）和施瓦茨（Schwartz，1999）指出的那样，意愿和实际做法似乎存在不一致的地方，但是，在一些审计机构里有一种强调上述研究重要性的倾向。与绩效审计机构的代表所进行的私人讨论也显示了同样的情况。

造成这种不一致的一个原因可能是这些研究与对可靠性的要求之间存在冲突。在讨论某一干预与社会发展（干预是为了确保发展）之间的可能联系时，我们需要想象不同的情形。像旨在减少交通事故或提高学校学生健康水平的项目，一个以效果为导向的一般问题是：这一项目真的减少了交通事故或提高了学生的健康水平吗？

当我们想努力在政府的所作所为和社会效果之间建立某种联系时，我们需要回答三个问题：

（1）发生了什么？换句话说，健康状况改善了或是交通事故减少了吗？

（2）干预在多大程度上促进了实际的进展？

（3）这些观察到的结果能用于将来的决策吗？换句话说，这种溯及既往的信息可以用于将来干预措施的设计吗？

本章不涉及第一个问题，那是统计学的事。正是在我们不得不回答后两个问题时，我们才发现，我们不仅涉及一些实际问题，而且还涉及一个重要的理论问题。正如瑞典经济学家、诺贝尔奖获得者纲纳·缪达尔（Gunnar Myrdal）在70多年前指出的那样，对一项规则效果的调查“必须与采用不同规则而引发的经济事件相联系。这个另外的规则（比较的标准）因此必须要详细说明。如果不是讨论由二中选一的金融管制措施所引发的在两组事件之间的差别，那么，所有关于效果的讨论无论在何种意义上都将缺少特定的内容”（Myrdal，1934）。最近关于评估证据的讨论大多是有关这些问题的（Donaldson et al.，2009）。我们必须承认，我们将某一干预的效果与影响实际进展的其他所有因素区别开来的能力十分有限。

承认存在这些问题并不是对评估技术的最后一击，但是，如果评估仅仅是在项目或干预与实际进展之间建立因果联系，那么，上述情形当然有可能
42 发生。但是，评估的实际做法也显示，评估也可以为我们提供许多其他问题的答案。评估有助于我们就某一干预背后的理论提出一些关键性的问题，并且有助于我们理解这种干预是建立在何种假设上的。但是，如果我们的职责是问责，那么我们就会处于不同的情形中。如果我们想要做到深思熟虑，对社会机制有一个更深入的理解，那么在责任的背景下，不确定性（其本身常常可能成为焦点）就成了一个问题。鉴于审计师（作为独立第三方）向

被课责者提供关于绩效或信息正确性答案（可能用于问责过程）的角色，不确定性是一个致命的弱点。

因此，我们给出的定义的一个后果，即绩效审计很难做出可靠的陈述，就与这种复杂情形下的复杂干预带来的影响有关，而这可能解释了最高审计机构在应对第三个 E（效果性）时面临的困难，尽管他们口头上雄心勃勃。梅恩（Mayne）也将这一讨论引入了规范的方向，他认为绩效审计应避开效果性（Mayne，2006）。

结论

本章已经确认了一种“概念拓展”的形式，虽然概念拓展并像它所指的那样，但可让概念涵盖新的领域。我们认为，绩效审计是审计，而且它保持了审计突出的特征。区别在于，它比传统审计对任务的审查更加全面。我们可以说，正是财务审计的基础，帮助审计机构超越了与传统财务审计有关的活动，适应并且使其调查行为合法化。

审计的根本原因是，不管我们是否担心贪污和伪造的风险，或者管理者对其众多职责的履行效果不佳的风险，对官僚体制或官僚进行审查是必要的。另外，如果我们怀疑机构会阻止那些关于其绩效的不利信息并夸大有利信息，那么，扩大公职人员的责任范围而不局限于传统审计或财务审计的范围就十分重要。这一观点当然抹黑了人性和官僚体制，其基本的出发点是，我们既不能相信体制内的人，也不能相信他们供职的组织。另一方面，一个充满不信任的社会将会遭遇严重的困难。因此，我们需要能够建立信任的机 43
制和机构。这样一个重要的机制就是有效的问责和控制，包括程序的存在，这会给人们带来信心，而这正是政府官员和机构的责任。如此一来，我们就面临着这样的悖论：因为我们对有责任贯彻人民意愿的人不信任，为了信任他们，我们就需要审查他们完成不同任务的情况。

因此，绩效审计建立在与一般审计同样的理论基础之上，并且保持了许多同样的特点。它提高了我们对公职人员和其他人员就其职责进行问责的能力，同时也意味着独立性是绩效审计的一部分，这是无条件的或不能讨价还价的。我们进一步强调了绩效审计具有以下特征：

- 出具评估报告，涉及对某一进展的解释而不仅仅是描述。
- 与现有的或已完成的干预或活动的某种形式有关。
- 出具涉及对个人或组织评价的评估报告，而不仅仅是对某一项目或某一活动的评估。
- 精心组织实施。

因此，我们对绩效审计的定义是：

绩效审计是一种评估活动，这一活动对绩效或绩效信息进行评估。这种评估具有很高的可靠性以及免于调查和报告约束的自由，这使其可以用于责任领域。

可以预见，有些人会反对这一定义，并质疑我们在对评估涉及的内容有多种解释时，为什么要限制绩效审计的含义。其实，区别在于，与审计不同，评估作为一种社会实践无法要求得到一个特殊的法律地位，也不能要求评估师从特定的程序中受益（没有程序保证他们的报告能够得到国会或其他机构的正式处理，或者他们具有索要信息的法定权力）。审计被限制在某一背景下，并且涉及各种具体的关系。它还要求某种形式的自由和独立性。没有这些先决条件，我们就不能将一种调查活动称为审计。如果你要求得到某种形式的独立性和法律保护以便开展工作（这当然是一种标准的立场），那么只有在民主的情形下你才能够对自己正在做什么进行定义。

44 绩效审计和其他形式的审计的逻辑依据必须被放在责任视角之内，这一观点对我们如何看待审计的作用会产生影响。由最高审计机构发布的报告可能会促进学习，但是，它与被看成是绩效审计理论基础的东西截然不同。这种责任的视角意味着对绩效审计师所提供信息的某种要求或限制，指出这一点也十分重要。审计工作必须足够可靠才能被应用于责任领域。这反过来也会限制绩效审计师处理的问题，如复杂干预的长期效应。

与政治的关系也可以被看成是模棱两可的。在最高审计机构内，一方面是政治与政策目标之间存在分界线，另一方面是政治与政策的执行也存在分界线，这一观点被认为十分重要并且适合审计机构的需要。然而，政治辩论常常是关于不同目标应该如何实现。例如，从非政治的角度来讨论和建议支出项目的增减，至少可以说是令人尴尬的。审计机构面临选择，而没有一种选择是令人满意的，这一点显而易见。认为政治决定对于绩效审计是一个禁区，意味着有时审计工作的范围十分有限，被局限于技术应用的审查。赞同其相反的观点会引起客观性的问题，并且暗示审计师承担了政治角色。

最后，本章讨论绩效审计，是因为它可以被打造成一种理想的模式，注意到这一点十分重要。我们所描述的审计存在的理由以及我们对绩效审计的定义并不意味着绩效审计不能对项目和执行具有更多应用方面的改进。在实际工作中，绩效审计师能够发现对学习十分重要的东西，而这将有助于人们不断学习和改进，朗斯代尔和比彻伯格将在本书的后面谈到这一问题。这些都是副作用（但它们很重要），在讨论绩效审计机构的实际做法时，不应与绩效审计的理论基础混为一谈。

注释

1. 我们将要讨论和寻求对“绩效审计”下定义。为此，我们要借用一个术语，在国际环境中，各个组织［如经济合作与发展组织、最高审计机构国际组织、最高审计机构欧洲组织（EUROSAI）、最高审计机构非洲组织 45
（AFROSAI）和世界银行］经常使用这一术语。但是，必须指出的是，在语言的层面，绩效审计是一个使人感觉有些困惑的术语。在某些国家，当翻译和使用时，可能会产生其他的隐含意义。例如，瑞典术语 effektivitetsrevision 主要强调绩效的某些方面（效率性和有效性）。法国审计法院使用的法语单词 gestion 更倾向于管理的意思而不是“绩效”。除了 performance auditing 之外，有几个讲英语的国家的最高审计机构还使用或曾经使用过一些意思略有不同的术语［如 value-for-money audit（效益审计）］。进一步的讨论请参见本书的导言。

2. 为了避免误解，必须指出，本章作者可以说是在术语的使用方面“脚踩多条船”。

3. 本章的目的不是要对不同的制度环境下绩效审计的发展进行概述。但是，在不同国家，绩效审计的发展轨迹在几个方面存在差异，而不同组织对于发展的观点也是如此，强调这一点十分重要。将美国和英国进行比较就会一目了然。美国审计总署没有将评估看成是审计的一部分，而是将它看成是对审计的补充。换句话说，评估没有被定义为审计的一部分，而是一种在联邦层次上进行项目评估的方式（The Oral History Project，2009）。而在英国，效益审计与评估是分开发展的，更多的是对传统审计或财务审计的发展或拓展（Pollitt et al.，1999，233）。

4. 以下把握评估含义的尝试基于福如博和卡尔松—威斯特曼（Furubo & Karlsson - Vestman，2010）的工作。

参考文献

Ahlback，Shirin（199），*Att kontrollera staten. Den statliga revisionens roll i den parlamentariska demokrati*，Uppsala.

Algemene Rekenkamer（2010），"The Court of Audit's tasks"，available at hppt：//www. courtofaudit. com/english/Organisation（accessed 4 March 2010）.

Barzelay，Michael（1996），"Performance auditing and the New Public Management：changing roles and strategies of central audit institutions" in *Performance Auditing and the Modernisation of Government*，Paris：OECD.

Behn，Robert（2010），*Rethinking Democratic Accountability*，Washington，DC：Brookings Institution Press.

Bemelmans - Videc，Marie - Louise，Jeremy Lonsdale and Burt Perrin（2007），*Making Accountability Work*，New Brunswick，NJ：Transaction Publishers.

Brante，Thomas，Heine Andersson and Olav Korsnes（eds）（2001），*Sociologiskt lexikon*，Stockholm：Universitetsförlaget.

Bundesrechnungshof（2010），"Audit rules of the Bundesrechnungshof"，available at http：// bundesrechnungshof. de/we - about - us/legal - authority/audit - rules. pdf（accessed 4 March 2010）.

Chelimsky，Eleanor（1995），"Where we stand today in the practice of evaluation：some reflections"，*Knowledge and Policy*，8（3），8 - 19.

Donaldson，Stewart I，Christina A. Christie and Melvin M Mark（2009），*What counts As Credible Evidence in Applied Research?*，Thousand Oaks，CA：Sage Publications，Inc.

EUROSAI（2005），*Public Audit in Europe. Achievements and Outlook*，

Moscow: Accounts Chamber of the Russian Federation.

Finer, Herman (1965), "Administrative responsibility in democratic gov- 46
ernment" in Francis E Rourke (ed.), *Bureaucratic Power in National Politics*, Boston: Little Brown and Company.

Flint, David (1988), *Philosophy and Principles of Auditing – An Introduction*, London: Macmillan.

Friedrich, Carl J (1965), "Public policy and the nature of administrative responsibility", in Francis E Rourke (ed.), *Bureaucratic Power in National Politics*, Boston: Little Brown and Company.

Furubo, Jan – Eric and Ove Karlsson – Vestman (2010/forthcoming), "Evaluation: for public good or professional power?" in Pearl Eliadis, Jan – Eric Furubo and Steve Jacobs (eds), *Evaluation: Seeking Truth or Power?*, New Brunswick, NJ: Transaction Publishers.

Furubo, Jan – Eric, Rolf Sandahl and Ray Rist (eds) (2002), *International Atlas of Evaluation*, New Brunswick, NJ: Transaction Publishers.

Gray, Andrew, Bill Jenkins and Bob Segsworth (eds) (1993), *Budgeting, Auditing and Evaluation*, New Brunswick, NJ: Transaction Publishers.

INTOSAI (2004), *Implementation Guidelines for Performance Auditing*, International Organisation of Supreme Audit Institutions.

Keem, Justin (1999), "On the nature of audit judgements: the case of value for money studies", *Public Administration*, 77 (2), 509 – 25.

Lane, Jan – Erik (2000), *New Public Management*, London: Routledge.

Leeuw, Frans (1996), "Performance auditing, new public management and performance improvement: questions and challenges" in *Performance Auditing and the Modernisation of Government*, Paris: OECD.

Ling, Tom (2007), "New wine in old bottles? When audit, accountability and evaluation meet" in Marie – Louise Bemelmans – Videc, Jeremy Lonsdale and Burt Perrin (eds), *Making Accountability Work: Dilemmas for Evaluation and for Audit*, New Brunswick, NJ: Transaction Publishers.

Lonsdale, J (2008), "Balancing independence and responsiveness", *Eval-*

uation, 14 (2), 227 –48.

Lonsdale, Jeremy and Marie – Louise Bemelmans – Videc (2007), "Accountability-the challenges for two professions" in Marie – Louise Bemelmans – Videc, Jeremy Lonsdale and Burt Perrin (eds), *Making Accountability Work, Dilemmas for Evaluation and for Audit*, New Brunswick, NJ: Transaction Publishers.

Mark, Melvin M, Gray T Henry and George Julnes (2000), *Evaluation: An Integrated Framework for Understanding. Guiding and Improving Policies and Programs*, San Francisco: Jossey – Bass.

Mayne, J (2006), "Audit and evaluation in public management: challenges, reforms and different roles", *The Canadian Journal of Program Evaluation*, 21 (1), 11 –45.

Mayne, John, Marie – Louise Bemelmans – Videc, Joe Hudson and Ross Connor (1992), *Advancing Public Policy Evaluation*, Amsterdam: North – Holland.

Mill, John Stuart (1886), *System of Logic Ratiocinative and Inductive. Being a Connected View of the Principles of Evidence and the Methods of Scientific Investigation*, 8th Edition, London: Longman, Green, and Co.

Morin, D (2001), "Influence of value for money audit on public administration: looking beyond appearanaces", *Financial Accountability and Management*, 17 (2), 99 –118.

Myrdal, Gunnar (1934), "Finanspolitikens ekonomiska verkningar", SOU 1934: 1 (Commission report published by the Swedish government).

National Audit Office (2005), *State Audit in European Union*, London: National Audit Office.

47 OECD (1996), *Performance Auditing and the Modernisation of Government*, Paris: OECD.

Oral History Project Team (2009), "The professional development of Eleanor Chelimsky", *American Journal of Evaluation*, 30 (2).

Patton, M (2004), "The roots of utilization-focused evaluation" in Marvin C. Alkin (ed.), *Evaluation Roots, Tracing Theorists' Views and Influ-*

ences (pp. 276 – 92), London: Sage.

Pollitt, Christopher, Xavier Girre, Jeremy Lonsdale, Robert Mul, Hilkka Summa and Marit Waerness (1999), *Performance Audit and Public Management in Five Countries*, Oxford and New York: Oxford University Press.

Power, Michael (1997), *The Audit Society: Rituals of Verification*, Oxford: Oxford University Press.

Put, Vital (2005), "Normen in performance audits van rekenkamers: een casestudie bij de Algemene Rekenkamer en het National Audit Office", Unpublished doctoral dissertation, Leuven, Belgium: University of Leuven.

Riksrevisionen (2008), *Revisionens inriktning*, Memo within Riksrevisionen.

Rist, Ray and Nicoletta Stame (eds) (2006), *From Studies to Streams*, New Brunswick, NJ: Transaction Publishers.

Sartori, Giovanni (1970), "Concept misformation in comparative politics", *The American Political Science Review*, LXIV (4).

Schwartz, R (1999), "Coping with the effectiveness dilemma: strategies adopted by state auditors", *International Review of Administrative Sciences*, 65 (4).

Scriven, Michael (1991), Evaluation Thesaurus, 4th Edition, Newbury Park, CA: Sage Publications, Inc.

Sharma, N (2007), "Interactions and interrogations: negotiating and performing value for money reports", *Financial Accountability and Management*, 23 (3).

Vedung, Evert (1997), *Public Policy and Program Evaluation*, London: Transaction Publishers.

Weber, Max (1949), *The Methodology of the Social Sciences*, New York: The Free Press.

Wisler, Carl (ed.) (1996), "Evaluation and auditing: prospects for convergence" in New Directions for Evaluation, Number 71, San Francisco, CA: Jossey – Bass Publishers.

第一部分　绩效审计行为

3. 主题的选择

维塔尔·普特　鲁迪·特克斯马
(Vital Put and Rudi Turksema)

引言

第1章注意到，选择审计什么、如何审计以及公布什么信息的权利是最高审计机关拥有其独特地位的核心。它是独立性的关键部分，简—埃里克·福如博称其对审计“至关重要”。本章讨论的是这一独特地位的一个关键部分，即绩效审计主题的选择。最高审计机关独立选择绩效审计主题的能力使其能够对当权者询问一些棘手的问题，将注意力集中在他们认为重要的问题上，同时也确信最高审计机关是“政治”选手，给人的感觉是他们的工作有助于影响有关资源的决定（Lonsdale，2010）。同时，研究主题的选择是审计最具挑战性的一个方面。审计客户期望从审计师那里得到什么，或者利益相关者以及阅读审计报告的人对绩效审计报告是否有用的判断，或者是否能够利用报告中所包含的信息和建议，这些通常都不明确。

在评估领域里，韦斯（Weiss，1998）和巴顿（Patton，1997）曾经建议，从有效性的角度来看，如果评估者在进行评估时能充分考虑其利益相关者关心的问题，这将帮助很大。另一方面，过多的响应性会使独立性遭到质疑，并且可能会对评估人员的可信度产生负面影响。对于审计师来说尤其如此。因此，审计什么的问题就变成了听从利益相关者的意见和捍卫自身独立性之间的一种平衡活动（参见 Lonsdale，2008；Van der Meer & Edelenbos，2006；Wilkins & Lonsdale，2007）。[1]

与此问题密切相关，并且对研究选择过程至关重要的是拟议中的新绩效审计预期的有效性。它们的有效性如何预测以及最终如何被度量取决于我们如何构建和判定有效性。正如第 1 章所述，在绩效审计的语境下，“责任”
52 和“学习”是两个重要的内容（参见 Bemelmans - Videc et al. , 2007；Lonsdale，1999，2008；Van der Meer，1999；Van der Meer & Edelenbos，2006）。一方面，我们有“反应/学习体系”：重点关注公共部门实际绩效的审计署，对其如何履行职责做出响应，政府机构可能被当成其最大的客户之一；另一方面，我们拥有一种“责任体制”，其中国会是其主要的客户，其重点更强调绩效的合规和透明，其中独立的意见被认为是最重要的。此处，我们也看到，审计署要在这两项追求的目标中找到一个理想的平衡是很困难的。

有很多理由可以说明为什么审计署选择正确的绩效审计主题十分重要。首先，就像他们审计的公共主体一样，他们使用公共资金来完成其审计任务。一个有说服力的案例是，他们用来标准评估别人工作的同样的标准也适用于审计部门本身。效率性和效果性也许是最重要的标准。就绩效审计选择程序来看，这意味着，因为最高审计机关的资源有限，同时又有一个庞大的“审计世界”等待审计，最高审计机关应精心挑选那些他们认为成本和效益最好的主题。这种选择十分困难，因为最高审计机关对于什么才是有效性可能有不同的理解，同时可能在独立性与反馈性之间难以抉择。无论有效性的概念和分析的信息如何，还没有一种科学的手段来建立一个绩效审计的最佳规划，所以，机构的决策总是包含了高度的判断力成分。此外，他们也无法预测未来：今年审查的最佳选择可能变成明年的最坏决策，因为他们进行审计的事件所处的环境发生了变化。

其次，选择审查的主题时，考虑到绩效审计的机会成本问题也很重要。就接受审计的机构而言，绩效审计通常需要大量的时间和精力，认识到这一点并正确地加以处理，对审计师来说是十分重要的。否则，审计师就有可能出具一份对潜在用户没有任何价值的审计报告，同时也会使行政机关和国会从更重要的事务上分心。例如，当某一政府正在将其政策的重点放在寻找摆脱金融危机的办法时，如果审计师要求政府去改善政府干预的事前分析来克服这一危机，那么，这也许是不能接受的。相反，在此情形下，审计机构也
53 许应该将绩效审计的重点放在为政府寻找提高资金使用效率的方法上。这一

观点意味着，如果审计师想要发挥影响力，绩效审计主题的选择应与当前政治辩论的主题在大体上保持一致。

以上所列与绩效审计主题选择相关的挑战有助于解释为什么审计机构对这一问题如此关注。在本章中，我们讨论了若干最高审计机关（主要是比利时审计法院和荷兰审计法院）如何处理这些问题，以及它们的决定又是如何影响绩效审计主题选择的。

选择过程的理论方法

先前的研究

关于最高审计机关如何选择主题的学术研究很少。在对五国（芬兰、法国、荷兰、瑞典和英国）的绩效审计进行比较时，波立特等（Pollitt et al.，1999，109－112）的确考虑了这一问题，并关注下面各项内容：

- 主题选择是每年的一项任务。
- 在五国中，五种因素具有影响力：涉及某一活动的公共资源的数量、公共资金面临的可能风险、审计领域的系统范围、先前审计显示有问题主题的后续选择、具有强烈政治意味的主题。这些标准的相对重要性随时间的不同而不同，随最高审计机关的不同而不同。这些标准不是决定性的，仍然具有充分的辩论和判断空间。
- 主题选择绝对是一个自下而上的过程（想法来自绩效审计师），但是最近，来自最高审计机构的领导或高级职员的战略性指导变得更加重要。

西格马（Sigma）的一份关于中东欧国家最高审计机构与国会委员会之间关系的研究（Sigma，2002，23－3）讨论了国会委员会对国家最高审计机关审计项目的影响。这一研究的发现如下：

- 最高审计机构工作的主要部分取决于最高审计机关的优先级和决定。
- 国会或国会委员会对国家最高审计机关审计项目的影响可能以他们 54
具有审查或批准年度审计项目或要求额外审计的形式体现。
- 除此之外，还有一个非正式的做法，国会委员会（甚至是国会议员个人）可以提交关于审计主题的建议。这些主题可能包括在国家最高审计机关领导人具有自由裁量权的国家最高审计机关的项目中。

- 在任何国家都没有证据显示，国会或国会委员会将阻止由国家最高审计机关计划或执行的审计。

作为三国（加拿大、荷兰和英国）绩效审计实践的一部分，斯特克（Sterck）等学者也关注审计主题选择的过程（Sterck et al.，2006，33－5，62－4，92－5）。他们发现，在所有这三个国家中，选择的过程基于以下几点：

- 一种监督体制，即对审计领域的信息的系统性收集（国会文件、战略性计划、来自个人接触的信息等）。
- 一套准则（如风险、涉及的资金、可行性）以及战略性指导（如优先考虑某些政策领域）。

奥康奈尔（O'Connell，2007）对美国国会与政府责任署之间的关系进行了研究。她考察了政府责任署是以"独立的浪费监督人"还是以寻求推行某种政策目标的"政治"审计师[2]的身份来选择审计政策项目的。在奥康奈尔的模式中，审计师可以是共和党、民主党或无党派人士，而政府项目可以是民主党的（教育、健康、劳工、住房），也可以是共和党的（国防、家庭安全、商业）。无党派审计师希望最大化其调查报告中浪费的程度。有党派审计师希望最大化与反对党有密切关系的所报工程浪费的程度，而将与本党有密切关系的所报工程浪费的程度最小化。根据博弈论理论，她详细阐述了一系列假设，这些假设随后（部分地）经过了由政府责任署提供的1978～1998年调查数据的实证检验。她得出结论，政府责任署的确是一个中立的监督人。

朗斯代尔（2011）区分了研究选择的四种模式。这些模式主要来自于已经讨论过的两个维度：独立性和反馈性，即根据朗斯代尔所述，它们是最高审计机关如何选择其绩效审计主题的特点。不仅如此，他还区分了"限
55 制"和"非限制"独立性之间的差别。一些最高审计机关，如英国的国家审计署，在开发一个工作项目前，主要依靠审计师的知识和职业判断，但并不排除政府特殊的领域（模式1，审计师的判断和优先顺序）。其他最高审计机关，如荷兰审计法院，已经形成了更加谨慎的策略，特别专注于一些关键领域（模式2，谨慎的策略）。在第二个维度中，朗斯代尔区分了"反应

性”和“主动性”反馈。在第一种情况中，最高审计机构对有关外界请求持开放态度（模式3，对外部请求做出响应）。政府责任署就是此类最高审计机关的例子。在最后一种模式（模式4，考虑咨询实践）中，最高审计机关在制定其活动规划时发挥了更加积极的作用并与利益相关者进行协商。

描述选择过程的几个维度

从以上我们所描述的研究以及我们自己的经验中，我们可以提炼出描述最高审计机关选择过程的几个维度。我们从制度、组织和操作这三个宽泛的范畴加以区分。

制度层面：在国家结构中的地位及审计授权

最高审计机关在国家结构中的制度地位以及最高审计机关如何解释这种地位（从在反馈性和独立性之间寻找平衡方面来看），成为其选择过程的一个重要因素。例如，政府责任署明确指出，其“为国会工作”（GAO，2009a），而其他最高审计机关与国会关系密切，或者独立于国会和政府（如荷兰和英国）。这些制度性的安排对最高审计机关选择过程产生直接的影响。政府责任署的审计绝大多数（约90%）是应国会的要求进行的[3]（Azuma，2004，91；GAO，2003，1-2），而在比利时审计法院和荷兰审计法院，应议会要求进行的审计只占审计组合中很少的一部分。

除此之外，审计的授权或豁免也是需要考虑的一个重要因素。审计授权在不同最高审计机关之间差别很大。有些审计只在中央政府及其相关公共机构层面进行，而其他审计则在所有政府层面以及国有企业和其他一系列公共机构中进行（NAO，2005，14-18）。与仅审计中央政府的最高审计机关相 56
比，需要对政府各个层面进行审计的最高审计机关在其选择过程中似乎更有可能做出不同的选择。

组织层面：使命、战略、资源

首先，为指导其工作，最高审计机关常常为自己制定明确的使命。对于许多最高审计机构来说，这一职责有两部分：提高简—埃里克·福如博在前一章所强调的公共机构的绩效和责任。许多审计机关在其使命中宣称（即通过绩效审计），它们期望改善公共部门的绩效。通常，它们的使命声明使用如下一些短语："关注效益性""创造价值""分享优秀实践知识"（Danish Audit Office，2008）。同时，审计机构希望向国会提供关于政府机构绩效的客观的、经审计的证据。

其次，许多最高审计机关已经制定了一套战略计划，其中描述了其目标以及如何实现这些目标。在这些计划中，最高审计机关就审计对象制定详细的选择方案。例如，荷兰审计法院2004～2009年的战略计划将绩效审计的重点集中在如下一些领域：政策与政策执行之间脆弱的联系已对公共服务、安全以及环境产生了影响。其他最高审计机关如比利时审计法院更加强调审计领域的系统性和持续性的覆盖。

最后，在组织层面，最受限制的因素是资源的可获得性。"审计范围"（最高审计机构可以审计的所有组织的集合）十分广泛，有许多可供审计的潜在主题，但是，资源是有限的。例如，荷兰审计法院80名绩效审计师要审计3500亿欧元的公共支出（Turksema & Van der Knaap，2006）。因此，要选择对最高审计机构的使命贡献最大的绩效审计主题的确是一个重大挑战。

操作层面：监督、风险分析、选择标准

在制度和组织层面的各种因素造成的诸多限制中，最高审计机关必须对如何挑选主题进行绩效审计做出选择。在许多最高审计机关中，选择过程得益于一种监督机制：这种机制能够系统地收集它们可以审计的各个部门、公
57 共机构或其他组织的信息。这些信息包括书面文件（政策计划、战略计划、国会文件、统计数据、评估报告、新闻报道、调查官的报告等），以及诸如来自与公务员个人接触得到的内部信息等软数据。

大部分最高审计机关会利用它们积累的知识将某种风险分析用于选择过程。这种分析常常（尽可能客观地）以对某一事件发生的概率进行分析的形式进行，并且与这一事件的影响相联系。最高审计机关进行的此类风险分析的最终结果是（或者至少应该是）形成一系列客观的建议。由于在现实中无法对风险做出全面客观的评估，因此这种评估主要建立在专业知识和审

计师的专业判断上。结果，这种判断将会存在某种主观成分。

这种风险分析必须要使用选择标准。这些标准有若干来源，如最高审计机关的授权、使命以及/或者战略。通行的选择标准是：存在的风险以及/或者与效果性和/或效益有关的问题、某一主题的财务意义或对公民的重要性、由审计工作带来的可能的附加值、有利于国会利益的证据、审计的可行性、均衡覆盖审计范围的意愿。由于就其工作（包括绩效审计）的回报率制定了具体目标，所以，无论是英国国家审计署还是美国政府责任署都对审计的潜在财务影响给予了特别关注。英国国家审计署的目标是自己每花费 1 英镑就要节省 9 英镑，而 2008 年节省的费用是其成本的 11 倍（NAO，2009）。美国政府责任署声称（虽然基于不同基础），2008 年，它每花费 1 美元的成本就可以取得 114 美元的回报（GAO，2009a）。

美国责任署在其风险分析中使用了一种不同的方法，并以单独的报告进行发布。报告是以《高风险列表》的形式呈现的（GAO，2009b），在列表中描述了哪种政府的运作行为被标为“高风险”。为确定哪种运作行为是高风险的，美国政府责任署已经建立了一套方法（GAO，2000）。在每届新国会开始的时候，美国政府责任署都会提交其高风险报告，在为第 111 届国会提供的 2009 年更新版中，美国政府责任署确认了 30 个高风险领域（GAO，2009b）。如果在消除风险中取得了巨大的进步，则某些领域便可以从高风险列表中删除。

最后，操作层面的某些外部因素可能会影响绩效审计主题的选择，如国会提出的特别要求。因为在大多数情况下国会是其主要客户，所以最高审计机关通常对来自国会、国会委员会，或在某些情况下来自立法机关个别成员的要求都会做出积极响应。例如，英国国家审计署每年要向公共账目委员会提供项目草案以寻求各种意见和建议。除此之外，对于最高审计机关先前已 58
经审计过的某一部门或政策领域，如果其工作进展仍不能令人满意，则可能会成为审计部门要进行后续审计的一个充分的理由。此外，与其他最高审计机关、高等院校或督查人员的合作也可能使其他审计建议得到认可。

影响审计主题选择的其他因素

在前一部分，我们描述了一些决定绩效审计主题选择的“正式”因素。

除此之外，还有更多“非正式”因素在这一过程中发挥着作用。[4]

首先，参与选择过程的审计师和其他人员的专业（个人）判断扮演着重要的角色。[5]无法知道所有的潜在风险以及最高审计机关的资源有限意味着有些审计领域很少被涉及。因此，个人的知识、经验和判断发挥着一定的作用。就其本身来看，只要个人的偏好不会导致“反向思维”（先选择，然后收集证据来证明这种选择的合理性），我们就可以称之为专业的判断。

其次，政治禁忌也发挥一定的作用。这一点在最高审计机构国际组织应用指南中得到了确认，该指南宣称，“某些最高审计机关可以根据战略选择而不是选择标准（如有关绩效审计的类型、政策范围、与公共部门内改革的关系等）来挑选主题。有时，这些战略选择可能反映了制度与法律条件和既有的传统。它们还可能反映了‘政治现实’（即某些主题不在审计之列）”（INTOSAI，2004，45）。同时，只要这些选择具有充足的理由，这种做法也是没有问题的。审计机构也可能是风险厌恶型的（想方设法避免争议和对抗）或者风险寻求型的（也许会变得更出名），这也会对主题的选择产生影响。

再次，第三个非正式因素是最高审计机关的组织架构。许多最高审计机关是以某些政策领域（如各个部门）和/或主题领域（绩效审计、财务审计）的脉络组织的。在这些单位工作的审计师在某些审计领域拥有特殊的专业知识并且积累了有关这些领域的知识。这严重限制了利用基于完全风险分析的选择程序的可能性，因为这意味着审计师是完全可互换的。据说，一些最高审计机关（如英国国家审计署）已经引进了更具弹性的矩阵式工作安排，期望其审计师能够在各个部门间交换岗位并且将专业知识应用于不同
59 的环境中。

最后，发布政策和报告实践的最高审计机关也会影响选择过程。例如，如果最高审计机关仅仅公布宽泛和笼统的报告，那么，只有那些具有足够材料来证明是其报告完全成熟的领域将被选择。同样，一段时间内出版物的数量也将决定某一领域是否被涉及以及涉及的频率。

演示案例：比利时和荷兰的选择过程

在上一部分，我们描述了促进绩效审计选择的正式或非正式因素。在

本部分，我们将详细描述两个案例：比利时审计法院和荷兰审计法院。我们将根据这两个最高审计机构的战略计划、年度报告和手册等文件进行分析。

比利时

审计法院的地位

比利时是一个联邦国家，拥有一个联邦政府、三个地区（布鲁塞尔、佛兰德斯和瓦龙）以及三个社区（法语区、荷兰语区和德语区）。比利时审计法院从事联邦政府、社区、地区附属于上述机构的公共机构以及省级的审计。市级管理不在其权力范围之内。

比利时的联邦结构也体现在审计法院的内部结构中，既有联邦主管也有地区主管。由于这些主管为其他议会工作，所以，他们可以强调其他问题，因此具有单独的战略计划来指导其选择过程。[6] 审计法院与众议院联系紧密。法院的法官由他们挑选，审计法院的预算由众议院批准。

研究选择过程

比利时审计法院使用四条标准进行选择研究，这些标准已经融入其使命 60
声明中："审计主题的选择主要是根据一般的风险分析和国会利益来进行。审计主题的选择在政府政策各个方面保持平衡……也包括利用其他机构的成果……"（Rekenhof，2004，12）。使命声明透露了以下一些标准：

1. "风险分析"。审计法院希望对提高政府职能的发挥做出贡献。因此，绩效审计主要集中在有改善需要和改善余地的议题上。

2. "国会的利益"。作为国会的审计师，审计法院希望选择那些能够吸引国会议员注意力的议题。

3. "在政府政策各个方面保持平衡"。审计法院竭力保持绩效审计在所有政策领域的均衡分布。在实践中，这意味着，在一个 5 年的周期内，每一政策领域（被定义为一个部门及其附属机构）至少需要进行一项绩效审计。这表明风险分析是在周期性的基础上进行的［正如稍后我们将看到的那样，有些领域（如税务系统、社会保障系统以及个人支出）被排除在外，因为其金融重要性以及每年需要接受几次绩效审计]。

4. “利用其他机构的成果”。审计法院不是发布公共机构绩效报告的唯一机构。为了避免重复其他机构的工作，审计集中在那些具有确定的信息缺口的领域。增加价值可能会涉及产生新的信息，但也可能意味着产生更好的信息（如更可靠、更具深度的信息）。当一次审计解决了被人遗忘或未知的问题（即所谓的冷门问题）时，增加值就达到了最大化。

比利时审计法院的风险分析建立在一组指标的基础之上。它们可以用问句的形式排列如下：

1. 是否有指标显示政策目标没有达到或造成不能令人满意的结果（如服务质量差、办事拖拉）？

2. 政策是根据明确的政策理论制定的吗（如清晰的目标、手段和目标之间有明确的联系）？

3. 有一个以结果为导向的管理体系（如战略计划、绩效度量）吗？

4. 有一个清晰的组织结构吗？

61 5. 有一个确保运作过程质量的体系吗？

6. 应用信息技术的机会得到了充分利用吗？

7. 基本人力资源管理（HRM）手段得到应用了吗（如根据最近的人员需求、清晰的职务描述安排劳动力）？有人力资源管理方面的问题吗（如关键岗位的缺失、人员流动率高、缺勤率高）？

8. 在必要的时候与其他（公共或私人）参与者合作吗？

9. 有足够的“外部压力”促进有效地完成工作吗（如顾客是否有投诉的机会，是否存在竞争，是否有义务进行说明，监管机构是否发挥了作用）？

10. 有影响公共服务绩效的外部变化吗（如目标群体的迅速增加）？

决定这些指标的逻辑是：如果一项政策或公共服务失败（指标1），这可能是因为政策设计的缺陷（指标2），可能是因为执行效果差（指标3～指标9），或者是因为外部环境恶劣（指标10）。换句话说：“效果差”=f（“政策失误”及/或“执行效果差”及/或“运气差”），如图3-1所示。

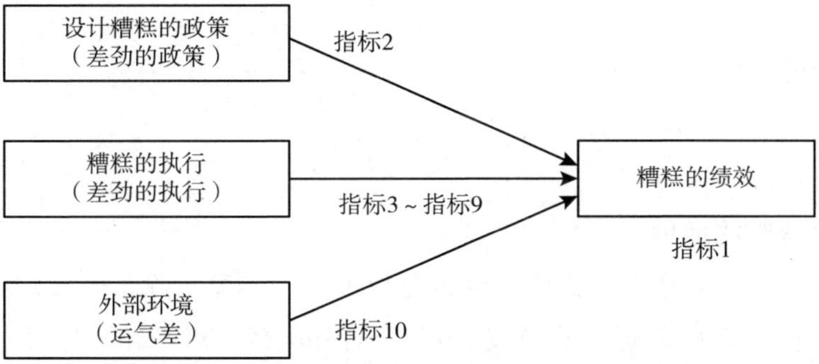

图3－1　决定比利时审计法院风险指标的逻辑

比利时审计法院的审计手册（Rekenhof，2006a）宣称，第一个指标是最重要的指标。它直接与要达到的产出和结果相关，而其他的指标与对取得这些产出和结果至关重要的条件有关。其他指标的重要性取决于活动的性质。例如，在执行重复性活动的公共服务领域（诸如税收管理、社会保障 62
管理），计算机化（指标6）将成为一个重要的成功因素并占较大的权重；在从事社区矫正或感化服务时，雇员的职业精神（指标7）将有可能是最重要的因素。这一评估主要依靠审计师的判断。

除了这种风险分析，在比利时审计法院内部还有一些明确的或隐含的战略选择会影响选择过程。例如：

- 诸如联邦战略规划（2006～2009年）（Rekenhof，2006b）之类的战略计划要求将更多的审计集中在产出以及/或者目标的实现上，同时建议进行更多的后续审计以确定先前审计发现的问题是否已经得到解决。
- 还有一些更加隐性的战略安排。例如，在审计法院的组织结构中，有单独的部门负责税务部门和社会保障部门的审计。通过建立单独的机构和安排更多的雇员来处理这些领域的事务，这些部门的优先级就可以在无形中得到提升。

比利时审计法院的选择过程得益于对所有政策领域的持续监督以及对其所审计的部门、机构和其他组织信息的系统收集。这一监督过程包括政策计划、战略规划、国会文件、统计数字、评估报告、新闻报道以及调查官的报告等。监督文件储存于高度结构化的电子数据库（即“永久档案”）。年度监督报告根据这些文件编制以支持选择的过程。

荷兰

审计法院的地位

荷兰王国是一个君主立宪、地方分权的统一国家。除了中央政府外，还有具有一些行政权和自主选择权的12个省和大约400个市。审计法院的审
63 计权限只限于中央政府。省和市具有自己的审计职能［正如卡特瑞恩·维茨（Katrien Weet）在本书后面章节论述鹿特丹审计法院时所强调的那样］。审计法院的董事局成员根据国会推荐由政府任命。

战略选择

根据2004～2009年战略（Algemene Rekenkamer，2004b）以及后续2010～2015年战略（Algemene Rekenkamer，2010），审计法院使用了一种新的选择审计主题的方法。以下三个特征最好地描述了这一方法：（1）更多地强调循环审计以确定审计趋势；（2）更多地强调有效的影响；（3）重点放在有限的政策领域。

循环审计

随着2004～2009年战略规划的制定，审计法院更强调循环（或后续）审计，理由是单个审计没有系列审计有效。这与其工作重点的转变一致：从根据单个审计发现“问题”，转向能够洞察潜在的结构性潜力以改善政府绩效的“趋势”。根据审计法院的观点，最高审计机构地位独特，最有资格指出重要的趋势和结构性问题，而不仅仅是能够有效地对短期问题做出响应。

有效影响

除此之外，审计法院越来越重视对其利益相关者的有效影响。这意味着审计报告不再被认为是其审计工作的最终产品，而是与利益相关者进行深入、持续讨论的一个中间步骤。另外，这一工作还可以采用专家会议、研讨会、杂志论文或向被审计单位提供风险分析结果等形式。

有限的政策领域

审计法院认为，在某些政策领域，政策和执行之间脆弱的联系会产生最严重的后果，2010～2015 年的战略即将重点放就在这些政策领域（范围）上。这些领域如下：

1. “人员”：保健、教育、促进成长。
2. “荷兰”：竞争力、一体化、基础设施、安全。
3. “地球”：气候、能源。

在这些政策领域里，审计法院从分析社会问题开始，目的是深入理解政 64
策和执行（Algemene Rekenkamer，2004a，3）。借助于下列七项选择标准，可以做出进一步的选择：

- 复杂的政策链（如涉及若干部门或若干当地的参与者）。
- 金融价值。
- 国际条约义务。
- 特别权力的使用。
- 由于对问题进行通盘考虑而带来的深刻见解。
- 社会的紧迫性。
- 改进的机会[7]。

选择过程

在每年的选择过程中，这些战略性的选择显然限制了找到新审计主题的可能性。但是，审计法院对此还是倾注了很多的注意力，因为它与监督过程紧密联系，同时还是一种影响战略和客户关系管理的手段。充分的监督依然重要，因为它可以使机构能够验证上述策略，并且提供了与政府机关讨论非战略部分的机会，并可能引导出一些有趣的审计建议。

对于每年的工作计划，审计法院使用三个相互关联的工具：监督、问题矩阵和综合风险分析。这些工具之间的关系如图 3－2 所示。

监督（monitoring）是一种由审计法院的所有组织单位实施的标准活动。在每一种情况下，各部门的政策和 RTW（即承担法定任务的法律主体）的绩效受到监督。考虑到其协助减少社会问题的远大目标，审计法院还在日益加强对社会发展的监督。

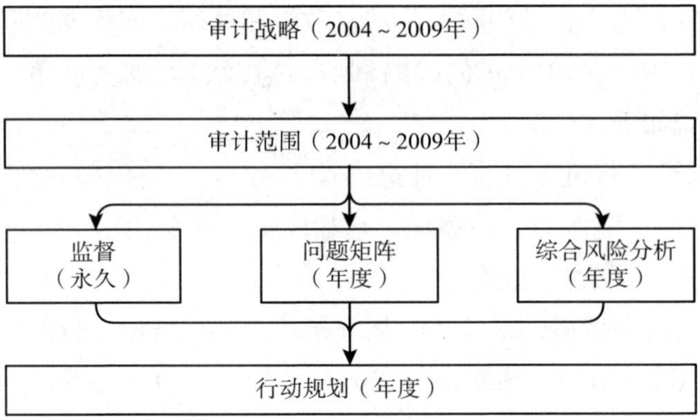

图3-2 战略、规划与选择工具间的关系

问题矩阵（issue matrix），即第二个工具，是监督的成果，专门设计用于促进与审计法院董事局讨论监督结果。问题被总结成备忘录的形式以回答下列四个问题：（1）有待解决的问题是什么？（2）它令人不快吗？（3）它在什么地方发生？（4）谁是主要的参与者？问题矩阵用来确认发生在审计法院的审计范围内但不一定包括在其审计战略中的问题。

第三个工具是综合风险分析。与监督和问题矩阵不同的是，风险分析是建立在审计战略上的，并且其针对性更强，可以直接应用于年度工作计划和
65 常规审计的规划。综合风险分析是一种在整个审计范围内发现、分析和记录信息，因而对与审计法院有关的审计范围内的风险进行确认和分类的系统、有效的手段。出于以下原因，要对风险分析进行综合：

- 将所有发现的重大风险结合起来，以便对常规审计和年度绩效审计规划做出选择。
- 有助于发现公共管理运作与风险和公共管理绩效之间的联系。

用于评估风险的系统与用于问题矩阵的系统十分相似。风险评估是将出现令人不快事件或情形的可能性与其对风险范围内的一种风险所产生的影响结合起来进行的，即风险 = 风险的可能性 × 对风险的影响。审计法院可以使用图 3-3 所示的模型来说明。

66

可能的影响

重要	平均	高	高
平均	低	平均	高
不重要	低	低	平均
	不可能	可能	很有可能

发生的可能性

图 3-3 风险矩阵

综合风险分析的最终产品就是对公共管理的运作和绩效以及相关第三方所面临主要风险的系统性概述。分析结果可以成为常规审计（审计对象和方法的选择）以及年度绩效审计项目建议的参考。综合风险分析也有助于特定领域知识的积累和此类知识在机构单位之间的交流。

审计法院年度选择过程的最终结果是一份审计主题清单。这份清单包含了若干循环审计（如欧盟发展趋势报告和政策信息现状）、一些来自上述过程的审计结果、一些国会要求的审计。审计主题清单可以在《年度工作计划》中找到（Algemene Rekenkamer，2008），这一计划发布在其网站上并提交给国会。

一种重要的方法

最高审计机构试图将选择过程建立在客观的标准之上是迈出了积极的一步，但尽管如此，这一过程仍然是一个需要判断力的主观过程。在这一部分，我们将证明，主题的选择从本质上来讲是一项政治性的（从附带的价值观意义上说）活动，因此，就目前而言，很少有证据支持这样的前提，即风险分析是选择审计主题的有效办法。

选择是一个附带价值观的过程

在考虑评估时，韦斯（Weiss）认为，在选择某些项目需要进行评估而另一些不需要评估的过程中有一种隐含的政治声明（Weiss，1987，47；类似的观点参见：Bovens et al.，2006；Chelimsky，2007；House & Howe，1999；

House，2006，121）。对绩效审计来说，情形也是如此。例如：

● 战略选择（诸如优先考虑某些政策领域或社会问题）显然是附加价
67 值观的选择。最高审计机构可以有它们“自己的议程”，而这些审计重点可能与当时的政府政策不谋而合或背道而驰。

● 主题的选择是一种引导政治议程和辩论的方法。不但选择的议题和问题应该在公共辩论中得到关注，而且表达问题的语言也应该得到关注，因为这种语言暗示着某种原因、解决办法和建议，因而将政治辩论推向某种方向（参见 FrameWorks Institute，2002）。例如，“监狱系统的容量问题”可以被说成是“犯人过多的问题”，或者被说成是“缺少牢房”。以上两种标签暗示着不同的原因和解决办法。毒品问题可以定义为一种“犯罪问题”，但也可以是一种“医学问题”或“经济学问题”。所有这些情况都需要寻找不同的原因和解决办法。每一种观点都会导致不同的评估。

● 最高审计机关审计组合中的审计份额也具有政治方面的考虑。正如本章开始所指出的那样，最高审计机构独立性的一个重要组成部分就是选择审计主题的自由。这也体现在《利马宣言》（*Lima Declaration*）第 13.1 节中：“最高审计机关应根据自我决定的项目进行审计。某些公共机构要求进行特别审计的权利不受影响”（同时参见 Mazur，1994，13－15）。除此之外，最高审计机构国际组织关于绩效审计的手册宣称：“最高审计机关必须保持其政治的中立性，但是，保持其独立性并不排除来自管理当局建议审计事项方面的要求。但是，如果要享有适当的独立性，最高审计机关必须能够拒绝任何诸如此类的要求”（INTOSAI，2004，44）。过高比例的外部要求的审计可能会挤占最高审计机关自我发起的项目，这样会降低其独立性。例如，大部分依靠各种安排要求的项目审计有单独的资金吗？谁来决定审查的范围？最高审计机构可以拒绝此类请求吗？

● 最高审计机关常常会考虑一个项目的“财务重要性”。这也不是一个中性的选择。除了这样的评估受到现有财务信息（预算结构、会计系统等）影响这个事实外，这意味着，一些可能对公民有重大影响且成本不高（诸如租赁法案、婚姻法）的政府政策有可能被忽视。

● 看似中性的工具，诸如风险分析，也不是纯客观的。风险分析系统的设计隐含着若干附带价值观的选择（Raaum & Morgan，2001，126）。例如：

—对分析主体、审计单位的选择不是中性的。与关注整个政府体制和政 68
策议题的宽泛风险分析不同，专注于过程层面的详细的风险分析（如采购之类的职能过程）将会导致不同类型的审计。

—风险指标的选择可以包括涉及内部过程的管理风险指标，而不包括涉及政策问题的风险指标（如政策目标的质量、规章制度的质量）。

如果我们将这两类参数结合起来，就能区分两种截然不同的设计选择。第一类可能是仅仅使用管理指标的专注于过程的风险分析系统。这很有可能导致仅有公务员被问责的管理审计。与此相反，使用专注于政策议题、从社会问题开始的风险分析更有可能导致与社会关系更加密切因此政治敏感性更高的主题，为此，各部门的长官必须对其政策承担责任。

风险分析的可疑证据基础

在研究选择时，“风险分析”是一个重要的概念，因此有必要对其进行更深入的分析，从风险分析系统的设计和执行所需步骤开始，我们将首先讨论一些基本概念。为了避免误解，我们需要提醒读者：首先，下面的评论仅仅涉及在最高审计机关内部进行绩效审计主题选择时风险分析的应用。这些评论不应推广到其他环境中。其次，“风险”是某事出错的概率，而“问题”是某事真的出错了，如服务质量不高、浪费。通常，最高审计机构的风险分析系统不仅考虑“风险”，也考虑“问题”。以下评论主要与风险有关（但有些也与问题分析有关）。

罗姆和摩根（Raaum and Morgan，2001，126 – 36）确认了七个步骤（前四个涉及风险分析系统的设计，其余步骤与这一系统的执行有关）。这些步骤如下：

1. 定义可审计单位。“审计范围”必须分解为若干单位作为风险评估的单位（如机构、项目、费用类别）。这就产生了一份可审计单位的清单。

2. 挑选选择因素。选择因素是确认诸如财务重要性、关于各种问题的 69
知识、风险、公共利益、新近审计范围等问题的标准。可审计单位是矩阵中的行，而选择因素是矩阵中的列。

3. 选择因素的权重。审计机构可以同等地对待每一项选择因素，也可以赋予它们不同的权重。

4. 对选择因素建立评分量表。审计师可以选择一个数值量表（如1～5）或描述性量表（如高、中和低）。

5. 获取所选选择因素的数据。通常信息的来源是战略规划、绩效报告、新闻报道、管理层官员提供的信息等。

6. 对可审计单位评级并计算最后的分数。使用针对各个因素收集的数据，对每个可审计单位的每个因素打分，然后计算出每个可审计单位的总分。

7. 挑选并设定审计选择的优先级。评估会产生一份潜在可审计项目的清单，按分数从高到低排列。[8]在做出最终选择时，还要考虑其他因素，如审计资源的可得性等。

风险分析是一项旨在发现失败的公共机构、政策和职能的技术。从实证上看，风险分析的可靠性既没有得到证实也没有被证明无效。没有证据显示，风险分析能使真正正面的选择最大化（例如选择失败的机构），并使错误的正面选择和错误的负面选择最小化。作为一种供研究的选择技术，风险分析的有用性取决于假设的准确性，而这些假设是风险分析建立的基础，这些假设并非包罗万象，且可以对其提出质疑。[9]这些假设包括：

- 不同政策领域风险的可比性假设。这一假设具有很高的争议性。比如说，很难证明公共健康领域的风险比环保、教育或国防相关问题的风险更值得关注。不存在一个没有争议的共同的标准对这些领域进行比较。

- 风险并非均匀分散在审计单位中的假设。没有这一假设，风险分析便毫无意义。但是，对使用中的一些风险指标（如“复杂性”和“参与者数量”）的仔细分析表明，在几乎所有公共领域都存在风险的情况下，许多风险指标没有选择的价值。

70 • 随着时间的推移风险将处于稳定状态的假设。这一假设并非不重要，因为在选定一个审计主题与发布最终审计报告之间可能存在很长一段时间。

- 所有风险都可知的假设。换句话说，收集可能阻碍有效管理和目标实现的所有内外部风险出现的概率和影响的完整、可靠的信息是可能的。然而，审计师们常常缺乏专业知识，这可能造成他们依赖于对部门和机构现成的风险分析。这会增加那些分享其诚实、详细的风险分析的单位被挑中进行审计的概率（“错误的正面性”的决策错误）。除此之外，即使审计师的确具有必要的专业知识，仍有可能出现固有的无法预料的风险。

• 具有清晰的政策和管理目标的假设。风险是一个机构无法实现其目标的可能性。风险分析涉及系统地确认和评估可能影响目标实现的风险。如果目标不清晰、不明确、相互矛盾、过时等，那么确认风险将会变得困难。

• 根据风险分析的结果每年对员工进行重新安排在组织上可行的假设。例如，如果信息和通信技术（ICT）在某一时期成为一个重要的风险领域，那么，最高审计机关应该具有获取必要知识和技能的灵活性。这一点无法保证做到，或者需要时间。

除了上述问题以外，执行风险分析需要在人力和信息技术方面进行大量投资。与其他选择方法如问题分析或随机选择相比，没有关于这种选择方法的成本有效性信息。

结论

虽然最高审计机关用各种方法探讨审计主题的选择过程，但还是有明显的相似性。它们都将选择过程建立在一个监督机制之上，都使用某种风险分析的形式，以及都用战略性选择指导选择过程。立法机关的要求也发挥了作用。这些手段的准确形式和每一种手段的相对权重可能相差甚远。例如，对于审计法院来说，来自国会的请求很少。选择过程主要建立在若干标准的应 71
用之上。在较小的范围内，战略性的选择也发挥了作用。在荷兰审计法院，战略性选择占有较大的权重，而风险分析（主要）在此战略框架内使用。不仅如此，每年都有一些绩效审计是应国会的要求进行的。

通常，最高审计机关会向公众和利益相关者提供有关其主题选择方法的信息，所以，这些方法是透明的，并且可以在此基础上以及根据绩效审计报告的项目进行判断。但是，没有一种方法能清楚地说明如何对选择过程的效果性进行评估。最好的情况是，可以从观察总体绩效审计项目的效果性来审查主题选择、行为和绩效审计报告的综合效果。

需要更多的研究来说明主题选择的决定是如何做出的，并深入理解影响这一决策过程的个人、组织和外部因素。像这样纯粹以文献为基础的研究是不够的，因为最高审计机关很有可能在正式出版物中描述选择过程时使其合理化和简洁化。像参与式观察（participative observation）或对最高审计机关的各个层面进行深入访谈等调研技术是支持这种“正式的前台”（formal front）更加有效的方法。

考虑到当前的知识水平，我们无法回答“为什么某些选择系统比另一些系统更有效”这一问题。需要通过研究来测试不同方法的有效性，诸如与问题分析法或随机选择法相比，风险分析法的效果如何。我们已经说明，看似中性和有科学支持的风险分析至少有一部分也具有欺骗性。在看似准确、近乎精确的评估之下，存在着各种观点和未经证实的假设。

注释

1. 独立性与反应性之间的对立是绩效审计的明显特点，因为与财务审计相比，还没有严格的规章指导绩效审计工作。

2. 奥康奈尔使用“political”（政治的）这个词特指“partisan”（有党派的），而在本书后面将在更宽泛的价值附载意义上使用这个词。

3. 情况并不总是这样。例如，1969年，美国审计总署的报告只有10是应国会的要求出具的（Havens，1992，pp. 208 – 9）。自20世纪80年代中期以来，美国审计总署从大部分工作由自己发起变成了由国会推动（O’Connell，2007，pp. 26 – 7）。

4. 这份清单不够全面。没有进一步的实证研究，就无法深入了解这一因素影响选择过程的方式。

5. “总的说来，我们相信，在审计主题选择的过程中，程序仅占不到
72 15%，而审计师的判断超过85%”（Office of the Auditor – General of Canada，2002，6）；“风险的识别并不是一门精确的科学，也没有一种机械的公式来评估某件事是否处于风险之中”（National Audit Office，1997，7）。

6. 以下描述是基于比利时审计法院内部的联邦层次。

7. 据我们所知，荷兰审计法院是唯一一个进行“审计综合”（audit synthesis）的最高审计机构，例如，在2003年进行的突出“政策与执行”的（超级）审计中（该报告可回溯至新策略之前），“审计综合”（结合先前建议的跟踪调查）基于29个单独的审计。这是一种从个别审计中发现趋势的十分有趣的方法，但还有一些限制：原审计中的盲点将会成为审计综合中的

盲点。由于审计不是随机选择的，所以没有人能够确定审计综合中的模式是否能反映现实中的模式。

8. 罗姆和摩根似乎假设，可审计的单位也是审计单位。但情况并不一定如此：在分析了可审计单位的风险后，有可能将此信息重新组织以适用于另一个范畴。

9. 有些限制可以突破，另一些则是这一技术的固有限制。

参考文献

Algemene Rekenkamer （2004a），*Onderzoek naar de aansluiting tussen beleid en uitvoering. Betekenis van de nieuwe strategie voor het onderzoeksproces*，The Hague：Algemene Rekenkamer.

Algemene Rekenkamer （2004b），*Presteren en functioneren van het openbaar bestuur. Strategie Algemene Rekenkamer* 2004 – 2009，The Hague：Algemene Rekenkamer.

Algemene Rekenkamer （2008），*Werkprogramma*. The Hague：Algemene Rekenkamer.

Algemene Rekenkamer （2010），*Slagvaardig en transparent. Presteren en functioneren van het openbaar bestuur. Strategie Algemene Rekenkamer* 2010 – 2015，The Hague：Algemene Rekenkamer.

Azuma，N.（2004），"Performance measurement of Supreme Audit Institutions"，*Government Auditing Review*，March，65 –94.

Bemelmans – Videc，Marie – Louise，Jeremy Lonsdale and Burt Perrin （eds）（2007），*Making Accountability Work：Dilemmas for Evaluation and for Audit*，New Brunswick：Transaction Publishers.

Bovens，M.，P. 't Hart，and S. Kuipers （2006），"The politics of policy evaluation"，in Morgan，M.，M. Rein and R，E. Goodin （eds），*The Oxford Handbook of Public Policy*，Oxford：Oxford University Press，pp. 319 –35.

Chelimsky，Eleanor （2007），"On fulfilling the accountability purpose in audit and evaluation：integrating politics and public involvement"，in United Nations，*Auditing for Social Change：A Strategy for Citizen Engagement in*

Public Sector Accountability, Department of Economic and Social Affairs, New York, pp. 115 –42.

Danish Audit Office (2008) "Mission, vision 2010 and performance targets 2010", available at www. rigsrevisionen. dk/composite –489. htm.

Frame Works Institute (2002), *Framing Public Issues.*

Government Accountability Office (2000), *Determining Performance and Accountability Challenges and High Risks*, Washington DC.

73 Government Accountability Office (2003), *Transformation*, *Challenges*, *and Opportunities*, Statement of David M. Walker, Comptroller – General of the United States. Testimony Before the Senate Committee on Governmental Affairs, 16 September.

Government Accountability Office (2004), *Strategic Plan* 2004 – 09, Washington DC.

Government Accountability Office (2005), 21st *Century Challenges. Reexamining the Base of the Federal Government*, Washington DC.

Government Accountability Office (2007), *High Risks Series*, *An update*, Washington DC.

Government Accountability Office (2009a), *Performance and Accountability Report* 2009, Washington DC.

Government Accountability Office (2009b), *High Risks Series*, 99.

Havens, H. (1992), "The evolution of the general accounting office: from voucher audit to program evaluations", in Weiss, Carol (ed.), *Organizations for Policy Analysis. Helping Government Think.*

House, E. (2006), "Democracy and evaluation", *Evaluation*, 12 (1), 119 –27.

House, Ernest and Kenneth Howe (1999), *Values in Evaluation and Social Research*, Thousand Oaks: Sage.

INTOSAI (2001), *Independence of Supreme Audit Institutions*, INTOSAI.

INTOSAI (2004), *Implementation Guidelines for Performance Auditing. Standards and Guidelines for Performance Auditing based on INTOSAI's Auditing*

Standards and Practical Experience, INTOSAI.

Lonsdale, Jeremy, (1999), "Impacts", in Pollitt, Christopher, Xavier Girre, Jeremy Lonsdale, Robert Mul, Hilkka Summa and Marit Waerness, *Performance or Compliance? Performance Audit and Public Management in Five Countries*, Oxford: Oxford University Press.

Lonsdale, J. (2008), "Balancing independence and responsiveness", *Evaluation*, 14 (2), 227 – 48.

Lonsdale, Jeremy, (2011), "Using their discretion: how state audit institutions determine which performance audits to undertake", in Eliadis, Pearl, Jan – Eric Furubo and Steve Jacob (eds), *Evaluation: Seeking Truth or Power*, New Brunswick, N. J.: Transaction Publishers.

Mazur, J. (1994), "The SAIs right to select audit topic", *International Journal of Government Auditing*, April, 13 – 15.

Murray, R. (2002), "Citizens' control of evaluations", *Evaluation*, 8 (1), 81 – 100.

National Audit Office (1997), *Picking the Winners: A Guide to VFM Study Selection*, London: National Audit Office.

National Audit Office (2000), *Modernising Government, How the NAO are Responding*, London: National Audit Office.

National Audit Office (2005), *State Audit in European Union*, London: National Audit Office.

National Audit Office (2006), *Corporate Plan* 2006, London: National Audit Office.

National Audit Office (2008), *VFM Handbook. A Guide to Quality in VFM Work*, London: National Audit Office.

National Audit Office (2009), *Annual Report*, London: National Audit Office.

O'Connell, A. J. (2007), *Auditing Politics or Political Auditing?*, UC Berkeley Public Law Research Paper No. 964656, University of California, Berkeley.

Office of the Auditor – General of Canada (2002), *One – Pass Planning at the Office of the Auditor – General of Canada*, International Seminar on Effective Performance Auditing, 30 and 31 May.

74 Office of the Auditor – General of Canada (2004), *Performance Audit Manual*, Ottawa: Office of the Auditor – General.

Patton, M. Q. (1997), *Utilization – Focused Evaluation: The New Century Text*, Thousand Oaks, California: Sage.

Pollitt, Christopher, Xavier Girre, Jeremy Lonsdale, Robert Mul, Hilkka Summa, and Marit Waerness (1999), *Performance or Compliance? Performance Audit and Public Management in Five Countries*, Oxford: Oxford University Press.

Raaum, R. and S. Morgan (2001), *Performance Auditing: A Measurement Approach*, The Institute of Internal Auditors.

Rekenhof (2004), *Controleren, evalueren, informeren – Contrôler, évaluer, informer.* Missieverklaring – Déclaration de mission, Brrussels: Rekenhof.

Rekenhof (2006a), *Monitoring en risicoanalyse voor de selectie van auditthemas. Federale Sector*, Brussels: Rekenhof.

Rekenhof (2006b), *Strategisch plan* 2006 – 2009, 7 *prioriteiten voor de federale sector*, Brussels: Rekenhof.

Sigma, (2002), *Relations between Supreme Audit Institutions and Parliamentary Committees*, Sigma Paper Series, no. 33.

Sterck, M. , V. Conings, V. Put and G. Bouckaert (2006), *De praktijk van performance audit: een drielandenstudie*, Steunpunt Bestuurlijke Organisatie.

Turksema, R. and P. Van der Knaap (2006), "Selectie en planning van doelmatigheidsonderzoek bij de Algemene Rekenkamer", *Vlaams Tijdschrift voor Overheidsmanagement*, nr. 4, 11 – 18.

Van der Meer, F. B. (1999), "Evaluation and the social construction of impacts", *Evaluations*, 5 (4), 387 – 406.

Van der Meer, F. B. and J. Edelenbos (2006), "Evaluation in multi-actor policy processes: accountability, learning and cooperation", *Evaluations*, 12

(2), 201 –18.

Weiss, Carol (1987), "Where politics and evaluation research meet", in Palumbo, D. J. (ed), *The Politics of Program Evaluation*, Sage Publications, 47 –70.

Weiss, Carol (1998), *Evaluation*, New Jersey: Prentice – Hall.

Wilkins, Peter and Jeremy Lonsdale (2007), "Public sector auditing for accountability: new directions, new tricks?", in Bemelmans – Videc, Marie – Louise, Jeremy Lonsdale and Burt Perrin (eds), *Making Accountability Work. Dilemmas for Evaluation and for Audit*, New Brunswick: Transaction Publishers.

4. 使用的规范：来自荷兰和英国的一些战略考虑

维塔尔·普特
(Vital Put)

75 导言

绩效审计中的“绩效”是什么意思？根据波立特（Pollitt，1999，2003）的解释，绩效审计师从“出色的管理”这一概念中吸取了灵感，然而，“出色管理实践”的那些模型的来源和性质却不是非常明确（Pollitt et al.，1999，204－5）。波立特和他的同事将这一问题确立为值得进一步研究的议题，所以，本章的目标就是要进一步分析最高审计机关所谓的“良好的绩效”是什么。

本章基于详细的研究，这一研究旨在描述、刻画和解释最高审计机关绩效审计中使用的规范。它主要建立在对荷兰审计法院和英国国家审计署审计报告内容的分析之上。上述两家最高审计机构描述了它们在其指南和手册中使用的规范。在荷兰审计法院的文件中（Algemene Rekenkamer，2005），最重要的规范是在一个很高的层次来描述的，而国家审计署使用的规范在若干良好实践指南和其网站“指南和良好实践”（Guidance & Good Practice）版块中进行了解释。但是，这里我们更愿意利用对审计报告的分析，因为它提供了全面的证据并且描绘了实际应用中的规范。

最高审计机构国际组织绩效审计手册将规范（“审计准则”）定义为：

> 合理的、可达到的绩效标准，活动的经济性、效率性和效果性可以据此进行衡量。它们反映了正在接受审查的目标所建立的一种规范的（即理想

的）模型。它们代表了最好的或优秀的实践，一个明智的、有学识的人对“应该是什么”的期待。当这些规范与实际进行比较时，就产生了审计结果（INTOSAI，2004，103）。

根据这些国际准则，在绩效审计中，对公共机构的效果性和效益性做出 76
评估。由于这些评估是建立在事实（“实际是什么”）与规范（“应该是什么”）的比较之上，所以需要规范对绩效进行评估。参见图4－1。

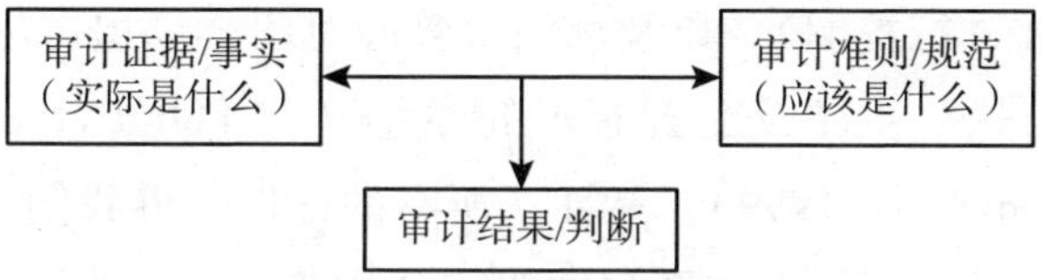

图4－1　事实、规范和判断

我们先要考虑为什么最高审计机关澄清其所使用的规范十分重要。[1]第一，在个别审计层面，被审计人有权知道对其机构进行评估依据的标准是什么（Pollitt，1999，102）。如果没有明确的规范，就不可能与被审计机构讨论这些准则（并可能达成一致）。第二，没有这些规范，审计师将无法确定其任务之所在、有效绩效的构成要素是什么，也就无法与被审计单位讨论其想法。除此之外，如果我们想超越个体的审计来评估最高审计机关的效果性，对正在使用的规范有一个清晰的理解也是十分必要的。这一点尤其重要，因为现有的某种“出色的管理实践”的现实存在与政策和机构的效果性和效率性之间关系的科学证据还不是决定性的。[2]进一步说，最高审计机关的手册显示它们已经意识到这些不确定性。[3]第三，理解这些明确的规范也有助于与其他审查机构（如内部审计师、评估师、稽查员）所使用的规范进行比较。这种比较可以让我们评估它们是否相互一致，或者相比之下，被审计人是否面临着不同的要求。

规范的制定是审计规划过程的一部分，这包括对主题的确认（第3章）以及方法的选择（第5章）。在审计的初级研究阶段，需要对规范进行详细说明，并且与被审计单位就这些规范进行对话。在主要的审计 77
过程中，这些规范将与事实进行比较，以得出判断。通常（但并非总是），规范将在审计报告的最后部分得到详细说明，有时很笼统，有时则十分详细。

到目前为止，最高审计机关制定规范的行为很少受到科学界的注意（可以参见 Bemelmans - Videc，1988；Bemelmans - Videc & Fenger，1999；Bemelmans - Videc，2000）。研究这一主题的学者贝梅曼斯—维迪克（Bemelmans - Videc）指出，荷兰审计法院绩效报告中有四项核心规范。它们是：在管理和政策的效果性及效率性方面应具有真知灼见，应具有清晰的、深思熟虑的和经过验证的政策并使所有的相关参与方知晓，应出具书面报告（从而能够进行控制），以及部门主管应对国会承担责任。

除此之外，这一主题仅受到有限的注意（如 Pollitt et al.，1999；Radcliffe，1999；Schwartz，1999）。然而，所有的证据告诉我们，最高审计机关所应用的规范在很大程度上涉及公共机构的内部运作（如管理实践），并且很少涉及政策执行的结果。它们通常在本质上是程序性的（系统性的）而不是实质性的，大多是定性的，常常是含蓄的，由最高审计机关单方面制定（虽然它们预料到了对于被审计单位来说哪些是可接受的），而且经常来源于官方资源。

荷兰审计法院和英国国家审计署使用的规范

在下一部分，我们要描述一下荷兰审计法院和英国国家审计署所使用的规范。我们使用这一真实的材料来建立三个相互关联的观点。在对两大审计机构审计报告内容进行分析的基础上，我们找出了五类规范（Put，2006a；Put，2006b）：

1. “出色的管理”实践（如战略规划、绩效度量、人力资源管理、信息技术）。
2. “可靠的政策”（如政策目标的质量、基于证据的政策）。
3. “产出/服务交付”（如质量、时间表）。
4. “效果性”[5]。
5. 政府对国会的绩效受托责任[6]。

表 4 - 1 对这些范畴进行了一个量化的概述。

表 4－1　　　　　论述某种规范的报告数量

	审计法院（n＝50）	国家审计署（n＝60）	
1. 涉及“出色的管理”的规范	50%	92%	78
2. 涉及“可靠的政策”的规范	88%	38%	
3. 涉及“产出/服务交付”的规范	32%	37%	
4. 涉及“效果性”的规范	6%	3.3%	
5. 涉及“政府对国会的绩效受托责任”的规范	24%	—*	

*：这一类别是有关对自执行人送达国会的受托信息相关性和可靠性的审计。当然，绩效审计报告的发布本身就是一种信息流，但这不是这一类别中所要讨论的内容。因为国家审计署不对部门主管（向国会提供信息的方式）进行审计，本类别与国家审计署无关。

如表4－1所示，在大多数的报告中，两家最高审计机关都在“窥视”政府机器，但目标不一样：英国国家审计署特别关注管理实践（占其报告的92%），而荷兰审计法院则将注意力主要集中在政策实践上（占其报告的88%）。在两家最高审计机关的报告中，对公共机构的产出进行评估的占了差不多1/3（如进行检查的次数、许可证颁发的时间表、顾客满意度等）。尽管两家最高审计机关都正式宣布它们对效果性进行了调查，但其实很少这样做。事实上，效果性规范很少被使用（同样的结论请参见 Schwartz，1999），尽管最高审计机关非常重视产出和服务交付。

现在，我们要详细地描述这些规范的五个类别，涉及出色管理和良好政策的规范（1和2）被认为是条件性的规范，即有助于产生好的结果，诸如产出和效果性（3和4）。

荷兰审计法院在绩效审计中使用的规范可以总结如下：

是否拥有一个“可靠的政策”，即管理者是否做到以下几点：

- 制定一项清晰的、基于证据的、可行的和一致的政策（具有清晰和可度量的目标，目标之间，即手段、预算、时机之间的关系明晰）并且对执行情况和该项政策的结果定期进行评估。
- 将公共部门作为一个相互联系的链条、一个完整的系统进行管理，79
即每个机构具有明确的职责且协调一致。
- 精心设计的明确、一致、完整且可执行的法律，并进行事前评估。

● 严格监督其部门和代理机构，即用清晰的政策视野指导这些机构，监督该项政策的执行和结果，并根据情况需要进行调整。

是否拥有“出色的管理”，即公共管理者是否做到了以下几点：

● 配合管理者的政策，用一种被证明有效的、基于结果的规划和控制循环来管理其机构。

● 建立清晰的组织架构，拥有明确的分工和必要的协调机制。

● 确保与其他组织的合作安排妥当。

● 确保组织内的重要过程建立在正规的指导之上，并记录在案。

● 用系统的方法解决信息技术（IT）的安全问题（如计划、风险评估等）。

做到这些，将产生“理想的结果”，即：

● 提供充分的服务。

● 服务到达预期目标群体。

● 服务准时交付。

● 这些结果使得官方政策目标得以实现。

此外：有关管理者应该将相关该政策的实施、结果和费用情况以完整、准确、及时和恰当的方式告知国会。

英国国家审计署的工作规范可以总结如下：

是否拥有“出色的管理”，即公共管理者是否做到了以下几点：

● 在管理其组织时采用以结果为导向的、具有成本意识的、客户导向的战略，并建立与员工和客户的协商机制，在绩效度量系统的协助下对这一战略的执行进行后续监控，并在必要的时候进行调整。

80 ● 以客户为导向进行运作，即与客户协商，深入了解他们的需求，认真应对和分析他们的投诉并从中吸取教训，通过以客户友好的方式和网站进行交流。

● 管理风险（如预测执行中可能出现的问题，并在出现问题时实施应急预案）。

● 从自身的成败中汲取经验教训并向其他机构学习（知识管理）。

- 将人力资源管理与其战略结合以确保建立一支合格的队伍。
- 鼓励建立一种支持承担风险的、学习型的、协作型的组织文化。
- 将采购政策与其战略结合，利用成本—收益分析对采购决策提供支持并与相关员工进行协商，将风险管理和项目管理的原则应用于重大兼并中。
- 对信息技术（IT）与其战略进行协调，利用出色的商业案例对信息技术决策提供支持并与用户进行协商，将风险管理和项目管理的原则应用于信息技术项目中，并从先前的项目中汲取经验。
- 妥善处理好与供应商之间的关系。
- 保证运作过程建立在正确的做法之上，并且建立质量保证体系以确保这些过程的质量。
- 提供一个清晰的组织结构。
- 与其他组织建立良好的合作关系。

做到这些，就会产生“良好的结果”，即：

- 无论是从顾客的观点（顾客满意度）还是从提供者的观点看，服务都能按一种恰当的标准提供。
- 服务提供及时。
- 与过去相比，与效率目标相比，与其他组织（标杆组织）相比，服务的提供更有效率。
- 提供的服务十分充足。
- 这些服务将提供给预定目标群，不会将任何群体排除在外。

这些定性描述再加上表 4－1 中的数字可以说明，荷兰审计法院将重点
主要放在政策层面上（政策理论、立法、执行者的监督等）。这是执行者的 81
责任，因此，荷兰审计法院特别注重对执行者的活动进行审查。同样，它也对管理层面的工作进行评估，只是关注力度次之。因此，可以这样说，对于荷兰审计法院来说，决定绩效审计工作的主要规范是执行者就其政策所承担的民主受托责任。相比之下，英国国家审计署特别关注管理层面（战略规划、执行、绩效度量等）以及与政府和顾客（服务质量）之间的关系。对于英国国家审计署来说，以顾客为导向、讲究效率和效果的管理是主要的规范。这是公务员的责任，因此，英国国家审计署将重点放在监督其活动

上。[7]相同的情形也出现在两个最高审计机关出具报告的建议中。荷兰审计法院主要向执行者提出建议；而英国国家审计署只向有关部门或机构提出建议。此外，荷兰审计法院开展了一场与执行者进行的所谓的“充满矛盾的辩论”，而在国会对审计报告进行讨论时，执行者负责进行说明。英国国家审计署有一个被称为“批准”的过程（Sharam，2007），首先在工作层面，然后与部门或机构领导者一起确认事实和他们的陈述，随后被正式任命为会计主管的最高级官员必须在国会的公共账目委员会的听证会上做出说明。这样，与荷兰审计法院不同的是，英国国家审计署只同官员而不同政客打交道，所以，受到国会委员会询问的是高级官员，而不是执行者。

在这些提到使用规范来源的报告中，荷兰审计法院几乎总是指规范的官方来源（如政策文件、立法或战略规划中的目标，各部门内部指导的成功做法，财政部的手册）。英国国家审计署也指官方来源（如公共服务协议中的目标、内阁办公室的指南），但除此之外，也使用其他来源。这些来源包括确认良好实践的调查结果、（与过去绩效、相似组织的）比较、顾客满意度、专业文献、行业标准（如私人部门的顾客电话咨询中心）。例如，在英国国家审计署的报告《与众不同：英格兰公立中等学校的绩效》（2003）中，英国国家审计署利用有关学校的效果性方面的文献和焦点小组（由教师和校长组成）来确定用于绩效比较的成功做法。英国国家审计署（National Audit Office，2009）内部最近对采用被审计人的目标作为标准、将这些目标与相似组织的目标进行比较以及与先前的绩效水平进行比较提出了警告。

82 大多数绩效报告无法解释绩效低下是如何发生的，并且报告中并不包含解释性的信息（在两个最高审计机关的报告中，大约有20%将注意力集中在解释因素上）。对于荷兰审计法院来说，这证实了先前研究的发现（De Vries，2000，237）。就算做出解释，这些解释也非常简要。出现这种现象可能有几个原因（其中一些本章将进一步讨论）。具体来说包括以下几个：

- 一些解释因素可能与某些政策因素有关，这些因素超出了最高审计机关的权限范围。
- 说明因果关系非常困难。
- 解释的本质取决于审计师对造成良好绩效和低下绩效原因的假设。

- 如果审计师必须就他们所发现的每一个功能障碍寻找更深层次的原因，那么，审计会变得非常耗时。
- 一些审计师在完成对审计对象的绩效评估后，认为他们的工作已经完成，并且认为寻找绩效低下的原因是审计对象的事。

然而，我们还是找到了一些讨论绩效问题原因的好例子。例如，在英国国家审计署的报告《解决领退休金者的贫困问题：鼓励争取他们的权利》（2002）中，大量的注意力集中在解释这一问题存在原因的各种因素上，而在荷兰审计法院关于在警察部队内信息交流技术（ICT）的报告（ICT bij de politie，2003）中，有大量内容涉及 ICT 问题产生的原因。在两家审计机构最近的报告和手册中似乎都可以看到这一趋势。例如，荷兰审计法院在其 2004～2009 年度的战略[8]中更加强调解释政策和执行之间的差距，而其最近的绩效审计手册[9]则明确强调了深刻理解造成绩效低下的原因的必要性，列举了可以解释造成不尽如人意的产出、效果或效率的各种因素（如目标、资源和时间之间的匹配不当，糟糕的立法，错误的政策理论，相互矛盾的政策目标，利益相关者的支持不足）。

同样值得一提的是有关这一主题的最近的一项研究。谢米亚图斯基（Siemiatycki，2009）对学术界的研究和政府审计师的审计报告进行了比较，这些研究和审计报告都分析了交通基础设施交付时的成本超支问题。他发现，这两类学者在使用何种解释说明成本超支的原因方面存在着巨大的分歧。审计师倾向于将技术和管理方面的解释作为重点（诸如不恰当的预测技术、工程范围的变化、差劲的项目报告），而学术界则将政治的、经济的 83
和心理的解释作为重点（诸如在规划阶段故意低估项目成本以获得支持，以及过度乐观）。

管理主义—消费主义与绩效审计的政治方法

斯特赖姆（Streim，1994）认为，对审计的需求来源于代理问题的存在；[10]如果没有这样的问题，审计就是多余的。在图 4－2 中，议会民主制下的公共审计体系被认为是委托—代理关系的一环。[11]在图 4－2 中所示的每一种关系中，审计都可以被用来解决代理问题。

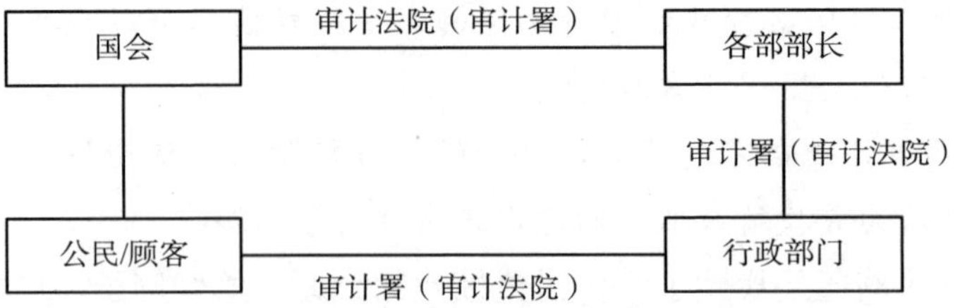

图4－2 作为委托—代理关系链条一环的公共审计体系

我们可以在图4－2中看到4个参与者：普通人［具有双重身份，既作为公民（选民—纳税人），也作为客户和服务的使用者］、国会（选出的代表）、政府（部长）以及行政机关（组织、机构）。委托—代理关系存在于公民和国会之间。公民选出议员并且在这一选举的过程中对他们委以重任。要求审计师直接解决这一代理问题是相当不同寻常的。相反，链条中的这部分受到媒体、政党和律师团体的监督，[12]但如果这些团体需要使用他们的服务，审计师可以发挥某种作用。反过来，议员支持政府支出（预算），并要求政府对拨款的绩效负责。所以，委托—代理关系也存在于国会和政府（部长们）之间。这两种关系在本质上都是政治性的。

还有一种政府（各部部长）和行政部门的委托—代理关系。行政部门官员的职责是执行各部部长制定的政策。最后，普通人作为公共服务的客户也可以直接要求服务的提供者对绩效问题负责（如通过投诉程序、诉诸法律、选择与其存在竞争的其他服务提供者）。这些关系在本质上是管理性的或法律性的。

图4－2所示的每一种关系都需要不同类型的审计产品。国会议员将对
84 政府所做的以及政府政策的结果特别感兴趣。除了其他来源外，这些知识可以从绩效审计那里获得。部长们更感兴趣的是行政部门对其政策的执行情况，因而可能会更多地被官员们所提供的评估和绩效数据所左右。顾客将对服务的交付感兴趣，而服务或许是以发布绩效报告的形式交付的。

在图4－2中，荷兰审计法院和英国国家审计署的位置在哪里呢？如前所述，荷兰审计法院主要专注于政策层面以及要求部长们对国会负责。它为其审计制定规范，这些审计涉及部长们应如何制定政策、如何向国会做出解释、如何监督行政部门，以及公共管理者应如何管理其机构和提供服务

(关注程度较低)。这样，我们就将荷兰审计法院主要定位在国会和部长的委托—代理关系之间，其次才是介于政府/行政部门和行政部门/顾客之间。另外，英国国家审计署也审查管理层及其与顾客的关系。因此，我们将英国国家审计署主要定位在政府和管理部门之间，以及管理部门和顾客之间，而最后才是部长和国会之间。荷兰审计法院的定位与其强烈关注政策制定的责任一致，而英国国家审计署的定位与其致力于提高公共部门绩效的目标一致。[13]

图 4 -2 还可以被用来判定“战略性审计失效”，或审计师在委托—代
理链中的地位和审计师提供的审计产品类型的错位。例如，如果最高审计机 85
关竭力支持部长对国会的责任，但提交的报告只涉及与过程有关的绩效而不提供结果信息的审计报告，则可能会存在错位。

揭露与解释绩效问题

正如先前提到的那样，大多数绩效审计会告诉人们什么出错了，而不会包含很多解释为什么出错的信息。这就提出了一个问题，即绩效审计报告中解释性分析的重要性。马乔恩（Majone）就这一方面提出了一些有趣的思路。他认为（Majone，1998，177）评估类型的选择应根据结果的可量化性和审计功能（过程和结果之间的关系）的可预见性来决定（参见表 4 -2）。

表 4 -2　　评估类型的选择

		过程知识	
		完整	不完整
结果的可度量性	高	Ⅰ 根据过程或结果评估	Ⅲ 根据结果评估
	低	Ⅱ 根据过程评估	Ⅳ 根据输入评估

资料来源：Majone，1989.

利用这一思路，如果对过程（如某些管理实践）和结果之间的关系有完整的知识，那么，审计就可以限制在一些过程中（如表4－2中象限Ⅰ和象限Ⅱ所示），因为某些过程的存在必然与期望的结果同时发生。但是，即使这样，为了使审计结果更具吸引力以及说明其关联性，应该估计审计发现对服务提供的影响和对社会的影响。例如，审计师可以说明人员规划的弱点如何导致称职员工的缺乏，以及如何导致服务提供不力，或质量管理体系的缺陷如何造成质量问题。为了更为实用，有必要对过程失常发生的原因做出解释。

86 但是，公共政策制定者和管理者经常在一个手段—目的关系模糊的环境下工作（Mintzberg，1999；Noordegraaf，2002；Wholey，1999）。在这种情况下，观察内部情况不是一个有效的办法，因为出色的管理实践也不能保证目标得以实现。正如有学者观察到的那样，“如果出色的管理实践和‘三E’之间的关系不那么可靠，那么，绩效审计师就需要越过前者以便直接调查后者”（Politt et al.，1999，206）。或者，如马乔恩所指出的那样，“除非假设投入和产出或结果之间存在十分明确的关系，即经济学家语言中明确的生产函数，否则，投入变量就是一个糟糕的替代品，因为我们真正感兴趣的是了解某一计划的有效性，或某一政策有多好”（Majone，1989，173）。

结果，在那种情况下，审计师应转向上述矩阵中的象限Ⅲ，对产出和结果进行直接度量。但是，纯粹的黑箱方法也不够。如果没有能够解释在发现的结果中存在不足的原因的信息，那么，关于结果的信息并不能为明智的决定提供基础。因此，有必要完善产出/结果法，即进行解释性分析。正如韦斯（Weiss）所言，“更多的知识来源于对与更好或更差结果有关的条件的详细说明，即项目运行的条件以及在更大的社会环境中的条件”（Weiss，1987，63）。为了提供一个有效的解释，就必须超越普通的常识知识，即每个审计师都具备的知识，以一种结构化的方法，利用现有最好的科学证据来解释政治—行政系统和/或社会问题在性质、规模和分布方面的演化。

剩下的范畴，即象限Ⅳ，难以审计，因为在这种情况下没有可度量的目标，而且因为某些过程的存在并不能保证目标会实现。如果我们将这些因素考虑在内，那么，最恰当的方法如表4－3所示。

表 4－3　　绩效审计最有效类型的选择

<table>
<tr><td colspan="2" rowspan="2"></td><td colspan="2">过程知识</td></tr>
<tr><td>完整</td><td>不完整</td></tr>
<tr><td rowspan="2">结果的可度量性</td><td>高</td><td rowspan="2">审计过程，包括：
• 对过程失灵结果的估计
• 对失灵原因的解释性分析</td><td>对结果进行审计，然后对结果中的不足进行分析</td></tr>
<tr><td>低</td><td>很难用一种有效的方式进行审计</td></tr>
</table>

以上推理的思路是从这样的前提出发的，即最高审计机关希望提高公共管理的绩效。为了形成相关的建议，就需要更多的“诊断性”绩效审计。这对最高审计机关形成了巨大的挑战。例如：

● 一些解释性的因素可能与政治因素有关，而这些因素已经超出了对最高审计机关的法律授权（诸如政治妥协）的政治因素有关。例如，英国 87
国家审计署最近提交的一份审查政府机构重组的费用和好处的报告并没有讨论下列事实，即有几个重要的重组是在为高级部长们提供大笔部长津贴的情况下完成的。

● 解释性信息的正当性不足，因为说明一个因果关系总是比较棘手。简—埃里克·福如博（Jan－Eric Furubo）在本书中对此说得很清楚，因为在责任机制中绩效审计常常扮演的角色，所以，对证据的稳健性的期望也相当高。

● 解释的性质主要取决于审计师对造成出色绩效和糟糕绩效的假设。例如，坚持理性决策模型的审计师会在规划体系脆弱、职责不清、信息系统缺陷和缺乏适当工具中寻找解释；喜欢内部控制模型的审计师会利用不恰当的内部控制系统（如缺乏准确和完善的风险评估、不恰当的应急计划等）来解释其弱点。公共选择理论的倡导者会着眼于激励机制（如因垄断地位而缺乏听取顾客意见的动机、绩效和资金之间没有关联等）；人力资源模型的支持者会谈到技能、沟通、企业文化等。不论是明确的解释还是隐含的解释，都是从关于组织机制的某一模型开始的。每个模型都会突出某些变量而忽视另一些变量（Bolman and Deal，2003；Bovens and ’t Hart，1998；Harrison and Shirom，1999；Morgan，1992；Scott，2003）。

从受托责任的角度看，解释性信息相关性较弱。最高审计机关可以制定只揭露问题的战略决策，不对这些问题产生的原因进行分析，也不提供解决
88 方案。在那种情况下，绩效审计可以在一种纯粹的“检查”模式中进行：比较规范和事实，并根据这种比较做出判断。如果管理者或政客想利用绩效审计来提高组织绩效，那么，他们将需要由其他机构进行的额外审计或评估来提供更有用的信息。

对待规范的官方方法和多元方法

我们已经看到，最高审计机关常常提到规范的官方来源。审计总是涉及确定被审计单位是否符合官方的目标声明；事实上，政府所宣布的正是被审计单位确定要实现的。从受托责任的观点来看，官方的标准相关性较大，特别是民主选举的政治家所制定的政策目标，因为他们对其承诺的一切负有责任。在民主国家，一切权力属于人民，人民选出政治代表为他们制定决策，而这些代表将决策权赋予政府，政府又反过来将制定某些决策的权力授予公务员。因为官方的标准扎根于民主链条中某一段授权的声明，所以具有很强的民主合法性（Vedung，2006）。从这一视角来看，最高审计机关检查被审计单位是否已经符合其自身对绩效的定义：政策和管理由其自身规范判断（“官方”标准）。

此外，立足于官方标准还有一些实际的好处。例如：

- 官方标准最具正当性，因为它们来自被审计单位，而后者很难对这些标准发难。
- 由于最高审计机关没有资源建立一个研发部门来彻底监督科学研究，因此官方来源也是建立规范的最节省的方式。这是一个重要的优势。

但是，如果最高审计机关想要为改善一个运行良好的公共部门做出贡献，那么，能否仅仅依靠官方的标准，这一点还不清楚。为什么会这样，有一些原因。例如：

- 想要在公共管理领域引进新理念方面充当开路先锋的最高审计机关不能等着这些理念被吸收到规范的官方来源里。

89 • 如果官方政策目标过于容易实现或过于野心勃勃，那么以其作为开

始则可能不太合理。

- 使用官方规范也要承担可能产生不受欢迎的副作用的风险，即“赌博”：如果他/她知道这些目标将成为审计的起点，那么，被审计人就可能设立容易达到的目标。

- 仅仅根据官方规范进行评估会与现实脱节，而其他利益相关者的视角也具有价值（如客户、同类组织建立的标准）。有鉴于此，一些学者支持一种更加多元化的方法（Majone，1989，171；Chelimsky，2007，121），这一方法将所有利益相关者的价值观、期望和需求都考虑在内。根据这些学者的观点，这一方法对现实将有更为丰富的描述。

- 在某些情况下，没有官方规范，因此，最高审计机关别无选择，只能建立自己的规范。

从这一观点出发，最高审计机关必须超越官方规范，如利用科学知识、以其他国家的规范和国际规范作为标杆等。绩效以这种方式被最高审计机关定义，这一工作需要专业知识。从受托责任的角度来看，这一选择可被看成是一种“不相称”。如果审计机关使用自己关于绩效的规范，而不是由委托人认可的官方规范，那么，审计师就充当了委托人的角色。因此，审计就与受托责任混为一谈，而不是作为附加于受托责任关系之上的一种制度。正如格林（Glynn）所说的那样，“各种形式的外部审计从本质上说是一种附加于受托责任关系的事后过程，而这种关系至少包含两个当事人，即分配责任的一方和承担履行责任的一方……它不是或不应该是受托责任的替代品”（Glynn，1996）。因此，对于最高审计机关来说，这显然是一个困境。

结论：绩效审计是“为了民主”和/或“为了改进”？

以上我们勾勒出了三项重要的战略选择。每次我们都会与最高审计机关的双重使命联系在一起：向国会通报信息和推动公共管理服务的改进。这三个战略选择并不是相互独立的，而是与受托责任相匹配或具有改善公共管理服务的使命，如表4－4所示。

表 4-4　　受托责任审计与改进性审计

受托责任绩效审计	改进性绩效审计
政治方法 最高审计机构提供对受托责任过程有用的信息［即公民与国会的关系和/或（通常是）国会与政府的关系］	管理—消费主义方法 最高审计机构提供对改善公共管理职能有用的信息（即管理机构职能的信息和/或客户与管理机构的关系）
“揭露”型绩效审计 揭露问题，而不分析产生这些问题的原因，也不提供解决方案。绩效审计以一种纯粹的“检查”模式完成	“诊断”型绩效审计 揭露问题并解释出现问题的原因（为了形成解决这些问题的建议）
“官方”规范 最高审计机关审查被审计单位是否符合绩效审计的定义及其自己的承诺	最高审计机关形成自己对“绩效”的定义 除了官方规范外，最高审计机构利用专业文献、标杆、其他利益相关者的观点……

90　大多数最高审计机关试图坚持这两种立场。绩效审计的受托责任方法适合于最高审计机构协助国会要求政府承担负责的传统使命。这不需要广泛的专业知识。第二种选择更具挑战性，它需要更为复杂的知识基础（诸如评估效果性的能力、组织理论的知识）。除此之外，这种对改善绩效的承诺，即如果考虑到协助组织发展的逻辑结论，并不完全适合最高审计机关的机构地位（另请参见 Barzelay，1997；Morin，2003；Saint - Martin，2004）。受托责任是建立在不信任基础之上的一种三角关系（如国会/委托人、被审计人/代理人和审计师），在这种关系中，被审计单位是审计对象，而审计的重点是过去的账目。另外，相互协作的关系是建立在信任基础之上的一对一的关系，在这种关系中，被审计单位是可以参与对实际发生的事件进行决策的审计对象，而审计的重点在于为未来而解决问题。

91　即使在最高审计机关强调其使命是改进时，它仍然在受托责任三角中发挥作用：最高审计机关的授权通常强调受托责任，而绩效审计师的知识基础和文化深受那些特别强调受托责任的财务报表审计的影响（参见 Barzelay，1997；Morin，2003；Saint - Martin，2004）。这样就会在相互竞争的规范之间产生紧张的关系。马尔根（Mulgan，2001）认为，诸如受托责任和透明度这样的价值观可能与偏向管理主义者的方法之间存在矛盾，尤其是在有关外包的问题方面（如过度使用“商业机密”的免责声明条款）。芬内尔

（Funnel，2003）认为："过分夸大经济性、效率性和效果性这三 E，作为公民的个人和作为消费者/顾客的个人之间的紧张关系就会容易被忘掉。"最高审计机关必须学会克服这些矛盾心理。

注释

1. 但是，并不是所有的绩效审计都必须是基于标准的。最高审计机构国际组织的绩效审计指南区分了在审查绩效过程中两种不同的方法：基于结果的合规的方法（评估预先设定的标准/规范是否已经达到）以及基于问题的方法（从所述问题开始，然后论证和分析问题的原因，不再考虑预先设定的审计标准）（INTOSAI，2004，26－7）。

2. 例如，在其论述管理效果的著作中，波兹曼（Bozeman）和斯特拉斯曼（Straussman）认为，"我们提供的指南与科学毫无关系。指南中有些与实证研究有一些松散的联系，但在大多情况下没有坚实的研究基础，更不用说科学理论的基础了"（1990，25）。胡德（Hood）评论说，"现在普遍认为，公共管理'科学'——在很大程度上是一种修辞……公共管理中大多数有关做什么的论点依靠的是需要视情况而定的证据和修辞感染力"（Hood，2000，13）。在管理研究和管理实践之间存在关联性的空白（Starkey and Madan，2001；Hodgkinson et al.，2001）。特拉菲尔德（Tranfield）认为，借助于对研究的系统性回顾，就像在医学领域一样，有关管理方面"基于证据"的知识得到了发展（Tranfield et al.，2002）。

3. 例如，National Audit Office，VFM Guide，1997，37；Algemene Rekenkamer，Handleiding Doelmatigheidsonderzoek，1996，15－16。

4. 在我们的研究中，我们发现大约在一半的报告中规范（至少部分地）得到了详细说明。

5. 效果性被定义为在提供的成果与社会效果（"政策的效果性"）之间的一种因果关系，但不像在活动和产出之间的那种因果关系。

6. 这一规范被单独提及，是因为部长们对国会所承担的透明的、民主的受托责任是审计法院本身的一个目标，而不（仅仅）是效果性和效益性的一个条件。

7. 英国国家审计署的一些报告涉及政策制定，但它们将重点放在公务员在政策制定过程中和良好实践的作用之上，如政策制定中研究方法的使用。

8. Algemene Rekenkamer（2004），Presteren en functioneren van het openbaar bestuur. Strategie Algemene Rekenkamer 2004－09，p. 28。

9. Algemene Rekenkamer（2006），Manual Performance Audit，p. 198（e. g. pp. 25－8，113－15）。

92 10. 代理人的行为不是为了委托人的利益而是自己的利益。

11. 图4－2是为了我们叙述的方便，但实际的情形要比这复杂得多。例如，部门和机构可以利用私人参与者（非营利机构、公司）来实际地提供公共服务，这就拓展了委托人—代理人链条；在行政机构中也存在委托—代理关系（例如，大多数内部审计服务就是处在管理部门和雇员的关系之间）。

12. 但是，最高审计机关可以向媒体和其他机构提供一个进行评论的平台。

13. 在其使命声明中，英国国家审计署既致力于提高对国会的受托责任又帮助被审计单位提高其绩效。有迹象表明，其使命的第二部分占主导地位（至少在绩效审计方面）。在其2003年的手册中，英国国家审计署宣称促进有益的变化是效益（VFM）工作的最终目标（Value for Money Handbook. A guide for building quality into VFM examinations，2003，10）。英国国家审计署所使用的检测其自身绩效（资金节约、建议落实）的绩效指标，以及英国国家审计署证明其存在合理性的方式（Pollitt & Summa，1997）与其改进的目标也有关系。

参考文献

Algemene Rekenkamer（2005），Essentialia van goed openbaar bestuur，The Hague.

Barzelay，M.（1997），“Central audit institutions and performance auditing：A comparative analysis of organizational strategies in the OECD”，*Governance：An International Journal of Policy，Administration and Institutions*，10（3），235－60.

Bemelmans－Videc，M. L.（1998），“De Algemene Rekenkamer：controlenormen en-stijlen in een veranderende bestuurlijke contex", in Hertogh, M. L. M., Huls, N. J. H. and Wilthagen, A. C. J. M. (eds), *Omgaan met de onderhandelende overheid. Rechtstaat, onderhandelend bestuur en controle*, Amsterdam University Press, pp. 89 – 117.

Bemelmans – Videc, M. L. (2000), "Over het beoordelen van 'goed' bestuur", in Nelissen, N., Goverde, H., Van Gestel, N. (eds), Bestuurlijk vermogen, *Analyse en Beoordeling van Nieuwe Vormen van Besturen*, Uitgeverij Coutinho.

Bemelmans – Videc, M. L. and N. J. H. Fenger (1999), "Harmonizing competing rationalities in evaluating governance", *Knowledge, Technology & Policy*, 12 (2), 38 – 51.

Bolman, Lee and Terrence Deal (2003), *Reframing Organizations. Artistry, Choice and Leadership*, Third Edition, San Francisco: Jossey – Bass.

Bovens and't Hart (1998), *Understanding Policy Fiascoes*, New Brunswick, Transaction.

Bozeman, Barry and Jeffrey Straussman (1990), *Public Management Strategies. Guidelines for Managerial Effectiveness*, San Francisco: Jossey – Bass Publishers.

Chelimsky, E. (2007), "On fulfilling accountability purpose in audit and evaluation: Integrating politics and public involvement", in *United Nations, Auditing for Social Change: A Strategy for Citizen Engagement in Public Sector Accountability*, Department of Economic and Social Affairs, New York, 2007, pp. 115 – 42.

De Vries, G. J. (2000), *Beleidsdynamica als sociale constructie. Een onderzoek naar de doorwerking van beleidsevaluatie en beleidsadvisering*, Delft: Eburon.

Funnel, W. (2003), "Enduring fundamentals: Constitutional accountability 93
and Auditors – General in the reluctant state", *Critical Perspectives on Accounting*, 14 (2), 107 – 32.

Glynn, J. J. (1996), "Performance auditing and performance improvement in government: Public sector management reform, changing accountabilities and the role of performance audit", in OECD, *Performance Auditing and Public Sector Modernization*, Paris, pp. 125 – 36.

Harrison, M. I. and A. Shirom (1999), *Organizational Diagnosis and Assessment. Bridging Theory and Practice*, Thousand Oaks, California: Sage Publications.

Hodgkinson, G. P., P. Herriot and N. Anderson (2001), "Re-aligning the stakeholders in management research: Lessons from industrial, work and organizational psychology", *British Journal of Management*, 12, S41 – S48.

Hood, Christopher (2000), *The Art of the State: Culture, Rhetoric and Public Management*, Oxford: Clarendon.

INTOSAI (2004), *Implementation Guidelines for Performance Auditing. Standards and Guidelines for Performance Auditing Based on INTOSAI's Auditing Standards and Practical Experience.* INTOSAI (www. Issai. org).

Majone, Giandomenico (1989), *Evidence, Argument and Persuasion in the Policy Process*, Yale University Press.

Mintzberg, Henry (1999), *Grandeur et decadence de la planification strategique*, DUNOD.

Morgan (1992), *Beelden van Organisaties*, Schiedam, Scriptum.

Morin, D. (2003), "Controllers or catalysts for change and improvement: Would the real value for money auditors please stand up?", *Managerial Auditing Journal*, 18 (1), 19 – 30.

Mulgan, R. (2011), "Auditors – General: Cuckoos in the managerialist nest?", *Australian Journal of Public Administration*, 60 (2), 24 – 34.

National Audit Office (2009), Coming to a Sound Conclusion, *A Guide to Developing Strong Judgements in Value for Money Reports*, London: National Audit Office.

Noordegraaf, M. (2002), "Wat doen publieke managers? De realiteit achter de planning & control-retoriek", *Bestuurskunde*, Number 1, 2 – 12.

Patton, Michael (1997), *Utilization Focused Evaluation*, Edition 3,

Beverly Hills, California: Sage Publications.

Pollitt, C. (2003), "Performance audit in Western Europe: Trends and choices", *Critical Perspectives on Accounting*, 14, 157 – 70.

Pollitt, C. and H. Summa (1997), "Reflexive watchdogs? How supreme audit institutions account for themselves", *Public Administration*, 75, 313 – 36.

Pollitt, Christopher, Xavier Girre, Jeremy Lonsdale, Robert Mul, Hilkka Summa and Marit Waerness (1999), *Performance or Compliance? Performance Audit and Public Management in Five Countries*, Oxford: Oxford University Press.

Put, V. (2006a), *De bril waarmee auditors naar de werkelijkheid kijken, Over normen die rekenhoven gebruiken bij het beoordelen van de overheid*, die Keure, Brugge, p. 219.

Put, V. (2006b), "Through which lens do Supreme Audit Institutions assess the performance of the public sector?", Paper presented at the 4th International Conference on Accounting, Auditing and Management, The European Institute for Advanced Studies in Management (EIASM), Siena, 7 – 9 September.

Radcliffe, V. S. (1999), "Knowing efficiency: The enactment of efficiency in efficiency auditing", *Accounting, Organizations and Society*, 24, 333 – 62.

Saint – Martin, D. (2004), "Managerialist advocate or 'control freak', 94
The Janus faced Office of the Auditor General", *Canadian Public Administration*, 121 – 40.

Schwartz, R. (1999), "Coping with the effectiveness of dilemma: Strategies adopted by state auditors", *International Review of the Administrative Sciences*, 65 (4), 511 – 26.

Scott, W. R. (2003), *Organizations, Rational, National and Open Systems*, Prentice Hall.

Sharma, N. (2007), "Interactions and interrogations: Negotiating and performing value for money reports", *Financial Accountability and Management*, 23 (3), 289 – 311.

Siemiatycki, M. (2009), "Academics and auditors. Comparing perspectives on transportation project cost overruns", *Journal of Planning Education and Research*, 29, 142 –56.

Starkey, K. and P. Madan (2001), "Bridging the relevance gap: aligning stakeholders in the future of management research", *British Journal of Management*, 12, S3 – S26.

Streim, H. (1994), "Agency problems in the legal political system and Supreme Auditing Institutions", *European Journal of Law and Economics*, 3, 177 –91.

Tranfield, D., D. Denyer and P. Smart (2002), *Developing an Evidence-based Approach to Management Knowledge using Systematic Review*, Advanced Management Research Centre, Cranfield School of Management.

Vedung, E. (2006), "Evaluation research", in Peters, B. G. and Pierre, J. (eds), *Handbook of Public Policy*, London: Sage, pp. 397 –417.

Weiss, C. H. (1987), "Where politics and evaluation research meet", in Palumbo, D. J. (ed), *The Politics of Program Evaluation*, Beverly Hills, California: Sage Publications, pp. 47 –70.

Wholey, J. S. (1999), "Performance-based management. Responding to the challenges", *Public Productivity and Management Review*, 22 (3), 288 – 307.

5. 绩效审计正确的工具是什么？方法、选择和环境

杰瑞米·朗斯代尔
(Jeremy Lonsdale)

审计是一项基于证据的活动。正如弗林特（Flint，1988）指出的那样： 95
“没有调查并取得证据，审计师是绝对不可发表意见或出具报告的。”这样，审计工作主要是在于收集证据使审计师能够形成一种可以报告的判断；如果“没有证据，审计就无从谈起”（Flint，1988）。审计师使用的方法决定了他们要揭示的证据、能够进行的分析，以及最终能够得出的结论和提出的建议。这些对于绩效审计工作的价值至关重要。本章讨论的是英国国家审计署绩效审计师对方法的选择。回顾过去20年的发展，绩效审计（在英国被称为效益审计）已经发生了很大的变化。

本章的出发点是下面这一观点：在诸如审计或评估之类的活动中，方法选择的一个决定因素是工作开展的环境。2009年美国评估协会会议的介绍材料认为：

> 环境（context）是指背景（时间和地点）以及评估重点所处的更一般的背景。环境还可以指问题或现象的历史环境，即项目或政策所指向的问题或现象，以及评估所处的政策和决策环境。环境有多个层次并且具有动态性，随时间变化而变化。我们越来越意识到有必要针对某一环境提出我们的方法和总体的路径。评估环境中的每一个方面都会影响评估的路径和方法，而这些路径和方法可能会产生适当的可起诉的证据（American Evaluation Association，2009）。

这一观点暗示，在审计工作完成的环境影响使用的方法，审计师采用特

殊方法以考虑环境影响的情况下，有可能存在一系列发挥作用的复杂的过
96 程。而这些过程是不断变化的。我们首先对英国国家审计署运作的环境进行
分析。

效益审计：环境和趋势

从1984年开始，英国国家审计署就按目前的格式出具效益（VFM）审计报告，近年来，它每年出具60份审计报告。尽管是自己设计的，但这些报告通常具有一些共同的特征。它们是一些关于公共资金使用的各个方面的独立报告；审计工作通常是由内部人员和外部人员联合进行的，涉及定量和定性的方法；审计集中在三个或四个次要问题上，通常表现为最后的报告中章节数目相近；大部分注意力被投入到陈述中，并附有图表和案例；报告供非专业人士阅读，并假设这些报告将成为国会听证的一个基础，在此基础上，高级官员将接受质询。在与被审计机构就事实和陈述进行讨论，并在最终报告中征求并考虑他们的意见后，报告得到“同意”（Sharma，2007）。

英国国家审计署在正式的受托责任框架内工作。正如第1章提到的那样，它向下议院公共账目委员会（PAC）报告，而该委员会则根据国家审计署的工作以及高级公务员在公共账目委员会听证会上提供的口头证据编制自己的报告。一年大约有50份效益审计报告构成了该委员会听证会的基础。政府对该委员会的建议做出正式的书面回应。这种回应要么是做出改变来满足公共账目委员会建议的要求，要么是解释他们为什么没有接受这些建议（这种情况不太常见）。国家审计署报告中的评论和观察结果会受到极大的重视，而且在国会被看成是高级管理者应该关注的事项。

效益审计已经在越来越严格的参数范围内进行。与20世纪90年代末相比，现在国家审计署出具的报告更多（由于公共账目委员会要求的数量不断增长，从每年的45份增加到60份），所以研究小组只有较少的时间（从批准到公布平均9个月时间，随着内部压力的增大，2009年以来，许多项目的时间又被大幅度削减）开展研究、得到项目的许可、收集证据、出具报告以及与有关部门讨论。在要求主报告越来越简

短、让非专业人士能更好地读懂的情况下，国家审计署报告展示在最近几年受到了重视。现在媒体的注意力空前高涨，许多报告受到了全国性 97
的报纸或电视台、广播和因特网的大量关注。所有这些都是制定方法决策的重要背景因素。

还有来自不同领域的影响审计工作进行的压力。朗斯代尔和梅恩（Lonsdale and Mayne，2005）对若干国家绩效审计的质量安排进行了比较分析，结果显示，对于不同的受众，比如政客、审计机构内部的官员、媒体、业内专家或公民，质量的含义不同。一个团体认为恰当的质量可能不一定能满足另一个团体的预期。例如，公务员可能看重对某一问题的详细分析，更喜欢看到在更宽泛的、更具前瞻性的、更正面的背景下对过去绩效的更具批评性的评论，而记者阅读报告的目的是要写一篇关于政府支出方面的文章，可能期望看到一份言简意赅、批评口气十足的报告。业内专家可能对一份带有详细附加信息的报告感兴趣。

国家审计署效益审计的可信度主要取决于审计报告接受者对审计分析严谨性的信心。公共账目委员会希望国家审计署对某些特别问题能够刨根问底。因为如果审计工作证据确凿、令人信服，那么，审计就会成为问责某些部门的一个有用的根据。同样，作为外部审计者，国家审计署的建议只有建立在严谨的基础上，才有可能对其审计的那些机构提供很大的帮助。如果审计报告条理不清晰、无法令人信服，且没有彻底的、具有说服力的审计和研究作为基础，那么，国家审计署则很容易遭到外部评论家的批评。

回顾历史也是有意义的。一直到20世纪70年代，效益审计工作还只是主要对大型计划或项目以及广泛的交易进行审查。研究视角狭窄，来自风险分析的或部门制度评估的主题极其有限。很难区分财务审计和效益审计，相当一部分原因是因为所使用的方法相似。许多审计人员认为，他们的工作是“蹲点狩猎”（主要是审查文件），以确认单个的工作失误之处，并且专注于“更为明显的经济问题，而很少涉及效益和效果等更深层次的问题”（Exchequer and Audit Department，1981，5）。

1983年的《国家审计法》给效益审计的开展提供了新的动力。它使审计报告能更加及时地发布，使审计关注的范围更宽（法律第一次明确规

98 定了将重点集中在经济性、效益性和效果性上)，允许审计长出具单个主题的报告，而不是关于那些淹没在各种账目中的问题的报告，鼓励创建一种全新的审计形式。因此，各届审计长在谈论其工作时，更关心的是找出更好的工作方法而不是单个的失误和成本节省（Lonsdale，2000)。研究旨在“增加价值”，国家审计署的报告有时也在较早的阶段关注政府的创新和新政策的执行，从而为以后的阶段提供经验。对于行政重组、IT 合同和项目、私人金融合同或公私合伙等方面的议题，国家审计署关于某一特定领域的报告常常被那些处理类似议题的其他政府机构使用。此类工作以及与其相关的不断变化的愿望需要不同的证据收集和分析的方法。

研究设计和方法选择

审计师对方法的选择应在一项总体研究如何发展的环境之内加以考虑。一般来说，国家审计署团队通常会设计出确保得到作为国家审计署领导人的审计长（C&AG）批准的研究主题，所有的工作都是在其名义下展开的。还有若干不同的规划考虑，包括：

- 主题的范围和关键问题；
- 创建项目管理模板和计划；
- 与被审计机构建立关系，以便就对职工开放和访问时间表等实际安排达成一致；
- 与内部和外部的利益相关者及专家协商；
- 向内部同行审核披露其计划，并在其评估的基础上进行改进；
- 确保高级管理层能够批准计划、预算和时间表；
- 确认使用外部承包人的可能领域；
- 选择适当的方法收集证据（National Audit Office，2008a)。

这种考虑的组合支持这样一种观点，即效益审计研究是一项十分实用的实践。波立特和舒玛（Pollitt and Summa，1996）认为，审计师似
99 乎在“计划”其审计，而评估师却“设计”他们的研究。按照他们的观点，审计审查很少有意识地涉及有关不同方法组合并用的方式。相反，

“更常见的情形是，审计团队将用一种十分实用的方式制定审计计划，在一个或多或少临时的基础上，选择那些对于理解选定项目或机构可能有用的工具和方法”。与此相联系，朗斯代尔（Lonsdale，2000）提醒说：“虽然大多数审计师已经具有专业的会计训练，但他们似乎并不受限于某些特定的概念或方法。许多选择都是建立在工作经验以及其他人成功经验的基础之上。”

来自团队研究的最新证据显示，设计一项研究也是团队成员协商的过程。团队的老成员编写研究计划的初稿，并与管理人员的讨论，管理人员根据研究的需要，添加或删除某些具体的方法。这一过程可能需要更多的高级管理人员根据过去的经验或早期对这一问题的讨论发表意见（正面的或负面的）。在由作者主持的对 32 位国家审计署效益审计管理人（大多数负责领导效益审计）的调查中，管理人员自己以及他们的团队被认为在确定选择研究方法方面具有同等的影响力。研究主管的影响力排在第二位，而肩负责任的董事会成员的影响力次之，虽然他们假设的观点在早期也会被考虑在内。但是，还有一些迹象显示，研究设计的方法在不断变化。详细的方法现在已经成为团队和机构内部专家讨论的主题，通过对计划的“内部挑战”这一过程，就形成了更有力的同行互查，这种互查旨在评估提议的方法是否可能得出相关结论。研究设计的大部分工作是根据某一具体客户或主题的审计要求而定制和调整的。

20 世纪 80 年代至 21 世纪初方法使用的趋势

研究设计的一个关键部分是我们现在要讨论的方法选择。对 20 世纪八九十年代的分析（见表 5－1）引自朗斯代尔（Lonsdale，2000），这是对 8 年间所发布的 300 份报告中所使用方法的信息分析。更新的数据收集于 2009 年，这是国家审计署内部职员主持的过程改进评估的一部分。数据取 100
自一个方法数据库，这个数据库同时也收集了已发布的报告使用的方法的详细资料。在各种情况下，数据的准确性都取决于团队，包括其已发布报告中全面的详细资料。

表 5－1　　国家审计署报告中使用的方法：使用各种方法研究的数量

方法	1986 年	1987 年	1988 年	1993 年	1994 年	1995 年	1997 年	1998 年
研究数量	30	29	27	39	51	47	38	40
文件审查	30	29	27	39	51	47	38	40
访谈	30	29	27	39	51	47	38	40
样本审查	4	3	13	6	17	4	10	12
系统/程序审查	0	1	0	0	2	1	7	8
现有数据分析	9	6	8	5	4	10	12	15
调查	0	4	2	14	20	10	12	12
焦点小组	0	0	0	0	1	3	5	4
专家小组	0	0	0	1	0	4	3	7
案例研究	6	1	6	12	16	6	3	3
现场访问	10	10	7	12	22	13	14	13
观察	0	1	0	2	0	2	0	3
无谓损失	0	0	0	0	0	1	0	0
替换效应	0	0	1	0	0	0	0	0
关联性	0	0	0	3	6	1	1	0
敏感度分析	1	0	0	0	3	1	1	2
决策理论	0	0	0	0	0	1	0	0
建模	0	0	0	1	1	0	1	1
比较（含国际比较）	2	2	3	6	5	3	3	5
与他人协商	2	5	8	22	29	22	14	22
文献计量分析	0	0	0	0	0	0	1	0
文献回顾	0	0	0	0	0	0	4	2
标杆调查	0	0	0	0	0	0	6	0
认知描述	0	0	0	0	0	0	0	1

资料来源：Lonsdale，2000.

1986～1988 年

在这一时期，我们可以看到，文件审查和为收集效益研究证据而进行访谈具有压倒性的重要性。的确，这些（虽然常常没有正式的方法论附录来记录所做的一切）似乎是许多报告中使用的主要（如果不是唯一的话）方法。与部门职员的讨论、分析交易样本，以及对正式文件的回顾至关重 101
要。除此之外，国家审计署获取信息的其他主要方法是现场访问以及对已有数据（可能来自涉及的部门或机构）的审查和（相对简单的）分析。问卷调查和国际比较不是经常使用。只有在很少的情形下，才会邀请外部顾问帮忙。

1993 ~ 1995 年

这一时期似乎出现了很多进展。比较传统的方法还在继续使用，但我们也看到问卷调查的使用有了明显的增长，已经成为 20 世纪 90 年代国家审计署工作的重要特征。例如，1994 年，有 20 项发表的研究使用了这种方法。另一个特征是与第三方的协商增加了，在我们分析的报告中，有一半以上广泛地使用了与利益相关者的协商。最后，第二阶段的一个特征是增加了实验方法的使用（规模较小但值得注意），在一些场合使用了焦点小组、决策分析与建模，这在以前是没有的。

1997 ~ 1998 年

在这一时期，访谈和文件审查仍然是效益审计工作的基石，但是更多的注意力投向了这些方法是如何使用的。调查仍然是一种常用的方法，有些研究调查了不同人群，就像访问不同的现场一样来收集证据。与第三方进行广泛的协商并从中收集证据的努力还在继续。与上一个阶段相比，焦点小组和专家小组的使用更加频繁。在 1997 年的许多研究中使用了标杆比较法，这一阶段还使用了其他一些诸如文献回顾、认知描述等方法。

2003 ~ 2005 年

在这一时期，20 世纪 90 年代才开始出现的一系列方法得到了大量应用。大约有 1/3 的报告使用了焦点小组、案例研究、国际比较和文献回顾的方法，而在超过一半的审计中使用了各种形式的调查。人们对评估师的工作 102
越来越感兴趣，具体体现在准备发布一部关于评估方法如何应用于审计的指南（National Audit Office，2001）。21 世纪初，外部联系影响越来越大——

评价报告草稿和对改进方法提出建议的学术评论家、专家顾问（2003～2004年度和2004～2005年度，50%以上的审计使用了这些专家）和不断壮大的信息提供者与合作者团体队伍（他们提供了应用于审计之中的行业和技术知识）（Lonsdale，2008）。

2005～2009年

总体来说，图5-1显示了对访谈和文件审查以及调研、利益相关者协商、定量数据分析、现场访问、专家小组和焦点小组的持续、大量使用。在1/4～1/3的研究中使用了文献回顾，强调将研究置于更广泛的环境中的一种意愿，这在10年前是不多见的。我们也看到很多不经常使用的方法，包括建模、地理信息系统（GIS）描述和过程描述。我们收集的这一时期的数据显示，审计师使用了26种不同的方法，一些是常规性的，另一些是偶尔使用的。图5-2显示，每项研究所使用方法的平均数量不断增加（从2005～2006年度的6种增加到2008～2009年度的7.5种），6组数据中除一组之外，其余的使用的方法都增加了，有些增加得还相当多（如私人金融交易）。这或许反映出具有令人信服的证据基础的重要性和拥有可靠信息来源的要求（National Audit Office，2008a）受到了重视。

103

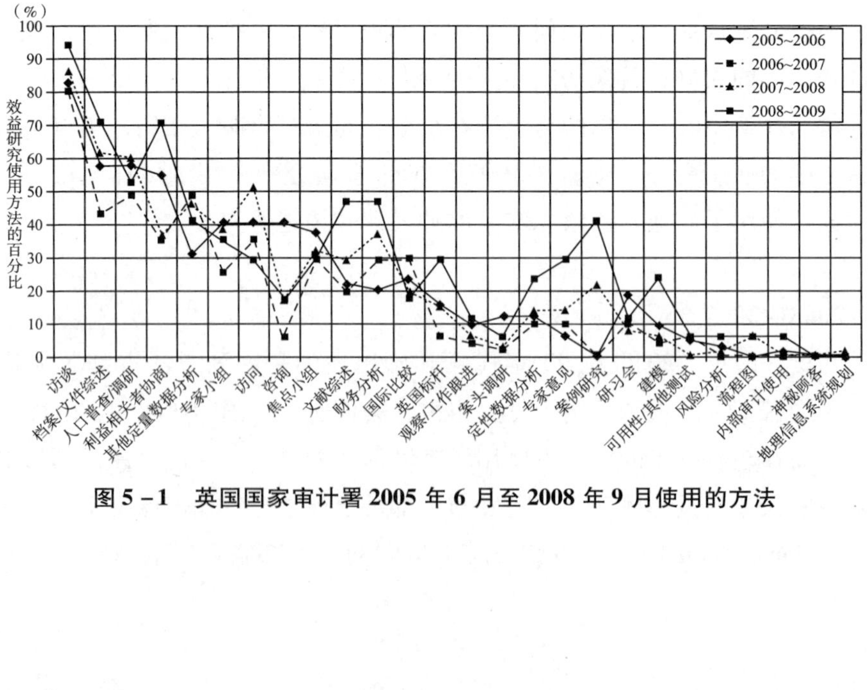

图5-1　英国国家审计署2005年6月至2008年9月使用的方法

104

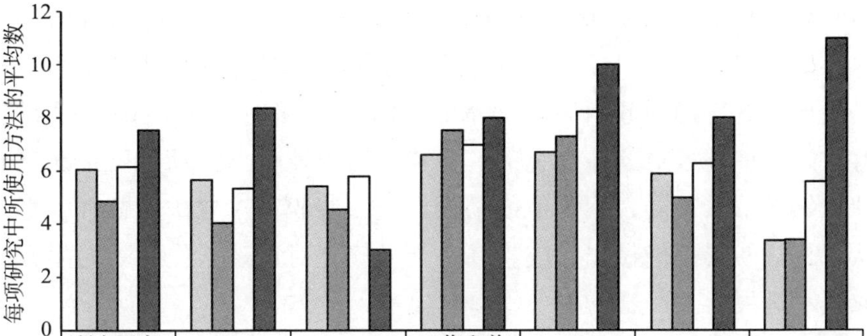

	所有国家审计署	跨政府	国防	工作和养老金处	教育	健康	私人金融
2005~2006	6.0	5.7	5.4	6.6	6.7	5.8	3.3
2006~2007	4.8	4.0	4.5	7.5	7.3	5.0	3.3
2007~2008	6.1	5.3	5.8	7.0	8.2	6.3	5.6
2008~2009	7.5	8.3	3.0	8.0	10.0	8.0	11.0

图 5－2　英国国家审计署 2005 年 6 月至 2008 年 9 月在每项研究中所使用方法的平均数

回顾过去 20 多年的效益报告，我们可以发现一些趋势。具体如下：

• 绩效审计始终以访谈、文献审查、数据分析和调研的基本核心技能为基础；

• 核心技能不断增加，特别是在 21 世纪初，绩效审计师的“工具箱”中已经包括了大约 30 种不同的方法；

• 来自非审计和会计专业领域的方法不断增加，特别是定性方法如焦点小组以及最近决策分析建模等方法的大量使用；

• 协商方法的使用不断增加，在协商方法中，审计师征求审查服务使 105
用者、其他利益相关者或服务提供者的观点，这反映了国家审计署的内部立场，即代表纳税人工作以及需要找到将用户意见纳入其报告中的办法；

• 虽然我们没有早期的数据，但证据显示，许多团队在各项研究中使用的方法比过去略有增加，这表明了人们对有说服力的证据基础的认可。

影响选择的因素

现在我们来考察一下上述这些选择的影响因素。20 世纪 90 年代后期的研究（Lonsdale，2000）显示，国家审计署所处的环境（政治环境、行政环境和知识环境）不断变化成为推动其使用新方法的主要动力。这包括接受审计的部门对审计不断增长的期望，以及在政府内部更强调取得效益。国家审计署对这些变化的解释和将思想转化为行动主要是在当时的审计长领导下实现的，因为他鼓励创新。一些职员对方法问题有了更深入的认识，这使得他们做出回应，并在指导确立对审计工作的新期望方面已经取得了进展。

对现有文献的分析（Lonsdale，2000，2008；Ling，2007），以及作者对发布在2008～2009年间60份效益报告中大部分报告的管理者的简要调查，再加上一系列与效益审计人员进行的焦点小组访谈，所有这些都有助于找出影响方法选择的因素。这些因素可以分成四个组别，即与小组有关的（以小组为中心）、与审计项目有关的（以项目为中心）、组织的影响以及更加广泛的环境因素。以下对每一种因素进行详细探讨。

以小组为中心的影响

为了理解在小组层次上哪些是重要的因素，从鼓励和限制两个方面对国家审计署内部的审计管理者进行了调查，以确定他们认为哪些因素决定了其选择。管理者被要求按顺序说出三个最重要的因素（如图5－3和图5－4

106

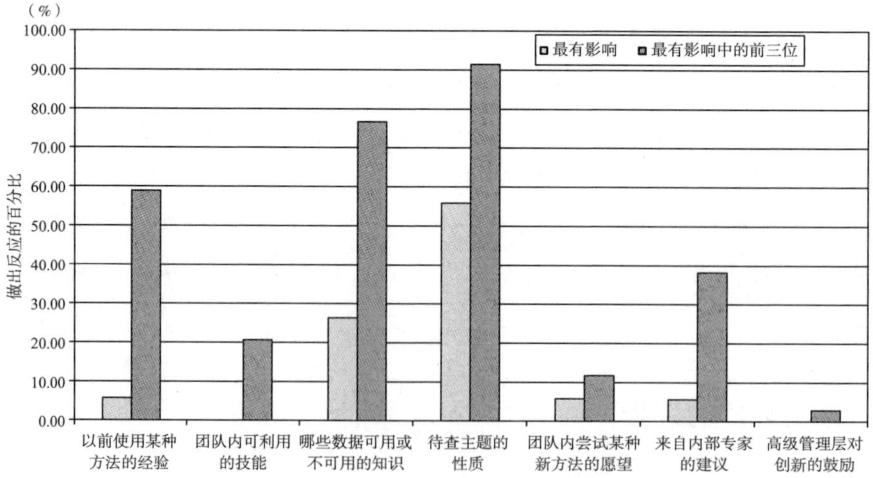

图5－3 管理人员认为影响方法选择的因素

107

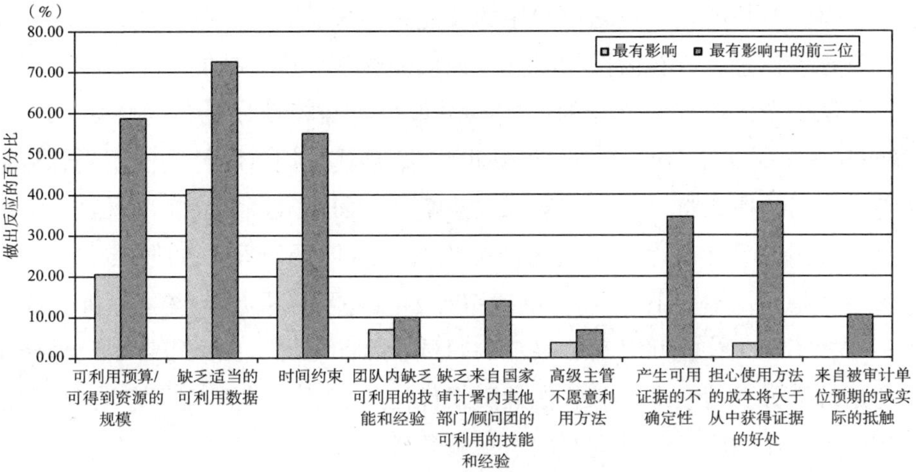

图 5－4　管理人员认为限制方法选择的因素

所示)。从正面驱动因素来看，影响最大的因素是被审查主题的性质。例 108
如，对健康主题的审计可能需要对医院进行调查以收集数据或者进行一系列现场访问；对用户观点评论的审计可能涉及焦点小组。排名第二的因素是对已有或者还缺少哪些信息的考虑。这就需要填补现有知识的空白，从而使审计师可以依靠其他人的工作成果（如果他们对此信任的话），或是避免重复别人已经做过的事情。第三个最重要的因素是已经使用过某种方法的审计团队成员的经验。吸取过去的经验有助于确保团队利用其知识并开发出专门知识。不利的方面是完全可以预测的，即审计倾向于使用差不多相同的方法完成。

管理者还被问及他们所面临的约束。基恩（Keen，1999）已经注意到这种趋势，即审计师热衷于采用审计师和被审计单位都能接受的方法，但到目前为止，最大的限制是三个方面的实际问题，即缺少让他们使用特定方法的数据、可利用的时间和可利用的资源。如前所述，国家审计署一直在努力寻找加快出具报告速度的办法，部分是为了符合国会的时间表，因此，可利用的时间就有了限制。最近上任的审计长（2009 年任命）更加强调这一点，2010 年许多报告是在 3 个月内完成的。因此，在可用资源有限的情况下使用全面而耗时的方法存在着一些实际的限制。由此可以引出其他两个因素：可能形成的证据的不确定性，以及担心使用一种方法的成本可能超过其收益。但是，有趣的是，缺乏可利用的技能并不被看成是一个特别的问题。显然，管理者们感觉，在需要的时候，他们能够掌握这些技能。

团队中个人对方法选择的影响从决策分析建模使用的例子中可见一斑（Bechberger et al.，2011）。虽然20世纪90年代人们试图鼓励使用外部运筹学专家小组，但在将这些方法融入效益审计方面的进展甚微。出现这一情况的重要原因似乎是审计机构内部能够作为“聪明的顾客”的职员数量极其有限。但是，差不多10年后，国家审计署招聘了一批具有决策分析建模知识、掌握了相关技能并对其有兴趣的职员。除此之外，国家审计署还借调了一名运筹学方面的学术专家。他的贡献包括开发了一些基本的训练课程和指南用于提高认知度，同时也参加了一系列研究。

国家审计署内的医疗保健审计团队在2008年和2009年的一系列报告中充分利用了建模，这是在一位积极支持的主管和一些适合于使用这种方法的
109 审计对象的帮助下实现的，特别是因为他们获得了有关数据。但是，他们还面临一些问题，包括来自被审计机构的怀疑（或对怀疑的担忧）、审计研究紧迫的最后期限，以及在简短的报告中对方法做出解释的限制。尽管如此，他们得出结论说，尽管这些担忧是合理的，但可能强调过度，以至于“总的来说……运筹学对审计师的工具箱可能是一个有价值的补充，能够对正在调查的问题提供新的见解。当使用得当并且与使用一系列其他方法的一项研究融合为一体时，模型可以对反事实进行审查，并且成为量化建议成果的基础”（Bechberger et al.，forthcoming）。

以项目为中心的因素

第二组因素与正在进行的审计类型及其主题有关。许多审计主要集中于单个的机构。在过去20年中，公共部门的发展使得提供服务的机构类型呈现出极大的多样化（Pollitt and Bouckaert，2004）。审计师已经通过观察不同的模型而被迫做出了反应，而在这一过程中也不得不应用不同的方法。因此，例如，如果在地方的层次上有转移的支付，就使用过程描述以协助理解这种关联性。要解决的问题的类型也决定着方法的选择。在团队必须讲述所发生的一切时，或许是在审查一次项目管理灾难时，正式的文献证据和对参与者的访谈常常可以提供大量的必要信息。如果研究是在考

虑资源是否可以以不同的方式利用时，团队则喜欢使用建模。国家审计署关于“临终关怀”的研究（National Audit Office，2008b）就是一个例子，在这项研究中，建模工作显示出释放大量资源的可能性，即通过减少对癌症和器官衰竭病人在生命最后一年的特别护理，从而提供护理服务以更好地满足病人的需要。

先前研究中特定方法成功应用的历史是另一个以项目为中心的因素。团队喜欢相互模仿和学习，如果发现某一方法被成功应用于某一特定类型的审计中，他们会千方百计地吸取这一经验。最后，还有项目所需证据的性质。如果项目要考虑使用者或服务提供者的意见，那么，调研就会发挥重要作用。

根据方法的选择对国家审计署在两个领域之间进行对比，可以看出从事
不同类型工作的团队会选择不同的方法。例如，医疗保健效益团队对某些普 110
遍使用的方法（如调研、利益相关者协商、访问和专家小组）的应用超出了平均水平（如图 5 -5 所示）。他们使用的许多方法包括以某种方式与利益相关者协商、在英国国民健康保险制度（NHS）中体现广泛的利益相关方的诉求，以及团队认为专家具有外部可信度的重要性。与此相反，跨政府团队（如图 5 -6 所示）的工作不是集中于单一的部门，而是跨越多个政府部门，

111

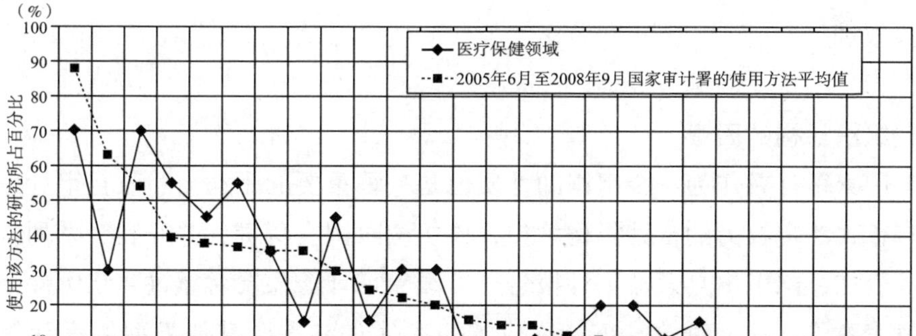

图 5 -5　2005 年 6 月至 2008 年 9 月有关医疗保健研究中方法的选择

注：涵盖截至 2009 年 2 月 25 日已发布的研究报告。

112

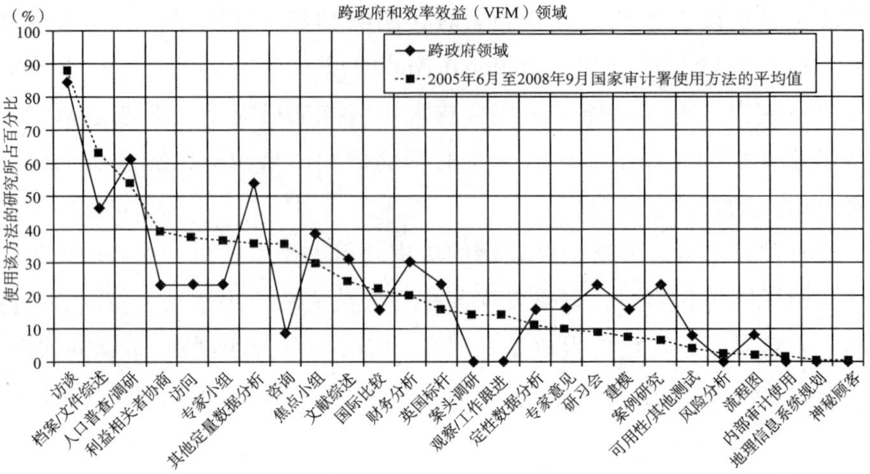

图 5－6　2005 年 6 月至 2008 年 9 月有关跨政府研究中方法的选择

注：涵盖截至 2009 年 2 月 25 日已发布的研究报告。

因而与众不同，它们使用的方法是国家审计署总体不常使用的方法，而且使用频率超过了平均水平，包括研习会、建模、流程图和案例研究。特别是后者反映了他们出具报告的类型，这些报告常常通过利用详细的案例研究审查跨政府部门的“有趣的/良好的实践”。他们也邀请专家撰写心得，连同报告一起发布，因为他们相信一定有大量的跨政府部门的读者要吸取经验教训。

组织机构的因素

国家审计署作为一个组织的性质也是一种重要的驱动力。效益审计是由具有正式法定权力的审计机构承担，该机构对国会负责，并开展一系列的工作。例如，除了出具效益审计报告外，国家审计署还要对超过 400 份财务报表发表意见。这就对效益审计造成了约束（如它参照其他类型的审计规定效益审计能够使用的资金数目），确立了预期目标（如被认为恰当的证据标准根植于财务审计传统之中，并且假设正式的、官方的书面证据来源极其重要），也决定了许多职员的核心技能（他们中的大多数人接受过会计工作训练）。在某一机构从事效益审计的同时也会承担财务审计工作，这鼓励人们对政府某些具体方面的兴趣：资源的管理、公司治理安排、风险、支出的适当性和规律性，这些又反过来影响使用方法的类型。例如，人们对度量成本的方法有越来越多的期待，并特别强调量化，这刺激了人们对财务分析的兴趣。

组织的性质同样可能会鼓励使用一些人认为相当传统的证据收集方法。许多效益研究主要建立在对责任官员和机构的访谈、焦点小组、调研和文件审查基础之上。正如我们所看到的，对具有更高要求和更加耗时的方法的使用相对有限。向大量使用定性数据转变对于国家审计署增强探讨服务用户的 113
意见和解决问题的能力具有很多好处，但对于国家审计机构认为适当或可能的证据类型似乎有明显的限制。还没有从事纵向研究的真正尝试，这需要更长的一段时间，或者尝试更多的实验性设计，在这些设计中，证据可能就不太具有决定性的作用，或者在被审计单位看来不太可靠和令人信服。

从组织的观点来看，将注意力集中在经过检验的方法上可能有很多好处。林（Ling，2007）认为，将创新性的方法引入绩效审计可能把现有制度安排推向临界点。他认为，国家审计署通过邀请外部人员收集和分析数据来对此压力做出响应，并确立了一种更加包容的方法与利益相关者合作并且鼓励更多的团队协作和内部团队合作。将外部专家评估引入国家审计署的工作过程并加以发展无疑为研究小组增加了一个新的专业，加强了提供高质量证据并精心展开充分、透彻分析的激励。林还认为，这些都是恰当的反应，但是也暗示着风险的存在。新型证据的采用可能会对审计的可信度带来巨大的挑战，同时更为复杂的研究也对审计质量保证提出了质疑。正如林指出的那样：“［国家审计署］有责任使用相关的、可靠的和充分的证据。定义和管理这些理想的目标将会变得更困难和更具争议性。”

国家审计署内组织资源的限制始终存在。像其他任何公共机构一样，国家审计署的预算也是有限的，但是，它却要负责审计中央政府各领域每年超过 8000 亿英镑的收入和支出。要完成这一任务，国家审计署可使用的技能是有限的，也不能期望在每一个专业领域都聘用专家。虽然现在招聘了具有广泛技能的职员参与效益审计工作，但是大多数人仍然只接受过会计训练。这具有很多优势，使得员工拥有核心效益审计方法所需的优秀技能，但也确实意味着许多职员缺少或根本没有使用其他方法的经验，比如成本—效益分析或经济和统计建模。

环境的因素

英国国家审计署在一个复杂的政治环境中运作，承受着时间和资源的压力，并且特别受到为公共账目委员会出具足够的报告和满足委员会时间表最
114 后期限的影响。它在一个“政治环境”中运作，这对于方法选择产生了强烈的影响。它在审查公共政策的进展（一些高级官员将据此受到质询）方面的角色产生了某些预期，即证据基础将包括对高级职员的访谈和对“关键”文件的审查。还有一种假设，即那些对报告的绩效负有责任的人将有机会对这些报告发表意见。这是一个认证的过程（Sharma，2007），在这一过程中，起草的报告以及可能的支持性证据要向工作的对象公开，使其有机会对事实的准确性和完整性做出评价，这极大地鼓励了审计师去收集无懈可击的证据（这一点在下一章将进一步讨论），并且再一次强调了对审计对象使用令人信服的方法的重要性。证据没有说服力就可能产生问题。团队要进行处理的原始材料的质量可能很差。例如，在许多部门和机构，单位成本数据常常无法获得，也没有进行时间记录。即使能够得到数据，常常也是质量不高或者很不完整（诸如只包含直接成本等）。

国家审计署面对的国会环境也对什么是恰当的方法产生影响。在问责过程中，审计报告发挥着重要的作用，而且其主要的读者就是国会议员。朗斯代尔（Lonsdale，2000）报告说，在委员会内人们对进行效益审计的方式兴趣有限，而对得出的结论兴趣更大。在很大程度上，人们认为使用的方法是理所当然的。因此，即使有证据显示人们对使用的方法有较大的兴趣，那么这些兴趣也主要体现在对其提出批评上。例如，在一次公共账目委员会关于私人健康倡议的效益报告听证会上，一位议员评论道（Hansard，2005）：

对这份报告我真的感到十分不安……你仔细阅读这份报告就会发现，实际上，它的确是缺乏财务分析的。我看了两遍，然后去分析它使用的方法。在使用的方法中，只有一种涉及财务分析，其余都是根据焦点小组、专家小组、案例研究等进行的定性分析，而案例研究也只是进行文献综述和对利益相关者进行访谈。这份报告大部分已完成的工作都是定性的。

审计师认为议员的意见十分重要，他们在审计报告中对数据分析的日益关注也导致了自2006年以来越来越重视对职员的培训。一般来说，定量数

据似乎被认为最具权威性，特别是这些数据是由国家审计署自身独立产生的。国会委员会对政府的官方数据也不信任，除非得到国家审计署的认可。尽管定性证据在说明具体问题时有所帮助，但它似乎被认为价值不大。

最后，审计师意识到，虽然他们独立于政府，并且拥有以他们认为恰当的方式开展工作的法定权力，但他们需要就所采用方法的价值和优势与被审计单位达成一致。一般来说，审计团队要将其拟使用的方法告知机构内的对象，并考虑其建议（如关于现场访问的建议）。有时，对方会对某些方法存在敌意。一种令人怀疑的收集证据的方式就是神秘顾客。

结论

本章梳理了环境因素如何决定绩效审计方法的选择。我们发现，在长期内，审计团队所使用的方法一直在渐渐增加，这种增加是渐进的，而不是一步到位的变革。虽然效益审计仍然十分依赖文件审查、访谈和调研的使用以及对现有数据的分析，但我们也看到有很多来自不同学科的方法得到了应用。这就强调了效益审计是一种混合行动，它不断进化，以满足人们对它的要求。

审视绩效审计所处的环境是思考为什么会发生这些变化的好方法。环境对于促使或限制方法的选择都至关重要。在英国国家审计署绩效审计工作中，似乎有多重影响决定了方法的拓展，即团队、项目和组织层面，以及外部环境都会影响方法的选择。每个人都会拥有从前的经验，因此，对于某一主题他们也具有某些偏好和技能（或缺乏技能）。团队也会受到其具体项目要求以及研究领域的影响。事实上，他们是在审计机构内而不是在大学的某个部门或研究咨询机构开展工作，这一事实将决定在各种方法、预算和报告安排上的预期，同时，环境（如审计工作开展的责任环境）也带来限制，因为需要出具让非专业读者信服的报告。因此，环境因素可能是多层次的。

这样的环境因素是不断变化的。首先，国家审计署起初日益关注政府的 116
效率，最近则更加关注“效益”问题，这种关注的一个后果就是重新重视量化结论，并进行更多的财务分析。波立特等（Pollitt et al.，1999）注意到，许多审计报告十分缺乏数据分析，正如我们所看到的一些来自议会的读者几年后所发现的那样。因此，国家审计署的指南中已经强调了进行可靠的数据分析的重要性（这一点在已发布的报告中已清楚地显示出来）（National Audit Office，2008a），并且随着公共部门面临的节约压力越来越大，数据分析得到了进一步的推动。

参考文献

American Evaluation Association（2009），"Presidential address"，available at：www. eval. org/eval2009/（accessed 14 February 2010）.

Bechberger，E，D Lane，T McBride，A Morton，D Quintas and CH Wong（forthcoming），"The National Audit Office uses OR to assess the value for money of public services"，*Interfaces.*

Exchequer and Audit Department（1981），"Review of Value for Money Audit"，London：Exchequer and Audit Department，unpublished.

Flint，David（1988），*Philosophy and Principles of Auditing – An Introduction.* London：Macmillan.

Hansard（2005），"Committee of Public Accounts，Minutes of Evidence"，hearing 17 October 2005，Q62，available at：www. publications. parliament. uk/pa/cm200506/cmselect/cmpubacc/562/5101705. htm（accessed 25 May 2009）.

Keen，Justin（1999），"On the nature of audit judgements：The case of value for money studies"，*Public Administration*，77（3），509 – 25.

Ling，T.（2007），"New wine in old bottles? When audit，accountability and evaluation meet"，in Marie – Louise Bemelmans – Videc，Jeremy Lonsdale and Burt Perrin（eds.），*Making Accountability Work：Dilemmas for Evaluation and for Audit*，New Jersey：Transaction Publishers.

Lonsdale，Jeremy（2000），"Advancing beyond regularity：developments in VFM methods at the National Audit Office 1984 – 1999"，Unpublished PhD thesis，Brunel University.

Lonsdale，J.（2008），"Balancing independence and responsiveness"，*Evaluation*，14（2），227 – 48.

Lonsdale, Jeremy and John Mayne (2005), "Neat and tidy ... and 100% correct: assuring the quality of supreme audit institution performance audit work", in John Mayne and Rob Schwartz (eds.), *Quality Matters: Seeking Confidence in Evaluating, Auditing and Performance Reporting*. New Jersey: Transaction Publishers.

National Audit Office (2001), *Evaluation and its Use in Value for Money Audit*, London: National Audit Office.

National Audit Office (2008a), *VFM Handbook*, London: National Audit Office.

National Audit Office (2008b), *End of Life Care*, London: National Audit Office.

Pollitt, Christopher and Gert Bouckaert (2004), *Public Management Re-* 117
form: A Comparative Analysis, 2nd edition, Oxford: Oxford University Press.

Pollitt, Christopher and Hilkka Summa (1996), "Performance auditing: Travellers' tales", in Eleanor Chelimsky and William Shadish (eds.), *Evaluation of the 21st Century: A Resource Book*, Newbury Park, CA: Sage.

Pollitt, Christopher, Xavier Girre, Jeremy Lonsdale, Robert Mul, Hilkka Summa and Marit Waerness (1999), *Performance Audit and Public Management in Five Countries*, Oxford and New York: Oxford University Press.

Sharma, N (2007), "Interaction and interrogations: Negotiating and performing value for money reports", *Financial Accountability and Management*, 23 (3), 289-311.

6. 证据与论据

亚历克斯·沙拉施金
(Alex Scharaschkin)

118 一个有教养的人的特点，就是在每种事物中只寻求那种题材的本性所容有的确切性。只要求一个数学家提出一个大致的说法，与要求一位修辞学家做出严格的证明同样不合理。

——亚里士多德，《伦理学》（Nichomachean），i. 3.

导论

第5章探讨了为了给绩效审计收集证据而进行的方法选择。这表明审计师认为恰当的证据可以来自各种途径，并且随着时间的推移，审计师所使用的方法也在不断增加。本章要审查审计师是如何利用收集来的证据得出结论的。这些结论是根据基于证据的论证过程而得出的。

大部分绩效审计的“技艺”都关注建立这种论据，而论据必须严密、客观和公正（参见Lonsdale，1999；Keen，1999；以及Furubo在本书中的论述）。然而，虽然审计师可能利用科学研究和学术探讨，但绩效审计本身并不是科学研究或学术探讨项目。此外，审计报告的发布受到资源有限和时间紧迫的限制，因此审计师们发现要不断地反思在审计中是什么构成了充分而完整的论据。令绩效审计工作中的论据更加公开，并对它们进行正式的判断，也使审计师能够反思并改善其实践。

在本章中，笔者将利用国家审计署的经验以及绩效审计的特殊变种——

效益（VFM）审计，讨论绩效审计中证据和论据的本质。笔者建议，虽然这项工作中使用的对证据的分析与审查方法与社会科学研究中使用的方法有很多相似之处，但其论据的结构与支持法律审判的证据结构更相似。在设计 119
研究项目和评价出现的结果时明确采用这一观点有助于审计师评估其证据基础的充分性和完整性以及结论的可靠性。

在进行审计时，研究团队通常涉及根据大量（可能相互矛盾且常常完全不一致）的证据进行推理，且有时与被审计单位之间存在对立关系。这与评估师的情形形成对照，评估师通常是（虽然并非总是）应客户的要求而开展评估。有关证据性质和论据法律推理工作的成果可以有效地加以应用，以便更好地理解报告中所含材料如何支持绩效审计的结论。

特别与之相关的是最近有关使用所谓的“非单调”（non-monotonic）逻辑来对“可废止的”（defeasible，即定义为可废除的或无效的）论证模式进行建模的工作，这些论证模式以在证据的基础上进行法律推理为特征（例如，Prakken，2004a；Bex et al.，2003）。通过提供一种描述当前实践的“语言”和关于良好实践的可能的标准，对这些工作的总结有助于说明在绩效审计研究中一个可靠的论据是由什么组成的。这或许也可以回应某些利益相关者的要求，即审计报告应该对“它有效吗”这一复杂的问题提供一个简单的答案。正如下一节所述，这是因为研究中的发现通常并不是根据纯粹的演绎逻辑得出的。对这些问题的反思有助于理解目前审计的做法，并且意味着在审计方法中可能存在一些需要进一步开发和加强的领域。因此，本章在结尾处建议开展一些有助于开发分析和使用绩效审计证据方法的活动。

评估绩效审计论据的框架

可以看成是本章座右铭的亚里士多德《伦理学》的引语概括了我们关注的主要问题。审计师如何确保其建立的论据能够在某种程度上精确地适用于其主题、环境和预期的目标（尤其是当这些目标可以指向不同的方向时）？

这是一个关于在审计中已经被审查的证据和已经得出的各种结论之间关

系的问题。在本章中，当笔者使用“结论”这个词时，是指审计报告中的
120 “发现”或“主张”，即根据审计证据被认为是事实的描述。在效益报告中，它们在本质上是审计师对接受审计的项目、机构或干预所取得的“价值”（即结果）的评估，以及对提供这一价值所花费的“资金”的评估。同时，它们对于得到关于绩效的结论是必要的，但不是充分的——尽管在传统的绩效审计中它们足以得到关于绩效的结论。

但是，在资金已经花费的情况下，就效益得出结论不仅包含具体情况如何，而且还要评估所提供的价值是否“良好”（或是“糟糕”，或者是“最优的”）。这一结论需要评估这些结果的差异性有多大以及其合理的解释，即在一个范围更广的“可能合理的”（reasonably possible）空间中，发现实际的效益结构模式。这些合理可能的结构就是获得的价值和花费的资金可能达到的（假设的）水平，这一水平应该相当于同一项目或服务使用其他方法所能达到的水平，以及其他结果所能达到的水平。

为了做到这一点，审计师可以使用多种工具。例如，可以对更大的结果空间建模。结果（无论是实际的还是假设的）是这个空间中的路径（即资金和价值特征随时间不断变化的结合），那么，就有可能将实际结果和“合理可能的”各种选择进行对比。进一步讨论效益审计中实际结果和假设结果的比较问题已经超出了本章的范围（参见 Bechberger et al.，2010；Scharaschkin，2010）。

那么，将如何从审计的单个结论中形成一个关于效益的总体判断的问题先放在一边，笔者认为，检验一项研究是否如亚里士多德意义上的足够“精确”，就是看其结论是否得到适当的可废止论辩系统（defeasible argumentation system）的严格支持。关于可废止论辩，我的意思是推理，推理的有效性取决于可获得的证据：新发现的证据可能会推翻一个先前可靠的论据（也可以恢复一个被拒绝使用的早期论据）。经典的例子是归纳推理（在具体观察的基础上推导出一个一般结论）。

就绩效审计而言，完整和完美的数据很难得到，审计结论并非是必然的，而是在已知事实的基础上是理性、合理的。绩效审计师的目标是在有证据的情况下得出公平、公正的结论，但可能受到新信息的变化以及环境变革
121 的限制。可废止逻辑提供了一个确定这种话语的自然框架。

但是，审计结论的恰当性标准远不止纯粹逻辑上的考量。这一点隐含在与财务审计有关的传统定义中：为事物提供一个“真实和公正的评价”。人们可能认为，如果一个审计结果是由与某一具体的逻辑框架有关的有效论据得到的，那么这一审计结果就是真实的。但这不一定保证其公正性。例如，一份国家审计署关于《工作和退休金部门出勤率的管理》的报告（National Audit Office，2004）发现，许多关于职工出勤管理的部门政策的基本程序（诸如提出警告）在各部门的执行并不一致或根本不执行。虽然这一结论是真实的，但在报告中将此作为论据的总体结论可能就不公正了，因为这项研究也发现，部门有能力创立精心设计的政策、使职工具有高度的责任心以及在部门层面推广众多优秀管理人员的经验。如果我们假定 P 代表“许多基本程序执行不力”，而 Q 代表“部门有能力加以建设”，那么，以下两个论证在逻辑上都是合理的：

“P；因为 P 和 Q”；以及“Q；因为 P 和 Q”

但是，除非有充分的理由权衡 P 或 Q 当中一个的重要性远远大于另一个，否则，将这两个论证中的任何一个作为报告中推理链的最后一环都是不公平的，因为它们并没有对部门的行动提出一个平衡的观点。

因此，笔者建议，体现对绩效审计结论证据性支持本质的一个有用的概念性框架是一个包含下列要素的系统：

（1）一个逻辑规则集合，包括一个子集即演绎推理的一般规则（诸如“P；P 蕴涵 Q；则 Q”），但将其扩展到处理这样的事实（非纯数学的），即具有任何重要信息内容的结论几乎从来都不能通过纯粹演绎的方式得出。

（2）额外的一套特定领域的规则，就绩效审计而言，这套规则包括具体的“论证方案”，这些方案会在分析审计证据时反复出现（诸如“E 断言 X；E 是一名专家；则 X［初步］为真”），以及先验原则，如下列要求：审计报告中的结论在展现事实方面应该是平衡的。 122

特定领域的规则，例如有关平衡和公正的规则，反映了进行绩效审计的环境以及被认为是可接受报告的影响因素。这些规则有可能揭示出不同的民族文化和制度结构。

在本章中，笔者将这样一个概念框架定义为一个可废止的论辩系统。这并不包括诸如在特定领域内的规则的可行性或可接受性这样的考量：这些将在后面分别加以考虑。笔者发展了在要求（1）和要求（2）中引入的概念，并利用国家审计署的案例说明了它们对效益审计的适用性。出现的主要问题如下：

（a）论据的思路既能够被证据“击败”，也会因做出推断的依据（根本原因）受到攻击而被“削弱”，充分考虑其被“击败”或“削弱”方式是十分重要的，而这对于质疑和评估安排对正在形成的审计结果的影响存在着一些暗示。

（b）适应下面这一事实也很重要：通常，支持某一结论的论据与反对它的论据将拥有不同的力量，这取决于证据的可靠性和根据证据进行推理的正当性。审计报告必须对此进行协调，以显示一份对审计结果的平衡的描述。

（c）推理的依据（或正当理由）既来自于根据审计证据得出结论的具体论证模式，又来自于适用于一般审计工作的普遍原则或标准。为效益审计的正当性制定一个更加详细的框架还有一定的空间，即当根据现场调查得出结论时，提供一种工具，帮助提高评估的严谨性，下面将对此提供一些建议。

效益审计知识的类型

除了为“不同的严谨（rigour）框架在不同的质询领域中都是恰当的”这一命题辩护外，亚里士多德在其《伦理学》中还区分了质询者可以用来对某一问题产生影响的三类知识。它们是：episteme（知识）是指纯粹的普遍的知识，比如逻辑学或数学；techne 是指某一技艺或活动所需要的具体技巧和知识；而 phronesis 这个词［在英文中常常被翻译为 prudence（明智），
123 但还没有像通过 episteme（知识）和 techne（技术）衍生出 epistemology（认识论）和 technology（技术）一样产生现代英语术语］涉及如何通过“考虑（对于他自身）是善的和有益的”方法而采取实际行动（*Nichomachean Ethics*，1140a）。

这三种类型的知识为在绩效审计中对证据和论据进行讨论提供了一条便利的途径。当对证据进行推理时，笔者首先要评论的是完美论据的性质，接着讨论一些决定这些论据的可废止逻辑的普遍原则：关于绩效审计的知识。

然后，在技术的标题下，笔者探讨了绩效审计工作的一些具体特征，这些特征将其与其他具有相似逻辑基础的领域区别开来，诸如评估和法律管辖权，并讨论了将适当水平的完美性和严谨性融入审计过程的努力所带来的影响。最后，笔者承认，在探讨实践智慧（phronesis）时，绩效审计工作的目的就是为公共资金管理和公共部门提供的服务带来有益的变化，而不仅仅是为一系列的发现提供有说服力的例证。在我们执行绩效审计时，虽然有力的论据和符合恰当的技术原则是进一步实现这一目标的一个必要条件，但它不是一个充分条件。

对绩效审计论据准确性的认识

演绎和可废止逻辑

对很多人来说，理想的推理范式是演绎逻辑。演绎论证包括一组前提，以及根据一套推理规则得出结论。如果前提是真实的，并且每一个论证步骤都是根据可接受的推理规则进行的有效推理，那么，演绎论证就是可靠的（见专栏 6.1）。

通过对审计证据的论证，绩效审计师得出结论，随后可能提出建议。因此，这些结论的有效性既取决于建立在证据基础之上的论据的正确性，又取决于证据本身的可靠性和完整性。

论辩过程的结论可以由“性质”或“本质”来保证或支撑。[1]如果支撑判断的推理链“在逻辑上是正确的”，那么，判断就得到了性质的保证。

124

专栏 6.1 演绎论据

例 1：可靠的论证

前提 1：当且仅当在合同发包之前、期间或之后取得了规定的成果，一笔交易才是有效益的。

前提2：这笔交易在合同发包前取得了规定的成果，但在合同发包期间或之后则没有取得规定的结果。

结论：这笔交易是没有效益的。

例2：一个论证在逻辑上是合理的，但由于并非所有前提都是真实的，所以不是合理的论证

前提1：政府发布的统计数据是不可靠的。

前提2：这份审计证据是政府发布的统计数据。

结论：这份证据是不可靠的。

例3：有效的论据（根据否定后件律[2]逻辑规则）；合理性取决于前提的真实性

前提1：如果部门收到投诉，就会自动记录在案。

前提2：档案中没有投诉。

结论：部门没有收到投诉。

例如，专栏6.1中例1的结论是有性质保证的。如果其支持部分来自于做出断言的领域中的特定标准或要求，那么断言就由实质来保证。例如，在民事案件中，证据的法律标准是结论“在可能性较高时”是真实的。对绩效审计工作的一个要求是在证据的展示方面应该是协调的。

不幸的是，演绎推理本身在根据审计证据得出结论方面几乎从来都不是充分的。这是因为演绎推理是单调的（monotonic）。这就是说，对一个有效的论证增加更多的前提和推理步骤可能会带来额外的有效结论，但不会影响现有结论的有效性：只有随着更多信息的添加，真实的结论集合才能扩大。

但是，在数学之外的大多数实际推理是非单调的，因为命题的真实性可能会随着新信息的获得而发生变化。经典的例子是归纳推理，在归纳推理中一般结论是根据（必要的）有限信息得出的。例如，在英国，直到1788
125 年，人们根据所观察数据的归纳，还相信“天鹅是白色的”是一个真实的命题。但是，随着新证据的发现（澳大利亚的黑天鹅），这一结论被证明是虚假的。归纳推理是可废止推理的一个例子，即归纳推理论证的结论可能被

新信息的发现废止。

在过去的 20 年里，在非单调和可废止逻辑领域里有大量的研究活动（参见 Prakken and Vreeswijk，2002），对其在法律论证中的应用也进行了大量研究（例如，Bex，et al.，2003；Prakken，2004a，b；Verheij，2003）。这一工作的许多认知性基础工作要归功于美国哲学家约翰·波洛克（John Pollock，1987，1995，2002），波洛克的系统既包括演绎推理的一般规则，也融入了一些可废止推理规则，称为“表面原因”（prima facie reasons）。在波洛克的系统中，“表面原因”是从其他信念和诸如记忆、统计推理和归纳的知觉输入中获得信念（或得出结论）的一般认知原则。

对审计结论的质疑：论证博弈

反驳一个有效论证的唯一办法是反驳其一个或更多的前提。例如，专栏 6.1 中的第二个论证可以通过引证至少一个由政府发布的可靠的统计数据进行反驳。但是，一个可废止论证可以用两种方法进行反驳。一种方法是用相反结论的论据来反驳它。另一种方法是用“为什么一个表面的原因不能应用于给定情形”这样的论据来削弱它。这种形式的反驳并不认为被反驳的结论是虚假的，而只是认为前提不足以支撑这一结论。换句话说，它反驳的是前提和结论之间的联系，而不是结论本身。

正如笔者所建议的，如果可废止推理可以为绩效审计的论据构建提供一个恰当的框架，那么显然对结论被废止或削弱的方式和结论得到支持的方式给予同样的关注是十分重要的。普拉肯（Prakken，2004b）关于论证博弈（argument game）的概念是思考这一问题的有效方法，正如以下所解释的那样，这一概念在某种程度上已经在国家审计署效益审计实践的“清算”（clearance）机制中得到展示。普拉肯将论证博弈定义如下（Prakken，2004b）：

> 定义可废止有效性的论据的直观方法是采用某一论据支持者和反对者之间论证博弈的形式。支持者以待检测的论据开始博弈，然后博弈双方轮流出场，每次都攻击前一个论据。反对者的论据至少要与其对手的论据一样强 126
> 大，而支持者的论据要比其对手的更为有力。如果另一个参与者无法采取后续行动，那么，这个参与者就获胜。在一个以 A 开始的博弈中，如果支持

者拥有获胜策略，即无论对手如何应对，他都能够令她无法采取后续行动，那么，论据A就是可废止有效的。

这一概念体现出了这样一种观点，即在根据大量证据构建论据（得出结论）时，常常既可能发现某些推理链在一定程度上支持某一特定命题，也可以发现某些推理链在一定程度上反驳这一特定命题（参见专栏6.2中的例子）。这对审计师造成的一个后果是，对被审计主体业务的某一方面提出批评的某一结论的论据一旦形成，那么，被审计单位自然会以一个论据做出回应，说明结论为什么不应如此批评被审计单位。因此，假设存在一系列相互冲突的论据，一份效益审计报告达成最后的、一致的和可靠的结论的过程，就需要确定论据中哪些（如果有的话）是占有优势的。

作为可废止推理的一个过程，在绩效审计中对论据的构建进行建模是十分有用的，因为它有助于为比较相互冲突的论据设立标准以确定哪个论据（如果有的话）占优。这些标准部分来自于决定这一过程的可废止逻辑的（与领域无关的）推理规则。例如，每一个波洛克的“表面原因”都会伴随着具体的相互关联的削弱性因素，这些因素描述了反驳根据那个理由得出的结论所需要的证据。但是，也有一些为绩效审计结论提供（可废止的）有效保证的特定领域的推理模式。现在，笔者要开始讨论那些部分来自效益审计技术的所谓的论证方案（argument schemes）。

127

专栏6.2 审计证据既可能支持也可能否定一个命题

国家审计署《减少机动车犯罪》（National Audit Office，2005）的报告得出结论：“闭路电视监控［在停车场］已经减少了机动车犯罪，虽然其绩效有变化。”这一结论的证据来源是对停车场运营商的采访。被采访的6家运营商认为，安装监控器是他们在减少犯罪方面最成功的尝试。但是，在这同一系列的采访中有3家运营商认为，这一措施是最不成功的。

这一证据意味着，有表面的原因既支持“闭路电视作为一种减少犯罪的方式是成功的”这一陈述，又支持“闭路电视作为一种减少犯罪的方式是不成功的”这一陈述。为确定应以哪一个结论占优（如果可能的话），研究小组不得不评估其他证据。他们委托第三方对现有减少犯罪措施的评估进行了文献综述，综述显示监控器的使用可以减少停车场的犯罪（但减少的程度不同）；同时还审查了内务部对闭路电视的影响进行的评估，这一评估显示，在一些案例研究中，在引入闭路电视监控器后机动车犯罪减少了。这一额外的证据使研究小组得出了上面引述的结论。

效益审计论据构建技术

论辩计划

考虑下面的陈述［陈述（1）和陈述（2）引自费尔海（Verheij，2003），略有改动］。

（1）E 某说 P。E 某是 P 方面的专家。因此 P 是正确的。

（2）从事 A 行为有助于实现目标 G。D 部门有目标 G。因此，D 部门应该做 A。

（3）当接受采访时，D 部门的官员 O 说 Q，因此 Q 是正确的。

上述三个陈述都表达了论辩的模式。第一个是来自专家观点论辩（argument from expert opinion）的翻版，而第二个是手段—目的推理（means-end reasoning）的例子。陈述（3）与陈述（1）有点儿相似，但是，它是人们特别可能在审计报告中发现的一种模式，我们不妨称之为来自被审计者诉求的论辩（argument from auditee claim）。

这些陈述有一些共同的特点。第一，它们都表达了得出结论的原因，可以想象，这些原因，可能对于具体的案例 E、A、D、G、O、P、Q 具有完美的说服力。第二，同样也很容易想象原因可能不具说服力的情形。当评估这些论据时，我们会问：在什么样的情形下，这些论据无法说服我们？换句话说，从陈述（1）至陈述（3）都有一个相关的关键问题列表，这些问题探讨了一般图式（Schema）中“经验法则”在多大程度上适用于与利益相关的案例。

例如，与陈述（3）相关的几个重要问题包括： 128

（a）O 能够知道 Q 吗？

(b) O 与 Q 有任何利益冲突吗?

(c) O 在技术上有能力理解 Q 吗?

(d) 有其他证据支持或反对 Q 吗?

陈述(1)和陈述(3)共同拥有的第三个特征是，从形式上看，它们像先前所描述的那种“表面原因”，虽然它们在十分有限的话语领域内(在此情况下，领域包括“专家”“部门”和“官员”)提供了进行(可废止的)推理的模式，而不是对更加一般的推理模式进行编码。

所有这些陈述都是论辩计划(argumentation schemes)的例子，即在形式上与可废止推理规则相似的推理模式，因为这些模式可以导致某一结论的一组前提的形式出现，但是被限制在特别的话语领域之内，并且只有在这些领域内才有效。附加在论辩方案中的重要问题可能发挥可废止规则削弱者的功能，或可以用于对前提或结论或方案使用的条件提出质疑。论辩方案是“黏结”来自审计证据的低级结论的规则的正规化，其目的是得出高级审计结论(从而提出建议)。

图 6-1 显示了专栏 6.2 所述国家审计署《减少机动车犯罪》报告的一部分。带星号的箭头是根据专栏 6.2 中详细讨论的前提所得出的结论的推论。那么，在此使用了什么样的论辩方案呢?也许我们可以区分两类情况。

129

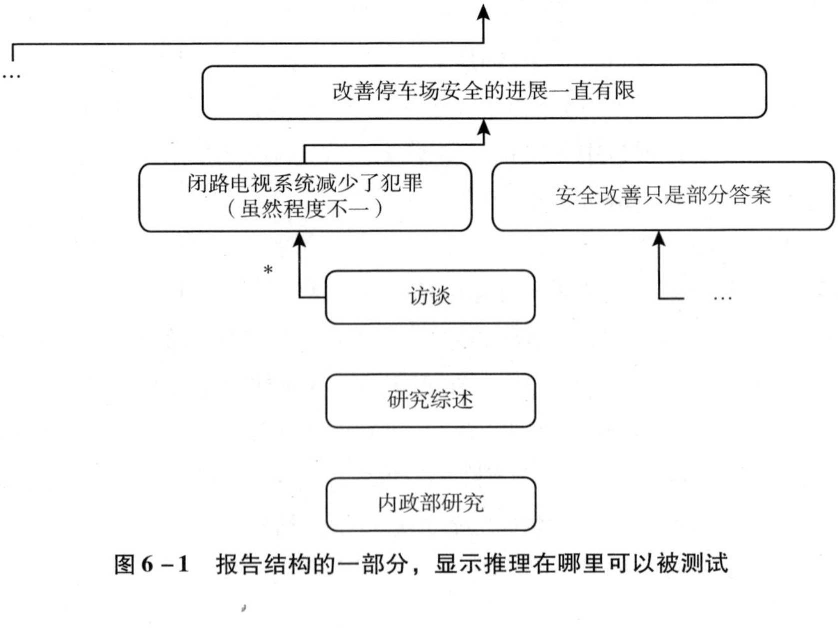

图 6-1 报告结构的一部分，显示推理在哪里可以被测试

首先，内政部（Home Office）的研究和一项独立学术文献评论显示，有证据证明闭路电视减少了机动车犯罪。这似乎是来自专家意见的论据。[3]沃尔顿和里德（Walton and Reed，2003）详细地审查了这一论辩方案后建议，要评估这一方案的使用价值，有必要解决一些关于专家可信度的关键问题。这些专家在所涉领域里是否拥有适当的专门知识，他们明确的主张对结论意味着什么，他们在人品上是否可靠，他们的结论与其他专家的意见是否一致。在研究证据的基础上分析结论的可信度时，国家审计署研究团队还要考虑（明示地或暗示地）各种各样的问题。

其次，还有一个来自被采访者主张（interviewee claim）的论据，这个论据可能与一个（脆弱的）通过归纳得出的论据结合在一起（如专栏 6.2 指出的那样，更多的采访提供了支持而不是反对这个结论的证据）。使用审 130
计访谈作为证据来源在论辩方案的文献中没有得到特别的考虑，在此也没有预先存在的一套关键性的问题，虽然研究小组会自然地考虑在多大程度上被采访人是公正的，以及更多的诸如访谈计划设计、问题的措辞、访谈样本的代表性等技术（研究方法的）议题。

正如这个例子所示，确定一个恰当的论辩方案和一套关键问题并不总是直截了当的，因为在绩效审计中，至今还没有发现方案类型方面的实证研究，也没有对可废止有效性的潜在威胁的实证研究。实际上，诸如管理、同行审查、专家小组意见反馈、被审计单位的许可报告等质量控制是常用的检测报告结果严谨性的方法。对效益审计中论辩方案的进一步思考会导致确立一系列可接受的计划及其相关的关键问题。

在实践中使用这一框架为证据的构建提供了一种迭代方法。作为审计师根据证据做出的判断，它们必须受到恰当的关键性问题的约束。这可能导致判断的修改或撤回，或者有可能导致恢复先前撤回的判断。它也有可能导致对审计师审计结果进行大幅度的顺序调整，并对审计结果在审计论据结构层级中的位置进行重新排序。这也许需要收集更多的证据。审计师结束其工作时，所有这些都涉及审计师如何优化其思维。

使用判断矩阵（assertions matrix）能够促进这一过程，判断矩阵即在一张空白电子表格中填入新出现的判断，并且与审计方法（这些方法是为了解决在议题分析时所发现的问题）的不同线索相互参照。矩阵的行为判断

（新发现，考虑了至今收集的证据）。矩阵的列是方法的线索（如调查结果、访谈成果、经济分析、文献综述等）。与判断 A 和方法 M 相对应的单元格中的内容概括了来自 M 的证据适合于判断 A 的部分。很显然，既没有空行（因为空行要求一个判断没有证据支持），也没有空列（因为那意味着开展了工作却没有任何结果）。可以在矩阵中与判断相邻的一列中明确地加上对判断的潜在反对意见，以协助确定哪些结论会最终占据优势，成为严格、公
131 正地反映事件真相的代表。国家审计署的经验表明，判断矩阵法有助于检验结论在证据方面的严谨性，并可以通过要求对判断进行持续的修改（包括对其独立性的考虑），构建对审计提供支持的论据。

以这种迭代方式对关键问题进行明确分析也有助于在与被审计单位进行澄清（讨论审计结果及其陈述）时降低“确认偏见”（confirmation bias）的风险。如上所述，国家审计署的澄清过程（clearance process）以某些方式发挥作用，就像一场正规的“论证博弈”（argument game）一样检验报告中提出的论据的效力。但是，很自然，被审计单位应该将更多的精力用于讨论那些批评其做法的结论，而不是把精力放在无关紧要的结论上。拥有一个使这些有利的结论受到严格检验的框架有助于清楚地说明，这些对被审计单位有利的结论与那些不太有利的结论一样都受到了严格的审查。

权衡证据和审计方法

为了简单明了，前面的讨论忽略了非常重要的一点：应该如何确定论据的效力。按照可废止推理的性质，前提不能绝对地支持结论，而只是在某种程度上支持。在考虑一个论据是否压倒另一个论据时，我们如何比较每种论据对结论的支持程度呢？

量化证据支持本身是一个受到广泛讨论的话题（有一份杰出的调查，参见 Schum，1994）。也许，最佳的方法是贝叶斯理论（Bayesian theory），根据这一理论，它可以附加于任何一个命题，作为某人对其信任程度的一个先验指标。随着证据变得可得［利用贝叶斯定理（Bayes’ Theorem）］，这一方法随后得到更新以提供一种所谓的事后信任度指标，这种方法既考虑了先前的信任，也考虑收集的实际数据。另一种方法是登普斯特—谢弗证据理论（Dempster - Shafer theory of evidence），它将贝叶斯理论作为一种特殊情

况包括在内（参见 Shafer，1976）。这一理论提供了一个形式体系，将不同来源的证据整合在一起（有些可能相互矛盾，有些我们需要保持怀疑）。但是，这两种方法都需要人们对假设的信任度分配一个初始数值，这在绩效审计环境中常常（但并非总是）十分困难。分析这些或其他评估证据支持效力的方法的优劣已超出本章的范围，但是，这却是另一个大有发展空间的重要研究领域。例如，这里的研究有助于通过对审计证据“三角化”（即使用 132
若干独立的证据来源解决一个审计问题）来评估赋予论据的额外力量。它也有助于考虑在多大程度上高水平结论是低水平发现的相应展示（例如，应该假定，由一个受到强力支持的正面发现得出的结论和由一个具有脆弱基础的负面发现得出的结论不应得到同样的关注）。

最后，虽然这一部分讨论了绩效审计中证据构建的技术，但是几乎没有讨论任何绩效审计师用来收集和分析证据的技术或技术方法，即许多社会科学研究中的标准的定性和定量技术。朗斯代尔在本书中讨论了其中的一些问题。但是，解决这些关键问题（与在审计工作中形成的论辩方案类型有关），常常取决于具有这些领域的专门知识。例如，在归纳论证（inductive argument）中使用的调查证据可能因不具代表性、因取样错误程度过高，以及错误的推断而受到攻击。绩效审计师必须具有或能够使用必要的技能来解决这些问题。严谨的绩效审计将社会科学研究方法与根据发现结果得出结论的方法结合起来，而这种方法与做出法律判决所需要的方法类似。

谨慎的选择

受到亚里士多德观点（即对严谨的不同理念适用于不同的范围）的启发，本章认为，一个可以帮助评估绩效审计严谨性的概念就是一个可废止论辩系统的理念。在这样的系统中，通过有效的论据（虽然必要时是可废止的）以及根据关键问题进行了审查的、恰当使用的被接受的论辩方案，证据和结论之间产生了逻辑联系。换句话说，如果审计的结论是从以上所描述的正式的“辩论博弈”中产生的，那么，这些结论就是严谨的。

在描述一个可废止的绩效审计论辩系统和确立绩效审计实务标准之间存在着明显的相似性。准则（诸如针对财务审计的《国际审计准则》，或美国国家责任署的《政府审计准则》，它们都涵盖财务审计和绩效审计的内容）既有规范的内容，又有来自实证的内容。也就是说，它们既确定了应该是什么样（如确保责任），也确定了什么是最佳的做法。但是，一旦“最佳的做
133 法”得以确定，规范也就确定了。换句话说，审计标准既包含了社会预期，也包含了实践中有用的、可行的和成功的经验。

结论

本章说明了可废止逻辑如何作为构建审计实践的实证性描述从而潜在地建立一套审计标准（将外部规范内容和审计中严谨性的适当概念融合在一起）的工具而发挥作用。就像审计工作的重点应放在哪里以及审计管理部门在其工作中如何保持平衡角色这样的问题一样，关于什么样的外部规范可能或应该被采用的问题取决于审计和责任更加宽泛的环境。在回答这些问题的时候需要“谨慎的选择”（phronesis），但是，这一问题已超出了技术逻辑和审计论据的范畴。

注释

1. 这种对保证能力的分类引自图尔明（Toulmin，1958）著名的“现实”（与纯数学或纯理论相对照）情景中的论据结构分析。图尔明设计了一个始于“判断”的机制，这一判断是由与“保证”（warrant）所提供的正当理由一致的数据给予支持。“保证”反过来得到证据（backings）的证实，可能受到反驳（rebuttals）的检验，并且与情态修饰词（诸如“通常”“有时”“有些”）有关，这些修饰词修饰某项声明的确定性程度以此使某一判断得以证实。我们“根据性质”和“根据主题”对保证能力的分类与图尔明保证证据的不同类型的术语一致。

2. 在命题逻辑中，否定后件推理（modus tollens）是这样一种推理规则：“从前提‘P 意味着 Q’以及‘非 Q’，得出‘非 P’的结论”。

3. 可以认为，根据内政部的报告进行辩论等同于使用先前讨论的“来自被审计者主张的论据”方案，因为内政部在此是被审计机构；但是，如果内政部委托专家出具报告，那么，“专家意见”方案就是适当的（在实践

中，这两个方案的关键问题是相似的）。

参考文献

Bechberger, E. D. Lane, T McBride, A Morton, D Quintas and C Wong (2011), "The National Audit Office uses OR to assess the value for money for public services", *Interfaces*, forthcoming.

Bex, F. H Prakken, C Reed and D Walton (2003), "Towards a formal account of reasoning about evidence argumentation schemes and generalisations", *Artificial Intelligence and Law*, 11, 125–65.

Keen, J (1999), "On the nature of the audit judgements: the case of 134
value for money studies", *Public Administration*, 77 (3), 509–25.

Lonsdale, J (1999), "The auditor's craft", in C. Pollitt (ed.), *Performance or Compliance? Performance Audit and Public Management in Five Countries*, Oxford: Oxford University Press.

National Audit Office (2004), *Managing Attendance in the Department for Work and Pensions*, London: National Audit Office.

National Audit Office (2005), *Reducing Vehicle Crime*, London: National Audit Office.

Pollock, J (1987), "Defeasible reasoning", *Cognitive Science*, 11, 481–518.

Pollock, J (1995), *Cognitive Carpentry: A Blueprint for How to Build a Person*, Cambridge, MA: MIT Press.

Pollock, J (2002), "Defeasible reasoning with variable degrees of justification", *Artificial Intelligence*, 133, 233–82.

Prakken, H (2004a), "Analysing reasoning about evidence with formal models of argumentation", *Law, Probability and Risk*, 3 (1), 33–50.

Prakken, H (2004b), "AI & law, logic and argumentation schemes", Session on Artificial Intelligence and Law, First Congress of Compared Legal Cultrues and Systems, Instituto de Investigaciones Juridicas, Universidad National Autonoma de Mexico, Mexico City, Mexico, 9–14/2 2004.

Prakken, H and GAW Vreeswijk (2002), "Logical systems for defeasible argumentation", in D Gabbay and F Guenther (eds), *Handbook of Philosophical Logic*, 2nd edition, vol. 4, pp. 219 – 318, Dordrecht: Kluwer Academic Publishers.

Scharaschkin, A (2010), "What is a conclusion on value-for-money?", Internal paper, National Audit Office.

Schum, David (1994), *The Evidential Foundations of Probabilistic Reasoning*, New York: Wiley.

Shafer, Glenn (1976), *A Mathematical Theory of Evidence*, Princeton: Prenceton University Press.

Toulmin, Stephen (1958), *The Uses of Argument*, Cambridge: Cambridge University Press.

Verheij, B (2003), "Dialectical argumentation with argumentation schemes: an approach to legal logic", *Artificial Intelligence and Law*, 11 (1 –2), 167 – 95.

Walton, D and C Reed (2003), "Diagramming, argumentation schemes and critical questions", in FH van Eemeren et al (eds), *Anyone Who Has a View: Theoretical Contributions to the Study of Argumentation*, pp. 195 –211. Dordrecht: Kluwer Academic Publishers.

7. 形成判断：效益审计团队如何确信他们知道些什么？

贾斯廷·基恩
(Justin Keen)

亚历克斯·沙拉施金（Alex Scharaschkin）在“证据与论据”一章中利 135
用法律推理中证据和论据的性质分析了绩效审计中良好论据的构建。本章试图通过进一步探讨下面这个问题对此贡献进行补充：在做出其判断时，审计团队如何使用数据和方法？这些论据与本书主题的相关性在于：审计团队如何确定他们了解什么将直接影响他们提供的证据和论据。证据和论据反过来决定着绩效审计对责任和民主治理的贡献。本章提供了一个讨论策略的描述性框架（绩效审计团队使用这一框架出具报告）。在第一节中，在评价绩效审计方法文献之前，我们探讨了审计工作中判断的作用，然后展示和讨论这一框架。

审计工作中的判断

在过去20年或更长的时间里，审计师的实践已经延伸到新的领域，正如第1章所述，“审计”这一术语使用的范围更大了（Power，1997；Strathern，2000；Lapsley and Lonsdale，2010）。有一种判断可能是最有名的——财务审计师提供的有关整套财务报表的总结性判断或意见。这种判断通常显示，这些财务报表没有重大误报，并且根据规定的会计准则得到了公允的表述。这些财务报表有很多来源于单个的组织，但是，在许多国家以及有关欧盟预算的保证声明中，审计师的判断也是根据国家总体财务状况做出的。在财务审计中，典型的判断表述为“真实和公允”或“恰当地表述”了财务报表。
136 如果审计团队在某一特别领域中没有足够的证据，或具有误报的证据，那么，判断就会受到限制。

相反，在传统上，绩效审计一般不倾向于得出总体判断。因为它们关注一些次要的议题或问题，所以通常将重点放在评价各个问题的绩效上。然而，它们在问责过程中的角色要求总结性的结论。国会议员、政府高级官员和其他利益相关者，尤其是记者，想知道审计师对他们报告的议题的看法。谁是英雄以及谁是坏蛋？审计师对他们的判断有多大的把握？这一点在英国似乎得到了认可，在可能的情况下，总结性判断就会以“效益性结论”的形式包含在国家审计署的效益报告中，而效益性结论有望回答（或至少涉及）这样的问题，即这项活动代表了良好的效益吗？

正如福如博（Furubo）在第 2 章所指出的那样，许多有关绩效审计方面的学术讨论集中在审计和评估关系的争论上。20 世纪 80 年代和 90 年代，欧洲和北美的一些有影响的评论家，如赫利姆斯基（Chelimsky）、莱乌（Leeuw）、波立特（Pollitt）和舒玛（Summa），对绩效审计和评估的相似性和差异性以及它们在政策评价和项目应用方面的角色特别感兴趣。他们认为，绩效审计与评估有着某些共同的特征，有迹象显示两者逐渐趋同（参见 Wisler ed.，1996）。引用最广泛的作者是埃利诺·赫利姆斯基（Eleanor Chelimsky，1985，1990）；实际上，她写于 1985 年的一篇论文似乎引起了对这一问题的兴趣。在她的论文中，她认为项目评估有三种形式：

1. 描述性：对某一特殊服务或系统性质的研究。
2. 规范性：实际绩效与参考标准的比较。
3. 因果关系：试图说明某一事件导致其他事件的因果性。

赫利姆斯基在本质上将绩效审计定义为规范性的，因此，在技术上比项目评估受到更多限制。接着，她继续描述在研究问题方法上的差异，认为审计师本能地趋向于用归纳的方法进行思考，而项目评估师则喜欢用演绎的方法进行思考。她得出结论，这两者之间存在着根本的差别，但双方也有很多共同之处，可以相互学习，特别是在研究设计和方法领域。波立特和舒玛
137 （Pollitt and Summa，1998）支持她的总体立场，认为任何路径和方法趋同的程度要受到审计和评估制度安排重要差异的限制。最近的研究工作，如根德

隆、库柏和汤利（Gendron，Cooper and Townley，2007），以及莱维特、索尔斯伯里和林（Levitt，Solesbury and Ling，2006）的研究工作为这种立场提供了进一步的支持。

基恩（Keen，1999）以一种不同的方式来讨论这一主题，他将重点放在研究设计的方法上，并就绩效审计工作的性质得出了相当不同的结论。虽然赫利姆斯基和其他学者将重点放在绩效审计研究的总体特征上——它们的目标，它们使用的评价标准——但基恩认为，理解这些特征的关键在于它们根据其构成要素而组合起来的方式。最好将它们理解为“建筑砖块”的集合。每一项研究都是由许多不同的要素构成的，这些要素在一份报告中以一种连贯的方式组合起来。绩效审计团队将他们的研究分散到不同的“微观议题”盒子中，每只盒子又包含一些数据、一种评价数据的方法，以及一种判断。一个重要的结果是，在任何一项研究中，团队都要使用一系列数据和判断标准。

也许还有解释这一问题的直截了当的理由。沙拉施金（Scharaschkin）曾提到了所谓的“清关程序”，通过这一过程，将报告草案的内容与被审计人进行讨论（Sharma，2007），国家审计署效益报告的受关注程度，以及将其使用作为议会责任听证会的基础，这意味着，审计师和被审计人都对所发布报告中的每一个句子感兴趣。因此，在他们的工作过程中，审计团队必须牢记，他们需要对其报告中的每一句陈述都充满信心：每一句陈述都必须得到支持。这自然地使他们将重点放在审计要点的顺序上。例如，在国家审计署关于“支持自幼患孤独症的人群”的研究中（National Audit Office，2009），研究团队找出了38个关于当前规定和绩效的问题，他们希望通过收集和分析数据对这些问题进行研究（Levitt，Martin，Nutley and Solesbury，2010）。这并不是说他们对总体判断不感兴趣（特别是现在他们需要提供“效益性结论”），而是说他们倾向于“用砖块砌房子”的方式得出判断——结果是一种似乎可信的叙述，在报告中将观察结果联系在一起——而不是交叉匹配单独的发现。因此，这些结论趋向于将单个发现集合起来，而不是对证据进行综合分析。

哈蒙德（Hammond，1996）在其评估人类判断和决策的研究中，对检验任何一种或一组陈述的有效性的两种策略进行了有益的区分。国家审计署

对符合性（correspondence）叙述具有强烈的偏好，在上述叙述中研究团队
138 要寻找其每一个判断都得到现有事实支持的证据。这种方法与根据概念连贯的事件叙述而做出的判断形成鲜明对照。在日常生活中，我们常常对“听起来真实”的事件叙述做出判断，即使没有证据也支持这个判断。这就是连贯性（coherence）判断的例子，事实上，我们是在将一系列陈述拼凑在一起这一意义上得出“叙述是连贯性的”这一结论，即使我们无法证实每一个陈述是真实的。因此，绩效审计的团队可能做出判断，一个项目行进的总体方向应该得到正面的评价，即使项目经理在这个过程中犯了一些本可以避免的错误。

有时这些全景式的判断就出现在报告中。例如，2010 年国家审计署发布了一份报告，该报告审查了国民保健服务（NHS）为中风患者提供的服务。审计师写道：

> 急症护理的改善与为中风幸存者提供更多有效的出院后支持的进展还不相匹配，在健康服务、社会关怀和其他诸如福利和就业支持服务之间的合作方面还存在一些障碍。病人和护理人员也缺乏有关他们可能需要的服务、如何在出院后得到这些服务以及预防再次中风方面的充分信息（National Audit Office 2010，p. 8.）。

因此，他们得出结论（p. 10）：

> 卫生署制定中风应对战略的方法受到了全国和地方领导、全国一级绩效指标、临床审计数据、全国中风治疗收费表以及 1.05 亿英镑的 seed corn 基金的支持，提高了对中风治疗的优先级。早期的迹象表现为这一战略的实施也开始显现出服务水平的提高和效果的改善。

但是，这些报告常常是根据一系列相符的判断制作的，即验证每一个陈述的真实性并创造一种将“真相”与可读的报告联系起来的叙述（narrative）。

方法论正方形

这一论辩思路可以拓展，允许对绩效审计研究的本质以及与审查和评估的相似性及不同之处进行更详细的探讨。

图 7－1 展示了方法论正方形（methodology square）。正方形下面的直线将直觉和分析这两种思维模式连接起来。许多研究者将直觉和分析看成是可

以相互替代的方法，直觉的特征是快捷、难以说明的思维过程，而分析是结构性的、透明的，并且适用于拥有形成一个人的思想所需的时间和信息的情况。但是，哈蒙德（Hammond，1996）将上述两种方法概念化成相互连接的一个连续体，并且认为我们所做的许多判断都是由这两种方法的混合体所支持的，在不同的时点我们在这个连续体上的不同位置进行操作。这一观点在文献中得到了支持，如哈珀（Harper，2000）对国际货币基金组织进行的审计式调查。

139

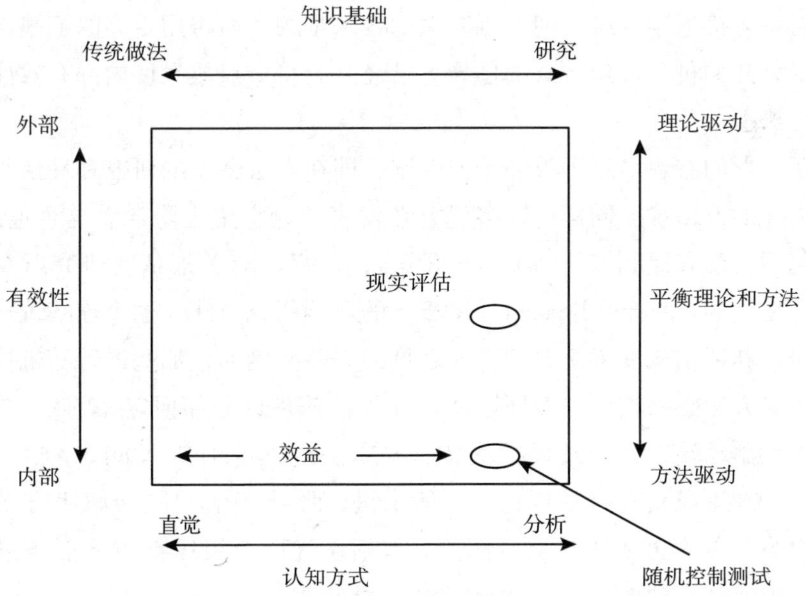

图 7-1　方法论正方形

正方形上边用一个代表实践模式的连续统补充了底部的内容。连续统的一端从本质上说是直觉的实践，例如，律师或医生在基于其根深蒂固的思维过程做出判断时就是这种情况，而这一思维过程是难以说明的："我怎么知道病人得了肝病？我就是知道而已。"在连续统的另一端是基于研究的实践，在这些实践中，所有的决策都是根据实证证据做出的，且是透明的（在此意义上，任何决定的逻辑都是清晰的）。从业者也许会向往连 140
续统的这一端，但常常做不到，部分是由于许多领域缺乏证据，部分是由于将“纯粹”基于研究的证据直接应用于纷繁的现实世界实践中存在着问题。

正方形的左边在研究发现的内部有效性和外部有效性之间设定了一个连续统。这是一种新奇的展示，但是，许多有关评估目标的讨论往往探讨有效性，似乎他们的心中就有这样一个连续统（Cronbach，1982；Pawson and Tilley，1997，Ch. 1）。有些从业者将内部有效性最大化视为一个目标，而另一些从业者［突出的是克龙巴赫（Cronbach）］提倡开发使外部有效性最大化的方法和设计。本书不讨论努力最大化内部有效性或外部有效性的好处，也不讨论与接近连续统任何一端有关的技术难题，而将用更多的笔墨来记述那些更公开的科学评价方式的倡导者已经开始将重点放在使内部有效性最大化的方法上。

正方形的右边显示了第四个连续统，即在方法驱动的研究和理论驱动的研究之间的连续统。同样，许多研究者发表的论文中也隐含着这个连续统，其中包括帕森和提利（Pawson and Tilley，1997）有关评估的研究以及乔治和班尼特（George and Bennett，2005）的案例研究方法。这个连续统代表了学术研究和评估从业者主要的先入之见的一种。例如，那些进行随机控制实验的人对方法感兴趣而一般回避理论（无论该理论是如何定义的）。在连续统的理论驱动端，人们发现了支持这些方法的理论框架，如经济学中的委托—代理理论或交易成本理论。一般来讲，那些相信“一个解决方案适合所有组织”的人也属于此类，例如，包括认为所有组织都能从业务过程重新设计中或某一种新型 IT 服务中受益的顾问。

绩效审计和方法论正方形

绩效审计处于正方形的哪个位置？如果我们把绩效审计当成一个整体来看（以赫利姆斯基和其他学者的方式），那么，我们可以说它们倾向于内部有效性而不是外部有效性，倾向于直觉而不是分析，倾向于方法而不是理论的论辩。因此，它们的位置处于正方形的左下角。但如果观察一下报告的构成要素，情形就变得更为复杂；有些要素也恰好处在左下角，而其他的则分布于直觉和分析连续统，其中一些研究在性质上显然倾向于分析。

141 我们可以通过确定效益研究在正方形中的位置来说明这些要点。在国家审计署有关为中风患者提供服务的研究中，有一些陈述涉及研究小组发现的支付的地理位置的变化。例如，审计师的报告说：

> 与2006年的18%相比，2009年4月英格兰有71%的医院向中风病人提供血栓溶解治疗。2008～2009年接受血栓溶解治疗的病人总数与前一年相比增加了两倍，估计另有1000名病人接受了此项治疗，比2006～2007年提高了大约5倍（National Audit Office，2010，p. 24）。

这一陈述完全依据实证证据做出，处在正方形的右下角。在相邻的一个段落，报告宣称：

> 在一些地区，诸如大曼彻斯特和伦敦，救护车提供的服务可以将病人直接送到指定的超急性中风病人医疗中心，这就意味着，中风病人并不总是被送到最近的医院。这种方法也许并不适合于所有地区，比如那些地理位置分散的居民和医院（National Audit Office，2010，p. 24）。

以上陈述反映了研究小组所做出的更加主观的判断。研究小组使用了条件语句，也许意识到他们不可能断定英格兰所有的地区都将能够采用大曼彻斯特的服务模式。在涉及其他定量数据时也采用了类似的方法。如下：

> 现在英格兰所有医院托拉斯都有一个中风治疗单位，每个单位病床的中位数已经从2006年的24张增加到2009年的26张。病人90%的时间住在一个中风治疗单位（一级“重要标志”指标之一）的比例从2009年1月起3个月内的47%提高到6个月后的57%……［与全国目标比较显示］将需要明显的改进才能达到卫生署预期的到2010～2011年底80%的目标（National Audit Office，2010，p. 25）。

这一陈述部分基于实证研究，部分基于有关与中央指导符合程度的判断。因此，它反映了一种混合的或综合的判断，与上一处引文一样位于正方形底部边缘的中部。最后，正如先前指出的那样，报告也对中风病人治疗服务做出了总体判断，而连贯性的判断就是这些判断的特征。从本质上讲，这些判断是理性的判断（虽然是根据一系列实证证据的收集做出的），因此处 142
在正方形的中间。

评估活动的其他形式

不同类型评估活动的位置也可以在正方形中确定。为此，有必要用其占支配地位的方法来代表每一种类型，并将某种类型中的“异己分子”剔除。这必然要冒幼稚性概括（naïve generalisation）的风险，但是幼稚在此有其作用。强调分析和内部有效性的随机控制实验的支持者处于正方形的右下角。许多项目评估接近但不在右下角。现实评估（Pawson and Tilley，1997）追求通过融合理论和增加外部有效性将研究沿着正方形垂直上升，同时保持严谨的实证分析所赋予的优势。

强调方法论正方形能告诉我们的和不能告诉我们的，这一点很重要。它的意图就是显示趋向和趋势：选择这些维度是因为它们既提供了审计和评估之间的共同点又提供了不同点，而且做出这种选择是基于实用主义而不是基于什么特别的理论。因为该正方形没有尺寸，所以不同类型之间的“距离”没有得到调整。从本质上讲，该正方形是描述性的而不是规范性的。某一项目应该处在正方形的哪个位置也是一件有争议的事情；没有唯一的最佳位置。

最后，值得一提的是，责任和绩效改进方面的研究之间常常处于紧张状态（如 Chelimsky，1985；Lehtonen，2005），但是，正如波立特和舒玛（Pollitt and Summa，1998）以及巴泽雷（Barzelay，1997）指出的那样，这两者实际上是不同的研究类型，并且意味着在研究者和被研究项目之间不同的关系。这里所展示的论据可以让我们至少在一般意义上判断它们的差别。我们可以认为，国家审计署所从事的这类责任研究基于详细的描述，处在方法论正方形的底部，而评估和案例研究涉及提供解释，涉及确认变革战略，或者在某些评估类型中（如 Patton，1997）涉及促成切实的变化。

因此，问题不是绩效审计是否支持学习而不支持问责，而是它能为学习和问责引入什么样的证据。一个切实的和显而易见的担忧可能压倒对无形的
143 结果和隐藏的变革机制的兴趣。其本身无所谓好或坏，但它应帮助我们反思绩效审计是如何增加价值的。

建立效益研究

方法论正方形使我们能重新解读有关审计实践的文献。这里强调两个论据。第一个涉及绩效审计研究的目的。文献显示，这些研究可以是探索性

的、描述性的、解释性的，或是预测性的（这种情况很少）。将这些报告看成一个整体进行考查，正如巴泽雷和其他学者所认为的，绩效审计研究主要是描述性的。很少进行调查的领域里的一些研究本质上是探索性的。国家审计署的研究也包含一些预测，但只是在一般性的。例如，中风病人治疗服务的研究注意到了公共服务的财政压力和国民保健服务在将来若干年中所面临的许多困难。因此，我们可以认为，效益研究在性质上趋向于描述性的，但是，在其构成要素之中可能包含探索、解释和预测的成分。这些研究的类型可以对应不同的目的，如表 7－1 所示。无疑，这简化了绩效审计和评估面临的情况，但是却突出了不同研究类型可能适用于不同目的这一观点。

表 7－1　　研究类型和目的

研究类型	目的
描述性，解释性	责任
解释性，预测性	确认潜在的变化
过程协商，行动研究	促成变化

方法论正方形使我们又向前迈出了一步。如果一项研究的主要目的是确定责任，那么，我们认为审计师或评估师应该将注意力集中在实证的精确性上，即一致性的判断，因此会位于正方形的底部。正如在评估中经常出现的情况，如果研究的主要目的是解释一项政策或一个项目，那么，人们期望理论能发挥作用，正如评估师要寻求概括性的（或外部有效性的）发现。

论辩的第二个思路涉及绩效审计研究构建的方式。在对国家审计署工作进行观察的基础上，有可能通过审视构建过程来扩展这一分析。赫利姆斯基（Chelimsky，1985）认为绩效审计研究是有计划的，后来的学者也大多或明确或隐含地同意她的观点。但是本章不对这一观点提供支持，而是将一些琐碎的问题或要素组合成一种清晰的叙述：国家审计署的报告条理清晰，可以一口气从头读到尾。

总而言之，效益报告都是围绕各个高水平问题以叙述的方式构建的。回到前面使用的简单类比，其过程就像已经砌好的砖头，显然总体的效果就是一堵墙。这一方法的本质在于这样的事实，即每一块砖头都是手工打造的；

144 没有两块砖是一模一样的，而水泥则是研究团队所提供的叙述技巧。如前所述，论据和证据的力量（在我们的类比中就是墙的坚固性）也要通过认可（审计师和被审计单位达成一致的过程）得到检验。

审计的相关性与评估的论辩

依据本章作者的观点，这些观察使我们进一步打消了下面这种观点：绩效审计，至少是国家审计署的工作，与评估有很多相同之处。绩效审计与各种形式的评估具有根本上不同的特征，但可以使用一些相同的方法（如案例研究、调查等）。虽然这些方法的细微之处可能不同，但其中一些的确显示出可以在不同类型（例如，许多人使用调查和焦点小组）之间转换，但是，其他许多方法的使用方式虽然表面上相似，在不同类型之间却存在着重要的差别。访谈就是一个很好的例子，在访谈中，效益访谈和定性研究访谈是相当不同的两件事。许多审计访谈的展开是为了提高审计师对审计主题的理解和总体阐述。如果他们认为有用，也可能追查受访者偶尔发表的评论。许多定性研究访谈是要寻找特殊的信息，这些信息将作为证据使用在报告中，而研究团队则可能拥有需要得到具体、真实答案的详细的问题清单。除此之外，后者不是任何意义上的评估方法，它只不过是一种碰巧被用在基础研究和某种类型评估当中的研究方法。因此，将绩效审计和某种类型的评估当成吸取理念和实践营养的共同源泉可能是有帮助的，而来自这一源泉的那些理念和实践可以用于不同的制度环境中。有时这种方法会原封不动地得到应用，但更多时候会被彻底改变，只留下一个标签（如“访谈”“问卷调查”）。

145

结论

本章讨论的重点是绩效审计的本质，主要论述了国家审计署所使用的技术。人们认为，绩效审计最好可以被理解为一系列砌砖的行为。这一理解的一个重要推论就是研究团队在研究的过程中也是使用一系列的数据和判断标准。本章也对人类判断进行了广泛的思考，认为审计团队倾向于偏好符合性判断而不是连贯性判断，因为在符合性判断中，每一个陈述都有可找到的事实予以支持。

本章也构建了一个框架用来思考绩效审计的性质以及审计与不同形式的评估之间的相似性和差别。我们认为，虽然总体来说绩效审计倾向于强调内部有效性而不是外部有效性，倾向于直觉而不是分析，倾向于方法而不是技术性的论辩，但考虑到构建它们的方式，研究的单个要素可以被置于方法论正方形中我们所谓的连续统的不同位置。这样，审计报告中一些陈述仅以实证证据为基础，而另一些则更具有分析性。有些则是两者的混合。虽然这一框架没有说自己捕捉到了绩效审计和评估之间所有的相似性和差别，但是它为讨论这些问题提供了一个简单的图形工具。

参考文献

Barzelay, M（1997），"Central audit institutions and performance auditing：a comparative analysis of organizational strategies in the OECD，" *Governance*，10（3），235 –60.

Chelimsky，E（1985），"Comparing and contrasting auditing and evaluation：some notes on their relationship"，*Evaluation Review*，9（4），483 – 503.

Chelimsky，E（1990），"Expanding GAO's capabilities in program evaluation"，*The GAO Journal*，Winter/Spring 8，p. 51.

Cronbach，L.（1982），*Designing Evaluation of Educational and Social Programs*，San Francisco：Jossey – Bass.

Gendron，Y. D Cooper，and B Townley（2007），"The construction of auditing expertise in measuring government performance"，*Accounting*，*Organizations and Society*，32（1 –2），101 –29.

George，A and A Bennett（2005），*Case Studies and Theory Development in the Social Sciences*，Cambridge MA：MIT Press.

Hammond Kenneth（1996），*Human Judgment and Social Policy*，New York：Oxford University Press.

Harper，R（2000），"International auditing：a case study of the IMF"， in M Strathern (ed), *Audit Cultures: Anthropological Studies in Accountability, Ethics and the Academy*, London: Routledge, pp. 21 –53.

146 Keen, J (1999), "On the nature of audit judgements: the case of value for money studies", *Public Administration*, 77 (2), 509 –25.

Lapsley, I and J Lonsdale (2010), "The audit society helping to develop or undermine trust in government?", in M Adler (ed) Administrative Justice in Context, Oxford: Hart Publishing, pp. 73 –96.

Lehtonen, M (2005), "Accounting (f) or learning?", Evaluation, 11 (2), 169 –88.

Levitt, Martin, Sandra Nutley and William Solesbury (2010), *Evidence for accountability: Using Evidence in the Audit, Inspection and Scrutiny of UK Government*, London: Nuffield Foundation.

Levitt, Ruth, William Solesbury and Tom Ling (2006), "Evidence for Accountability. The nature and uses of evidence in the audit, inspection and scrutiny functions of Government in the UK", ESRC UK Centre for Evidence Based Policy and Practice Working Paper 24.

National Audit Office (2009), *Supporting People with Autism through Adulthood.* HC556, Session 2008 –09, London: TSO.

National Audit Office (2010), *Progress in Improving Stroke Care*, London: National Audit Office.

Patton, Michael (1997), *Utilization – Focused Evaluation*, 3rd Edition, Newbury Park, CA: Sage.

Pawson, Ray and Nick Tilley (1997), *Realistic Evaluation*, London: Sage.

Pollitt, C and H Summa (1998), "Evaluation and the work of Supreme Audit Institutions", in M C Kessler, P Lascoumes, M Setbon and J – C Thoeing (eds), *Evaluation des politiques publiques*, Paris: L' Harmattan, pp. 63 –82.

Power, M (1997), *The Audit Society: Rituals of Verification*, Oxford: Oxford University Press.

Sharma, N (2007), "Interactions and interrogations: negotiating and performing value for money reports", *Financial Accountability and Management*, 23 (3), 289 – 311.

Strathern, M (ed) (2000), *Audit Cultures: Anthropological Studies in Accountability, Ethics and the Academy*, London: Routledge, pp. 21 – 53.

Wisler, C (ed) (1996), "Evaluation and auditing: prospects for convergence", *New Directions for Evaluation*, 71, Fall.

8. 准则与质量

彼得·威尔金斯　理查德·博伊尔
(Peter Wilkins and Richard Boyle)

147 绩效审计的质量对最高审计机关的信誉和可信性至关重要。在最广泛的意义上，这里所说的质量与最高审计机关绩效审计项目的效果性和效率性有关。虽然在审视最高审计机关总体绩效的过程中也常常考虑这一点，但是，大部分对质量所付出的努力和兴趣的重点却放在对质量做出贡献的过程以及单个绩效审计的质量上。

朗斯代尔和梅恩（Lonsdale and Mayne，2005）详细论述了绩效审计工作质量的两个主要方面，即"审计过程的质量（准备审计报告的方式）……以及审计产品本身的质量（来自审计工作的成果）"。良好的审计过程的关键特征包括独立性、公正性和客观性以及充分证实和精心制作的审计报告。单个审计报告质量的特征包括准确性、可靠的结论和建议、清晰性、及时性和影响力。虽然本章重点讨论准则与质量之间的联系，因而需要阐述的是广义的质量概念，但重点还是强调单个审计报告的质量。在过去的若干年里，审计师已经制定了自己的准则，创立了质量保证方面的安排来保持和提高质量。梅恩和施瓦茨（Mayne and Schwartz，2005，9）注意到，"职业的准则在绩效审计领域最为明显，并且作为确保审计部门可信度的一种手段而受到强力支持"。他们还确认了一些围绕准则制定的议题，其中包括准则背后的权力当局以及执行的机构。

最高审计机关总是宣称其绩效审计是独立的、公正的和无偏见的，并且审计报告是基于证据的。他们声称自己的工作代表着权威性。曾经有这样一些情况，审计报告的结果和建议受到被审计部门机构和（或）利益相关者及专家的质疑，但是，这种情形比较少见，并且通常发生在许多外人认为最高审计机关应“受到责备”的情形下。本书中沙拉施金和基恩所著的章节显示，就其所提供证据的性质和涉及的分析而言，绩效审计呈现了一些存在争议的事实，而莱乌所著的章节对绩效审计提出了一系列的批评。因此，准 148
则和质量的主题是确保审计工作价值的重要因素之一。因此，本章将重点放在若干国家绩效审计准则和质量保证的不同方法上，以便从更广的范围来考虑这一问题。

准则

准则具体规定了作为必要条件的质量或过程。贝梅曼斯—维迪克（Bemelmans－Videc，2005）将准则确定为具有具体性质的书面指令，从而将它们与具有一般性质的指南区分开来。创建绩效审计准则的原因没有明确说明，但似乎与实现一致性以及至少要满足最低质量标准有关。准则也可以成为内部交流和与组织目标努力保持一致的重要工具。具有清晰的准则有助于与承包商和研究者交流，而研究者代表最高审计机关从事绩效审计或为绩效审计做贡献。合规行为应该给绩效审计报告的使用者提供一种有关审计报告质量的保证。它也应该向接受审计的部门传达有关审计过程恰当性方面的信息。

如果一个组织内缺乏准则，那么就会产生使用方法不一致的风险，而这可能又反过来限制通过比较各种项目进行学习和改进的能力。缺乏统一准则的组织和国家也面临着类似的风险和限制。相反，准则可以通过创新和将绩效审计应用到具体的情形中而取得一致，当准则具有了规定的性质时，情况更是如此。

国际绩效审计准则《最高审计机关国际准则》（ISSAI3000）已经由最高审计机构国际组织确定为一个非强制性的指南（INTOSAI，2004），而这一指南又是在更广泛的意义上的《基本审计原则和审计指南》发布陈述的一部分。该指南强调，绩效审计就是一种宽泛的分析，可以得出各种判断和解释，并要避免出现那些可能被解释为对单一方法的概念化或规定要求的情

形（参见表 8 －1）。最高审计机构国际组织（INTOSAI，2004）注意到，
“高级的绩效审计是一项需要灵活性、想象力和高水平分析技巧的复杂的调
查工作。精致的程序、方法和准则实际上可能妨碍绩效审计发挥其功能并取
得进展。因此，就像质量体系一样，也应该避免过于详细的准则”。最高审
149 计机构国际组织还通过说明“虽然财务审计倾向于使用相对固定的准则，
但绩效审计在主题选择、审计对象、方法和意见方面更加灵活”，并且强调
审计意见与那些程式化的意见没有联系（参见第 12 页），对绩效审计和财
务审计进行了清晰的区分。这份准则的附录给出了诸如审计准则、证据、文
献使用和质量保证事项的详细指南，而这些被解读为有用的指导而不是规定
的要求。

表 8 －1　　　　绩效审计准则的比较

特征	最高审计机构国际组织	英国审计署	美国政府责任署	澳大利亚审计署
基础	指南	自身动议	自身动议	立法
强制性	无	有	有	有
来源	内部过程	内部过程	内部过程	澳大利亚审计准则委员会（AUASB）
客观性	在非循环基础上对政府和机构项目的经济性、效率性和效果性做出独立和广泛的分析。 重点应该放在所观察到的问题和可能的原因上	向国会报告政府对资源的利用情况，并且对取得的效益做出结论	对照已经发布的准则评估证据的充足性和恰当性，并据此承诺提供保证或结论	对照已确定的准则通过报告某一活动的经济性、效率性和效果性来表达旨在提高目标使用者信任度的结论
使用的一般原则	广泛和开放的判断及解释。 最高审计机构必须在调查和评估方法方面拥有广泛的选择	胜任 诚实 严谨 客观和独立 责任 增加价值 坚持 清晰的沟通	独立 专业判断 胜任 质量控制和保证	诚实、客观、专业胜任和应有的谨慎、保密和专业行为

150 最高审计机构国际组织特别关注绩效审计报告的质量，并做出具体规
定，即报告必须可靠、完整、准确、客观、有说服力并尽可能做到清晰和富

有见解。不同寻常的是，它强调这应该“使审计结果不易被误解”以及“应该使读者容易理解审计的目的并且恰当地解释审计结果”。英国国家审计署在其效益手册中也持相似的观点（2009a 第 3 页）。该手册强调“效益审计工作不适合使用‘万能钥匙’式的方法……但是，认识到使用指导我们从事效益审计工作的一套原则来衡量我们工作的专业性是非常重要的”（参见手册第 4 页）。

国家审计署（NAO，2009b）也报告说，2008 ~ 2009 年，该署在其审计方法中建立了 10 条明确的效益审计工作准则。这些准则涵盖了诸如客观分析、有说服力的报告、项目管理、证据可信性和文献的使用、客户参与和报告提交等各个方面。国家审计署效益审计工作的方法 10 多年来也被当成 5 个“质量门槛”（quality thresholds），即审计团队在不同的审计阶段自我询问的一套问题，以便能够使他们决定自己是否已经到达预期的标准。这些问题如下（参见其审计方法第 29 页）：

1. 为开始做好准备了吗？
2. 你是否推导出清晰、有说服力的信息，并有证据的支持？
3. 你准备把报告草稿的思路变得更清晰吗？
4. 你准备传达这些信息吗？
5. 你已经接受并传播了教训吗？

每一个问题都附有几个小问题，并且确定了主要决策者的角色。这一方法旨在确认效益审计的变化繁多，因此，最好鼓励审计团队对自身进行评估。

美国政府责任署制定了自己的绩效审计准则，这一准则代表了“公认政府审计准则”[generally accepted government auditing standards，GAGAS（GAO，2007）]。从形式上看，根据这些准则，绩效审计被按照财务审计的概念进行定义，被描述为对照已公布的准则，根据对证据的充分性和恰当性的评估而提供保证和结论的各种业务，这似乎过于狭窄。但是，通过注意到审计师在使用“公认政府审计准则”的同时还可以选择使用其他专业性的准则，绩效审计准则就会得到实质性的扩大。

澳大利亚审计署（Australian National Audit Office，ANAO）使其绩效审计符合《澳大利亚国家审计署审计准则》的要求，而这一准则包含了《澳大利亚审计准则》（ANAO，2009a）。[1]《澳大利亚国家审计署审计准则》

特别参考了由澳大利亚审计与鉴证委员会（AUASB）制定的 ASAE3500 有
151 关绩效的业务，这显示前者与其他澳大利亚审计与鉴证委员会的准则已经融合，并且与法律或其他有关的立法并行不悖，这里的法律是指《1997 年审计长法》。

澳大利亚审计与鉴证委员会准则有其国际准则的渊源，它是保证业务通用准则的一个子集（ASAE 3000），反映了一个相应的国际准则 ISAE 3000，这是由国际会计师协会（International Federation of Accountants）国际审计与保证准则委员会发布的。但是，澳大利亚在将国际通用准则进行扩展并打造成为一个适合绩效审计的版本方面似乎独树一帜。国际通用准则的概念与政府责任署绩效审计的一些方法有许多相似之处，但与最高审计机构国际组织和国家审计署的准则差别很大。澳大利亚审计与鉴证委员会特别对绩效审计的目的进行缩小，限定为表达一个结论，这与管理澳大利亚审计署的立法机构所提供的宽泛的法律规定大不相同。这里的另一个含义是这一准则只适用于结论部分而不适应于报告的其他内容。这种关注点特别集中来源于财务审计，其重点就是发表“意见”。

与表 8.1 中其他准则不同的是，ASAE3500 是为各种机构而不是审计事务所（例如，包括内部审计师，或私人咨询师）的使用而专门制定的。它就绩效审计师的独立性问题提供了不同的视角，使审计师能够在接受机构的管理层聘任时，依靠根据准则对审计师所赋予的义务独立地工作。因为要使对私人部门实体的审计成为可能，所以，它也扩大了相对于现有准则的范围。

通过对比，有一点是十分引人注目的，与来自财务审计原则（如那些由澳大利亚审计与鉴证委员会所发布的财务审计准则）的更具规定性的准则要求相比，国家审计署使用原则和质量门槛的综合效果是一种更加温和的规则制度。同样，国家审计署的路径更清晰地包含了不同职业和专业的研究和方法路径。

总之，在适用于绩效审计行为的准则方面，不同最高审计机构存在着巨大的差异。正如表 8.1 中对四个机构的比较所示，这部分说明在建立最高审计机构立法方面的差异，同时也受到基于会计的准则制定过程的影响（英国国家审计署和澳大利亚审计署的准则受到的影响十分明显）。

152 从某种意义上来说，各国最高审计机关准则路径上的这一差异可以被看成是无法预料的。考虑到最高审计机关之间具有某种程度的联系以及审计机关之间的经验交流，那么，某种程度的“准则标准化”是可以预期的。但是，在现实中，这种差异是可以理解的。虽然最高审计机关有望满足更高的技术标准（对此人们可以预期每个国家的情形是相似的），但它们同时也在寻求在各自运作的特定制度和文化环境中的合法性（它会引导人们期望它们有所不同）。什么可以被当成证据、如何对它进行评价、什么是抗辩及论辩结构合理的基础，所有这些都是部分地由文化、环境和历史而不是认识论、本体论和逻辑决定的。因此，准则以及在不同的最高审计机关应用的差异是可以预期的。

不同准则之间差异的意义通过审视其达到保证或证据的水平以及提出的建议方面的路径在此已经得到说明，还有一些差异的情况要在后面的章节加以强调。

保证和证据准则的路径

最高审计机构国际组织注意到，审计和进行审计的最高审计机构必须是独立的，具备所要求的能力并且行事谨慎。证据应该充分（足以支持审计发现的结果）、有效（与事实一致）并且具有相关性（与发现的结果有逻辑的和合理的关联）。该组织还指出了通过评估回答提出的问题所需信息的种类来确定研究方案的重要性。然后对将重点放在结果、过程、影响、成本收益、标杆管理和元评估方面的各种研究进行了区分，并且讨论了所涉研究方案的各种类型。英国国家审计署采用了类似的路径，通过讨论恰当的方法和说明效益审计研究所使用的典型方法，将论述“充分的、关联的和可靠的证据”作为指南的序言章节。国家审计署还注意到，“完善的效益审计也许将包括至少3~4种不同的方法。从不同的来源获取一系列数据并且利用三角法对结果进行分析是提升最终报告说服力的重要方法……”

相比之下，美国政府责任署采纳了财务审计概念，认为绩效审计提供了合理的保证，能够确保证据充分、恰当，足以支持发现的结果和得出的结论。审计师必须获得充分、恰当的证据为他们发现的结果和得出的结论提供
一个合理的基础。澳大利亚审计和鉴证准则委员会用财务审计概念将这种相 153

互关系向前推进了一步，希望绩效审计有可能提供两个层次的保证。它们是：合理的或有限的保证，其目标是对于一个结论的肯定式的表述，将绩效审计业务的风险降低到一个可接受的低水平；或者对于一个结论的否定式的表述，将其风险降低到一个可接受的水平。在将它们转化为得到最高审计机构国际组织和英国国家审计署明确认可的复杂的、模棱两可的绩效审计问题时，会带来实质性的智力挑战。另一种隐含在较为温和的准则中的方法是使用精确的语言来表达与任何特定陈述有关的保证程度，并使用一个连续统而不是使用支持所涉及智力路径的两状态模型。

虽然在许多最高审计机构中过去的实践是单个研究团队选择过去行之有效的方法，但是，今天许多最高审计机构有着明确的动机来培训和武装其雇员，使他们能够浏览现有的方法，然后再选择对任务目的恰到好处的方法。有些准则比另一些准则能更清晰地说明这一路径。

用于建议的准则路径

虽然我们讨论的所有准则都涉及有可能提出建议的绩效审计，并强调了它们可能发挥的重要作用，但是它们提供的指导少得可怜，当然，用于评估建议质量的准则也寥寥无几。

最高审计机构国际组织承认建议是一份审计报告的可能组成部分，并提请注意审计应该“在可能的情况下评估建议可能带来的影响”。该组织将它们视为审计师建议的行动路径，这些行动路径与审计目标相关，并以造成某一审计结果的原因为基础。该组织还指出，这些建议应该切实可行、能够增加价值，并应该以符合逻辑、以知识为基础的、理性的方式进行论辩。英国国家审计署扼要地提出了一个问题：“这些建议是否以证据为基础且简洁明了，它们能增加价值吗?”它还提供了一个关于“如何撰写明智的建议”的全面指南，这个指南包括有关形成更好的建议的技巧，诸如建议必须有意义、具体、清晰和有用，并确保对这些建议能否得到实施做出一个评估（NAO，2008）。政府责任署做了这样的记录：“审计师应该对在审计期间发现的问题提出行动建议，并在审计结果和结论证明有可能进行改善时提出改
154 进项目和运营的建议……［他们应该］根据发现的结果和得出的结论，以

合乎逻辑的方式展开工作，瞄准已发现问题的原因，清晰地说明推荐的行动。”澳大利亚审计和鉴证准则委员会承认建议是一份审计报告的可能组成部分，但没有对其基础或内容提供任何指导或要求。

关于不同路径好处的证据

以上分析强调，连同最高审计机构国际组织，三家有着完善绩效审计项目的最高审计机构在已经使用的准则中采用了本质上完全不同的路径。在国际准则制定层次和国家审计署之间的绩效审计准则路径方面，以及在国际准则和国家审计署准则之间有着本质的差别。例如，国际会计师联合会中的国际审计与鉴证准则理事会的相关准则与最高审计机构国际组织准则相比则具有高度的规定性。因此，像澳大利亚这样的国家根据国际审计与鉴证准则理事会建立的绩效审计准则与不是严格地根据最高审计机构国际组织准则制定自己准则的最高审计机构在路径上就大不相同了。这种明显有些混乱的局面，部分地显示出制定绩效审计标准的智力基础是薄弱的，同时也反映了干预在不同的环境以不同的方式在起作用这样的现实（如前所述）。不同路径应用的展开为研究和学术也带来了各种机遇。准则是根据专业判断（主要是涉及绩效审计方面的判断）加以制定，似乎这些机构和个人的背景是所采取路径的一个决定因素。

在财务审计阶段日益趋同的情况下，最高审计机构国际组织和国际审计与鉴证准则理事会相互合作在推动审计国际准则方面有一种默契（Azuma，2008）。最近由最高审计机构国际组织下属的专门小组组织的讨论得出结论，国际审计与鉴证准则理事会保证业务的概念与“由先进的最高审计机构主持的绩效审计的一般关联性有限”（INTOSAI Professional Standards Committee，2009）。相反，国际审计与鉴证准则理事会正在考虑修订 ISAE3000，
使其能够提供更多有关绩效审计类型工作路径的详细信息（IAASB，2010）。155
这表明如果不同类型的标准趋向于一致，那将花费相当长的时间，并成为不同职业相对影响力的一种检验。

令人感到惊奇的是，在确定不同路径相对优点方面还没有任何证据基础。虽然不同的准则可能适合不同的地区，但未来的决策如果能够得到证据

（即关于某些方法最适合特定环境的证据）的支持将是有益的。

质量的含义

因为准则既可以增加路径的一致性（因此有利于制度的审查），又能限制选择，所以理解所涉及的相对好处和不利因素似乎很重要。绩效审计准则压倒一切的目标就是保持和加强所承担的审计工作的质量，确保一致性并且给信息的使用者以信心。本章下一节讨论绩效审计和绩效审计项目的质量是如何评估的，但有趣的是，审计工作很少与所涉及的准则联系在一起。

正如早先所确认的那样，某一机构对准则的采用传达了这样的信息，即它与质量和一致性有关，并且承诺至少要达到准则所包含的最低要求。从准则适用于其他机构这一角度来看，这表明最高审计机关承诺至少满足适用于更大范围的绩效审计师的最低要求。

采用外部自发产生的准则引出了关于为什么要做此决定的问题。什么情况下采用外部准则才是提高效益和效率的最佳办法？可能会看到一个独立的审计长使自己的独立性屈从于某些其他准则制定机构吗？虽然一般来说，最高审计机关承认其财务审计将根据外部制定的准则进行，但至少有一例受到了挑战。在最近提交给澳大利亚国会的咨询报告中，维多利亚州审计长要求解除所有的审计（包括绩效审计）都必须按照澳大利亚审计准则（Australian Auditing Standards）进行的立法要求。他建议在完全或部分执行某一审计准则时，他应该拥有有限的自由裁量权。审计长宣称："由于为公共机构制定的准则寥寥无几，因此可能会出现这样的情形，即符合某种准则有可能
156 与法律项下的权力或责任相抵触……鉴于这种可能性，审计长在此情形下不遵从某一审计准则就变得十分必要。"在其讨论稿中，国会委员会特别强调涉及绩效审计的 ASAE3500 的作用并且对审计长提出的问题发表了评论（Victorian Public Accounts and Estimates Committee，2010）。另外，还提出了一些关于审计师是否将自己的思维与某一特定职业或职业方法保持一致，而不是从一个广泛的公共利益角度开展工作的问题。很显然，这些问题在与澳大利亚和美国类似的具有更多规定性准则的司法管辖区内更加突出。

将采纳这些准则作为法定要求也会产生无法合规的风险。如果意识决定不去遵守这些准则并被公之于众，那么会在读者心里产生这样的问题：不合

规是否得到了批准，以及审计报告质量到底意味着什么。如果无法合规没有得到完全公开地报告，那么事后强调不合规可能会损害人们对审计报告的信心，进而有可能损害人们对审计机构的信心。如果无法合规是因一时疏忽造成的，那么同样存在着这一情况被内部或外部质量审查或更广泛意义上的使用者所发现的风险，这也会挫伤人们的信心。

由于准则在某种程度上是规定性的，它们可能会施加一些过程要求，而这些要求并不会基于效率和成本—有效性的保证。准则的执行也可能通过对开展绩效审计的类型和与绩效审计功能有关的组织文化的限制，从而对质量产生更广泛的影响。例如，由单一专业领域主导的绩效审计可能使被吸引并在这一组织工作的员工的专业背景和个人技能变得狭窄。

文化的影响难以确定，但澳大利亚审计和鉴证准则委员会的准则通过措辞对此进行了说明，其使用者需要能够理解一些概念和文本的含义，如下面这段文字，这段文字可能与使用者的职业经验和一般经验不符（AUASB，2008，10）：

> 担保从业者（assurance practitioner）应单独地或从总体上对下列事项进行评估：
>
> （a）系统或控制中是否有缺陷；和/或
>
> （b）已经引起担保从业者注意的已确认准则的度量指标或要求的变化对保证报告的结论是否是重要的。

使用这种语言使绩效审计准则更加容易为具有财务审计背景的人员接受，但可能会将来自其他专业的绩效审计人员排除在外。这种类型的准则代 157
表了一种其他专业人员进入的壁垒，并且对许多作为多学科团队而建立起来的绩效审计单位构成挑战。与文化差异的观点相联系的是一种暗示对塑造和掌握绩效审计专业基础所付出努力的分析。这一点在国际审计与鉴证准则理事会准则 ISAE3000 中体现得最为明显，这一准则要求公共会计师承担的并与质量控制有关的工作应具体参照“会计事务所”的规定（ISAE 3000，2005）。

质量

像准则一样，绩效审计质量的定义和解释并不简单和直接，而对其的解释在各个国家也各不相同。朗斯代尔和梅恩（Lonsdale and Mayne，2005）讨论了绩效审计环境中质量的含义。他们注意到，质量的概念随着时间的推移而发生变化，与由最高审计机关地位和权威保证的更加“传统的”质量解释相比，近年来，越来越多的注意力投向外部人的看法以及使用者的需求和预期（参见第178页）。他们还注意到绩效审计工作中质量的两个特别的方面：“……审计过程的质量（审计报告制作的方式）……以及审计产品本身的质量（审计工作的成果）”（参见第179页）。

从一般意义上讲，许多最高审计机关具有良好的财务审计质量保证体系，旨在向审计机构负责人保证执行恰当的程序，这些程序能够保证单个审计业务的质量。这些质量保证体系是建立在相关审计准则要求基础之上的。虽然有与绩效审计质量有关的质量保证方面的准则和指南，但最高审计机关倾向于开发和应用其自己的系统和程序以确保绩效审计成果达到高质量的标准。

最高审计机构国际组织（INTOSAI，2004）做出了具体的规定，绩效审计报告应该可靠、完整、准确、客观、具有说服力并且尽可能清晰和简明。如上所述，最高审计机构国际组织强调审计报告应该“使其成果不会产生误解”，并且“使读者易于理解审计的目的以便恰当地解释审计的成果”。该组织对以下两个概念做出了区分：

- 质量保证：指由最高审计机关制定的保持高质量审计活动的政策、系统和程序。质量保证审查项目被确认为由最高审计机关主持的一系列外部
158 和内部审查活动（参见第120页）。
- 质量控制：指对评估质量保证体系或被执行的审计项目所进行的审查（参见第118页）。

通常，最高审计机关总是试图通过一系列绩效指标评估其效果性，这些指标包括国会议员的满意度、建议被采纳和执行的百分比，以及节省的资金和产生的效益等。在某些司法管辖区，审计机构根据其法律需定期接受外部评价，通常由一个议会委员会负责评估的发起和报告。一般来说，这会带来对审计机构效益功能方面的效益研究（除其他事项外）。在最广泛的意义上，这些措施显示绩效审计工作是否“符合其目标”，而这些措施的选择也是个别最高审计机关所确定的且与目的有关的。

除此之外，在某些司法管辖区，还有一个同行评价的固定程序，在这一程序中，来自其他审计机构的同行对最高审计机关进行效益方面的评估。这种评价的另一种形式是专门将重点放在绩效审计功能上的同行评价。通常，这一工作是由从一两个审计机构的绩效审计小组中抽调的资深审计师组成的评价团队负责，该团队进行的评估可能与国会审查的绩效审计内容一样宽泛，也可能较为狭窄。

在审计机构内部，通常有许多质量保证的流程，不仅通过行业管理监督，而且也包括行业之外人员和在审查的特定阶段评估绩效审计项目的资深审计师小组。随着新南威尔士审计署在 1996 年首次获得 ISO9001 认证，有些审计机构也围绕国际标准组织（International Standards Organisation）质量管理体系的要求调整其质量保证的方法（New South Wales Audit Office, 2010）。

对质量更为集中的关注与评价单个绩效审计报告有关。单个报告的质量在报告完成后可以根据对报告本身的外部评价做出评估。朗斯代尔和梅恩（Lonsdale and Mayne, 2005）所做的一个实践研究确定了 5 个原因，这些原因说明了为什么根据绩效审计报告得到的信息的质量对最高审计机关非常重要或应该非常重要。这些原因如下：

- 最高审计机关是被赋予法律角色的公共机构，因此有理由期望这样的机构按照最高的标准执行。
- 最高审计机关作为具有法定权力确保政府关注变革的公共机构，应 159
该具有对质量的期待。鼓励不恰当的或缺乏基础的决策可能会是浪费的和具有潜在危险性的。
- 那些宣扬质量的人需要自己去展示质量。
- 最高审计机关的地位和权威依赖于其工作的可信度。
- 由于使用公共资金，因此有理由要求保证最高审计机关的效率和价值，虽然是以不损害审计机构独立性的方式进行的。

绩效审计的同行评价

审计实务中的同行评价在国际审计界越来越普遍，并且成为保证绩效审计过程质量和绩效审计成果质量的一种手段。这种评估是对某一最高审计机关绩效的评估，通常是由一个或多个其他最高审计机关的成员来进行。由于最高审计机关必须拥有独立性，因此在其管辖区内几乎没有监督其活动的机制，而来自国际同行的评价有可能弥补这一缺陷。至于绩效审计的功能，同行评价可能包括对最近报告的某一样本进行详细审查。这可能包含对工作底稿和出具单个报告过程中形成的其他信息的审核（包括对诸如证据的恰当性、数据收集和分析的严谨性以及在项目实施过程中与利益相关者交流的有效性问题）。有些质量审核工作也可能对制作报告的组织单位内部和周边的流程进行评估。

澳大利亚审计署（ANAO，2009b）指出，他们正在进行一项对加拿大审计长办公室的国际同行评价，旨在就其质量管理系统是否设计合理和运作有效，以及其对绩效审计工作的涵盖范围提供一份独立的意见（第6页、第28页）。他们还指出，澳大利亚审计署完成了对两家新西兰审计机构绩效审计的评价，并且参加了由维多利亚州审计长办公室主持的若干绩效审计的评价。专栏8.1讨论的案例提供了更多有关同行评价方面的信息。

160

专栏8.1　绩效审计同行评价：案例分析

2008年对爱尔兰主审计长办公室和审计长进行了同行评价。这一评价包括对绩效审计办公室执行绩效审计的评估（在爱尔兰称为效益审计）。他们选择了两项研究作为考查对象。评价者同每个审计单位的代表和每项研究的主要审计师谈话。他们还审查了办公室报告手册，这些手册为所有审计长的报告提供指导，并且取得了其他受访者对效益结果的总体评价。考虑到评估的高水平性质，评价者没有审查两项研究的档案。他们也没有对两项报告进行分析。相反，他们将重点放在审查流程的效益性和已完成工作的可感知的效果性上。

在进行评价的过程中，同行评价者选择将重点放在他们认为从质量和发展视角来看十分重要的四个方面：

- 主题选择。评价者强调，选择对于国会和其他利益相关者尤其是对于研究的主体具有价值的主题进行评价是十分重要的。同时还强调了选择标准的确定和绩效审计话题的优先顺序。
- 接触效益审计客户。评价者强调，一般来说，效益审计的重点，在强调公共机构责任的同时，应该是绩效的改善。他们认为，审计师和客户通力合作而不是相互拆台才能取得最佳效果。在此环境下，审计师和客户之间的良好沟通似乎十分必要。
- 方法。评价者在此关注 3 个问题：
  - ■ 审计团队参与专家建议。评估表明，绩效审计师很可能是通才，某一主题的专家参与可以提高审计的质量。
  - ■ 对范围变化的处理。新事项有可能出现，可能需要将其纳入研 161
究的范围内。
  - ■ 准则的使用。评估表明，在主计长办公室使用的准则和指南“考虑到了”最高审计机构国际组织绩效审计应用指南和最高审计机构国际组织审计准则。但是，他们指出，效益审计方法并没有完全按照国际审计准则制定，而是利用了这些准则中对效益审计有用的东西，特别是准则所包含的更为全面的质量保证过程。
- 职员的技能。评价强调，效益审计需要具有良好分析技能和撰写审计报告能力的人员。

有趣的是，在本章中，主审计长接受了同行评价者提出的大部分建议，但是，有关评价团队提出的准则问题，他只是部分地接受了建议并且指出：“包含效益审计方法的办公室报告手册是根据最高审计机构国际组织绩效审计准则制定的。国际审计准则包含与效益有关的额外准则的程度似乎有限。”

更多信息参见 Office of the Comptroller and Auditor General（2008, pp. 27 – 32）。

同行评价报告经常是内部文件。正如案例分析中所提到的，爱尔兰的审
计报告发表了。还有对荷兰审计法院（Netherlands Court of Audit，NCA） 161

的同行评价也是一样，它公布了由挪威、新西兰、南非和英国最高审计机关的职员所出具的同行评价报告（Netherlands Court of Audit，2007）。根据2005~2006年发布的6份绩效审计报告及其影响评估，同行评价的职责范围重点是绩效审计报告的质量及其影响。该报告审查了荷兰审计法院的政策并且对法院内部人员、国会议员、公务员和其他利益相关者进行了广泛的访谈。报告提供了保证，即“荷兰审计法院的绩效审计报告与绩效
162 审计的优秀专业实践保持一致，并且向国会提供有关政府绩效的客观和可靠的信息”。

荷兰审计法院的报告记录了2003年由16个最高审计机关组成的小组做出的决定，将对各自组织内的工作进行同行评价。有趣的是，本章并没有涉及同行评价过程中使用的具体标准或准则。一个例外是对建议的评价，其中涉及荷兰审计法院的良好建议标准“WWWHW”［即为什么（why）、谁（who）、什么（what）、如何（how）、何时（when）］。该报告指出，一些接受访谈的人员比较喜欢笼统的建议，而另一些人则更喜欢具体的建议，并且发现，“总体来说，对审计的分析显示，这些建议没有完全满足荷兰审计法院自己的WWWHW标准”。

同行评价也用于补充和监督内部质量保证程序。西澳大利亚审计长（Office of the Auditor General Western Australia，2009）强调，他采用澳大拉西亚审计长理事会（Australasian Council of Auditors - General，ACAG）自我评估和外部审查框架（Self Assessment and External Review Framework）作为确认、度量和比较改进机会的主要手段。他解释道：“这一框架是由一系列评估系统发展而来的。它包括一个由分级准则系列所支持的以客户期望和立法要求为基础的概念框架，并以此来评价绩效。它不仅涵盖了审计功能和划分，而且还涵盖了所有的业务活动，包括公司服务。”他指出，他也希望在2009~2010年期间按照QA框架通过由澳大拉西亚审计长理事会主持和协调的外部同行评价对审计署进行评估。

绩效审计的外部评价

在某些司法管辖区，最高审计机关的外部评价是立法所要求的。建立澳

大利亚国家审计署的立法机构授权独立审计师可在任何时候进行澳大利亚审计署的绩效审计。这种审计的潜在范围很宽，而澳大利亚国家审计署可能将绩效审计应用于其他公共领域机构的潜在范围也是一样。最近，澳大利亚国家审计署范围广阔的绩效审计特别关注其自己的绩效审计，但在符合使用的具体准则方面没有任何发现和评论（Commonwealth of Australia，2004）。评价者强调，他自己的审计“是按照适用于绩效审计的澳大利亚审计准则进
行的……并且相应地包括一些被认为在某些情形下十分必要的测试和其他 163
程序”。

自我发起的报告质量评价

人们已经将注意力放在诸如单个审计报告的外部质量审查，作为范围更广的质量保证体系的一部分，以提高报告的可信度和使用率。自 1993 年以来，英国国家审计署一直将其效益审计报告的质量审查委托给外部团队。一个学术专家团队审查并对这些报告进行评价。外部评价被证明是一种创新的方法和提高审计质量的有用且直接的激励（Lonsdale and Mayne，2005；Lonsdale，2008，p. 245）。在 2004 年，虽然在撰写报告时已经决定将外部质量审查放在报告发布后，但是，国家审计署还是将其放在报告起草阶段而不是报告发布后。国家审计署（NAO，2009b）还引进了内部“冷审查”（cold reviews）模式，旨在评估（在抽样的基础上）审计团队的工作与 2008 年引进的在效益准则中确定的预期目标的执行情况。在专栏 8. 2 中显示的是由爱尔兰主审计长所采用的外部质量审查方法。

164

专栏 8. 2　绩效审计报告外部质量审查：案例分析

在爱尔兰，2008 年主审计长办公室和审计长对一份绩效审计样本的质量审查进行了委托。在起草评估质量的主要及次要准则和评分系统时，吸收了各种各样的国内和国际资源。

人们对下列7项主要标准达成了一致，据此对效益审查报告进行了评估：

- 明确确定了背景、环境、范围和报告的目的。
- 报告结构完整、表述清晰。
- 审计结果的总结在主要结论中得到清晰地表述。
- 明确确定了恰当的审计方法。
- 报告公正和协调。
- 报告的审计结果和结论能够提供有用的信息，并且基于证据和对数据的分析。
- 报告的结论清晰地表明绩效评价的结果并且对提高效益提出恰当的行动建议。

确定了一个5分的评分范围，其中5分代表优秀，1分代表差劲。5分评分范围被证明足以评估报告的质量，并且为一些国际基准调查应用于其他环境中提供了机会（诸如英国国家审计署的效益报告和一些欧盟的评估报告）。

在与主审计长办公室就标准和评分系统达成一致后，审查小组召开会议以确保所有审查人员对各种主要及次要标准、评分系统的使用以及要采用的方法的目的达成共识。在这一阶段，将7份单独的报告分配给胜任的审查人员，根据已确定的标准评分，对每一份报告给出一份简短的评价。为了保证方法的一致性，要由第二位审查人员和小组长对各份评价和报告进行检查。第二位审查人员的职责主要是确保在对报告进行评估时使用的标准一致。

165 在审查了各份报告后，对效益报告的质量做出总体评估。总体评估关注两个主要问题：

- 吸取从单个报告审查中学到的共同教训，这一教训涉及有关审计署效益报告制作中改进的范围问题。
- 强调良好实践的特别事例，这可能有助于审计署效益报告的制作。

质量审查的选择

先前的讨论清楚地表明，质量审查越来越受到最高审计机关的认真对待。希望说明“最高审计机关坚持良好实践质量保证程序和过程并且产生高质量的产品”的愿望部分受到公共服务中一个更为普遍的趋势所驱动，以公开证明分配给这一职能的资源所提供服务的质量。但是质量审查可能造成成本和负担，因此，最高审计机关以及其他所有的机构以合理的成本运行增加价值的质量保证过程是十分重要的。基于这种考虑，最高审计机关在进行质量审查时需要考虑多种选择。例如，在多大程度上质量审查应该在内部进行或者使用外部评估师？从以上的讨论中可以看出，对于最高审计机关来说，在考虑其绩效审计功能的质量审查时拥有十分广泛的选择。从内部来看，由内部审计人员进行的绩效审计报告的冷审查和热审查，以及利用衡量客户满意度、建议采用的百分比、节约的资金等手段对结果质量进行的评估等有助于对质量的了解。但是，这样的内部审计过程需要外部质量审查来补 165
充。这完全是因为人们越来越期望公共服务机构能提供其绩效审计报告的独立验证。最高审计机关也不能逃脱这一趋势。的确，正如我们在本章开头所指出的那样，成为良好实践的榜样是最高审计机关的责任：通过行动去引导而不是使用说教去引导。

关于外部质量审查，有几种可能的选择：一是整个系统、流程和由最高审计机关绩效审计职责所取得的结果；二是已出具的绩效审计报告。就前者而言，由同行审查对绩效审计职责所进行的全面仔细的检查似乎是质量审查选择中应用最多的。这里的问题是如何确保解释的一致性。如上所述，与评估绩效审计的国际标准相比，评估财务审计的国际标准要更加明确、更加被人们接受。需要考虑的问题是评估者的独立性和评估的范围，对于后者的选择，涉及从准则的一致性到对效果性和效率性的全面评估等问题。在这种情况下，明确评估者的地位和在任何绩效审计职责审查过程中使用的准则和标准是十分重要的。

有关绩效审计报告的外部质量审查，表 8－2 列出了 3 个主要选择，下文将分析每种选择的优点和缺点。

166 **表 8-2　　绩效审计报告外部质量审查的选择**

选择	优点	缺点
选择 1 无为而治，仅仅依靠内部管理和监督	• 没有额外费用 • 没有额外的程序供绩效审计师遵循	• 不提供外部质量保证 • 可能让位于关于质量问题的其他观点
选择 2 A. 一组报告的事后总结性外部审查 B. 单个报告的事后总结性外部审查	• 为以结构化的方式审查质量提供了机会 • 为改善未来绩效审计实践提供经验 • 与选择 2A 相比，提供更多的及时信息	• 对接受审查的报告没有好处 • 可能无法吸取评估一组报告可以获得的经验教训
选择 3 A. 在最后报告草案阶段进行事先形成性外部审查 B. 在业务案例和最后起草报告阶段进行事先形成性外部审查	• 使绩效审计报告能够在起草阶段得到修订并提高报告的质量 • 在业务案例阶段的信息反馈可能会减少一些质量问题	• 可能无法吸取评估一组报告可以获得的经验教训 • 外部评估师可能会受到流程的“诱惑”，而不愿意对报告草稿提供“负面”评价

选择 1：无为而治，仅仅依靠内部管理和监督

正如监管影响一分析活动所显示的那样，将“无为而治”或没有政策
166 变化这一选择作为一个评估其他选择的标杆是有意义的。与引进外部质量审查相关的成本增加有可能超过其好处，因此不引进正式的外部审查过程可能会更好。什么都不做的好处是没有额外的成本或需要审查绩效审计报告的程序。最高审计机关运作内部质量审查（诸如生产线经理人审查）被认为足以对其所制作报告的质量提供保证。

“无为而治”方法的一个缺点是它不能为所从事工作的质量和标准提供外
167 部保证。通过向最高审计机关注入其没有掌握的专业知识，外部质量保证也可能证明在引入不同的观点影响方法选择、报告呈现等问题方面的有用性。

选择 2：绩效审计报告的事后总结性外部审查

在这一选择中，一组已完成的报告被送交外部评估员进行质量审查。这可以是定期的，比如每一年或每两年一次。这种方法的主要优点是它提供了一个机会，以系统地审视已完成的绩效审计报告的质量，并识别在方法、结

果的总结等方面可能出现的任何经验教训。其主要的好处是可以为未来的绩效审计报告提供可借鉴的经验。

与这一方法有关的缺点包括以上所列优势的反面，即这一活动对接受审查的报告没有带来好处，因为它们已经完成并通过了审计的过程。它也可能是一种成本相对较高的财务选择，取决于要审查的报告的数量。要想获得全面的图景，就需要一个相当大的样本。

这种方法的一个变体是对每一份单独发布的绩效审计报告进行事后总结性外部审查。这是20世纪90年代到2004年英国国家审计署的做法。在这种方法中，虽然评估者提供了一份共同主题的年度摘要，但可能会失去一般性的经验教训，并且因为接受审查的报告早已发布，所以，对单个报告的评价只对将来的审计工作具有价值。

选择3：单个绩效审计报告的事先的、形成性的外部审查

英国国家审计署从单个报告的事后审查（他们称之为"冷审查"）转到对单个草稿报告的事先评估（"热审查"）。他们转向这一过程，是因为它可以使对报告质量所进行的评价融入报告的定稿中，这样，如有必要可以对报告做出相应的修改。这一选择的好处是起草阶段的质量审查可以使报告根据受到的评价进行修改，从而形成更高质量的报告。

这一选择的潜在缺点是：专注单个报告可能意味着无法吸取从审查一组报告中可以得到的经验教训。出现的总体趋势或共同问题可能不会被发现或得到强调。在审查过程中，对于即将完成审查任务的绩效审计师来说，这也是一种额外的"负担"，除非管理得当，否则可能延缓这一过程（虽然在英 168
国国家审计署的经验中没有出现对这类事件的报告）。

在这种事先的方法中，对于外部审查，有两个主要的子选择。一个是在报告草案已经生成的阶段限制外部审查的评价。另一个是在确定审查范围和方法阶段引入一些外部质量审查，这种方法曾经在英国国家审计署的案例中使用过一段时间。在这种情况下，其好处是外部专家对方法选择和起草评价问题的指导意见可以被引入这一流程和随后可能出现的"短路"问题中。一个潜在的缺点是，外部评估师可能被这一流程所"迷惑"，更加不愿意在最后起草阶段做出"负面"的评价。同时，涉及的财务成本也更大。

以上所列的所有选择既有优点也有缺点。因此，选择2和选择3通常不是相互排斥的。我们可以设想这样一个质量审查过程，其中主要包括在起草单个报告阶段的事前审查，也包括对一组报告进行的周期性的事后审查，以找到一般性的经验教训。

结论

鉴于最高审计机关在民主社会中扮演的与责任有关的角色，它们将工作重点放在绩效审计质量上一点也不奇怪。这对它们的地位和可信度以及在问责环境中报告的使用十分重要。当政府机构的公信力在很多国家成为一个令人关注的问题时，作为国家责任体系的支柱，人们普遍认为，与以往相比，最高审计机关在当前和未来能够提供独立、高质量的工作更加重要。

人们常常认为准则和质量的关系错综复杂，因此，达到质量标准的最佳办法就是制定准则并按照准则办事。虽然此类声明有一种直觉上的吸引力，但是，本章所提供的分析已经确认，对于应该采用什么样的准则，以及质量审查指标的哪种组合将会最好地满足不同最高审计机关的需要，我们还有很多东西要学。还没有一套得到公认的准则能够适用所有情况，并得到最高审计机关的普遍应用。

在某种程度上，不同最高审计机关使用这些不同准则的方法可以用适应当地需要的理由加以解释。但是，各种准则之间的显著差别显示出绩效审计
169 可能会有不同的未来。人们认为，与来源于财务审计的单学科方法相比，多学科方法为更加灵活地适应不断变化的背景和环境提供了更大的机会。

不同类型准则的实际影响取决于所谓的与质量“难以摆脱的联系”的强度。准则所发挥的实质性作用受到怀疑，因为人们观察到大多数质量审查过程是自己确定准则，而不是与最高审计机关制定的已有准则直接联系。或许在许多情形下，准则的采纳只是对维护最高审计机关地位和可信度提供支持的象征性举动，其实，还存在着转化全球准则以适应当地环境的实际挑战。

如果遵守准则成为最高审计机关活动的重点，那么，就有可能增加准则的一致性，虽然取决于准则的类型，但这会以限制响应性和创新性为代价，同时也会产生大量的管理费用。

虽然绩效审计已经在民主问责方面很好地确立了自己的地位，但是，从业者、支持者和批评者都认为保持审计工作的质量对这些作用的持续发挥至关重要。本章还认为，质量审查流程为最高审计机关及其产品提供了切实的好处，同时它们也借此直接巩固了自己的地位和可信度。因此，最高审计机关继续探讨这些选择的相对好处十分重要，例如仅仅依靠内部管理和监督、报告的“冷”总结性外部审查以及单个报告的“热”形成性外部审查。因此，对质量的追求是一个漫长的过程。

注释

1. 法律要求审计长发布准则，绩效审计的人员必须依法按照准则进行审计，准则内容的解释权归审计长。

参考文献

ANAO (2009a), “Australian National Audit Office (ANAO) Auditing Standards”, available at: http://www.comlaw.gov.au/ComLaw/legislation/LegislativeInstrument1.nsf/0/10B56482A309E764CA2575F4000EAFCB/$file/ANAOAuditingStandardsAssignedbyAG25June20092.pdf (accessed 31 December 2010).

ANAO (2009b), “The Auditor – General Annual Report 2008 – 2009”, 170
available at: www.anao.gov.au (accessed 10 March 2010).

AUASB (Australian Auditing and Assurance Standards Board) (2008), *Standard on Assurance Engagements ASAE* 3500: *Performance Engagements*, available at: www.auasb.gov.au (accessed 10 March 2010).

Azuma, N (2008), “The Framework of INTOSAI Government Auditing Standards: in the stream of international convergence”, *Government Auditing Review*15, 77 – 97, available at: http://www.jbaudit.go.jp/pr/pdf/el 5d05.pdf (accessed 10 March 2010).

Bemelmans – Videc, Marie – Louise (2005), “Guidelines and standards: assuring the quality of evaluation and audit practice by instruction”, in Rob Schwartz and John Mayne (eds.), *Quality Matters*: *Seeking Confidence in*

Evaluation, *Auditing and Performance Reporting*, New Brunswick, NJ: Transaction Publishers, pp. 145 – 72.

Commonwealth of Australia (2004), *Report by the Independent Auditor of the Australian National Audits Office on the Results of a Performance Audit of 'Value_for_Money' provided by the ANAO*, available at: http://cms.anao.gov.au/uploads/documents/Performance_Audit_of_Value_for_Money_provided_by_the _ANAO_24 – 6 – 04. pdf (accessed 15 May 2010).

IAASB (2010), *International Assurance Standards Board Background Papers for Agenda Item 4 – ISAE* 3000 *of the Meeting of March* 2010, available at: http://www.ifac.org/IAASB/Meeting – BGPapers.php? MID = 0207&ViewCat = 1273 (accessed 15 May 2010).

INTOSAI (2004), *International Organization of Supreme Audit Institutions ISSAI* 3000 *Implementation Guidelines for Performance Auditing*, available at: http://www.issai.org/media (708, 1033)/IAASB_3000E.pdf (accessed 15 May 2010).

INTOSAI Professional Standards on Assurance (2009), *The Agenda for the IAASB Meeting in December* 2009, available at: http://psc.rigsrevisionen.dk/media (1180, 1033)/Executive _ Briefing _ November _ 2009.pdf (accessed 15 May 2010).

ISAE 3000 (2005), *International Standard on Assurance Engagements* 3000: *Assurance Engagements Other Than Audits or Reviews of Historical Financial Information*, International Federation of Accountants IAASB Assurance Engagements, available at: http://www.ifac.org/members/DownLoads/ISAE _ 3000. pdf (accessed 15 May 2010).

Lonsdale, Jeremy and John Mayne (2005), "Neat and tidy ... and 100% correct: ensuring the quality of supreme SAI performance audit work", in Rob Schwartz and John Mayne (eds.), *Quality Matters*: *Seeking Confidence in Evaluation*, *Auditing and Performance Reporting*, New Brunswick, NJ: Transaction Publishers, pp. 173 – 98.

Mayne, John and Rob Schwartz (2005), "Assuring the quality of evaluative information", in Rob Schwartz and John Mayne (eds.), *Quality Matters: Seeking Confidence in Evaluation, Auditing and Performance Reporting*, New Brunswick, NJ: Transaction Publishers, pp. 1 –20.

Netherlands Court of Audit (2007), *Peer Review of the Netherlands Court of Audit. Report by the Supreme SAIs of Norway, New Zealand, South Africa and the United Kingdom*, The Hague: Netherlands Court of Audit.

New South Wales Audit Office (2010), "Guide to the Audit Office-summary", available at: http://www.audit.nsw.gov.au/info/hr/career_opportunities/summary.pdf (accessed 15 May 2010).

Office of the Auditor General Western Australia (2009), *Annual report* 171
2008 –2009, available at: www.oag.wa.gov.au (accessed 15 May 2010).

Office of the Comptroller and Auditor General (2008), *Peer Review of the Comptroller and Auditor General*, Dublin: Office of the Comptroller and Auditor General, available at: http://audgen.gov.ie/documents/miscreports/Peer_Review_2009.pdf (accessed 26 November 2009).

UK NAO (2008), *Writing Smart Recommendations*, London: National Audit Office.

UK NAO (2009a), *Value for Money Handbook: A Guide for Building Quality into VFMExamination*, London: National Audit Office.

UK NAO (2009b), *Annual Report* 2009, available at: http://www.nao.org.uk/publications (accessed 15 May 2010).

US Government Accountability Office (GAO) (2007), Government Auditing Standards, Washington DC: Government Accountability Office, available at: www.gao.gov (accessed 4 January 2010).

Victorian Public Accounts and Estimates Committee (2010), Inquiry into Victoria's Audit Act 1994 Discussion Paper, available at: http://www.parliament.vic.gov.au/paec/reports/Inquiry%20into%20Victoria's%20Audit%20Act%20 –%20V7%20020210%20to%20printer.pdf (accessed 4 June 2010).

第二部分　绩效审计的贡献

9. 绩效审计的影响力：对现有证据的概述

艾迪·范·洛克　维塔尔·普特
(Eddy Van Loocke and Vital Put)

本章[1]首先对现有关于绩效审计影响的文献进行了描述并给予批判性 175
的评估。作者设计了一个概念框架对绩效审计的影响进行反思，并借助此框架对 14 项实证性研究进行了评估。然后，作者讨论了来自最高审计机关绩效度量体系对绩效审计影响的信息。最后，作者探讨了有关绩效审计副作用方面的文献，并得出了一些实际的结果和一个研究议程。

引言

最高审计机关的任务在过去的几十年中发生了变化。虽然过去它们的主要任务常常是帮助国会监督政府运作，正如我们在第 1 章所看到的那样，但是现在越来越多的最高审计机关将目标瞄准在促进政府更好地发挥其功能上。这种双重使命在许多最高审计机关的网站上表现得十分明显。例如：

我们要求政府对其使用公共资金的方式做出解释。我们通过帮助公共服务管理者改善绩效来提供支持。（英国国家审计署）

审计法院的目标是检查和改善国家及其独立机构法律的、效率的、效果的和道德的功能。（荷兰审计法院）

它帮助国会和省议会对政府资金的募集和使用实施控制……审计法院竭诚改善国家的运行……（比利时审计法院）

这些声明提出了有关绩效审计在多大程度上为提高政府效率和效果做出贡献的问题。越来越多的最高审计机关努力确立绩效审计的职能，而在发展
176 中国家，这种发展势头得到了世界银行等机构的推动，因此，考虑此类审计的影响也是合理的。本章试图回答以下两个问题：

（1）从有关绩效审计影响的实证性研究中，我们能吸取什么样的经验教训？

（2）最高审计机关如何评估其自身的效果性？

第一个问题分几个部分。绩效审计研究如何定义因变量（影响变量）？什么样的自变量被认为对绩效审计的影响提供帮助？什么是方法对策（methodological approach）？这一研究可以放在哪一种概念框架中？这些研究的成果在多大程度上可以转移到其他国家？

为了回答这些问题，我们对有关绩效审计影响的现有实证研究进行了回顾，一共有 14 项（参见表 9－1）。有关地方最高审计机关影响的研究[2]没有包括在分析中，因为地方审计机构和在联邦或地区层次上运作的最高审计机关之间存在巨大差异[3]。第二个问题没有进行详尽的探讨，我们主要收集了最高审计机关使用的一系列典型的影响指标。

177 **表 9－1　　　　14 项回顾研究的总结**

	研究设计（国别、时期、方法论、变量、理论）
阿龙（Alon，2007）	以色列 在 1990～2002 年的 22 个案例中，其中有 10 个来自最高审计机关，12 个来自记者，确定了 90 个问题。通过检查暴露出的问题在多大程度上已经得到解决以及在何种时间框架内得到解决，对影响进行了衡量 非基于理论的
布卢姆和沃伊特（Blume & Voigt，2007）	不同国家及各自最高审计机关的比较 数据来自最高审计机构国际组织的两项调查（1995 年，60 个国家）以及经合组织/世界银行（2003 年，44 个国家）。影响根据财政政策（如国家预算赤字的规模）、政府效果性（如透明国际的清廉指数）以及劳动生产率和资本生产率进行定义。自变量是最高审计机关的指令（审计的种类）、其独立性（约定）和制度环境（与私人审计师之间的竞争） 经济框架

续表

	研究设计（国别、时期、方法论、变量、理论）	
布朗（Brown，1980）	美国（联邦政府层次） 7 家最高审计机关的调查：最有效和最无效审计之间的比较（1971 ~ 1976 年的 265 份报告） 有效性被定义为建议的执行。作者提出了一系列影响因素，诸如与审计师的合作、媒体的兴趣、发现结果的重要性、报告的时机、主题的选择 非基于理论的	
德弗里斯（De Vries，2000）	荷兰 3 份报告（1985 年、1989 年、1993 年）。以访谈和内容分析重建事件 影响力被看成是变化的实现。除此之外，这种影响还取决于审计师与被审计单位的全部技能的认知耦合程度（共有的理念），以及其社会耦合的程度（审计师与被审计单位的差异程度） 社会—心理/建构主义思想框架	
埃特沃克（Etverk，2002）	爱沙尼亚 3 份报告，时间追溯至 2001 年。 问卷调查和审计师与被审计单位的访谈 影响根据被审计单位对审计师的看法（满意度、合作度、审计师的可信度）、被审计方对被审计主体所受影响的看法（增加价值、建议的接受程度），并依据对公开辩论的贡献度（在主体内部、在国会中、在媒体上）进行定义。这些影响指标与一系列假定的决定因素有关：审计过程（被审计单位对审计师合作的意愿、权力关系、报告的语气和审计师胜任力的看法）、被审计单位（承诺水平、与审计师流畅的沟通、与审计师以往的经历）以及环境因素（职员层面的意愿、政治意志、时间安排、正在进行的重组） 基于莫瑞（Morin，2001）的社会—心理思想框架	178
哈瑟利和帕克（Hatherly & Parker，1988）	澳大利亚（联邦和地方） 1984 ~ 1986 年的 6 份报告：2 份来自国家审计署，2 份来自维多利亚州审计长，2 份来自南澳大利亚州审计长 绩效审计类型（效率性、效果性）与被审计单位的反应有关（接受还是拒绝审计建议） 非基于理论的	
英格拉哈姆和莫伊尼汉（Ingraham & Moynihan，2001）	美国（联邦政府层面） 2000 年在 50 个州进行的调查、文件的内容分析以及与官员的访谈 调查涉及绩效审计信息的使用，其中的一个方面是审计对绩效审计信息的使用是否有贡献 非基于理论的	

续表

	研究设计（国别、时期、方法论、变量、理论）
约翰斯顿（Johnston，1988）	美国（政府责任署） 对从1983年的1134份建议中随机挑选的176份建议进行了分析 本次调查涉及建议的采纳和建议的类型之间的关系。建议的类型被划分为4类（流程、规则、结构、价值），重要性逐渐增加 非基于理论的
拉普斯雷和庞（Lapsley & Pong，2000）	英国 1997～2000年对12名来自地方和国家审计署绩效审计的私人和公共部门的专家进行的访谈 非基于理论的
179 米尔格罗姆和施瓦茨（Milgrom & Schwartz，2008）	以色列 对1980～2000年的17份水利政策报告进行了审查，目的是核实这些审计中指出的问题是否已经得到纠正 政治科学框架
莫瑞（Morin，2001）	加拿大（审计署和魁北克） 1995年和1996年的6份报告，3份来自加拿大审计署，3份来自魁北克 81次访谈，其中包括对审计单位的访谈（41次）、对审计师的访谈（38次）以及对国会议员的访谈（2次） 对访谈和文件进行定性内容分析 影响力在14个指标中得到了应用，这14个指标是被审计单位对审计师的看法（对审计师的态度）、审计师对被审计单位影响力的看法（增加价值、建议的采纳、管理实践的变化）、对公开辩论的贡献（在国会和媒体上）。自变量包括审计过程的9个指标（对审计师参与方式、权力关系、审计师的可信度、对批评的容忍度、交流的流畅性等的看法）以及7个与环境有关的指标（被审计单位员工合作的意愿、政治意志、审计时间安排、被审计主体或政府层面正在进行的改革等）。 社会—心理框架
莫瑞（Morin，2004，2008）	加拿大（魁北克） 对由魁北克省审计厅审计的99位来自行政单位（中高级）的管理人员和专业人士进行了调查。调查范围涵盖1995～2002年之间执行的审计；审计报告数量不详 正如被审计单位所认为的那样，影响力在10个指标中发生作用（审计附加值、建议的相关性、审计后所采取的行动、审计的个人影响等）。与莫瑞（Morin，2001）不同的是，不包括有关审计师和被审计单位间相互作用的自变量。所有因素都是外在的：环境因素（基础层面合作的意愿、政治意志、时间安排、改革）、国会议员的角色、媒体的角色 非基于理论

续表

	研究设计（国别、时期、方法论、变量、理论）	
谢克（Schelker，2007）	美国（联邦政府层面） 1989～2006 年收集的数据 一方面，研究涉及最高审计机关制度特征（任命/选举）和绩效审计工作规模之间的关系；另一方面涉及一些宏观经济指标（可信度、政府绩效指数） 影响由 3 个指标衡量：穆迪国家信用评级（一种国家级市场评价）、由政府绩效项目发布的政府绩效评级（这些标准指的是良好的管理）和“分治”的政府（选举人在各个政党中分配权力的程度）（带有“强烈”法律授权的审计师被认为对公民具有确定的影响，因此，没有必要分权来削弱它）。一方面，自变量是审计师的独立性（以其被任命的方式发挥作用：由公民选举，由国会任命），另一方面是绩效审计的范围（没有绩效审计、经济性和效益性审计、项目审计、合规审计） 经济方法	180
范德梅尔（Van Der Meer，1999）	荷兰 2 份报告（1987 年和 1988 年） 作者将影响看成是学习效应的起源 社会—心理/建构主义框架	

思考绩效审计影响的框架

因为绩效审计与政策评估具有许多共同之处（例如，参见 Put，2006），我们根据有关政策评估影响的文献建立了一个框架来讨论绩效审计影响的文献。我们对影响（因变量）和有利于影响发挥的因素（自变量）进行了区分。

考量绩效审计影响的框架

说到影响，我们是指评估所施加的直接或间接的、期望或不期望的各种各样的影响。韦斯（Weiss，1979）以及纳特利和韦伯（Nutley & Webb，2000）区分了下面各种形式的影响：

- 工具性的使用：假定这是一个线性过程，即研究促进知识增长而知 180
识增长又促进政策的制定。
- 概念性影响（启发性模型）：知识通过各种渠道逐渐渗透到政策中（例如，见解慢慢地改变、理论被接受等）。
- 互动的影响：同其他许多小组一样，研究者在决策过程中只组成一个小组。对研究的利用是一个复杂过程的一部分，这一过程也包括其他信息来源和现有见解与偏见。

● 政治—合法性使用：在政治辩论中，知识是一项资产（例如，国会中的反对党可以使用一份评估报告来证明一项政策是无效的）。

181 ● 策略使用：使用知识来影响决策过程（例如，一项政策决定可能因等待进一步评估而被推迟）。

不仅评估报告可以产生影响，而且评估过程本身也可以施加影响（Patton，1997；Kirkhart，2000）。影响不仅仅是工具性的；评估者和利益相关者在这一过程中的交流可能使这一问题更加清晰，从而改变个人与主体之间的关系。因此，影响可能有各种形式。它可能发生在评估期间，也可能发生在评估结果发布后不久，或者在发布很久以后才能感觉到。这种影响并不总是可以度量的（如审计的概念性影响），因为在评估和产生影响之间需要经过很长时间，并存在复杂的因果关系。最后，评估可能产生评估者希望的或不希望的影响。

根据这些见解，笔者建立了一个框架来描述绩效审计的影响（参见表9－2）。第一栏根据韦斯（Weiss）的模型概括了影响力的类型。第二栏根据绩效审计将这些类型进一步细分为具体的形式。第三栏显示影响发生的时间范畴。第四栏根据我们的专业经验和经过评估的文献列出了对影响可度量性的总体评估（包括建立因果关系的可能性）。有些影响难以度量，是因为影响发生在长期之中，以及变化与审计之间的因果关系难以证明。时间范畴和可度量性可能会对度量指标的选择造成影响，从而间接地影响我们考查影响力的方式。

182 **表9－2　绩效审计影响力的类型**

影响类型	绩效审计的效果	时间范畴	可度量性
工具性	对结果的期待 在审计过程中经常采取行动弥补在政府主体发挥职能过程中存在的不足。常指审计过程的调整。被审计单位期待审计结果	在审计过程中	良好
	建议的接受	短期	良好

续表

影响类型	绩效审计的效果	时间范畴	可度量性	
工具性	建议的实施	短期、中期至长期	合理	
	变化并非直接由建议和副作用引起 这些变化可能各不相同。被审计单位可以采用报告中没有提到的方法来解决功能失灵问题，报告可能在对公共管理者的评价过程中被使用或被滥用。此外，审计结果可能被不是审计对象的审计参与者使用。这是有意义的，因为报告有时会包含最佳实践的普遍准则框架	短期至长期	困难	
概念性	学习过程与心理或智力框架的变化 概念影响可能在过程本身和在报告发布后出现	由过程至长期	困难	
交互性	利益相关者之间的协商和谈判 这种影响可能与管理者和民间团体的参与者（如目标团体）以及与执行机构之间的协商有关，或与执行机构和利益集团或目标团体之间的协商有关	由短期至中期	困难	183
	对其他“知识生产者”的影响 审计报告可以补充智库、大学、研究机构等所拥有的其他信息	短期至长期	困难	
政治—立法	媒体的兴趣 来自媒体的影响因为两个原因可以被转换为立法的影响。第一，国会的兴趣可能因媒体的兴趣而被提高；第二，在完成一项审计后，媒体经常被用来使一项政策合法化或对其进行批评	短期	良好	
	来自国会的兴趣	短期	良好	
策略性	对正在变化的过程或决策过程的影响 审计的策略性应用可以有许多形式，例如，最高审计机关所设想的审计可能成为管理者推迟一项决定的动力	在过程当中及短期	合理	

不同形式的影响可以相互影响。例如，可以假定国会议员对部长施加影响以采用某些建议，利益集团可以对国会议员和内阁成员施加影响，媒体的

兴趣可以引起人们研究审计报告的兴趣，等等。这些形式的影响可以被认为是来自其他形式影响的中间变量。

基于评估文献的这种框架有两个限制。第一，有关评估影响的文献主要集中在提高政府效果性和效益性的影响上。但是，正如我们所看到的，最高审计机关的工作具有双重性。责任方面在评估文献中受到的关注并不大（虽然可参见 Bemelmans - Videc，Lonsdale and Perrin。2007）。第二，这一
184 框架适用于单个审计。但是，仅仅是最高审计机构的存在及其法律地位本身就可能具有一种影响力。这一点在评估文献中没有受到重视（但有关审计影响力的一些研究试图抓住这一点，正如我们将要看到的）。

考虑促进绩效审计影响力的因素的框架

表 9 -3 中包含了一个模型，该模型显示出了可能有利于绩效审计影响力发挥的因素。这一模型基于最近有关评估和研究使用的文献。[4] 模型围绕三个层面构建。微观层面涉及单个审计特有的因素，我们区分了 5 个因素群。有关研究应用的文献主要专注于这些因素以解释科学知识的应用。

185 **表 9 -3　　有助于影响力发挥的因素**

层面	因素类型	有助于影响力发挥的因素
微观层面（1）	报告	• 可供作为报告接收者的参与者使用 • 对建议的总结
	流程	• 审计计划将实施审计的社会和行政环境考虑在内 • 审计过程中的良好沟通：从准备、对被审计单位心智模型的认知到报告 • 审计师和被审计者之间的个人接触 • 良好的方法 • 目标 • 可靠的研究结果的来源 • 质量控制（如同业审查）
	传播与交流	• 使用一系列交流方式，如新闻发布、展示、研习会、简报、面对面的接触 • 报告结果的传播和交流不但面向被审计单位，而且面向所有其他相关参与者 • 为报告收件人定制的交流方式

续表

层面	因素类型	有助于影响力发挥的因素
微观层面（1）	审计结果（结果、结论、建议）	• 结果伴随着其他知识——新知识集对于被审计单位是“可接受的” • 明确的知识增加具有促进效应 • 降低与被审计单位之间的不确定性以及与被审计单位就某一问题的假设的检验之间的不确定性［利维顿（Leviton）的心智模型］ • 审计结果适合总体环境 • 及时做出或影响某一决定 • 与政策和管理有关 • 适合于被审计单位当前关注的问题和活动的框架 • 清晰、实用和可行的建议
	第三方参与者的反应	• 出现倡导联盟（除国会作为最高审计机关客户的角色外）
中观层面（2）	最高审计机关	• 受到被审计单位的信任 186 • 最高审计机关的声誉 • 选择相关主题 • 发布政策——传播渠道和交流方式的开发 • 最高审计机关的权力（授权）和制度保障
	被审计单位	• 科学知识（如程序、知识的管理）的使用得到了结构化的嵌入 • 政策领域的性质（如熟悉评估和审计、政策领域的技术特征、被审计单位的自主性） • 对知识的态度，具有审计意识或不具有审计意识
宏观层面（3）	政策—制度体系	• 评估的制度保证（如定期对政策进行评估的责任） • 政治体制的特征（如国会对政府、政党纪律、决策过程的态度）
	涉及管理和政策的价值	• 对知识、评估文化的态度

注：

（1）Weiss and Bucuvalas 1980，Lindquist 1990，Oh 1997，Nutley et al. 2002，Hanney et al. 2003，Sutcliffe and Court 2005，Innvaer et al. 2002，Campbell et al. 2007，Leviton 2003，Johnson et al. 2009.

（2）Sutcliffe and Court 2005，Campbell et al. 2007，Brans and Van der Straeten 2004，Oh 1997，Rossi et al. 1999，Bongers 2009.

（3）Oh 1997，Brans 2004，Bongers 2009，Varone et al. 2005.

中观层面与最高审计机关的特征和被审计主体的特征有关。评估者从被评估主体那里所享有的信任（这种信任与评估者的声誉密切相关）是一个重要的因素。权力和制度背景是最高审计机关特有的因素。文献强调了知识提供者特征的重要性，但却没有明确地提及各种权力。我们认为，这可能构成审计可用性的一个重要因素，特别是对审计机构来说。评价优先顺序的方式以及评估可用的资源对一项政策得到科学知识支持的程度来说也具有关键影响（Campbell et al.，2007）。在此没有提到这些因素，是因为审计机构自己选择其审计，正如我们在第3章所看到的。转向绩效审计则与审计机构选择程序的质量有关。更为具体的是，我们认为，选择程序应该促进有关审计政策的执行。如果评价和吸取经验教训被认为是在政策和管理循环与必要的管理工具和已确立的管理安排（如绩效度量体系、专业单位、报告程序等）中的一种逻辑联系，则对被审计单位来说情况就会不同。这一点与文化的成分关系密切：被审计单位在多大程度上对评估和审计开放？被审计单位支持监督、评估和审计原则吗？官员和政策制定者已经内化了这些价值观了吗？

宏观层面包括一些公共部门的特征。我们并没有发现很多有关在宏观层面上对于使用评估或科学知识产生影响的文献。从瓦罗内等人（Varone and
187 others，2005）的研究来看，似乎政治体制的组织形式（集权制还是联邦制，或者行政和立法之间的权力关系）在政策决定的评估和科学知识的意义方面发挥着主要的作用。

在这些因素的重要性方面，文献是模棱两可的。有时这些因素被集中起来（如报告的“质量”），或以与本章所用模型不同的方式进行安排。但是，被确认的因素显示出了高度的一致性。结果的时间性和相关性主要取决于审计流程的组织性。只有利益相关者了解了审计的结果，且只有信息得到了充分的披露，如通过媒体或通过审计师和利益相关者的直接接触，倡议同盟才有可能形成。此外，就单个审计而言，影响可用性的若干因素是由审计机构的特征和整个公共部门的特征决定的。人们想当然地认为，一个强势的国会比一个不情愿或不能控制行政当局的国会更有可能促进审计在行政当局和管理者中发挥影响力。

我们对绩效审计的影响了解多少？

对绩效审计影响实证研究的回顾

为了寻找有关绩效审计影响方面的研究，我们浏览了有关文献（学术期刊、书籍）以及一些灰色文献（国会文件、论文）。我们发现了 14 项实证研究（参见表 9－1）。

影响研究如何定义“影响”的概念？

表 9－4 使用了表 9－2 的影响分类，并且总结了在我们分析的研究当中讨论这些分类的数量。包含在 9－4 中的数目是 10 份，因为有 3 份出版物并没有讨论审计的影响，而是讨论了组织和最高审计机关总体功能的影响。在一份发表的论文中，“影响”的概念并没有应用。

表 9－4　　影响研究关注什么样的影响？ 188

影响的类型	绩效审计效应	讨论此问题的实证研究数量（数量＝10）
工具性 （9 份出版物）	对结果的期待 接受建议 建议的实施 取得的变化	没有 3 份出版物 1 份出版物 6 份出版物，具体如下： ● 纠正缺陷 ● 发现并纠正缺陷之间的时间间隔 ● 审计导致的变化 ● 被审计单位组织效应和个人效应所带来的变化 ● 对管理实践的影响 ● 对被审计单位和利益集团之间关系的影响
概念性 （3 份出版物）	在心理或智力框架中的学习过程和变化	3 份出版物，具体如下： ● 框架、全部技能的变化 ● 被审计单位内的辩论 ● 学习效应
交互性 （1 份出版物）	利益相关者之间的协商和谈判 对其他“知识生产者”的影响	1 份出版物 1 份出版物
政治立法 （3 份出版物）	媒体兴趣 来自国会的兴趣	2 份出版物 2 份出版物
策略性 （无出版物）	对正在发生变化的过程或决策过程的影响	没有

如表 9－4 所示，在 10 份出版物中，有 9 份将影响描述为工具性的。影

响的其他形式只是在数目有限的出版物中得到讨论或者根本没有讨论。这与将更多的注意力放在评估的工具性影响上是一致的。最高审计机关将重点放在改善公共部门运行上的做法或许也有助于工具性影响方法。绩效审计的目标是根据一种可选择的且更佳的情形来验证当前的情形。现实情形和理想情形之间的差距需要填补，而最高审计机关的框架建议正是为此目的。根据这
189 一审计模型，理想的影响因此就是工具性的，特别是建议的执行。大部分学者是根据实现的变化来构建影响的，而不管这些变化是否来自建议。德弗里斯（De Vries，2000）和范德梅尔（Van Der Meer，1999）的研究显示，根据建议的执行来定义可用性是不适当的，这是因为审计报告与后续的变化之间的因果联系难以确立。没有一项研究注意到对在审计过程中审计结果的预期性应用，而这也是工具性应用的一种形式。然而，从经验中我们知道，在审计报告起草前被审计单位通常就会采取行动。确保不足之处在最终审计报告发表之前已经得到纠正，从而使其不被写入报告或不再公开，或轻描淡写地一带而过，这一点符合被审计单位的利益。邦格尔斯（Bongers，2008）提到，在职业心理学中，有一种与著名的霍桑效应（Hawthorne-effect）类似的行为：仅仅将人们的注意力引向某一过程或活动就会产生使这一过程或活动顺利完成的效果。

只有少数出版物明确地考虑到其他形式的影响。这些形式的影响常常被认为是工具性影响的一种决定因素。莫瑞（Morin，2008）强调，审计结果影响力的渗透是缓慢的和微妙的，她把概念性应用看成是通向工具性应用的阶梯。埃特沃克（Etverk，2002）是唯一提到在促进与第三方辩论时利用交互性的人。德弗里斯（De Vries，2000）和范德梅尔（Van Der Meer，1999）认为，交互式应用对影响来说是一个必要条件。

在5份出版物中，来自媒体和国会的兴趣被认为在实现（工具性）影响方面具有巨大的作用。对最高审计机关来说，一个重要的任务是还要为国会的监督职能做出贡献。但是仅有2份出版物将审计的政治性应用明确地看成是影响的一种形式。

我们发现，在所有出版物中，审计结果的策略性应用，诸如委托一项新的评估、推迟或加速决策制定，都没有被当成一种影响的形式。但是，关于审计的策略性应用，有一项事实证据。拉德克利夫（Radcliffe，1997）描述

了加拿大亚伯达省（Alberta）审计部门进行的一项审计（这项审计是应政府的要求进行的）如何被政治家们用来反驳对其政策的批评和对其管理的指责。拉德克利夫的文章写道（参见第358至359页）：

> 在要求审计师调查这些事项时，政治家们要求采用这样一种方法并进行
> 分析，这种方法鼓励用管理术语而非政治术语来理解围绕诺瓦泰公司（No-
> vAtei）所发生的事件……正如报告所示，审计师的分析完全采用管理术语：
> 仅依据形式合理性（formal rationality）即得到了因果关系……先前曾承诺如
> 被发现违法即立即辞职的科技部长却小心翼翼地指出：“他［审计长］还没
> 有……在报告中确定我有任何违规之处。”但是，在声称诺瓦泰公司管理层 190
> 一直在欺骗所有人时（……）内阁部长们把自己描绘成无辜的旁观者，受
> 到一个腐败的、不愿意透露姓名的管理者的误导。

莫瑞（Morin，2001，2008）和埃特沃克（Etverk，2002）将被审计单位关于审计师的看法和反应看成是影响（因变量）。但是，这似乎是一个影响的决定因素而不是影响本身。

谢克（Schelker，2007）、布卢姆和沃伊特（Blume and Voigt，2007）建立了一个有关绩效审计影响的新视角，并且在宏观层面上分析了这种影响：包括最高审计机关特征与宏观经济指标（诸如国家预算赤字的规模，或信用等级）之间的关系、腐败程度以及治理指标之间的关系等。这些研究更多地涉及与最高审计机关特征有关的影响而不是审计流程结果的影响。同样，人们常常关注仅仅因为审计机构的存在和一项审计实施的可能性而产生的预防性影响（Morin，2008；Brown，1980；Ingraham and Moynihan，2001）。

这一回顾清楚地显示，影响通常被描述为工具性的，不过，研究者们也发现了一系列不同形式的影响。此外，影响和影响决定性因素之间的差别在被分析的14份研究成果中是模糊的。几乎所有的出版物都将报告的发布和被审计单位内部发生变化之间长时间的延迟考虑在内。在案例研究中，被选择的审计项目几乎总是可以追溯至4年或更早以前。被分析的研究专注于绩效审计在促进一个效率更高、更有效的政府方面的影响。但是，绩效审计还有助于改善问责制，这一点在某种程度上被忽视了。没有实证研究证明，在何种程度上以及在什么情况下，确保提高公共部门职能和协助国会实施其监督职能的努力是并行不悖的目标。

审计具有影响力吗？

图 9－1 显示了关于实际影响的信息的可获得性。

191

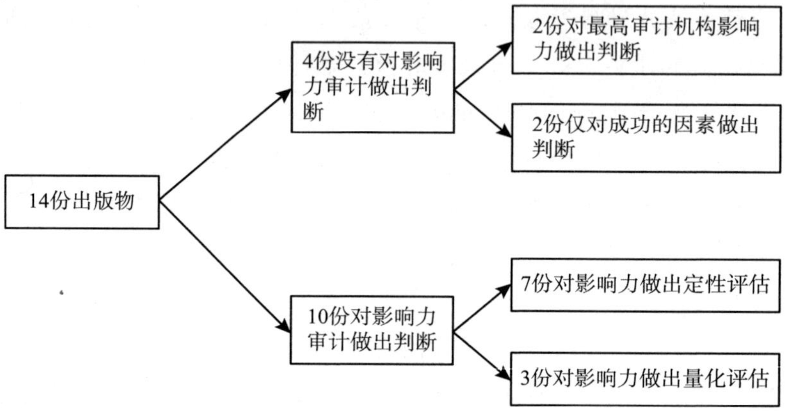

图 9－1　被评估的 14 份研究中的影响力信息

有 3 份出版物试图量化审计的影响力（参见表 9－5）。谢克（Schelker，2007）也对影响力进行了量化研究，但是在中观层面他发现，在绩效审计功能的存在和这些审计的范围以及“政府绩效排名”的分数（衡量现有良好管理实践的一种标准，如在人力资源经理、信息技术管理领域）之间存在着一种积极、重要的联系。

191 其他研究对有限数量的案例提供了定性的评估：

- 莫瑞（Morin，2001）发现，在 6 个审查的案例中，2 份是成功的，2 份比较成功，2 份相当成功。
- 布朗（Brown，1980）将美国 7 份成功的审计与 7 份不成功的审计进行了比较（选择的标准没有说明）。
- 在与英国效益专家一系列访谈的基础上，拉普斯雷和庞（Lapsley and Pong，2000）发现，根据被访谈者的看法，绩效审计具有应用的和战略的影响力。这份出版物没有澄清“影响”的准确含义。

表 9－5　　量化信息对影响力的影响（在审计层面）

出版物	结果
阿龙（Alon，2007），以色列（1990～2002 年间 10 份报告）	46% 的功能失常得到了纠正，或者说，如果我们将那些几乎得到纠正的包括在内，应该是 57%（从发现功能失常和纠正之间的时间延迟大约是 3.8 年）
米尔格罗姆和施瓦茨（Milgrom & Schwartz，2008），以色列（1980～2000 年间 17 份报告）	作为报告的一个直接结果，278 项功能失常中的 49 项（17.6%）得到纠正。虽然与报告的联系不是很明显，但 278 项功能失常中的 134 项（48%）得到纠正
约翰斯顿（Johnston，1988），美国（从 1983 财年以来，一共有 176 项建议）	建议被采纳的比例在 51% 和 77% 之间

总而言之，通过对这些出版物的分析，不管是定性研究还是定量研究，我们都可以得出结论，绩效审计是有影响的。但是，影响的情况是不同的：有些审计的影响巨大，而另一些则没有影响或只有局部影响。 192

各种研究都支持这样的观点，即绩效审计的影响在实现时常常是缓慢的，而且是以一种复杂的方式进行。莫瑞（Morin，2008）认为，审计不会为被审计机构带来根本的变化，但是却具有一种缓慢却可感知的影响。德弗里斯（De Vries，2000）和范德梅尔（Van Der Meer，1999）认为，如果只存在一个原因，那么政策变化或者组织实践的变化就几乎不会发生。他们所指的是除其他情形之外的影响的概念和互动形式。

在衡量影响力时，低估比高估更常见。案例研究所收集的大量信息来自被审计单位并得到其他信息来源的证实。不管是有意还是无意，被审计单位很可能低估审计的影响力。正如马克·芬克豪泽指出的那样，有经验的审计师相信，他们知道审计可以通过将某一机构有关绩效审计方面的经验教训转移到面临相似挑战（例如，如何处理主要的投资）的其他机构而产生影响。这种影响的概念形式很难在科学研究中得到度量。这就支持了低估绩效审计全球影响力的观点。

在影响力研究分析了哪些促进影响力的因素？

表 9－6 使用了表 9－3 中列出的影响力促进因素，并且标明了引用它们

的出版物数量。

193 **表 9 –6　　在影响研究中哪些促进因素得到了关注**

层面	聚类因子	讨论这一因子的实证研究的数量（N = 11）
微观层面 审计特有的因素	报告	无
	过程	4 份出版物——它们首先强调了审计师和被审计单位的良好关系。审计是一种社会互动的过程。与审查过程质量相关的技术方面（如方法、可靠的来源、质量控制）没有被调查
	扩散与传播	无
	结果	8 份出版物——接受分析的因素与关于政策评估和基于证据的政策（重要且及时的结果，与现有知识和概念有关）密切相关
	第三方参与者（包括媒体）	5 份出版物——除了在利益集团影响方面具有重要作用外，它们还强调了媒体和国会的影响
中观层面 最高审计机构和被审计实体特有的因素	最高审计机构	3 份出版物分析了最高审计机构的特征是否会影响其审计的应用。在两个案例中，它们提到了最高审计机构的组织特征或权力。最高审计机构关于管理和政策的观点会产生影响。没有对最高审计机构的声誉和政策进行审查
	被审计单位	有 5 份出版物对被审计单位的特征进行了讨论。它们对知识管理涉及不多，主要讨论了对一项审计的态度（包括对以前审计的经验）以及被审计单位改革倡议的存在
宏观层面 政治—制度背景特有的因素	政治—制度体系	3 份出版物关注政府改革对于鼓励使用审计的作用。没有讨论评估的政治体系和制度基础
	价值观和文化	无

表 9 –6 显示了现有关于绩效审计影响力研究的几个重要的盲点。它们是：报告的质量特征（诸如可读性和语言使用、总结的可利用性）；审计流

程的技术方面（诸如使用的方法）；报告或成果的传播（媒体发布、评议会活动），以及政治—制度体系、价值和文化（与政府改革过程同时发生的审计除外）。

有效促进审计影响力的因素是什么？

哪些因素对于审计的应用具有经过验证的、显著的影响？以上研究的结论是：上段所列所有因素在某种程度上都发挥了一定的作用。一份更为详细的分析显示，有一些因素是周期性的，一些学者更重视这些因素：

1. 审计师和被审计单位的关系。为了很好地合作，这种关系必须建立 194
在双方有效的沟通之上和相互信任的环境之中。双方必须像伙伴一样合作，而审计必须在一种建设性的环境中实施。德弗里斯（De Vries，2000）强调了审计师和被审计单位之间“社会耦合”的重要性。此外，被审计机构先前有关审计的经验可能会产生正面的或负面的影响（Etverk，2002）。

2. 在许多场合，审计结果（发现、结论、建议）的特征被当成影响其使用的因素而被引用。审计必须与被审计单位关联，而审计结果必须与被审计单位的工作重点和正在进行的改革努力相联系。结果的时间性与此有关。如果结论和建议不那么激进，或用社会建构主义的话来表达，如果对全部技能有一个认知性的耦合（De Vries，2000），审计可能更具影响力（Johnson，1988）。简而言之，这意味着审计师和被审计单位必须分享理念。哈瑟利（Hatherly）发现，旨在增加效果性的建议不如旨在提高操作效率的建议更受重视（Hatherly and Parker，1988）。

3. 有关第三方的角色，研究者们强调了国会的积极影响以及媒体对审计结果的兴趣。国会的兴趣既具有中间的或间接的影响，也具有直接的影响。审计制度对国会监督的角色具有直接的贡献，但从国会议员的压力可以促进建议的实施（即工具性影响）这一意义上说，这种影响是间接的。根据莫瑞（Morin，2004）的观点，媒体的影响力也具有诸如使官员情绪低落的副作用。只有少量研究者还强调了利益集团在“倡议联盟”（advocacy coalitions）中的影响力。

4. 被审计单位的评估文化（evaluation culture）似乎发挥了重要的作用，特别是，被审计单位在接受建议方面是否开放。

5. 被审计单位改革计划（reform projects）与审计结果的一致性也可以具有正面的效应。这种情形为审计创造了机会窗口。

最高审计机关的制度结构和组织结构的差异并没有显示出一种重要的关系，虽然谢克（Schelker，2007）认为有些证据显示，在美国，最高审计机关的领导人最好是推选而不是任命。偶然事件可能对影响具有积极或消极的
195 作用。一些研究提到偶然事件是审计影响中的解释性因素（Milgrom and Schwartz，2008；Morin，2004）。例如，一份有关气候政策的报告如果恰好在一场热浪或水灾之后发布，引起的媒体兴趣和国会兴趣会超过在温和的冬日发布这一报告。

有可能从我们分析的影响力研究中得出一般结论吗?

因为一系列方法和环境的限制，14 份有关影响研究的成果不能在所有最高审计机关内转移。这样，除了约翰斯顿（Johnston，1988）、哈瑟利和帕克（Hatherly and Parker，1988）对一项审计的性质和在何种程度上建议被采纳的关系进行了彻底的调查外，其他研究并没有明确地涉及什么样的绩效审计与影响分析有关。然而，绩效审计是非常具有异质性的审计产品，即使是在一个最高审计机关内部也是如此。实施的绩效审计的性质与影响的程度和性质[例如，专注于流程的审计比专注于结构（不太容易改变）的审计更有可能得到更大范围的、更快的应用]之间存在某种联系似乎是有道理的。我们也有理由预见，例如，在国会或政府的要求下实施的审计与基于最高审计机构自身计划所实施的审计使用的方法是不同的。这一变量在任何研究中都没有进行分析。因为几乎所有的研究都把绩效审计当成一个整体来研究，所以，这些联系未能充分显示出来。

第二个因素是，14 份研究中的 8 份是基于案例研究的，有时这些案例仅仅是来自某一具体的政策领域。这也限制了得出一般结论的潜力。第三个因素是，研究的数量较少（有些是 20 年前的研究[5]）也降低了形成一般结论的可能性。第四个因素是，各国的制度和社会环境（包括最高审计机关的权力、国会制度、媒体的地位民间团体的作用）各不相同，但是，研究只涉及少量国家。[6]第五个因素是，大部分研究使用的都是定义模糊的变量。最后，对这些研究成果进行总结概括的可能性受到了下列事实的限制，

即这些研究源自不同的概念框架：7 份不是基于理论的（它们大多数源自诸如建议的执行或接受率，或问题解决率之类的指标），4 份源自社会—心理框架（重点放在审计流程上），2 份源自经济学框架（重点放在宏观经济变量上），还有 1 份研究是从政治学框架出发的。在这些框架中，也常常用到 196
其他一些变量。因此，研究成果很难进行比较。

来自最高审计机关绩效度量数据的信息

最高审计机关不断加大度量其活动的力度。[7] 在最高审计机构国际组织内，人们越来越对绩效度量感兴趣，下面的事实可以证明这一点，即该组织最近召开了一次有关绩效度量主题的研讨会，[8] 随后又成立了一个工作小组。[9] 最高审计机构绩效指标包括了 MAPE 范围的所有方面，具体如下：

- 手段（means）：审计成本、完成一项审计花费的工作时间、分配到一线活动的资源数量。
- 活动（activities）：在计划的时间框架内审计的实施、需要聘请外部专家的绩效审计的数量。
- 绩效成果的交付（performances delivered）：出具绩效审计报告的数量、报告交付的及时性。
- 效果（effects）：建议实施的数量、国会和媒体发生的辩论。

就本章而言，我们主要对效果指标感兴趣。从欧洲审计法院组织的一次调查来看，[10] 似乎欧洲最高审计机关使用下列效果指标（括号中的数字是指最高审计机关使用这一指标的数量，n = 24）：

- 审计建议的实施（12）。
- 被审计单位对最高审计机关工作价值的评价（8）。
- 最高审计机关审计报告在国会讨论的数量（6）。
- 国会对最高审计机关工作价值的评价（5）。
- 最高审计机关在媒体上出现的次数（4）。
- 最高审计机关审计的经济影响（3）。

更进一步，表 9 - 7 显示了欧洲或其他一些最高审计机关如何使用不同种类的影响指标。

197 **表 9-7　　最高审计机关使用的影响指标类型**

指标类型	最高审计机关	指标	得分
审计建议的实施	加拿大审计长办公室[1]	由公共账目委员会认可的经过审查的绩效审计建议被采纳的百分比 绩效审计建议发布4年来实施的百分比	2006~2007年间两项指标的比例分别是74%和44%
被审计单位对最高审计机关工作价值的评价	加拿大审计长办公室[2]	部门资深经理发现绩效审计增加价值的百分比	60%
最高审计机关审计报告在国会被讨论的数量	比利时审计法院	绩效审计报告在佛兰芒（Flemish）国会被讨论的数量	2006年、2007年91%的报告、2008年100%的报告在佛兰芒国会被讨论
国会对最高审计机关工作价值的评价	澳大利亚审计署[3]	国会承认澳大利亚审计署贡献的价值	被调查的93%的国会议员表达了对澳大利亚审计署产品表示满意
最高审计机关在媒体上出现的次数	比利时最高审计机关	媒体对审计报告的兴趣	定性指标——通过审计确定，而不是累加确定
198 最高审计机构审计的经济影响	国家审计署[4]	已取得的经济影响[5]	2007~2008预算年度审计署每1英镑的经营成本实现了9.28英镑的经济影响

注：

1. 加拿大审计长办公室，2006~2007年关于计划和优先顺序的评估报告。
2. 同注释1。
3. 澳大利亚审计署，2007~2008年年度报告。
4. 英国国家审计署，2008年年度报告；海恩斯·沃茨（Haynes Watts，2004）。
5. 这包括开支节约、效率改善和税收的改善。国家审计署开发了一种方法来描述其经济影响。这些数字得到了被审计部门的认可，受到了国家审计署内部审计师的检验，同时也接受了外部审计。

根据欧洲审计师法院的调查，“被实施或采纳建议的百分比”是最常用的指标。一份时间稍早的由世界银行和经合组织所做的调查也显示，许多最高审计机关也在使用这一指标，因此，将注意力集中在有效性约束上是十分有意义的。这些约束包括：

198 • 绩效审计的影响不仅仅是建议的实施，还可以通过影响理念（概念性影响）产生间接影响。

● 有些改进在审计过程中已经得到落实，在此情况下，没有必要提供任何建议。尽管影响早已存在，但这种提早发生的行动并没有在数字中得到反映。

● 建议的实施并不一定导致改进（有些建议可能是无效的），不实施一项建议也不一定就那么糟糕（问题可以用其他的方法解决）。

● 建议实施的百分比与所提建议的本质有紧密的关系。在最高审计机关提出的建议最容易实施时，建议实施的百分比就高。建议越激进，实施的可能性就越低，正如哈瑟利和帕克（Hatherly and Parker，1998）以及约翰斯顿（Johnston，1988）的影响研究所显示的那样。因此，最高审计机关绩效度量系统中重点强调的这一指标可能鼓励摘取“低垂的果实”（low hanging fruit）。

● 不同国家对这一指标的定义不同。用来检验建议是否被实施的时间 199
框架各不相同（2 年、3 年或 4 年不等）；一些最高审计机关区分了建议的完全实施和部分实施；一些从被审计单位认可的建议被采用的百分比出发，另一些将重点放在那些已经被采用的建议上。如上所述，由于这些定义各不相同，建议的性质也大相径庭，因此各国之间建议被实施的百分比难以进行比较。

从最高审计机关绩效度量系统获得的信息与从先前讨论的有关绩效审计影响研究中获得的信息只具有部分可比性。这是因为也使用了其他一些指标，诸如与最高审计机关责任使命有关的指标（如最高审计机关报告在国会被讨论的次数、国会对最高审计机关工作价值的评价等），这些指标在影响研究中通常很少见到。诸如审计的经济影响在影响研究中也不是一个常见的指标。因此，这种类型的信息就构成了对影响研究有意义的补充。

但是，与在科学影响研究中一样，在最高审计机关绩效审计度量中可以发现一种指标，即使用诸如建议被采纳的百分比衡量的绩效审计的工具性应用。这里比较突出的情况是，科学研究展示了一种相当适中的影响力［根据阿龙（Alon，2007）的研究，完全解决的问题占 46%，完全和几乎完全解决的问题占 57%；而根据米尔格罗姆和施瓦茨（Milgrom and Schwartz，2008）的研究，这一比例是 17.6%］，而最高审计机关绩效度量系统常常显示一种更加强大的影响力。[11]我们应该如何解释这一差别呢？鉴于可获得的信息有限，对于这个问题还没有最终的答案，但是，我们提出两个假设。

（1）这种差别可能是由于这些数字与不同的工作有关（不同的最高审计机关、不同的时间点、不同的报告等），因而不具可比性。

（2）另一种可能的解释是，最高审计机关本身衡量目标的实现（没有必然的因果关系）而（一些）研究（试图）衡量效果性，这就意味着在审计和问题解决方案之间存在一种因果关系。事实上，研究中发现的一些缺陷在没有审计的情况下也可以得到解决。莫瑞（Morin，2008，697）以及米尔格罗姆和施瓦茨（Milgrom and Schwartz，2008，869）都依靠被审计单位的
200 看法来证明这种因果关系，他们的研究显示，被审计单位可以声称在没有审计的情况下他们能够靠自身解决这些问题，在这一点上他们具有优势。

有关绩效审计副作用的文献

最后，我们来看弗兰斯·莱乌详细讨论的一个问题，即绩效审计的副作用。现在几乎还没有有关最高审计机关绩效审计副作用的实证研究。只有莫瑞（Morin，2008）根据一项调查提到了一些副作用，同时也正确地看待它们的重要性。其他文献[12]从本质上看都是假设性的。此外，这一文献缺乏一个共同的和系统的方法、成熟的类型学分类或模型，而这些副作用和其成因之间的关系几乎没有得到讨论。与进行关于哪些事情可能出问题的风险分析相比，目前的研究并没有走得更远。该文献列举的副作用包括：

• 被审计单位可能创造一个由美妙的计划、时髦的目标、指标、程序等组成的虚幻的世界以使审计师感到满意，然而，在这种正式的表象之后，一切如故。“去耦合”“窗口包装”“舞台表演”“印象管理”“博弈”这些术语都被用来描述这种现象的各个方面。

• 短视（“视野狭窄”“目光短浅”以及诸如“短期主义”等不同的称呼）。审计师强调绩效的某些方面，而其他的方面没有受到审查，因此，风险被忽略了。这方面的例子有强调效率而忽略效果，强调被审计单位理性技术的一面而忽略了其人性的一面（文化、社会资本、信任、积极性），或者是强调绩效而没有检查其合法性。

• 次优化。这方面的例子有：改善子系统却损害作为一个整体的组织，

或一个组织在某一项政策领域的改善损害了作为整体的政策领域。

- 强调形式、程序等事项的审计可能会造成僵化、挫伤积极性和厌恶风险（“思想僵化”“手册化”“分析瘫痪”“信任杀手”是用在这个方面的术语）。

- 审计要求被审计单位的合作，这样，对被审计单位来说，就需要一笔财务开支。这里的问题是这笔费用超过了从审计中所能得到的好处。

文献提出了一些理由来解释这些副作用产生的可能原因。最高审计机关 201
具有垄断地位，这可能意味着他们对被审计单位承担的这笔费用不那么敏感。绩效审计流程的一些特征可能造成这些副作用，即片面性（例如片面地关注系统和程序；对机构的人性方面关注不够）以及审计工作的方式（负面的、挑剔的方法）。引人注目的事实是，这些假设只关注审计师。然而，似乎被审计单位的特征和机构的环境也可能造成非期望的副作用的发生（例如，在被审计单位内部缺乏学习能力和对批评的厌恶也可造成僵化和过度厌恶风险）。但是，到目前为止，我们没有或几乎没有实证证据来帮助我们理解这些因素是否或如何起作用。

结论

对实证文献的综述可以用下列积极的信息作为结束：绩效审计似乎不是浪费时间而是具有价值的。正如芬克豪泽在下一章将要详细阐述的那样，根据来自审计师自己的证据，绩效审计常常具有影响力。正如一位观察者得出的结论，这种影响可能是“缓慢而微妙的”（Morin，2008），或有时是快速而直接的。但是，在其他时候，绩效审计似乎没有任何影响力。在大部分的评论中，“影响”主要被定义为具有工具性，而影响的其他一些维度（合法应用、策略性应用等政治性应用）几乎没有引起人们的注意。诸如概念性或互动性影响等非工具性影响常常被当成工具性影响的中间阶段或成功的因素。

什么样的因素促进了影响力的形成？有关这一点还存在很多不确定性。在现有研究中一些变量几乎没有被提到（包括政治—制度体制的特征、审计流程的质量以及审计成果的传播）。我们不知道是在国会要求下进行的审计还是由最高审计机关发起的审计的影响力更大，或者与一系列因素和它们可能具有的影响力之间的因果关系有关（例如媒体和国会的注意力及其影响之间的关系）。这种因果关系的性质和重要性不在本研究考虑之列。[13] 我们也不知道，最高审计机关作为监督者和顾问的双重角色是否或者在多大程度上对审计的影响力产生影响。但是，现有研究向我们提供了一些有关对影
202 响力产生作用的因素的信息。图 9－2 展示了最有意义的因果关系。

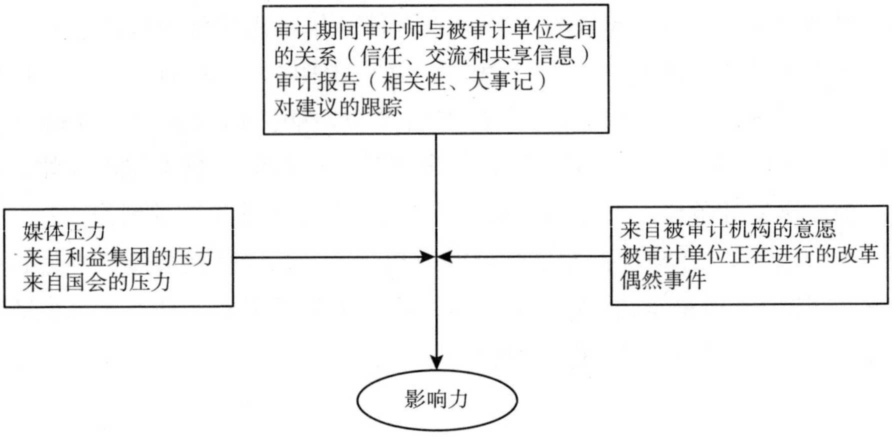

图 9－2　决定绩效审计影响力的因素

那么，最高审计机关如何能够使用这些知识来加强其影响力？根据研究，我们认为：

- 他们可以使在其控制范围之内的因素如审计师—被审计单位关系的影响最大化。但是，这里有一个源自最高审计机关双重使命的困境：社会距离和不信任常常是独立监督功能的特征；但是，建议的采纳需要拉近社会距离和信任，这就是莫瑞（Morin，2003）、圣马丁（Saint－Martin，2004）所考虑的困境。

- 对于那些超出他们直接影响范围的因素，他们可以开发其影响策略。例如，最高审计机关可以对其名誉进行管理，可以努力寻找与研究机构或媒体的“倡议联盟”。

- 如果最高审计机关热衷于在某一审计主题处于热点时提出有关建议，那么，他们需要在审计选择和计划中投入足够的资源。但是，由于在主题选

择和审计完成之间的时间差，审计机构不能完全控制主题的相关性。在主题选择时意义重大的政策在审计报告完成时可能不再有意义。偶然事件也可能阻碍或推动影响的扩大。 203

- 从有关涉及政策评价使用的文献中吸取经验教训，最高审计机关需要做出足够的努力传播其审计结果并且向所有的利益相关者提供这方面的信息。

根据我们的研究，也可以吸取有关绩效审计学术研究方面的经验教训。如果我们要得出有关影响力程度和性质，以及促进影响力扩大的因素方面更有意义和更可靠的结论，那么就需要更多和更深入的研究。在这类研究中，最好对范围广泛的影响维度进行分析，尤其是应将注意力放在微观、中观和宏观层面的各种因素以及它们之间的相互关系上。特别是，应将注意力放在文献中还没有涉及的最高审计机关上，放在将不同最高审计机关之间的制度和其他差别考虑在内的比较研究上，放在最高审计机关监督功能和咨询功能之间的困境影响审计效果的方式上，以及放在几乎还未经探索的诸如预期影响和审计的政治性应用的影响形式上。

注释

1. 本章的完整版由弗兰德政府早些时候以荷兰语出版（Studiedienst van de Valaamse Regering, Efficientie en effectiviteit van de publieke sector in de weegschaal, 2010）。

2. Johnsen, A., Meklin, P.(2001); Schelker, M., Eichenberger, R.(2008); Torgler, B., Schaltegger, C. A.(2005); Weets, K.(2008).

3. 例如，4 项有关当地审计机构的研究中有 2 项包括瑞士当地金融委员会。它们无法与国家最高审计机关比较。在某些地区，这些委员会甚至被授权审计事前政策建议并提出另外的建议。

4. 对于促进或阻碍科学知识应用的各种因素进行了广泛的研究。有大量的这类研究强调在科学团体与政策制定者和管理者团体之间匹配的重要性以及缺乏匹配的严重性。三团队理论强调所谓的“倡议联盟”的重要性，联盟的人员来自不同的机构，他们分享一套相同的规范的或非正式的信念，常常携手影响一项政策。提到的另一类因素是影响科学知识应用的决策过程的特征。与评估或研究有关的机构特征以及有关决策者的特征不是常常作为解释性因素被引用。

5. 有一项研究涉及20世纪70年代的数据，三项研究涉及20世纪80年代的数据，两项研究涉及20世纪80年代及90年代的数据，一项研究涉及20世纪90年代的数据，五项研究涉及20世纪90年代至2000年的数据，还有两项研究涉及2000年数据。

6. 美国（4），加拿大（2），以色列（2），荷兰（2），澳大利亚（1），爱沙尼亚（1），英国（1），若干国家组合（1）。

7. 欧洲审计师法院（2008）；阿祖马（Azuma，2004）；塔尔博特（Talbot，2010）。

204 8. 联合国/最高审计机构国际组织（INTOSAI，2007）。

9. 最高审计机关价值和利益工作小组（http：//www. intosai. org/en/portal/committees_working_groups_task_forces/goal_3_knowledge_sharing/wgvaluebenefitssais/）。

10. 欧洲审计法院（European Court of Auditors，2008）。

11. 例如，阿祖马（Azuma，2004）。对于澳大利亚审计署来说，有91%的建议得到被审计单位的认可。就英国国家审计署而言，“审计署四个财政年度前（1998财政年度）所提出的被审计单位采纳的建议百分比”是72%。

12. Dolmans and Leeuw（1997）；Elliott（2002）；Frey and Serna（1990）；Frey（1994）；Leeuw（2000）；Leeuw（2006）；Munro（2004）；Power（1999）；Power（2003）；Van Thiel and Leeuw（2002）。

13. 例如：自变量可能是一个必要条件，或充分条件，或充分但不必要条件，或者仅仅是众多其他因素之外的一个促进因素；因果关系可能是线性的或循环的；可能也存在若干审计的累积效应。

参考文献

Algemene Rekenkamer（2007），Report 2007，The Hague：Algemene Rekenkamer.

Alon，G（2007），“State audit and the media as the watchdog of democracy-a comparative view”，*Lyunim – The Periodical of the Office of the State*

Comptroller and Ombudsman, 61, 55 – 100.

Australian National Audit Office (2008), *Annual Report* 2007 – 2008, Commonwealth of Australia, 2008, available at: http://www.anao.gov.au/director/aboutus/prevannualreport.cfm (accessed 13 May 2010).

Azuma, N (2004), "Performance Measurement of Supreme Audit Institutions", *Government Auditing Review*, Board of Audit of Japan, March, 65 – 94.

Bemelmans – Videc, M. L., Lonsdale, J. and Perrin, B. (2007), *Making Accountability Work: Dilemmas for Evaluation and for Audit*, Transaction Publishers, US, New Jersey, 296p.

Blume, L. and Voigt, S (2007), "Supreme audit institutions: supremely superfluous? – A cross country assessment", International Center for Economic Research, Working Paper 3/2007.

Bongers, F. (2009), "Preventief gedrag bij beleidsevaluaties" (preventive behaviour in policy evaluations), in Verlet, D. and Devos, C., Over Beleidsevaluatie: Van Theorie naar Praktijk en Terug, Studiedienst van de Vlaamse regering, Brussels, 62 – 76.

Brans, M. and Van Der Straeten, T. (2004), "Het gebruik van kennis: narr een geintegreerd model van interacties tussen wetenschap, beleid en maatschappij" (the use of knowledge: towards an integrated model of interactions between science, policy and society) in Brans, M., Jacobs, D., Martinello, M., Rea, A., Swyngedouw, M., Adam, I., Balancier, P., Florence, E. and Van Der Straeten, T. *Onderzoek en beleid: de gevalstudie van immigratie in Belgie* (research and policy: immigration in Belgium-case study), pp. 13 – 31.

Brown, R. (1980), "Auditing and public administration: the unrealized partnership", *Public Administration Review*, May/June, 259 – 65.

Campbell, S., Benita, S., Coates, E., Davies, P. and Penn, G. (2007), *Analyses for Policy: Evidence – Based Policy in Practice*, Government Social Research Unit, London: HM Treasury.

De Vires, G. J. (2000), *Beleidsdynamica als sociale constructie. Een on-* 205 *derzoek naar de doorwerking van beleidsevaluatie en beleidsadvisering* (policy dynamics as social construction. An investigation into the permeation of policy evaluation and policy counselling), Delft: Eburon.

Dolmans, L. J. F., and Leeuw, F. L (1997), "Performance auditing. Vraagtekens bij de effectiviteit van een onderzoekstraditie", *Naar een doelmatiger overheid. Goed georganiseerd mensenwerk* (Towards a more efficient government. Well-organized people's work), NIVRA pp. 81 – 8.

Elliott, J. (2002), "The impact of intensive 'value for money' performance auditing in educational systems", *Educational Action Research*, 10 (3), 499 – 506.

Etverk, J. (2002), "Measuring performance audit effectiveness: the case of Estonia", Master's Thesis, University of Tartu.

European Court of Auditors (2008), *Report on Preliminary Analysis of Feedback from the External Survey (SAI's) on Performance Indicators*, Luxembourg: European Court of Auditors (unpublished).

Frey, B. S. (1994), "Supreme Audit Institutions: a politico-economic analysis", *European Journal of Law and Economics*, 1, 169 – 76.

Frey, B. S., and Serna, A. (1990), "Eine politisch-okonomische Betrachtung des Rechnungshofs", *Finanzarchiv*, 48 (2), 244 – 70.

Hanney, S., Gonzales – Block, M., Buxton, M. and Kogan, M. (2003), The utilization of health research-policy-making, concepts, examples and methods of assessment, in *Health Research Policy and System*, available at: http://www. health – policy – systems. com/content/1/1/2 (accessed 13 May 2010).

Hanney, S., Gonzalez – Block, M., Buxton, M. and Kogan, M. (2003), "The utilization of health research-policy-making, concepts, examples and methods of assessment", *Health Research Policy and System*, 1 (2).

Hatherly, D. J. and Parker, L. D. (1988), "Performance auditing outcomes: a comparative study", *Financial Accountability and Management*, 4 (1).

Haynes Watts (2004), "National Audit Office VFM Audit 2003/4. Examination of the NAO's financial impacts", Haines Watts, May 2004, Audit report.

Ingraham, P. W. and Moynihan, D. P. (2001), "When does performance information contribute to performance information use? Putting the factors in place", Campbell Public Affairs Institute Working Paper.

Innvaer, S., Vist, G., Trommald, M. and Oxman, A. (2002), "Health policy-makers' perceptions of their use of evidence: a systematic review", *Journal of Health Services, Research and Policy*, 7 (4), 239 – 44.

INTOSAI (2007), Building Capacity in SAIs. A Guide, INTOSAI Capacity Building Committee, November 2007, available at: http://cbc.courdescomptes.ma/index.php?id=20&tx_abdownloads_pil[action]=getviewcategory&tx_abdownloads_pil[category_uid]=20&tx_abdownloads_pil[cid]=81&cHash=bf236a4cla (accessed 13 May 2010).

Johnsen, A. and Meklin, P. (2001), "Performance auditing in local government: an exploratory study of perceived efficiency of municipal value for money auditing in Finland and Norway", *The European Accounting Review*, 10 (3), 583 – 99.

Johnson, K., Greenseid, L. O., Toali, S. A., King, J. A., Lawrenz, F. and Volkov, B. (2009), "Research on evaluation use. A review of the empirical literature. From 1986 to 2005", *American Journal of Evaluation*, 30 (3), 377 – 410.

Johnston, W. P. (1988), "Increasing evaluation use: some observations based on the results of the U. S. G. A. O.", *New Directions for Program Evaluation*, 39, 75 – 84.

Kirkhart, K. E. (2000), "Reconceptualizing evaluation use: an integrated theory of influence", *New Directions for Evaluation*, 88, 5 – 23. 206

Lapsley, I. and Pong, C. K. M. (2000), "Modernization versus problematization: value-for-money audits in public services", *The European Accounting Review*, 9 (4), 541 – 67.

Leeuw, F. L., (2000), "Unintended side effects of auditing: the relationship between performance auditing and performance improvement and the role of trust", in Raub, W. and Weesie, J. (eds.), *Management of Durable Relationships. Theoretical Models and Empirical Studies of Households and Organizations.* Proceedings of the Conference The Management of Durable Relations, Thesis Press, Amsterdam (2000).

Leeuw, F. L., (2006), "Over impact en neveneffecten van performance monitoring en auditing", *Vlaams Tijdschrift voor Overheidsmanagement*, 36 – 44.

Leviton, L. (2003), "Evaluation use: advances, challenges and applications", *American Journal of Evaluation*, 24 (4), 525 – 35.

Lindquist, E. A. (1990), "The third community, policy inquiry and social scientists", in Brooks, S. and Gagnon, A. – G. (eds.), *Social Scientists*, *Policy and the State*, New York: Praeger, pp. 21 – 51.

Milgrom, T. and Schwartz, R. (2008), "Israel's auditor as policy change agent: the case of water policy", *International Journal of Public Administration*, 31 (8), 862 – 77.

Morin, D. (2001), "Influence of value for money audit on public administrations: looking beyond appearances", *Financial Accountability and Management*, 17 (2), 99 – 118.

Morin, D. (2003), "Controllers or catalysts for change and improvement: would the real value for money auditors please stand up?", *Managerial Auditing Journal*, 18 (1), 19 – 30.

Morin, D. (2004), "Measuring the impact of value-for-money audits: a model for surveying audited managers", *Canadian Public Administration*, 47 (2), 141 – 64.

Morin, D. (2008), "Auditors general's universe revisited. An exploratory study of the influence they exert on public administration through their value for money audits", *Managerial Auditing Journal*, 23 (7), 697 – 720.

Munro, E. (2004), "The impact of audit on social work practice",

British Journal of Social Work, 34, 1075 –95.

National Audit Office (2008), *Annual Report* 2008, London: National Audit Office.

Nutley, S., Davies, H. and Walter, I. (2002), "Evidence Based Policy and Practice: Cross Sector Lessons From the UK", ESRC UK Centre for Evidence Based Policy and Practice, Working Paper 9.

Nutley, S., Webb, J. (2000), "Evidence and the policy process", in Davies, H. Nutley, S., and Smith, P. (eds.), *What Works? Evidence – Based Policy and Practice in Public Services*, Bristol, UK: The Policy Press, 31 –41.

Office of the Auditor – General of Canada (2006 –07), *Estimates Reports on Plans and Priorities*, Office of the Auditor – General of Canada, 2006, available at: http://www.tbs – sct.gc.ca/rpp/2006 – 2007/OAG – BVG/OAG – BVG00 – eng.asp (accessed 13 May 2010).

Oh, C. H. (1997), "Explaining the impact of policy information on policy making, knowledge and policy", *The International Journal of Knowledge Transfer and Utilization*, 10 (3), 25 –55.

Patton, M. Q. (1997), *Utilization – Focused Evaluation: The New Century Text*, Thousand Oaks, California: Sage. 207

Power, M. (1999), *The Audit Society. Rituals of Verification*, Oxford: Oxford University Press.

Power, M. (2003), "Evaluating thc audit cxplosion", *Law & Policy*, 25 (3), 185 –202.

Put, V. (2006), *De bril waarmee auditors narr de werkelijkheid kijken. Over normen die rekenhoven gebruiken bij het beoordelen van de overheid*, Brugge: die Keure.

Radecliffe, V. S. (1997), "Competing rationalities in 'special' government audits", *Critical Perspectives on Accounting*, 8 (4), 343 –66.

Rossi, P. F., Freeman, H. L. and Lipsey, M. W. (1999), *Evaluation: A Systematic Approach*, Thousand Oaks, California: Sage.

Saint – Martin, D. (2004), "Managerialist advocate or 'control freak', The Janus faced Office of the Auditor General", *Canadian Public Administration*, 47 (2), 121 –40.

Schelker, M. (2007), "Public auditors: empirical evidence from the US states", available at: http://papers.ssrn.com/sol3/papers.cfm?abstract_id=959392 (accessed 2 August 2010).

Schelker, M. and Eichenberger, R. (2008), "Rethinking public auditing institutions: empirical evidence from Swiss municipalities", available at: http://papers.ssrn.com/sol3/papers.cfm?abstract_id=1028927 (accessed 13 May 2010).

Sutcliffe, S. and Court, J. (2005), *Evidence – Based Policymaking: What Is It? How Does It Work? What Relevance for Developing Countries?* Overseas Development Institute (ODI), November 2005, http://www.odi.org.uk (accessed 20 April 2010).

Talbot, C. and Wiggan, J. (2010), "The public value of the National Audit Office", *International Journal of Public Sector Management*, 23 (1), 54 –70.

Torgler, B. and Schaltegger, C. A. (2005), "The determinants of political discussion: how important are audit courts and local autonomy?" CREMA, working paper 2005 –28.

UN/INTOSAI (2007), The value and benefits of audit in a globalised environment, Report on the 19th UN/INTOSAI Symposium on Government Audit, Vienna, 28 to 30 March 2007, UN (Division for Public Administration and Development Management, Department of Economic and Social Affairs (DESA)) and INTOSAI, p. 23 + annexes (p. 140) http://www.intosai.org/en/portal/events/un_intosai_seminars/chronology/ (accessed 13 April 2010).

Van Der Meer, F. B. (1999), "Evaluation and the social construction of impacts", *Evaluation*, 5 (4), 387 –406.

Van Thiel, S. and Leeuw, F. L. (2002), "The performance paradox", *Public Performance and Management Review*, 25 (3), 267 –81.

Varone, F. , Jacob, S. and De Winter, L. (2005), "Polity, politics and policy evaluation in Belgium", *Evaluation*, 11 (3), 253 –73.

Weets, K. (2008), "How effective are performance audits? A multiple case study within the local audit body of Rotterdam", Paper presented at the 5th International Conference on Accounting, Auditing & management in Public Sector Reforms, EIASM, Amsterdam, 3 –5 September 2008.

Weiss, C. (1997), "The many meanings of research utilization", *Public Administration Review*, September/October 1979, 426 –31.

Weiss, C. and Bucuvalas, M. (1980), "Truth tests and utility tests: de- 208
cision-makers' frames of reference for science research", *American Sociological Review*, 45, 302 –13.

World Bank (2003), Survey on Budget Practices and Procedures, available at: http: //www. oecd. org/dataoecd/14/18/36930865. pdf (accessed 20 April 2010).

10. 受托责任、绩效和绩效审计：学者和审计师观点的融合

马克·芬克豪泽
(Mark Funkhouser)

209 借助于有限的实证证据，范·洛克（Van Loocke）和普特（Put）得出结论，虽然影响力因项目不同而差异很大，但绩效审计可以而且的确会产生影响力。这一观点与许多绩效审计师的观点一致，他们认为，绩效审计通过加强责任和提高绩效在有效的政府治理方面发挥重要的作用。但是，这些理念似乎受到学界一些学术研究的断然否定，诸如贝恩（Behn，2001）以及达布尼克（Dubnick，2005），两位都是受托责任和公共管理领域最受尊敬的学者。本章旨在审视、理解和融合贝恩、达布尼克和其他学者以及众多审计师对受托责任、绩效、绩效审计所持观点之间的差异。

绩效审计之祸

正如我们在其他研究中所观察到的那样（Funkhouser，2008），尽管与“新公共管理”有联系，主流的公共管理思想家和从业人员一般都忽视绩效审计的存在。如果他们做出了评论，他们的观点都趋向负面，而且他们“使用了一系列从民主理论到广泛的实证证据的论据，试图说服我们，绩效审计对公共机构的影响力在最好的情况下是无害的，而在最坏的情况下则是有害的”（Funkhouser，2008）。

在 2001 年发表的《对民主受托责任的再思考》（*Rethinking Democratic Accountability*）一文中，罗布特·贝恩（Robert Behn）对绩效审计提出了严

厉的谴责。在题为“绩效审计之祸”的章节中，他写道：

> 绩效审计的问题在于审计师认为他们的职业是唯一胜任、权威和有权 210
> 进行绩效审计的职业。如果审计师设法将其“绩效审计”的版本转换为创造绩效受托责任的主要工具，那么，绩效受托责任将会变成合规受托责任。如果这种情况发生，那么，不管接受绩效审计的单位是否符合绩效审计师对绩效的定义，受托责任都将变得毫无意义。这样，绩效审计师为了进行审计，就会建立一些规则、规定、准则或其他标准，以便能够审计被审计单位的记录和行为来确定该单位是否真正符合其绩效标准（Behn，2001，203）。

贝恩继续辩解说，无论审计师扩张到什么领域，尽管会对其具体做法进行少量修改，但他们的审计重点仍然是合规性。此外，贝恩对“受托责任制度”至少有另外三大批评，其中审计师和绩效审计成为批评的一部分。他认为，他们爱找碴儿，抓住一些小错就大做文章，上纲上线，动辄处罚，最终损害了使政府有效发挥其功能的必要的公共信任。这样看来，“我们甚至不应使用‘绩效审计’这一短语，以免给审计师确信为了完成创新绩效受托责任的独特的专业的要求而制造”。（Behn，2001，202－03）

受托责任能提高绩效吗?

在《受托责任和绩效的承诺：对机制的探索》一文中，梅尔文·达布尼克（Melvin Dubnick）使用了一种“社会机制”（social mechanisms）的方法，认真地审视了受托责任和绩效之间的关系，以确定增强的受托责任是如何以及为什么能够增加和改进机构的绩效。他得出结论，“这种机制的研究显示，上述关系相互矛盾，要么虚假要么偶然，不足以对基于这种关系的行政改革提出质疑”（Dubnick，2005，376）。

同贝恩和其他一些学者（Michael，2005；Frederickson，2005）一起，达布尼克提出了这样的观点，即受托责任的概念在当代政府绩效的讨论中使用得十分广泛且宽松。他认为，受托责任提高绩效的理念已经被不加认真审查地接受，而那些认真研究此种关系的学者已经发现一种“受托责任悖论”（accountability paradox），在这一悖论中，更多的受托责任实际上降低或阻碍了机构的绩效。

这种情形有助于解释一种被恰当地称为“受托责任悖论”的现象。哈
211 拉奇米（Halachmi）、鲍克特（Bouckaert）和其他学者（Bouckaert & Peters，2002；Halachmi，2002a；Halachmi，2002b；Halachmi & Bouckaert，1994）指出，受托责任和绩效之间在操作层面以及逻辑层面存在着一种内在的紧张关系；通过受托责任提高绩效的越来越多的努力趋向于取得相反的效果。受托责任通过减缓和阻止提高绩效趋向于成为一个“破坏者”，而不是成为一个将绩效提高到理想水平的促进者（Dubnick，2005，396）。

虽然对受托责任提高绩效这样的论点存在很多怀疑，并且强烈暗示相反的结果或许才是真实的，但达布尼克仍然保留了这种关系存在的可能性。

本论文的中心论点是，我们不能，也不应该，继续依靠受托责任和绩效之间的那种假设的关系，而这种关系是很多新公共管理改革议程的基础。这一观点不是建立在“这一假设是错误的”这种论点的基础之上，而是这一假设没有得到清楚的表达和检验（Dubnick，2005，402）。

最重要的是，我们还没有发现有关这两个主题的现有文献能够在账目支出和绩效（不是账目支出本身的绩效）之间提供一种逻辑联系（更不要说理论联系或实证联系）。相反，如果我们打算找到有可能将账目支出和绩效联系起来的 M 因素（M factor），那么出现的是有关受托责任悖论的一些见解，以及我们还需要有扩展视野的认知。如果这些联系存在（这一点仍然是一个开放的实证问题），那么，对于这种关系本身来说，它们可能是外生的（Dubnick，2005，403）。

审计师希望他们的工作能提高绩效

政府审计师，尤其是那些做过大量绩效审计的审计师，希望他们的工作能够提高他们所审计的机构的绩效。对于“提高的绩效”，他们指的不仅仅是符合规则或遵循适当的流程和程序。他们期望政府运作的最终结果（即成果）有所提高。审计师还认为，由于受托责任的提高，也就是简—埃里克·福如博（Jan – Eric Furubo）在第 2 章详细探讨的一个观点，他们所寻求的绩效的提高才会发生。这种假定的关系是绩效审计的基本原理，并且在

审计机构负责人的公开声明中、在审计师所写的专业文章中以及许多审计机构的使命声明中都得到清楚的表达。以下的引用意在显示机构类型的多样性和在这些声明中所表达主题的相似性。 212

美国政府责任署是美国的最高政府审计机构。政府责任署颁布了《政府审计准则》（*Government Audit Standards*），这一准则构成了有关美国政府审计实务权威文献的核心。审计政府机构、项目和活动的审计组织几乎总是被要求遵循这些准则，因此，这些准则在塑造美国和世界审计实务方面发挥了实质性的作用。前美国审计长和政府责任署的负责人大卫·沃克（David Walker）说，“我们的工作是帮助政府更好地工作，使其对美国人民负责。为了这一目的，政府责任署向国会提供了机构运行方面的监督、提高政府效能方法的洞见，以及应对未来挑战的预测”（David Walker，2005）。

加拿大审计长办公室讨论了作为立法性审计类型之一的绩效审计的作用：

> 审计长的绩效审计报告中包含了一些建议，这些建议可以作为一个跳板，使政府行使其职能的方式实现持久的、积极的改变。可以进行后续的审计来确定政府是否在实施审计署的建议方面取得了令人满意的进展（Office of the Auditor General of Canada，2010）。

美国环境保护署（EPA）的总监察长办公室对环境保护署及其承包商进行了审计，除了其他目的之外，这些审计是为了促进经济性和效益性，以及防止和发现舞弊、浪费及滥用职权。通过帮助环境署更加经济地、有效率地和有效果地运作，这样，就可以把它被当成改善环境的一种催化剂（Office of the Inspector General，US Environmental Protection Agency，2010）。

堪萨斯州的审计机构事后审计立法部就州财务审计事宜和一家商业审计事务所签订了合同，并将其人力资源几乎全部投入绩效审计中。这个部门创建于 1972 年，专门进行绩效审计，也是美国此类机构中历史最悠久的一个。以下是其网站对该机构的描述。

> 事后审计立法部是堪萨斯州立法部门的一个内部单位……该单位进行绩效审计以确定其效益性、效果性和经济性，或是政府机构或项目的成效，或是提供有关这些机构或项目其他方面的特别信息。绩效审计向立法机构和机 213

构管理层提供有关被审计单位活动绩效的独立分析、评价和建议。事后审计立法部遵循由美国会计总署制定的进行绩效审计的所有要求［原文如此。“美国会计总署”似应为“美国政府责任署”——译者注］（Kansas Legislative Division of Post Audit，2010）。

俄勒冈州的波特兰是美国率先使其政府审计组织进行绩效审计成为可能的城市之一。波特兰城市审计师办公室网站显示了下列作为其审计服务处使命的信息。

审计服务处的使命是促进建立诚实、高效、有效且完全负责的市政府。为了完成这一使命，本处审计和评估本市政府的运作，向市民、市议会和管理层提供有用的和客观的信息（Portland Office of the City Auditor，2005）。

所有这些声明从广义上讲都与最高审计机构国际组织发布的《绩效审计实施指南》一致，这一组织对绩效审计做了如下的定义。“绩效审计是对政府的事业、项目或机构的效率性和效果性所进行的一项独立的审核，并对其经济性和引领改善的目标予以应有的关注”（INTOSAI，2004，11）。

这些关于绩效审计目的的表述并不局限于官方的说明。在2006年对全球审计机构进行的访谈中，审计师压倒一切地将成功的审计定义为对司法管辖区或受审项目带来积极好处的审计。他们通常都使用“变化”和“影响力”这样的字眼。除了其他方面外，他们将其工作看成能促进被审计领域状况改善、优化提供服务的流程以及在对政府某一领域的绩效进行辩论时信息更充分（Funkhouser，2008）。他们一致认为，他们的工作绝不只是审查是否符合规则。

审计师想要的绩效提高真的发生了吗?

审计师相信他们的工作已经真正提高了政府部门的绩效，但是，在这一点上你必须对他们的话有所保留，正如范·洛克和普特在第9章所显示的那
214 样，对这一问题的学术调查一直很有限。例如，政府责任署对其工作的结果每年都要发布一份详细的分析报告。最近的一份报告宣称，他们的工作产生了430亿美元的经济效益，即“1美元的投入取得了80美元的回报”，以及“1300多项有助于改变法律的非经济方面的成效”（GAO，2009，3）。环境

保护署总监察长办公室报告了2009财政年度取得的一系列成绩。报告中的例子包括38项环境保护署政策、指令、实务或程序的变化或决定，在报告发布前采取或决定采取103项行动，提出了785项改进建议，这些建议带来的成本节约达6230万美元（Office of the Inspector General, U. S. Environmental Protection Agency, 2010, 3）。其他许多审计机构也对其审计结果编制了类似的报告。例如，根据加利福尼亚州圣何塞市城市审计师办公室的报告，平均来说，对于每1美元的审计投资，“我们已经确认能取得大约9美元的成本节省或收入的增加”，因此，1985～2003年，报告的成本节省和增加的收入高达1.82亿美元，而审计成本仅为250万美元。

在英国，国家审计署的成本效益目标比是每1英镑的花费取得10英镑的效益，一个官员将这种情形描述为对机构绩效的“石蕊测试”（litmus test）。作为一种绩效的度量方式，审计机构对此十分重视，并且已经建立了一个精密度量和验证数据的系统，以确认其可信度。国家审计署报告的财务影响得到了被审计单位的认可，并受到外部审计师的审核，这些外部审计师对国家审计署严谨的审计方法大加赞赏。这种方法是他们在其他审计机构中难以发现的（Funkhouser, 2008）。

除了对他们工作总体成果的报告外，审计师还提供了一些源自具体审计的有关绩效改进的坊间证据。2005年，应地方政府审计师全国协会（National Association of Local Government Auditors）成员的要求，审计师举出很多这样的例子，下面就是其中的一些。

例1

我们想到的一个最近的例子来自一家事务所，这家事务所在2004年6月进行了密尔瓦基县雇员/退休人员保健福利审计。在审计过程中我们了解到，虽然该县已经为1.12亿美元（2005年预算）的保健计划自筹了大约2/3的资金……作为审计的结果，这个特别的医院系统将其折扣提高了一倍多（从11%提高到22%——仍然未达到市场的水平，但已经有所改进），而另一个系统也对所有收费提供了5%的额外“折扣”，这样，在2005年节省的总成本大约是300万美元。虽然从总的项目费用上看并不多，但仅仅因为向公众阐明了一项十分神秘的折扣安排就取得了这一成绩，因此其回报是巨大的。作为补充说明，该县行政长官刚好于昨天发布了其2006年预算请

求，并且援引了从修改的保健计划设计中预计额外节省1150万美元，而这
215 几乎都是源自我们2004年的审计。

例2

几年前，我们对紧急医疗救护人员（救护车）服务进行了绩效审计，在此期间，我们发现我们的收款率大约是35%，年收入大约是75万美元。我们发现对病人数据的收集包含了大约40%的错误率，即在许多病例中我们没有收集到足够的个人数据进行列表。我们建议增加收集病人数据的责任，接着，你猜怎么着……今天我们的收款率是58%，年收入大约是150万美元。

例3

……几个月前，我们对一般责任债券项目发布了一份报告。我们通过财产税收入为债券（不能用于经营，只是用于偿还债务）融资。利用一般责任债券融资的大部分项目是街道改造项目。在街道状况方面，我们的城市始终是美国最差的十座城市之一。可悲的是，这些年来我们没有足够的资金用于修缮街道。而我们的审计发现，该市有大量的资金，绝大部分用于管道维护（资产价值不断攀升），这笔钱还没有使用……自从我们的报告发布以来，发生了下面的事情：公共设施处主任辞职了；工程处重组了；增加了额外的职员，包括一位一般责任债券项目经理；执行指导委员会（市政经理、市政经理助理以及几个部门的负责人）成立了；项目报告书改进了；支出增加了一倍，项目完工了。但是，最重要的是，作为一个起点，市政经理规定了一个每月500万美元开支的绩效目标（这个数字是每年3000万美元历史平均数的两倍）。将注意力集中在那些简单的、无可辩驳的重要措施上绝对是使我们迫使那个自我封闭的、微观管理的公共实施部主任对其缺乏效率的运作负起责任的最有效的方法。

例4

我们披露了停车管理部门人浮于事的荒唐事例：主任、主任助理、常务助理、经理、经理助理、主管、主管助理、场地负责人等。停车管理部门是我所见到的唯一一个具有人力资源部和人事部门的机构。作为对我们审计的回应，人员得到了裁减。

绩效审计学术研究非常少见

正如范·洛克、维塔尔·普特在本书的前面部分提到的，直接探讨绩效审计影响力的学术著作非常少。有一篇题为“监督者真在监督吗？对美国50个州的审计机构的评估”的文章发表在以色列杂志《国家审计研究》（*Studies in State Audit*）上。弗里德伯格和卢特林（Friedberg and Lutrin，2004，115） 216
报告称对美国有关公共审计方面的学术文章进行了一项系统的研究，结果发现这类文章只有两篇，即威特（Wheat）的《激进的审计师：州和地方政治的新玩家》和巴伯（Baber）的《重新审视州政府审计》（Wheat，1991；Baber，1995）。除了这两篇文章外，还有两篇论文也可以算是这一类别中：《绩效审计在美国城市中的普及》（Funkhouser，2000）和《国家责任体系、透明度和对经济活动的监督》（Zacchea，2001）。另外，我们可以进一步将一些加拿大的研究（如Morin，2001）以及来自欧洲和澳大利亚的研究加入其中，这些研究都被本书引用。当然，还有大量的图书和文章涉及政府审计，这种审计可以作为对责任和绩效更广泛讨论的一部分，但是，文献数量有限还是事实。

只有两项来自美国的研究，即芬克豪泽和威特的研究，专门关注绩效审计。在绩效审计研究数量迅速增加以及学者对这一问题的关注度越来越高的情况下，这种情况令人吃惊。2000年，芬克豪泽说：

> 在有关创新传播的文献中，当“足够多的个人采用了这种创新使得这一创新的未来采用率能够自我维持”时，一项创新才被称为已经达到了“临界数量”（critical mass）（Rogers，1995，313）。当5%～25%的人采用了某一创新时，就会产生“临界数量”。在S曲线上，“临界数量”出现在拐点上，此时曲线的斜率变得更陡。这一研究的数据表明，绩效审计的采用率落后于“临界数量”点。如图10-1所示，S曲线的拐点大约出现在1990年。目前，恰好有一半城市（218个城市中的109个）的审计主管声称通过进行绩效审计发挥其审计职能（Funkhouser，2000，106）。

217

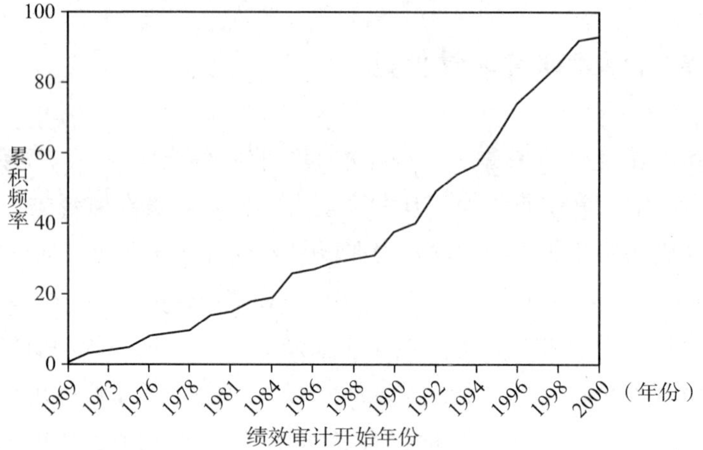

图 10－1 美国 10 万或以上人口的城市采用绩效审计的年度分布

威特的文章准确地预测了绩效审计的发展并看好其发展前景。他写道：

由于在公共管理环境下的这些财政的、思想的、法律的、制度的和政治的发展，显然，绩效审计也不是一时的奇思妙想……内部审计师协会前主席詹姆斯·P. 威斯伯利（James P. Wesberry）最近提出建议，美国文化的改变已经危害到责任的概念，并且“对不诚实行为不再感到羞耻。我们将责任推给他人（或不推给任何人）而用不着任何解释”。根据韦斯伯里（Wesberry）的观点，其结果是当代的审计师“将不得不去审计不知羞耻的人，即那些做了错事却不感到害怕、贪得无厌却毫不愧疚、只是在由于‘运气不佳’而东窗事发时才感到后悔的人”（Wesberry，1989，pp. 25－26）。在
217 这样一个缺乏道德的政治和行政文化氛围中，在州和地方政治激烈的博弈中，政治家们对信息的披露心存偏见，同时无视那些他们应该坚持的公认的、在职业上得到一致认可的原则和准则，对此也许我们应该欢迎出现新的参与者（Wheat，1991，388 and 391）。

在他们对美国反腐败努力严厉的批评中，阿内切锐科（Anechiarico）和雅各布斯（Jacobs）也注意到政府审计的成长及其向绩效审计领域的扩张，他们对此明显持支持态度。

公共部门审计显然具有一个光明的未来。审计为众多政府内部和外部利益发挥着巨大的作用，因此其规模和影响的扩大是必然的。我们预计在经营

机构内部和外部审计主体将会持续增加。有足够的理由相信，随着越来越多地使用新信息和监督技术，审计的力度将会变得更大，方法会更加全面。审计师本身也会变得越来越精明，越来越具有影响力并且以执法为导向（Anechiarico and Jacobs，196，192）。

对于我们已经讨论过的控制机制，审计和会计具有巨大的潜力，能够同时推动防止腐败和提高公共管理效益及效果这两个目标的实现。强大的会计和审计项目对良好的管理以及确认和评估运营与服务的成本是不可或缺的（Anechiarico and Jacobs，1996，201）。

无论绩效审计的发展被认为是好还是坏，抑或好坏参半（弗兰斯·莱 218
乌所写的那一章展示了一种更具怀疑性的观点），它似乎更有可能继续发展下去。在美国发表的一项研究得出这样的结论："……相对于未来可能的需求，国家执行独立绩效审计的制度能力是缺乏的"（Klay et al.，2004，137）。部分原因是因为绩效审计的主要任务（即问责和改进）在关于公共资源使用的争论中仍然是焦点，正如第1章所阐述的，这一点在经济危机的环境下变得更加紧迫。正如鲍克特和哈利根（Bouckaert and Halligan，2008）所指出的那样："几乎可以肯定，'绩效'将继续成为公共管理和政策的一个焦点。"

如果情况是这样的话，需要有更多有关绩效审计所取得的价值的证据。在以上所提到的研究中，只有扎茨（Zacchea）的研究包含了对政府审计结果的审查。他对全球179个最高审计机关（在国家政府内的最高政府审计机构）进行了全面的调查，并且列出了一份清单，其中包含21个与有效的审计功能有关的因素。然后，根据访谈和调查，他利用每一种因素对审计机构进行了评估。他发现，审计机构在21种因素上的得分与国家经济绩效的宏观指标如实际经济增长率存在正相关关系（Zacchea，2001，105－110）。找到适用于绩效审计的这种证据是挖掘其价值的关键。

对不同观点差异的调查

2001年贝恩对绩效审计提出了批评，对这一批评进行分析，可以揭示出6个主要的关注点。在缺乏有关绩效审计严谨的学术研究的情况下，虽然不可能提供系统的、独立采集的证据来应对这些关注点，但是，我们可以对每一个问题依次进行调查。

第一，贝恩认为有关绩效审计的定义缺乏清晰的表述。从专业审计师的视角来看，这一观点具有一定的好处。当然，虽然在过去大约十几年中已经发生了巨大的趋同，这位同行还在竭力调和信念和有关绩效审计构成的解释之间存在的巨大差异。对美国大城市中绩效审计的研究涉及美国在绩效审计定义演变的更早的记录（Funkhouser，2000）。

219 本书中福如博撰写的章节进一步探讨了绩效审计的定义。目前，由最高审计机构国际组织文件《绩效审计实施指南》所提供的观点似乎是对这一问题最权威和最准确的说明。该指南宣称：

> 绩效审计是对政府的事业、项目或机构的效率性和效果性所进行的独立审核，特别关注其经济性，以达到改进的目标（INTOSAI，2004，11）。绩效审计不是那种能够提供程式化意见的常规审计，因此，它并非起源于私人审计（private auditing）。它是一种建立在不会重复发生基础上的独立审核。从本质上来说，它涉及的范围广泛，所做的判断和解释比较开放。它必须具有自主的、广泛的调查和评价方法，采用与传统审计截然不同的知识基础进行运作。它不是那种清单式的标准审计。绩效审计的特别之处是由于与其工作有关问题的多样性和复杂性（INTOSAI，2004，12）。

第二，贝恩似乎确信，审计师想拥有一个有关绩效责任问题的专有领域。审计师也的确需要这样的人员，他们声称一份特别的工作就是在进行工作时遵循有关审计准则的绩效审计。但是审计师们承认，他们的工作只是正在进行的大量绩效责任过程的一小部分。媒体、法院、立法机关、公民个人积极分子、独立的监督团体以及如“9·11”委员会之类的特别委员会都是这一过程的一部分。审计经常是由一个或多个此类参与者的工作所引发的。有时审计使一个或多个此类参与者开始将目光盯在某一个问题上，正如稍后提及的加拿大政府发起项目的案例所示（Fraser，2007）。英国绩效审计师广泛利用外部专家和顾问一起进行审计以及对他们进行审计的证据非常多，在有些情况下包括所有的调查（Lonsdale，2008）。

第三，贝恩认为，绩效审计将成为合规审计，为此，审计师将要寻求确定“机构，即被绩效审计单位，是否符合绩效审计师对绩效的定义”。审计师承认，最佳的工作专注于结果，正如上文提到的来自美国环境保护署总监察长办公室的使命说明和工作的例子所显示的那样。合规是一个重要的问题，但是，由审计师发现的不合规的案例只是一个更大的问题的一小部分。许多有经验的绩效审计师对他们所认为的“仅仅合规的审计”往往嗤之以鼻。正如维塔尔·普特在本书前面章节所讨论的，对机构的成果进行评价的标准通常主要来自机构自己描述的相关领域的最佳实践。

第四，贝恩指责绩效审计师过于挑剔，抓住小错不放。毫无疑问，有些 220
审计师就是这样做的。但是，绩效审计很复杂，成本很高。把重点放在一些小错上的审计机构将会树敌过多，而又没有说明其支出和努力的重要正面影响。这样的审计机构不会成功，也许不会生存多长时间。审计有时是审计机构本身所选择的，有时是来自审计机构向其报告的立法机构的指示，虽然，正如普特和特克斯马（Turksema）在本书中所证明的那样，不同影响力的相对重要性在不同的审计机构可能截然不同。在以上任一情况下，最佳绩效审计机构所要解决的是在公共管理文献中所谓的“邪恶问题”。例如，堪萨斯州几年来一直卷入一场严重的、激烈的有关学校拨款的争论中。州宪法规定，州政府必须为教育提供“适当的”资金，但是，有关什么才是“适当的”资金投入，分歧严重。这一问题被提交到州最高法院，而法院抛出了由立法机关认可的解决方案，并且要求立法机关拿出一套与“适当的”具有某种合理关联的新的解决办法。立法机关求助于其审计部门——事后审计立法处来解决这一问题，因为该处似乎是拥有技术专家并被各方都视为公正和可信的机构。这些正是合格的绩效审计机构所要解决的问题，即大问题。

第五，贝恩似乎把绩效审计师看成是在一种线性、层级关系中较优越的一方，具有处罚那些被审计的下属的权力。事实上，审计师和被审计单位的关系并不是一种线性的、层级的关系。审计发生在存在众多冲突与合作关系的当事方之间，而审计师除了能够接触到常常充满争议的记录外，没有压倒任何一方的权威。常见的情况是，与审计师发生冲突的一方比审计师在本质上更具有正式的权威和非正式的权力。凯登（Caiden）对这种关系拿捏得比较准确。

> 鉴于其他掌权者，特别是那些位高权重者，遵守法律并且负责任地使用公共资源并不仅仅需要技术能力，也需要足够的道德勇气。显然，技术能力

是有效责任和审计的前提条件。缺乏能力和无用相差无几。当审计师首次受聘于统治者时，其职责就是对公共收入和开支的状况提供清晰、公正、纯正、准确的信息，弄清楚到底有多少资源，募集了多少资金，这些资金又去
221 了哪里，通过谁人之手转出，这些公共资金的管理者有多诚实、可靠和值得信赖。这类知识可能不为统治者所分享，但是，某些当权者必须有准确的账目，要了解公共债务的数量，以及能从借款人那里募集到多少资金，计划未来的开支，还清旧债，并且确认那些真正体现出价值和言而有信的人。缺乏准确性和错误可能导致灾难，而且这种情况常常发生，直到治理之道随着能力的提高而得到改善。但是，有时仅仅获得正确的信息、评估一下公共财政的健康状况、向统治者汇报那些不愉快的消息，就需要最大的道德勇气。现在的情况仍然是这样（Caiden，2002，327）。

审计师没有权力强迫政府采取行动或一般性地确定处罚的形式。他们所能做的就是使政府面对问题、预防问题的发生或克服其问题。他们可以要求官员评估其项目的价值，这是他们不愿意做的事（Schwartz，1999）。这与审计师惩罚者的形象有所不同。

最后，贝恩担心绩效审计会影响公众对政府的信任。而对政府的信任依赖三个因素：诚信、能力和透明。信任政府的公民相信，政府会尽力把事情办好并原原本本地把事实告诉他们。他们相信政府通常会在努力去做的事情上取得成功，同时在一段时间内也会从错误中吸取教训，提高绩效。如果错误没有得到承认，反而被掩盖起来，那么旨在吸取教训的学习就不可能发生。最后，因为他们的政府是透明的，所以公民会在某种程度上相信政府所做的努力，他们亲眼看到了支持这些理念的证据。审计机构想以其工作为增加公众对政府的信任做出贡献。例如，密苏里州堪萨斯市审计师办公室的宗旨被明确表示为："我们的目标是：通过审计来回答对市政厅外部的人民来说至关重要的问题；促使城市降低、避免或收回成本；警示城市官员注意那些可能影响公众对市政府信任的潜在问题"（Kansas City，2010）。

新西兰主计审计长的年度计划也包括一项带有投入、运作和产出为最终结果的详细的战略计划。该计划宣称："我们将通过评估长期中国会和公众对于公共部门绩效与可信度认知的改善程度，来衡量我们对于最终结果——'信任一个高效且现实的公共机构'——的影响/贡献程度"（New

Zealand Controller and Auditor - General，2005，30）。

责任和绩效：进一步探索研究的机制 222

在其职业生涯中，审计师会直接观察到一些情形，其中审计似乎能促使增强责任和改善绩效，并且他们会在相互之间讨论这些事件。用学术语言讲述这些故事似乎可以揭示出三个方面的主题：公共对话；机构学习和政治响应性。由达布尼克（Dubnick，2005）发起的对“责任提高绩效”机制的重要研究可以通过对这些主题严谨的学术研究而进一步深化，我们将在下面对这些主题逐一进行简要描述。

公共对话

审计师讲述的有关成功的绩效审计的故事常常将审计看成是一系列涉及多位参与者的漫长事件的序幕，而这些事件在长期中会带来积极的绩效改变。审计常常会揭示出所涉重要利益相关者并不了解的新事实，或以一种新的视角展示已知的事实，这就导致了一些利益相关者用以理解项目意义和目的的范式发生改变。可以在加拿大找到这类公共对话的极好的例子，在加拿大，审计长办公室审计了7年前联邦政府当局给予一家通信公司的3项合同并且出具了一份报告，这份报告却出人意料地导致了一场由审计结果引发的司法调查，造成几个关键的参与者受到刑事指控并被判有期徒刑。这一事件导致一个调查委员会对赞助和广告活动展开调查，而审计工作都是在公众严密的监视下进行的（Fraser，2007）。

在《通过对话使公共官员负起责任：解决责任的困境》这篇文章中，罗伯茨（Roberts，2002）提倡使用公共对话来解决“邪恶的问题”。她承认责任不是一个单一的事件，也不是单向地从一个“解释提供者”到一个“解释接受者”，而是在政治领域中，在多个当事人之间一直都在进行的多重对话。公共对话的各方实际上在关注相互说了什么。罗伯茨写道：

对话是一种“特别的谈话”（Dixon，1999，24）。根据一位更加著名的从业者物理学家戴维·玻姆（David Bohm）的解释，“对话”这个词来自希腊语 *dialogos*：*Logos* 意为“词”或“词的意思”，而 *dia* 意为“通过”（Bo- 223 hm，1985，1990）。这种词义的派生为我们提供了一幅图景，即“有一种意义流在我们当中流动，穿过我们流动，以及在我们之间流动——在整个人群中流动，从中将会出现某种新的理解，某种具有创造性的东西”（Bohm，1985，1990）。马丁·布伯（Martin Buber，1970）在他的经典著作《我和你》（*I and Thou*）中准确地抓住了对话的本质。在我—你的关系中，每个人敞开胸怀关注别人担心的问题。双方超越了自我的藩篱，最终称呼“你和我”而不是“你或我”（Roberts，2002，660）。

在《公共管理的精髓》（*The Spirit of Public Administration*）一书中，弗雷德里克森（Frederickson）提供了一种理念，这一理念将公共对话作为一种解决公共管理领域里的政治—管理难题的方式。但是，他写道：

如果将朋友和地位平等者之间的政治对话应用到管理政府及其项目的过程中，这将是一个很高的标准。但是，如果管理的过程是政治性的，正如从亚里士多德到德沃金（Dworkin）这些思想家所讨论那样，那么，必须找到某种方法使得管理从公众的角度来看不那么武断（Frederickson，1996，107［着重强调］）。

绩效审计可以成为一种促进公共对话的“方法”。如果做得出色，绩效审计（正如加拿大的例子所显示的）可以通过明确问题和机遇，以及促使公民参与负责官员就提出的解决办法展开公开的辩论和讨论，这样就增强了公民的责任感并有助于社会对话（Funkhouser，2000，2002）。

审计师常常将其工作称为“对权力说真话”。在以此为标题的书中，威尔达夫斯基（Wildavsky）写道，“最高的分析形式是利用智慧增加人们之间的互动”（Wildavsky，1987，17）。通过寻找重大问题、着重分析和证据并且提供清晰、有说服力的报告以及有用的公共文件，这样，完美的绩效审计才能满足威尔达夫斯基的增加人们之间互动的检验。

组织学习

在审计师讲述的有关成功的绩效审计的故事中，绩效的提高是因为审计揭示出了新的信息，所涉及的组织内部或外部的利益相关者了解了新的信息，这样，他们就能够将他们已经拥有的信息进行综合，用一种新的眼光来理解各种问题和提出的解决方案。例如，在对一个运输系统进行的审计中，系统的管理者说，为了改善依赖运输系统的机动性选择，他们愿意与一个邻近的系统分享路线信息，但是，另一系统可能永远也不愿意配合。事实上，224 通过审计，双方就能够看到另一方愿意合作并且相互合作对双方都是有好处的。

以阿吉里斯（Argyris）的研究工作为基础，莱乌（Leeuw）和索尼克森（Sonnichsen）的研究表明，绩效审计和项目评估在机构学习中可能发挥关键的作用（Leeuw and Sonnichsen，1994）。阿吉里斯阐述了两类学习的形式：单环（single-loop）和双环（double-loop）。简而言之，当现存的过程得到了改善时，就发生了单环学习，当这一过程被重新设计时，就发生了双环学习。前者只是对结果带来很小的改进，而后者的改进则是引人注目的。成功的绩效审计，即具有重大绩效改进的审计，会导致组织的双环学习。组织双环学习的责任层面是以冲突为特征的。例如：

> 阿吉里斯（Argyris，1982）将组织学习定义为一个“发现和纠正错误的过程”。这是机构试图不断地在采取行动时变得更加胜任的过程，同时也是对试图从现在和过去所付出的努力中吸取教训的行动的反思……当“双环学习”发生时，一个更全面、更系统的学习过程就产生了。在这种情况下，决定组织政策和目标的假设就受到了质疑，从而导致为各种问题找到新的、创造性的永久解决方案的可能性。
>
> 双环学习环境鼓励对假设的质疑和直面组织中正在被提倡的传统做法。在这种学习系统中，人们以一种能够导致对抗的方式倡导自己的观点，以致他们的立场可能会在公共论坛中受到挑战。
>
> 双环学习总是要求观点的对立，以进行比较：当组织的基本政策、规范、理论和目标受到质疑时，学习就发生了。
>
> 对组织政策坦率的质疑可能会造成麻烦的、复杂的成员互动，许多人会竭力避免这种情况的发生（Leeuw and Sonnichsen，1994，3－4）。

多年来，审计师在这种困境中苦苦挣扎，竭力在这两个极端之间来回摇摆。正如在其他地方所注意到的，“我们可以看见冲突在诸如《内部审计师》（*Internal Auditor*）和《地方政府审计季刊》（*The Local Government Auditing Quarterly*）这样的专业刊物上上演。有时一方占上风，有时另一方占上风。几年前内部审计师协会（IIA）对内部审计定义的修改代表了向持‘项目改善’的一方倾斜，而关注责任的更加传统的审计师被看成‘明白事理’的审计师。后来，在安然（Anron）事件之后，钟摆开始向回摆”（Funkhouser，2008）。

225 **政治响应性**

常见的情况是，在审计师关于成功审计的故事中，作为那些对某个项目具有管理权的人做出更佳决策的结果，审计报告的发布以一种能够导致绩效显著改善的方式改变了某一情形的政治力量对比。例如，在对一个路灯系统的审计中，市政部门从电力公司租赁路灯，显然，市民所感觉到的街道照明不足且价格昂贵的问题不是一个工程和管理问题。从政治上讲，电力公司控制着一切。以一种清晰的、引人注目的和公开的方式展示这一事实开启了一场社会对话，最终的结果是选民赞成发行一种债券，以便以合理的价格购买照明系统，并且以每盏灯成本很低的价格更新成为最先进的系统。

在有关地方政治和管理中的著作中，纳尔班迪安（Nalbandian）描述了管理者的政治角色和责任“如何通过一套持久的民主价值观——效率、代表性、社会公平和个人权利——而得到了升华”。他认为，这四种价值观构成了政治的反应性（Nalbandian，1994）。政治是一个过程，通过这一过程，利益相关者考虑和采纳分配组织稀缺资源的战略并应对组织挑战。在政治中，利益相关者对组织的手段和目的以及它们体现的价值进行相互辩论和协商。根据纳尔班迪安的研究，“完美的政治”（good politics）——这意味着政策反映了核心民主价值观——包括一个公平和公开的过程，在这一过程中，各种利益相关者具有相对平等的得到关键信息的机会，并且遵守体现在治理结构中的规则和程序。在完美的政治中，诸如效率、代表性、社会公平和个人权利等基本价值观都是合法的。在“糟糕的”政治中，过程不公平地向某一群利益相关者倾斜，重要的信息被扭曲和隐藏，社会生活中的一个或多个核心价值观被滥用或忽视。成功的绩效审计可以通过“改善”政治环境带来绩效的提高以增强政治反应性（Funkhouser，2003）。

结论：共同立场和研究日程

本章考虑了一个复杂且棘手的问题，对此，在本章和本书的其他章节明

显存在着迥异的观点。但是，还有一些共同的立场。 226

承认下面这种观点十分重要：很少有学者或审计师认为，公共绩效和责任目前正如它们看上去那样完美。本章提到了世界各地的一些审计师（Funkhouse，2008），他们接受了评价绩效审计的访谈，但只有极少数人对其工作所取得的影响力水平描述为满意，而大多数的审计机构拥有这样那样的提高影响力的积极计划。本章所引用的贝恩和达布尼克的研究对他们在讨论受托责任和机构绩效中看到的那些流行的主题是持反对态度的。但是，在审计从业人员中也没有自满的情绪。

在美国，至少由一位审计师完成的对全国情况的简要审视揭示出了以下几点：

● 美国政府的财务状况是不可持续的。美国前任审计长大卫·沃克（David Walker）将美国日益恶化的财政状况以及不断发展的财政失衡看成是这个国家所面临的“最急迫”的挑战（Walker，2005，2），从那时起，情况只是变得越发糟糕。

● 公共管理者和学者如贝恩和许多审计师都相信，信任对于有效的组织绩效是必不可少的，信任使政府合法化。但是，对美国政府的信任几十年来一直在下降。马洛（Marlowe）的研究显示，公民对政府的信任与其对“民主制度是否有效”的信念密切相关。因此，信任的下降代表了对民主制度本身信心的下降（Marlowe，2004）。

● 基础设施是提供有效公共服务最重要的要素之一。根据美国土木工程协会（ASCE）的资料，在过去 17 年中，全国基础设施建设大幅度下降。在 15 个不同的基础设施类别中，他们在 2005 年的审查中给出的最高等级是 C，而大部分则是 D。“总而言之，美国的道路、桥梁、下水道和水坝正在崩溃，需要 1.6 万亿美元进行彻底检修，但是，改善的前景不容乐观”（Kemp，2005，78）。

贝恩、达布尼克和大多数审计师似乎至少具有三大主要的共同立场。

第一，在关于组织绩效和问题的共同责任方面，大多数审计师都会同意贝恩的观点。大多数审计师至少在内心知道，在实现他们的作用方面，贝恩所说的话是完全正确的：

组织绩效的任何重大失败都有多重的原因。有许多不同的人与这一组织 227

有关，从最高领导层和立法监督者到一线的工作人员和利益相关者，还有审计师、记者和公民，也理解其中的（如果不是全部的话）一些原因。他们应该有义务来找出并协助解决这些问题（Behn，2001，70）。

第二，贝恩反复提到了对于一个企业、一个机构、一个社团或一个政府发挥功能来说“信任的必要性”。正如本章先前所述，以及在审计师专业杂志的评论文章中清晰显示的，大部分的绩效审计师都同意这一命题，并且希望他们的工作能够增加公共信任和对公共机构的信心。

第三，审计师应该欢迎达布尼克要进行一项分析的愿望，“这一分析至少会为我们提供有关（绩效和责任）关系的可验证论据的逻辑基础（即命题）”（Dubnick，2005，403）。审计师应该欢迎这样的研究，即那些为他们当前坚持的、被他们奉为圭臬的原则提供实证与理论基础的研究。

绩效审计的学术探讨议程可能包括：

- 对实际审计报告的内容分析。例如，对某一特定审计机构如政府责任署或属于地方政府审计师全国协会的一些审计机构所发布建议的样本进行分析。
- 对特定审计机构对其所属政府司法管辖区的绩效和政策结果方面的影响力的审查。
- 对由于机构本身结构和授权的差异而产生的审计机构中审计流程、产品和结果差异的审查。

绩效审计正在迅速扩张。鉴于其性质和角色的重要性，如果这一行业的发展是建立在严谨的学术理论和实证研究之上，那么，对于审计师和那些努力想从事这一职业的人员来说，情况可能会更好。

参考文献

Anechiarico, Frank and James B. Jacobs (1996), *The Pursuit of Absolute Integrity: How Corruption Control Makes Government Ineffective*, Chicago: The University of Chicago Press.

228 Argyris, Chris (1982), *Reasoning, Learning and Action*, San Francisco: Jossey – Bass Publishers.

Baber, W. R. (1995), "Another look at auditing by state governments",

Journal of Public Budgeting and Financial Management, 2, 22 –41.

Behn, Robert (2001), *Rethinking Democratic Accountability*, Washington: Brookings Institution Press.

Bohm, David (1985), *Unfolding Meaning: A Weekend of Dialogue with David Bohm*, New York: Ark Paperbacks.

Bohm, David (1990), *On Dialogue*, Cambridge, MA: Pegasus Communications.

Bohm, D. (1992), "On dialogue", *Noetic Science Review*, 16 –18.

Bouckaert, Gert and John Halligan (2008), *Managing Performance: International Comparisons*, London: Routledge.

Bouckaert, Gert and B. Guy Peters (2002), "Performance measurement and management: the achilles heel in administrative modernization", *Public Performance and Management Review*, 25 (4), 359 –362.

Buber, Martin (1970), *I and Thou*, Trans. By William Kaufmann, New York: Charles Scribner's Sons.

Caiden, Gerald E. (2002), "Enron, accountancy, and professional ethics", *Public Integrity*, 4 (4), 321 –332.

City of San Jose (2005), website of the Office of the City Auditor of San Jose at www. sanjoseca. gov/auditor/benefits2/htm (accessed 10 September 2005).

City of San Jose (2010), website of the Office of the City Auditor of San Jose at www. sanjoseca. gov/auditor (accessed 5 April 2010).

Dixon, Nancy M. (1996), "*Perspective on Dialogue: Making Talk Developmental for Individuals and Organizations*", Greensboro, NC: Center for Creative Leadership.

Dubnick, Melvin (2005), "Accountability and the promise of performance: in search of mechanisms", *Public Performance and Management Review*, 28 (3), 376 –417.

Fraser, Sheila (2007), "Public scrutiny puts SAI audit practices to the test", *International Journal of Government Auditing*, January, 1 –5.

Frederickson, H. George (1996), *The Spirit of Public Administration*, San Francisco: Jossey – Bass Publishers.

Frederickson, H. George (2005), "Coming to account", *PA Times*, 28 (5).

Friedberg, Asher and Carl Lutrin (2004), "Are the watchdogs really watching? Assessment of the audit institutions in the fifty United States of America", *Iyunim*, *Studies in State Audit*, 60, 91 – 119.

Funkhouser, Mark (2000), *The Spread of Performance Auditing Among American Cities*, Kansas City: University of Missouri.

Funkhouser, M. (2002), "Auditing in America's big cities", *Journal of Government of Financial Management*, 51 (2), 20 – 25.

Funkhouser, M. (2003), "Governance and auditing", *Local Government Auditing Quarterly*, 17 (1), 3 – 4, available at http://www.nalga.org/qrtly/articles.html.

Funkhouser, Mark (2008), *Honest*, *Competent Government*: *The Promise of Performance Auditing*, Altamonte Springs: The Institute of Internal Auditors Research Foundation.

GAO (2009), *GAO Performance and Accountability Report* 2009, Washington DC: Government Accountability Office.

Halachmi, A. (2002a), "Performance measurement, accountability, and improved performance", *Public Performance and Management Review*, 25 (4), 370 – 374.

Halachmi, A. (2002b), "Performance measurement: a look at some possible dysfunctions", *Work Study*, 51 (5), 230 – 239.

229 Halachmi, A. and Bouckaert, G. (1994), "Performance measurement, organizational technology and organizational design", *Work Study*, 43 (3), 19 – 25.

International Organization of Supreme Audit Institutions (INTOSAI) (2004), *Implementation Guidelines for Performance Auditing*, available at: www.intosai.org/Level 3/Guidelines/3_AudStandComm/3_ImplGPerfAud_E.pdf (accessed 2 February 2010).

Kansas City, Missouri, City Auditor's Office (2010), "City Auditor's Office: purpose", at www. kcmo. org/CKCMO/Depts/DeptCityAuditorsOffice/index. htm (accessed 5 April 2010).

Kansas Legislative Division of Post Audit (2010), "Legislative post audit process", at www. kslegislature. org/postaudit/about_process. shtml (accessed 20 April 2010).

Kemp, R. (2005), "America: on the road to ruin?", *Public Works Management and Policy*, 10 (1), 77 -82.

Klay, William Earle, Sam McCall and Curtis E. Baynes (2004), "Should financial reporting by government encompass performance reporting? Origins and implications of the GFOA - GASB conflict", in *Financial Management Theory in the Public Sector*, Aman Khan and W. Bartley Hildreth (eds.), Praeger.

Leeuw, Frans L. and Richard Sonnichsen (1994), "Evaluation and organizational learning: international perspectives", in Frans Leeuw, Ray C. Rist and Richard Sonnichsen (eds), *Can Governments Learn? Comparative Perspectives on Evaluation and Organization Learning*, Transaction Publishers.

Lonsdale, J. (2008), "Balancing independence and responsiveness", *Evaluation*, 14 (2), 227 -248.

Marlowe, J. (2004), "Part of the solution, or cogs in the system? The origins and consequences of trust in public administrators", *Public Integrity*, 6 (2), 93 -113.

Michael, Bryane (2005), "Questioning public sector accountability", *Public Integrity*, 7 (2), 95 -109.

Morin, D. (2001), "Influence of value for money audit on public administrations: looking beyond appearances", *Financial Accountability and Management*, 17 (2), 99 -118.

Nalbandian, J. (1994), "Reflections of a 'pracademic' on the logic of politics and administration", *Public Administration Review*, 54, 531 -536.

New Zealand, Controller and Auditor - General (2005), *Annual Plan* 2005 -

06, available at www. oag. govt. nz/reports/by – type/corporate – documents (accessed 5 April 2010).

Office of the Auditor General of Canada (2010), "Performance audits", available at www. oag – bvg. gc. ca/internet/English/au_fs_e_9365. html (accessed 20 April 2010).

Office of Inspector General, U. S. Environmental Protection Agency (2010), "About the EPA Office of the Inspector General", available at www. epa. gov/oig/about_epa_oig. htm (accessed 20 April 2010).

Portland Office of the City Auditor (2010), "Mission and authority of the Auditor Services Division", available at www. portlandonline. com/auditor/index. cfm? =27097 (accessed 20 April 2010).

Roberts, Nancy C. (2002), "Keeping public officials accountable through dialogue: resolving the accountability paradox", *Public Administration Review*, 62 (6), 658 –669.

Schwartz, R. (1999), "Coping with the effectiveness dilemma: strategies adopted by state auditors", *International Review of the Administrative Sciences*, 65 (4), 511 –526.

230 Walker, David M. (2005), "Transforming government to thrive, not just survive, in changing times", Address to the Diamond Cluster Exchange, Kiawah Island, South Carolina, September 19, 2005.

Wheat, E. (1991), "The activist auditor: a new player in state and local politics", *Public Administration Review*, 51 (5), 385 –392.

Wildavsky, Aaron (1987), *Speaking Truth to Power: The Art and Craft of Policy Analysis*, 2nd ed., Transaction Publishers.

Zacchea, Nicholas (2001), *National Systems for Accountability, Transparency and Oversight of Economic Activities*, International Independent University of Muldovia.

11. 关于绩效审计的影响、无影响和不利影响

弗兰斯·L. 莱乌
(Frans L. Leeuw)

引言

范·洛克和普特（第9章）以及芬克豪泽（第10章）已经讨论了绩效审计具有影响力的证据。本章将提供对绩效审计影响力的评论，特别是要进一步考察第9章结尾部分所提到的影响力的一个方面：副作用和不利影响的证据。正如在本书其他部分所看到的，在过去25年中，社会对政府机构及其政策的有效性和效率性的关注激增。实现这一目标的重要工具就是成本—效益分析、评估、绩效审计和绩效度量，以及审查、评估和监督活动。使用这些工具的目的并不仅仅是为了深入了解政府政策（和机构）的有效性及效果性，而且还为了促进这些目标的实现，也有助于审查、检验、规范和验证（Hood et al.，2004；Gray and Jenkins，2007）。

朗斯代尔和贝梅曼斯—维迪克（Lonsdale and Bemelmans - Videc，2007）认为："监督的发展是20世纪晚期官僚生态中的一个显著特征……促使机构对其行为负责的各种新方法使监督成为一个新兴行业；现在有更多的信息、更多的人员加入监督别人的行列中。"帕沃（Power，1997）描述了他所谓的"审计社会"的诞生，而这方面的发展也可以从审计机构的预算增加中看出来（Martin，2005），绩效度量、目标设定和报告实务的扩展（Wilkinson，2005），以及审计机构扩展进入一些不断发展的领域，如发布优秀实践指南和有关政府数据可靠性的报告（Wilkins and Lonsdale，2007）。[1]这

些业务的增加不仅包括“传统的”审计，也包括一些新的审计形式，这些
232 形式已经渗透到审计机构的许多其他方面［如临床审计（clinical audit）］和日益多样化的社会领域。例如，据报道，英国公平委员会（UK Equality Commission）设立了对公司的强制性检查，目的是减少男女工人之间工资的差别，即所谓的“性别审计”（gender audit）（Prosser，2005）。在荷兰，有人建议（虽然还没有实施）中央政府在官方文件中所使用的语言应该接受审计，目的是要发现这些语言在多大程度上是性别是中立的。

在“审计”的应用扩展到公共生活不同领域的情况下，无论是行政人员还是政客有时会对绩效审计抱有很高的期望，这一点不足为怪。正如威廉姆斯（Williams）所指出的那样：“有效的审计并不只是跟踪资金的流向并出具一份真实的报告，而是要对某一项目的经济性、效益性和效果性进行评估以便提高服务质量。对于任何没有被发现的违法行为或管理失误，有效的审计会触发直接的后果，同时对良好的绩效予以确认并进行奖赏……而［另一方面］那些无效的审计会损害选民的信任。”

绩效审计的历史的确显示了这项工作曾经是多么重要以及至今仍然很重要。正如近来有学者指出的那样（Leeuw，2009），荷兰最高审计机关荷兰审计法院是荷兰创新性的公共部门绩效审计和评估诞生与成功背后的驱动力之一。在20世纪80年代中期，审计机构引进了政府层面（即与其他部门相比）的绩效审计，对部门和机构所熟悉使用的诸如补贴、征税、公共信息活动、法律和法规等各种工具的合法性、效率性和效果性进行审核。在别的国家，作为议会监督基础的绩效审计的意义也是显而易见的。在回应英国下院公共账目委员会提交的一份报告时，根据10年来审查国家审计署报告的经验，英国政府宣称将“认真接受委员会的建议，将其作为问责过程的结果。此事最好的证明是，正如报告所承认的，委员会的大部分建议已经得到实施。这样，委员会就帮助确保了财务的节省，提高了公共服务的标准，改善了提供服务的质量”（Treasury，2006）。

芬克豪泽在本书中分享和详细阐述了有关绩效审计影响力的正面观点。然而，这只是问题的一个方面。虽然确认有关效率性和效果性的缺陷并通过绩效审计来改正这些缺陷有助于提高效率性和效果性，但是，在实践中，情
233 况往往并不是这样。的确，在过去的10年或更长的时间里，许多社会科学

文献认为，这样的程序很容易导致一个“审计社会”，制造出一个“绩效悖论”，从而导致过量的报告和研究，反而可能会造成“分析的瘫痪”（参见 Van Thiel and Leeuw，2002；Schwartz and Mayne，2005）。

从本质上讲，像“审计社会”和“绩效悖论”这些现象表明：第一，更多的绩效审计并不总是产生更有效果和更有效率的政策；第二，这些审计可能产生了不良的副作用。这些副作用的例子包括被审计机构的职员“努力进取”的承诺锐减，而这就是所谓的“僵化”（害怕创新）（RMO，2000）。一段时间以来，这些风险已经被人们所认识。例如，十多年前，鲍克特和鲍克（Bouckaert and Balk，1999）就曾提到了可能伴随绩效度量和审计而出现的病态现象。

本章重点是提出下列问题：关于绩效审计对政策和组织的效率性及效果性的影响力，我们知道哪些内容。有些审计会带来不合意的和不受欢迎的副作用，笔者也会对它们进行审查。因为，正如范·洛克和普特在第9章所说明的那样，来自审计的有关作用和副作用的实证证据的范围是有限的。笔者将要对来自检查人员和其他监督机构的研究发现进行一次小规模的调查。另外，笔者还要考虑这样的问题：哪些因素造成了绩效审计不合意的和不受欢迎的副作用？

绩效审计的影响力

绩效审计是实现责任和透明度以及促进效率性和效果性的重要工具，我们几乎认为这句话是理所当然的。这里的假设是，绩效审计为我们提供了“政府失灵”方面的知识和认知，包括办事流程的低效、骆驼的鼻子[2]、舞弊和腐败，还包括不准确的政策理论、失灵的管理信息系统以及目标和手段之间的不一致。

另一个假设是，审计除了有助于提高效率性和效果性外，还可以提高服务交付的质量。因此，人们认为绩效审计还有一些其他的衍生功能，如更加流畅的流程、改善的政策设计、对成本因素更深刻的理解。例如，加拿大弗雷泽研究所（Canadian Fraser Institute）的研究显示，根据公共选择理论的观点和加拿大审计长办公室的研究成果，低效率使加拿大公共机构深受其害 234

(Clemens et al. , 2005)。国会经常拿着这些报告并要求采取补救的措施。正如波立特（Pollitt）指出的那样，“当审计师展示他们（关键）的证据时，常见（被大众媒体放大）的情形似乎是增加了透明度和管理者以及公共管理者的层级责任。这也许并不是一件坏事。在不太遥远的过去，管理者和高级公共管理者似乎很容易藏匿，掩盖其平庸无能和违法行为”（Pollitt, 2003）。[3]

但是，这些例子中的大部分主要涉及抱负和期待，我们需要将其与实际的证据区别开来。毕竟，绩效分析师如审计师可能认为，与他们能够实际取得的成果相比，他们可以取得更多，在那些希望将自己的干预和项目置于公众注意力中心的政策制定者、政客和政策分析者当中，我们也看到了类似的行为。[4]

这样，问题依然存在：有关绩效审计的作用和副作用，我们实际上知道多少？虽然范·洛克和普特提供了一些分析的资料，但事实证明，这类资料并不多。考虑到在过去的几十年中审计活动和机构的增加，这很值得注意。最近，维茨（Weets，2008）直接探讨了绩效审计有多么有效的问题，并对若干研究进行了总结。例如，她指出：

• 约翰森等（Johnsen et al. , 2001）审查了绩效审计在多大程度上对芬兰和挪威地方政府的绩效改善发挥了作用。绩效审计流程在发现那些需要审查的组织领域方面似乎是有效的，而且一般来说，地方公务员和政客的确似乎是按照审计师的报告和建议行事的。不仅如此，研究者们还宣称，审计报告中所包含的信息是专门用来开发管理系统和改善市政预算质量的。

• 拉普斯雷和庞（Lapsley and Pong，2000）采访了苏格兰的审计师，他们认为绩效审计十分有用，特别是在公共机构的管理方面。通常，这些好处具有操作性而不是战略性。例如，审计师所指的是系统和流程的改进、最佳实践的采纳以及被审计机构内部冗余岗位的确认和风险管理的改进。

• 在其博士论文中，范朗丁汉姆（Vanlandingham，2006a）仔细观察了那些美国立法监督机构在其立法过程中使用的用来鼓励其成果应用的策
235 略。作者区分了两大总体策略：发展与决策者的强有力的网络以及产品巧妙的营销。他特别观察了主要的利益相关者如何利用和评估由立法监督机构所进行的审计，以及在何种程度上他们的评估与其网络和这些机构所做出的营

销努力协调一致。他的研究还显示：第一，立法单位内部的机构在促进其工作成果的应用上比审计单位内部的机构更有效率。第二，他证明了，采用强调对利益相关者有用的研究准则的机构比与政府审计准则一致的机构（着重强调组织的独立性）更成功（Vanlandingham，2006b）。

- 托尔格勒和谢尔特格（Torgler and Schaltegger，2006）调查了审计法院和地方自治政府是如何影响政治协商的。他们的结果显示，审计法院较高的胜任力和较低的集权水平与较高的政治协商水平有关。根据两位作者的观点，瑞士的成果显示，这样的机构协助提高了公民获取信息并讨论政治问题的意愿。因此，他们发现在瑞士的案例中，较高能力的审计法院对税务道德方面具有很强大的正面影响。他们认为，这些有助于提高纳税人的税务道德，并由此提高他们纳税的内在动机。

尽管有这些例子，但对影响力的评估远远不是那么直截了当。几年前，朗斯代尔（Lonsdale，1999）研究了由审计机构所进行的绩效审计的影响力。他区分了不同种类的影响力。第一，在削减费用方面，可能有一种可量化的影响，“能够对正在讨论的领域的融资带来真实的、容易实现的变化”（p. 177）。他以英国国家审计署所进行的旨在衡量私有化影响的审计为例进行了说明。第二，也许还有非财务方面的影响，诸如顾客满意度的提高、等待时间的减少或是更短的建设周期（p. 178）。第三种类型是定性影响，如服务的改善。第五类影响与“为公民节省”的主题有关。关于第五类，即对政治议题的影响，朗斯代尔的观察是，“总的来说，最高审计机关趋向于远离高度敏感的政治议题，但是有一小部分的绩效审计报告（在所调查的5个国家中）在政治层面具有一定的影响”。

但是，总的来说，衡量影响力被认为是有问题的，因为，正如作者所明
确指出的那样，“到目前为止，我们对绩效审计影响力的讨论几乎完全是建 236
立在最高审计机关对其自身的报道之上。评估这些观点是否合理并非易事，因为可获得的独立信息很少”。[5]还有其他方面的问题。有一些研究显示，审计和绩效的度量工作绝不总是能够产生人们所期望的效果，即更大的效果性和效率性。这些研究包含一些私人部门（Meyer and O’Shaughnessy，1993；Meyer and Gupta，1994）以及公共部门（综述请参见 Van Thiel and Leeuw，2002）。其他评论人则很少提供支持其影响力观点的证据。例如，彼得斯

（Peters，2005）认为：

> 治理（包括责任机制）的转变在某种程度上已经提高了政府执行其任务的能力，但是在这一过程中这些变化已经使那些常见的有关协作的问题更加恶化，并且改变了履行责任的方式。毫无疑问，从严格的经济意义上讲，2004 年的政府比 1984 年或 1994 年甚至 20 世纪 90 年代晚期的政府更加有效率。同样，政府的许多在改革过程中实施的变革已经提高了公众的参与度，特别是项目客户的参与……不仅如此，还有一些证据显示，现在公众对公共部门所提供的单个服务更加满意了。

不幸的是，彼得斯在其分析中既未讨论也未回答下列问题：政府是否以及在何种程度上因对审计和治理改革的关注日益增加而变得更加“有效”。

芬克豪泽（Funkhouser，2005，以及在本书中）也宣称，审计师相信他们的工作促进了政府机构绩效的实际改进，但也不得不承认对于这一改进还没有学术上的调查。他仅仅发现了几例这样的科学研究，而范·洛克和普特在本书中也仅仅提到 14 例，其中有些研究可追溯到 20 世纪 70 年代。

在分析了荷兰审计法院、英国和加拿大审计署的工作后，斯特克等（Sterck et al.，2006）研究了它们各自绩效审计的影响力。展示的数据显示，这些审计机构将大量的工作投入后续的研究中，似乎通过一种假设证明，当被审计单位声称它们已经采纳了那些建议（并且在后续的报告中有案可查）时，对于效率性和效果性期望的影响就切切实实地发生了。现在还不清楚这是否是真的。普特（Put，2005b）的研究也显示，在一般情况下，根据流行的社会和行为科学文献（参见 Leeuw，1998）的观点，审计机构在其研究中所关注的因素并不被看成是效率和成功结果的决定性因素。

237 本章并不追求包罗万象，而是强调那些来自有关绩效审计影响的实证研究的主要经验教训。正如前面所证明的那样，第一个发现是实证研究的数量少，第二个发现是对于什么是影响力并不总是那么清楚。例如：

- 影响力是否是指接受审计师提出的批评和与此有关的建议；
- 影响力是否是指被揭示的行政和责任问题数量的减少；
- 影响力是否是指治理和“行政机构”的变革；
- 影响力是否是指对于已提出的社会政策的影响发生了变化；
- 或者是指其他方面的变化。

第三个发现是，与影响力和效果性评估方面的现有技术相比，所涉及的这些研究在方法上并不复杂。为了能够展示有关政策和其他类型的政策工具如绩效审计方面的有效信息，必须满足若干条件（Rossi et al.，2004；Leeuw and Vaessen，2010）。最重要的问题是处理（和解决）归因问题（attribution problem）：一个因变量（如机构效率或政策效果性）的变化是否可以归因于干预（即绩效审计）？就我们所能看到的而言，以上所涉及的研究都没有打算解决这一问题，这就降低了有关绩效审计“影响力”声明的有效性。[6]第二个标准是支持干预的理论应该明确表达出来并加以检验。只有极少数支持绩效审计的理论被明确地表达出来并得到了检验（Put，2005b；Leeuw and Crijns，2005）。

因此，绩效审计在实现其目标方面“发挥作用”的证据非常有限。毫无疑问，有一些证明绩效审计发挥作用的指标，但是因为审计和“变化”之间的因果关系并不明朗，所以在得出“审计产生影响”的结论时应该慎重。[7]

审计在多大程度上产生非期望的和非理想的副作用[8]

现在我们要调查有关非期望的和不合意的副作用的现有研究。文献中提
到了绩效审计的几种副作用。波立特等（Pollitt et al.，1999）指出，审计 238
师的存在可能极大地增加了被审计单位的工作负担。[9]另外，他们的工作显示，当得知有可能在近期接受审计的时候，一些被审计单位会匆忙引进一些新的管理做法以应对审计师的到访。

还有一些研究者（如 Leeuw，2009a）认为，绩效审计因为过于强调与程序的符合性（即僵化）[10]可能会阻碍政府的创新和改革。与此相联系的非期望的副作用就是手册、指南、协议书和清单的制作与过度使用以应付审计师的建议以及他们规定的程序。这一方法是否有助于公共机构更加有效率和有效果还不得而知。短期主义也被看成是非期望的副作用，因为被审计单位倾向于将重点放在取得良好的成果上，而不是关注为其机构设立的绩效指标，这样就失去了长期政策视野（Neely，1999；Jackson，2005）。

文献中还提到了视野狭窄（tunnel vision）的概念。视野狭窄与以下的情形有关，即在绩效度量系统中被量化和度量的现象以绩效无法被量化和无

法被度量的方面为代价而被过分强调（Smith，1995；Dolmans and Leeuw，1997）。还有一些概念，如绩效悖论，指的是绩效审计（作为绩效管理的一种形式）并不总是带来更有效率和更有效果的政策的情形，因此，人们还必须将绩效度量的非期望的副作用考虑在内。

信任成本部分地与上面所提到的副作用有关，也与审计师和被审计单位之间的信任水平所带来的影响有关，特别是当审计师出现差错或在分析中不够精确的时候。埃利奥特（Elliott，2002）暗示，绩效审计甚至会伤害工作场所信任的基础，这就可能对机构造成反效果。邦婷（Bunting）在其2005年的著作《心甘情愿的奴隶：加班文化是如何控制我们生活的?》（*Willing Slaves*：*How the Overwork Culture is Ruling our Lives*）中借用迈克尔·帕沃（Michael Power）的《审计社会》（*Audit Society*）中的理念，举出了一个类似的案例。她暗示："公共尊敬感曾经是公务员工作的一项重要回报，但现在已不再如此；对公共部门改革的政治关注恶化了接受审查的责任感，甚至是缺乏这种责任感。"

因此，我们能从这一总结中得出什么结论呢？第一个结论还是有关绩效
239 审计副作用的实证信息非常有限。如果我们要寻找那些试图发现（各种）绩效审计和副作用间因果关系的精心设计的评估性研究，那么很有可能是我们会空手而归。然而，在文献中，有些副作用得到了讨论，甚至是那些认为绩效审计先天对绩效有利的观点，这一事实应该提醒审计师对可能的风险保持警惕。

如何解释副作用的产生？

现在我们要讨论最后一个问题：非期望的副作用是如何产生的？第一个可能的解释建立在绩效审计师所关注因素的可预见性上。普特（Put，2005b，以及本书）、莱乌和科里金斯（Leeuw and Crijns，2005）所举的例子确定了最高审计机关倾向使用的准则和规范。具有预见性的审计师常常冒着"中招"的风险，[11]因为被审计单位对将要审计什么、审计的重点一清二楚并且能够猜到一些或所有的将要进行审计的规范。相应地，被审计单位可能会在登记系统、审计线索、服务、人力资源的使用和其他手段的帮助下

调整其行为。放慢审计流程的速度或用大量需要阅读的材料使审计师“陷入沼泽”也是一种“策略”。这种行为的交易成本并不能对提高效率性和效果性有所帮助。

可预见性也可能引起另一种反应，这种反应也会导致交易成本，那就是抵制。从本质上看，这意味着被审计机构内部的员工抵制或对审计师的准则和规范有争议。他们这样做，是因为他们认为这些规范与效率性和效果性的提高毫无关系，或者是在当前情形下无效，或者是因为他们已经积累了这方面的经验并且知道它们是没有效果的。当审计师根据同样的知识反复提出同样的建议时，这样的副作用就会产生。动员人们抑制同样要花时间、金钱和人力，如果以一种官僚主义的可接受的方式进行更是如此，而这反过来又会影响效果性和效率性的改善。

第二种解释与审计的智力程度有关。普特（Put，2005b）的研究显示，来自不同国家审计署（英国、荷兰以及报告数量有限的比利时）的报告倾向于将重点放在那些与组织结构、通行程序、各部门之间的协议和（法律）安排有关的各种变量上以及需要取得的成效上。即使在很大程度上，人力和组织的行为受到诸如“趋同思维”、失谐消减（dissonance reduction）、“未来阴影”（shadow of the future）和“排挤出门”等机制的支配，但是，他们也极少关注“柔性”或“行为”机制。像基本归因错误这样的认知偏见也是重要的因素。[12]与马奥尼（Mahoney，2003）以及其他学者像乔治·贝内 240
特（George Bennett，2004），马克、亨利和朱尔尼斯（Mark，Henry and Julnes，2000），帕森和提利（Pawson and Tilley，1997）的观点一致，这些机制可以被看成是有关基础主体、流程或结构是如何在一个特定的环境中运作以产生感兴趣结果的命题。对这些或其他行为机制在实现机构确定的（或被确定的）目标中所发挥的作用给予关注的绩效审计师越少，他们的工作就越容易受到批评。

第三种解释是围绕审计的方法论质量进行的。当然，审计有时会得到独立专家的审查和好评，正如英国国家审计署的案例所显示的那样，自1991年开始，英国的一些大学就对报告草案进行审查并对其方法和工作的其他方面进行评价（Lonsdale，2008）。因此，可能有一些方法论质量方面的批评。虽然在评估领域，理论驱动的评价越来越重要，但理论驱动的审计却很少见。另外，虽然追求有关干预效果知识的评估师还在拼命解决归因问题，但审计师似乎不想在其工作中讨论这一问题。虽然取得了朗斯代尔在本书第5章所讨论的一些进展，但大部分审计还是依赖于相对直接的收集和分析证据的方式。

第四种解释与一些审计的方式有关。沃尔什（Walsh，1996）将美国审计总署（现在是政府责任署）公布其研究的方式特点描述为“陷阱听证会”（ambush hearings）；审计师展示其调查结果的听证会使“被审计单位大吃一惊”。最后它决定中终止这种方法，部分原因是这一方法对试图令审计结果被接受和应用毫无帮助。兰德斯（Landers，1999）曾在英国下院公共账目委员会做证，回答有关审计报告的问题，他抱怨其受到对待的方式，以及询问的问题有多么不力。

随后，例如在英国，就引进了一种“非突击的方法”（no surprise-approach）。在一份发表于公共审计论坛的名为“公共机构从它们的审计师那里期望得到什么”的文件中确定了一些对公共部门审计师行为的期望（Public Audit Forum，2000）。加拿大也有类似的文件。这些方法的一个关键
241 要素是将注意力集中在“协商”问题上，虽然应该说审计师在采取这样的方法并且与被审计单位过于接近时存在着一些风险。根据与评估对象和其他利益相关者在审计、评估和检查过程中协商的经验，笔者不愿向审计师推荐这种方法。它可能会导致波立特（Pollitt，1999）所称的“合伙人式的”调查，在这种调查中，参与者、利益相关者和评估者之间的角色区别会变得越来越模糊。这就使审计师的独立性存在风险，而独立性正如简—埃里克·福如博所确定的那样是其角色的关键要素。

第五种也是最后一种解释涉及“意识形态陷阱”（ideological capture）的问题和风险，其中，审计机构采用一套看似没有问题的特别的意识形态或价值框架，并在这一框架之内出具报告。达哈纳亚克（Dahanayake，2008：18；23）就此问题发表了评论。他似乎在暗示，正如在亚伯达省（加拿大）所进行的绩效审计那样，它与新公共管理理念有着紧密的联系。他还引用根德隆等（Gendron et al.，2001）的观点声称，审计署“通过推进政府在新公共管理框架方面的日程安排而使其独立性大打折扣”。英格里希（English，2007：333－4）在其有关澳大利亚公私合作项目（PPPs）审计报告的

研究中指出了一个类似的问题。“当他们通过设计其使用的绩效责任机制来协助指导机制的应用时，人们的感觉得到了强化……即审计长可能通过试图培养‘标准管理实务’而牺牲其独立性。”萨瑟兰（Sutherland，2001；2002）也展示了有关加拿大审计的类似证据。

现在怎么办?

不久前，我们还生活在一个没有多少责任和透明度的世界里。在这样一个世界中，毫无疑问，审计的发展是重要和有影响的，正如荷兰的案例所展示的那样（Leeuw，2009）。但是，在某一时点，虽然我们不清楚这意味着什么，但“收益递减法则”或许就开始生效。这意味着审计太多了吗？这意味着审计规模和审计效果之间的关系已经变得十分复杂或是失去了平衡吗？很难给出答案，部分的解释可能是审计师不擅长提供有关其工作的影响力和副作用的证据。为了增加他们工作的有效性，笔者将提供如下三个建议：

（1）使绩效审计更加“基于证据”。很少有迹象显示绩效审计建立在（科学的）证据之上，而这种证据是以一种与在影响力评价领域里正在发生的事情具有联系的方式而存在的。在最近几十年中，越来越多的注意力被投 242
入到（准）实验方法中以及对哪些因素使干预有效的理解中，涉及的领域包括犯罪和正义、教育、健康和发展援助倡议等。除此之外，汇总了对实验的系统性研究评论的知识库已经建成（Hansen and Rieper，2010）。还存在从此项工作中学习的空间。

（2）更多地关注决定机构内外参与者行为的认知行为机制。理论驱动的评估（其中，政策与规划背后那些需要进行检验的、常常是隐性的理论得到了重构和测试）关注这些“机制”。他们还为这些“理论”的“重构”和“检验”创造出了方法论。审计师可以从遵循一种类似的路径中受益。

（3）投资用于数据收集的创新技术。调查、文件分析和面对面访谈都有严重的局限性。人们并不总是说出或“写出”真相；人们并不总是按其所说的去做；人们并不总是能够用没有专业术语的语言来表达自己的思想等。因此，新的有趣的数据收集方法应该更多地出现在绩效审计师的议事日程中。现提供两个例子：更多地利用无干扰度量（unobtrusive measure），因为被观察者并不知道周围发生的一切，或者将“研究室”放到日常生活中。如果想要检查驾驶员在驾驶时做些什么，自然驾驶法就是另一个例子。[13]充分利用人们留下的数字痕迹也可以为审计师和督察员打开新的视野。

三四十年前，几乎没有人谈论绩效审计。现在，许多西方国家都采用了绩效审计，而且其使用范围还在不断扩大。但是，我们没有时间放松一下或袖手旁观。

注释

1. 帕沃（Power，1997）创造出了“审计爆炸”（audit explosion）一词，他认为在英国和其他一些国家“审计爆炸”已经发生。马丁（Martin，2005）报告称，“‘1997～2003 年，［工党］创建了 9 个新的主要的检查团，极大地扩展了至少其他 8 个检查服务提供者的范围和权限。因规模和范围迅速扩张，英国公共服务中的外部检查费用迅速提高，由 1997/1998 年度的 2.5 亿英镑上涨到 2002/2003 年度的 5.5 亿英镑”。威廉姆森、莱乌及莱乌
243 （Willemsen，Leeuw and Leeuw，2008）计算出，荷兰在 1989～2005 年间检查项目费用上涨了 3 倍。但是，自 2007 年以来，中央政府已经将审计机构的人员和项目费削减了 30%，检查费用削减了 20%。

2. “骆驼的鼻子”是一个隐喻，它描述了这样一种情形，即允许一件小事发生（不希望发生的事，如额外的新的小额预算要求），但后来却变得越来越大。已故美国参议员巴里·戈德华特（Barry Goldwater）在 1958 年就使用了如下这个隐喻：“这项议案和上面大多数人的评论使我想起了一句阿拉伯的谚语：‘如果一旦骆驼将鼻子伸进帐篷，那么，它的身体就会很快跟进。’”引自 Pierce，Patrick Alan；Miller，Donald E.（2004）. *Gambling politics：state government and the business of betting*，Lynne Rienner Publishers，p. 133。

3. 另一种确定审计工作是否管用的方法是利用绩效审计师所进行的后续研究，在此过程中，他们会检查他们的建议是否得到了采纳。

4. 还有要引起注意的是，审计师可能有意或无意地不确认按照他们的建议去做所需的费用，目的是推荐他们的建议。

5. 参见一个有趣的尝试，《克里勒评论》（Crerar Review），见：www.scotland.gov.uk/Resource/Doc/198627/0053093.pdf。克里勒（Crerar）（p. 48）

指出，“外部检查的费用必须与收益相权衡，但是，外部检查的收益和影响力很难评估”。

6. 克里勒（Crerar，2007：52）支持这一观点：“费用和收益的度量方式需要更加严格，影响力评估的机制也需要改进。”

7. 谢克（Schelker，2007）和布卢姆（Blume，2007）分析了国家审计署的特征和宏观经济指标（如一个国家的预算赤字、信用等级和腐败程度）之间的关系。

8. 本段内容是根据维茨（Weets，2008）的观点写成的。

9. 在高等教育项目评审领域，有时指的是这类工作的行为成本。

10. 副作用的证据可以在（高等）教育审计和审核领域找到，并且是建立在对校长和其他教学人员的调查之上的。但是，人们常常在非正式的会议和谈话中（当审计师离开会场后）听到此类批评。

11. 早期，范·蒂尔和莱乌（Van Thiel and Leeuw，2002）称此为“顽强地学习”。

12. 更多有关这些机制和其他机制的信息，参见阿斯特伯里和莱乌（Astbury & Leeuw，2010）、埃尔斯特（Elster，2007），以及赫德斯特伦和斯韦德贝里（Hedstrom & Swedburg，2005）。

13. 在自然驾驶研究中，研究者通过使用安装在其测试对象车辆上的微型摄像机和传感器，仔细地观察交通的状况和驾驶者的行为。这种观察就发生在日常的驾驶中，没有测试负责人跟随。设备在车上停留至少要达几个星期，有时是几个月到一年不等。使用这种方法的结果是，参与者忘记了他们一直在被观察，这样，不论是在正常情况下，还是在出现交通纠纷的情况下，都可以产生“自然的”交通行为的可靠图像。

参考文献

Asbury, Brand and Frans, Leeuw (2010), “Unpacking black boxes: Mechanisms and theory-building in evaluation”, *American Journal of Evaluation*, 31 (3), 363 –81.

Blume, L. and S. Voigt (2007), “Supreme audit institutions: Supremely superfluous? – A cross country assessment”, available at: http://papers. ssrn.

com/sol3/papers. cfm? abstract_id = 965434 (accessed 10 April 2010).

Bouckaert, G. and W. Balk (1999), "Public productivity measurement: Diseases and cures", *Public Productivity and Management Review*, 15 (2), 229 – 35.

244 Bunting, Madeleine (2005), *Willing Slaves: How the Overwork is Ruling Our Lives*, London: Harper Perennial.

Clemens, J. et al. (2005), "Government failure in Canada, 2005 Report. A review of the Auditor General's Reports 1992 – 2005", Public Policy Sources, A Fraser institute occasional paper, 86.

Crerar, L. (2007), "Report of the independent review of regulation, audit, inspection and complaints handling of public services in Scotland", Edingburgh: Scottish Government', available at http://www. scotland. gov. uk/Resource/Doc/82980/0053065. pdf (accessed 15 April 2010).

Dahanayake, S. J. and K. Jacobs (2008), " New Public Management (NPM), managerialism, and Value for Money (VFM) audit: A review of empirical literature with special reference to Australia", AFAANZ Conference Paper, available at http://www. afaanz. org/openconf/afaanz/papers. php.

Dolmans, L. J. F. and Leeuw, F. L. (1997), "Performance auditing", in*Vraagtekens bij de effectiviteit van een onderzoekstraditie*. NIVRA, Naar een doelmatiger overheid. Goed georganiseerd mensenwerk, Den Haag, pp. 81 – 8.

Elliott, J. (2002), "The impact intensive 'value for money' performance auditing in educational systems", *Educational Action Research*, 10 (3), 499 – 506.

English, L. (2007), "Performance audit of Australian public private partnerships: Legitimising government policies or providing independent oversight?", *Financial Accountability and Management*, 23 (3), 313 – 36.

Funkhouser, M. (2005), "Accountability, performance and performance auditing: Reconciling the views of scholars and auditors", Paper to the Accountable Governance: An International Research Colloquium, 20 – 22 October, Belfast.

Gendron, Y., D. J. Cooper and B. Townley (2001), "In the name of accountability: State auditing, independence and new public management", *Accounting, Auditing and Accountability Journal*, 14 (3), 278 – 310.

George, A. L. and A. Bennett (2004), *Case Studies and Theory Development in the Social Sciences*, Cambridge, Massachusetts: MIT Press.

Gray, A. and B. Jenkins (2007), "Checking out? Accountability and evaluation in the British regulatory state", in Bemelmans – Videc, M. – L., J. Lonsdale and B. Perrin (eds), *Making Accountability Work: Dilemmas for Evaluation and for Audit*, New Jersey: Transaction Publishers.

Hansen, Hanne Foss and Olaf Rieper (2010), "Institutionalization of second-order evidence-producing organizations" in Rieper, Olaf, Frans L. Leeuw and Tom Ling (eds), *The Evidence Book: Concepts, Generation and the Use of Evidence*, New Brunswick, New Jersey: Transaction, pp. 27 – 52.

Hedstrom, P. and R. Swedberg (eds) (1998), *Social Mechanisms*, Cambridge: Cambridge University Press.

Hood, Christopher, Oliver James, B. Guy Peters and Collin Scott (eds.) (2004), *Controlling Modern Government: Variety, Commonality and Change*, Cheltenham: Edward Elgar.

Jackson, A. (2005), "Falling from a great height: Principles of good practice in performance measurement and the perils of top down determination of performance indicators", *Local Government Studies*, 31 (1), 21 – 38.

Johnsen, A., P. Meklin and J. Vakkuri (2001), "Performance audit in local government: An exploratory study of perceived efficiency of municipal value for money auditing in Finland and Norway", *The European Accounting Review*, 10 (3), 583 – 99.

Landers, B. (1999), "Encounters with the Public Accounts Committee: 245
A personal memoir", *Public Administration*, 77 (1), 195 – 213.

Lapsley, I. and C. K. M. Pong (2000), "Modernization versus problematization: Value-for-money audit in public services", *The European Accounting Review*, 9 (4), 541 – 67.

Leeuw, F. (1998), "Doelmatigheidsonderzoek van de Rekenkamer als regelgeleide organisatiekunde met een rechtssociologisch tintje?", *Recht der Werkelijkheid*, 14, 35 – 71.

Leeuw, F. (2006), "Over impact en neveneffecten van performance monitoring en auditing", *Vlaams Tijdschrift voor Overheidsmanagement*, 11 (4), 37 – 44.

Leeuw, F. (2009), "Evaluation policy in the Netherlands", *New Directions for Evaluation*, 123, 87 – 103.

Leeuw, F. (2009a), "Evaluation: a booming business but is it adding value?", *Evaluation Journal of Australasia*, 9 (1), 3 – 9.

Leeuw, F. and M. Crijins (2005), "Normnaleving door organisaties. Sociologie toegepast op een actueel vraagstuk", *Bestuurskunde*, 14, 40 – 49.

Leeuw, Frans L. and Jos Vaessen (2010), *Impact Evaluations and Development. Nonie Guidance on Impact Evaluation*, Washington DC: World Bank & Nonie.

Lonsdale, J. (1999), "Impacts", in Pollitt, Christopher, Xavier Girre, Jeremy Lonsdale, Robert Mul, Hilkka Summa and Marit Waerness, *Performance or Compliance?: Performance Audit and Public Management in Five Countries*, Oxford: Oxford University Press.

Lonsdale, J. (2008), "Balancing independence and responsiveness", *Evaluation*, 14 (2), 227 – 48.

Lonsdale, J. and M. – L. Bemelmans – Videc (2007), "Accountability – The challenges for two professions", in Bemelmans – Videc, M. – L., J. Lonsdale and B. Perrin (eds), *Making Accountability Work: Dilemmas for Evaluation and for Audit*, New Brunswick and London: Transaction Publishers.

Mahoney, J. (2003), "Tentative answers to questions about casual mechanisms", Paper presented at the annual meeting of the American Political Science Association, Philadelphia, PA, 28 August. Available at http://www.allacademic.com/meta/p62766_index.html.

Mark, M. M., G. T. Henry and G. Julnes (2000), Evaluation: *An Inte-*

grated Framework for Understanding, *Guiding and Improving Policies and Programs*, San Francisco: Jossey – Bass.

Martin, S. (2005), "Evaluation, inspection and the improvement agenda: Contrasting fortunes in an era of evidence-based policy-making", *Evaluation*, 11, 496 – 504.

Meyer, M. and K. O' Shaughnessy (1993), "Organizational design and the performance paradox", in R. Swedberg (ed.), *Explorations in Economic Sociology*, New York: Russell Sage Foundation, pp. 249 – 78.

Meyer, M. W. and V. Gupta (1994), "The performance paradox", *Research in Organizational Behaviour*, 16, 309 – 69.

Milgrom, T. and R. Schwartz (2008), "Israel's auditor as policy change agent: The case of water policy", *International Journal of Public Administration*, 31 (8), 862 – 77.

Neely, A. (1999), "The performance measurement revolution: Why now and what next?" *International Journal of Operations and Production Management*, 19 (2), 205 – 28.

Pawson, Ray and Nick Tilley (1997), *Realistic Evaluation*, London: Sage Publications.

Peters, B. G. (2005), "Squaring several circles: Co-ordination, performance and accountability", in Drewry, G., C. Greve and T. Tanquerel (eds), 246
Contracts, *Performance Measurement and Accountability in the Public Sector*, Amsterdam: IOS Press.

Pollitt, C. (1999), "Stunned by stakeholders? Limits to collaborative evaluation", *Public Policy and Administration*, 14 (2), 77 – 90.

Pollitt, C. (2003), "Performance audit in western Europe: Trends and choices", *Critical Perspectives on Accounting*, 14, 157 – 70.

Pollitt, Christopher, Xavier Girre, Jeremy Lonsdale, Robert Mul, Hilkka Summa and Marit Waerness (1999), *Performance or Compliance? Performance Audit and Public Management in Five Countries*, New York: Oxford University Press.

Power, Michael (1997), *The Audit Society: Rituals of Verification*, Oxford: Oxford University Press.

Prosser, M. (2005), Chair, UK Women and Work Commission, EU Gender Equality Conference, Birmingham, 7–8 November.

Public Audit Forum (2000), "What public bodies can expect from their auditors", available at www. public_audit_forum. gov. uk/publicat. htm.

Put, V. (2005a), "Met welke bril kijken auditors naar de werkelijkheid? Normen van rekenhoven bij het beoordelen van de overheid", Die Keuze Uitgeverij, Brussel, 2005.

Put, V. (2005b), "Normen in performance audits van rekenkamers", Een cases-tudie bij de Algemene Rekenkamer en het National Audit Office, Leuven, K. U. Leuven (unpublished dissertation).

RMO (2000), *Aansprekend burgerschap*, Den Haag: SDU.

Rossi, P. H., M. W. Lipsey and H. E. Freeman (2004), *Evaluation: A Systematic Approach*, Thousand Oaks, CA: Sage Publications.

Schelker, M. and R. Eichenberger (2007), "Rethinking public auditing institutions: Empirical evidence from Swiss municipalities", available at http: //papers. ssrn. com/sol3/papers. cfm? abstract_id = 1028927 (accessed 17 March 2010).

Schwartz, R. and John Mayne (2005), *Quality Matters. Seeking Confidence in Evaluating, Auditing, and Performance Reporting*, New Brunswick: Transaction Publishers.

Smith, P. (1995), "On the unintended consequences of publishing performance data in the public sector", *International Journal of Public Administration*, 18, 277–310.

Streck, Miekatrien et al. (2006), De praktijik van performance audit: een drieland-enstudie, Rapport, Instituut voor de Overheid, Leuven, 2006–08–22.

Thomas, A. Wilson (ed), *Rationality in Public Policy: Retrospect and Prospect, A Tribute to Douglas G. Hartle*, Canadian Tax Paper No. 104, Toronto: Canadian Tax Foundation, 109 – 40.

Sutherland, S. L. (2001), "Biggest scandal in Canadian history"?: HRDC audit starts probity war. School of Policy Studies, Working Paper 23, available at http://www.queensu.ca/sps/researchers/working_papers/ (accessed 17 March 2010).

Sutherland, S. L. (2002), "The Office of the Auditor General of Canada. Government in exile?" School of Policy Studies, Working Paper 31, available at http://www.queensu.ca/sps/researchers/working_papers/.

Torgler, B. and C. A. Schaltegger (2006), "The determinants of political discussion: How important are audit courts and local autonomy?", *Berkeley Program in Law and Economics*, *Working Paper Series*, 198, Berkeley, University of California.

Treasury (2006), "Treasury Minutes on the Thirteenth to Seventeenth Reports from the Committee of Public Accounts 2005 – 2006", Seventeenth Report, available at www.official – documents.gov.uk/document/cm67/6743/6743.pdf.

Vaessen, Jos and Frans L. Leeuw (eds) (2010), *Mind and Gap*, New 247
Brunswick and London: Transaction Publishers.

Van Thiel, Sandra and Frans L. Leeuw (2002), "The performance paradox in the public sector", *Public Performance and Management Review*, 25, 267 – 81.

Vanlandingham, G. R. (2006a), "A voice crying in the wilderness – Legislative oversight agencies' efforts to achieve utilization", Florida, The Florida State University, 2006, Unpublished Dissertation.

Vanlandingham, G. R. (2006b), "A voice crying in the wilderness – Legislative oversight agencies' efforts to achieve utilization", *New Directions for Evaluation*, 112, 25 – 39.

Walsh, A. H. (1996), "Performance auditing and legislative oversight in the context of public management reform: The US experience", in OECD (ed), *Performance Auditing and the Modernisation of Government*, Paris:

OECD.

Weets, K. (2008), "How effective are performance audits? A multiple case study within the local audit office of Rotterdam", Paper presented at the 5th international conference on Accounting, Auditing & Management in Public Sector Reforms (European Institute for Advanced Studies in Management). The Netherlands: Amsterdam, 3 – 5 September.

Wilkins, P. and J. Lonsdale (2007), "Public sector auditing for accountability: New directions, new tricks?", in Bemelmans – Videc, M. – L. J. Lonsdale and B. Perrin (eds), *Making Accountability Work: Dilemmas for Evaluation and for Audit*, Somerset, NJ: Transaction Publishers.

Wilkinson, J (2005), "The growth of performance measurement: Help or hindrance?", in Drewry, G., C. Greve and T. Tanquerel (eds), *Contracts, Performance Measurement and Accountability in the Public Sector*, Amsterdam: IOS Press.

Willemsen, Frank, Frans L. Leeuw and Bastiaan Leeuw (2008), "Toezicht en inspectie in maten en soorten", *Tijdschrift voor Criminologie*, 50 (2008), 96 – 113.

Williams, Rob (2003), "When audits fall short: Weak audits will damage voter trust", Address, Evergreen freedom foundation, 2003. Available at: http: //effwa. org/main/page. php.

12. 地方政府层面的影响力：多案例研究

卡特瑞恩·维茨
(Katrien Weets)

引言 248

正如在本书其他章节所提到的那样，很少有学术研究涉及绩效审计的影响力。[1]鲍尔曼（Bowerman）等学者宣称："在分析'审计社会'的形态和规模时，令人啼笑皆非的是，对审计过程本身的审计和评估方法却十分有限。"尽管如此，许多最高审计机关在拓展其绩效审计活动方面进入了大量的投资（Morin，2004）。受这一观察的影响，本章包含了对由鹿特丹市审计法院（Rekenkamer Rotterdam）主持的三项绩效审计影响力深度分析的成果。这是对本书前面几章更加一般性概述的补充，强调了一种更好地理解影响力的方法。

下面的部分简要描述了在现有文献中有关这一研究的情况。第三部分确定一个用于分析绩效审计影响力和讨论所应用的研究方法的框架。第四部分展示了为每个所选案例收集到的数据，而第五部分讨论了与检验绩效审计影响力有关的困难。本章以总结主要的研究成果作为结尾。

有关绩效审计研究我们知道多少？

正如范·洛克和普特的研究所显示的那样，关于中央政府和地方政府层面的绩效审计影响力研究少之又少。[2]此外，有关绩效审计间接影响力的研究（参见 Dolmans and Leeuw，1997；Shore and Wright，1999；Elliott，2002；Leeuw，2006）却常常是建立在轶事证据（anecdotal evidence）之上。[3]

249 范·洛克和普特所撰写的那一章以检验中央政府层面绩效审计影响力学术研究的系统文献综述为基础。在他们的讨论中，他们将注意力放在使影响力的概念在其研究中变得具有可操作性的不同方法上。两位作者区分了绩效审计可能具有的五种类型的影响力：工具性的、概念性的、互动性的、政治合法性的和策略性的。[4]他们指出，大部分有关绩效影响力的研究将自己限制在对所获得信息的直接应用和工具性应用的衡量上。因此，两位作者得出结论，许多研究忽视了这样一种可能性，即理论观点和概念也可以通过它们对公共管理者和决策者等主体的观点、思想、理念和态度施加的影响，以间接和扩散的方式渗透到决策过程中（还可参见 Weiss，1979；Weiss and Bucuvalas，1980；Leviton and Hughes，1981）。总体来看，范·洛克和普特的文献综述显示，绩效审计大部分都具有影响力，虽然这种影响力自我呈现的方式有很多种："缓慢而微妙"（Morin，2008）、明确而迅速，或者，从另一方面来看，有时几乎没有任何影响力（例如，参见 Milgrom and Schwartz，2008）。

波立特等（Pollitt，1999）认识到，度量绩效审计影响力的精确范围十分困难，甚至是不可能的。这些学者并没有系统地研究影响力，但是他们收集的证据显示，有些绩效审计的确没有影响力。毕竟，在每一个所调查的国家中，绩效审计并没有导致政府活动的变化，而且在很多情况下也没有带来显著的公共资金节约。除此之外，这些作者将注意力集中在以下可能性上，即绩效审计产生了一种威慑效果，这种效果来自一个简单的事实那就是存在绩效审计，同时也对被审计单位和公共部门产生了一种更加一般化的教育效果。

根据波立特等学者的观点，接受其调查的五家最高审计机构在确定绩效审计工作影响力时使用的最普遍的指标是政府采纳建议的比例。但是，这一指标受到了强烈的批评，因为它只为绩效审计的影响力提供了一种非常狭隘的观点。该指标暗示产生的影响是绩效审计结果的一种延伸，但并没有将由绩效审计过程引起的影响考虑在内。它显示了发生在审计循环周期结束时的情形，却忽视了出现在审计过程之中和长期之中的影响。最后，它忽视了绩效审计可能具有期望和非期望结果的可能性（参见 Kirkhart，2000，她称之为“影响力综合理论”）。

对于影响绩效审计影响力的因素，范·洛克和普特将其分为三组：微
观层面因素（涉及审计特征的因素，如审计师与被审计单位的关系）；中 250
观因素（与审计机构和被审计机构特征有关的因素，如名誉等）；宏观因素（与一国内部公共部门相关的因素，如进行审计的制度环境、审计师的授权等）。

本章探讨了由荷兰鹿特丹市审计机构审计师所进行的三次绩效审计的影响力，并设法解释所观察到的这些审计案例之间的差别。因为宏观环境对于所有这三次审计都是相同的，所以宏观层面的因素就可以在解释性模型中省去。同样，由于报告被审计机构的个性特征会侵害被采访者的匿名性，我们选择不研究和报告与这些特征有关的中观层面因素。这样，根据文献的观点，我们的研究设计允许我们将注意力完全集中在影响绩效审计影响力的微观层面因素上。

研究方法

为了分析所选绩效审计的影响力，揭示影响这些影响力的各种因素，我们选择从莫瑞（Morin，2001）提出的模型开始。我们将这一模型作为起点存在几个原因。第一，它将绩效审计结果的影响力和绩效审计过程的影响力一起考虑在内，既关注绩效审计的短期影响力又关注其长期影响力。这就使我们能够以一个比最高审计机关常用的方法更为全面的方式来研究绩效审计影响力。[5]第二，莫瑞成功地为其研究打下了一个良好的科学基础，并且提供了一个检验绩效审计对公共管理产生影响的结构性框架。

像范德梅尔（Van der Meer，1999）和德弗里斯（de Vries，2000）一样，莫瑞（2001）将绩效审计看成是一个社会影响过程，这一过程通过影响力的来源（审计师）和影响目标（被审计单位）之间的关系展现了其全部的价值。她进行了一项多案例研究，在研究中，她跟踪调查了由魁北克审计长和加拿大审计长主持的 6 项绩效审计影响力的尝试。利用定性

内容分析技术，莫瑞确认了 14 个绩效指标。这些指标可以显示出一种期望的影响力是否被看成在某种程度上是成功的，并且能够被归类为三种类型：

251 （1）被审计单位对于审计师影响力尝试的感知和反应。

（2）绩效审计所产生的影响力。

（3）绩效审计对公共辩论的贡献。

表 12－1 总结了莫瑞所提出的一些绩效指标。

表 12－1　　绩效审计的绩效指标

类型	绩效指标
被审计单位对审计师影响力尝试的感知和反应	1. 被审计单位对审计师的感觉 2. 被审计单位对绩效审计师工作不满的根源 3. 被审计单位对审计师影响力尝试的反应：内化 4. 被审计单位向审计师提供的合作（在审计师看来） 5. 被审计单位对有关审计师影响力尝试合法性的担忧
对被审计机构的影响	6. 被审计单位对绩效审计附加值的理解 7. 被审计单位对审计师研究成果的评价 8. 被审计单位遵循审计师建议的意愿度 9. 被审计单位对审计师总体绩效的评估 10. 被审计单位对有关绩效审计对被审计机构有用性的感知 11. 被审计单位对管理实务所做出的改变 12. 被审计单位对绩效审计总体效果的感知
对公共辩论的贡献	13. 国会辩论的模拟 14. 媒体的报道

资料来源：Morin（2001）。

此外，莫瑞还发现了能够解释为什么绩效审计中的影响力尝试可能成功或失败的两类成功因素。这些因素是：

（1）与绩效审计过程有关的因素；

（2）与环境条件存在有关的因素。

表 12－2 展示了由莫瑞提出的成功因素。

表 12-2 绩效审计的绩效指标 252

类型	成功因素
与绩效审计过程有关的因素	1. 被审计单位对审计师参与式领导方式的感知 2. 被审计单位对审计师合作偏好的感知 3. 被审计单位对审计师和被审计单位之间的权力关系的感知 4. 被审计单位眼中的审计师的可信度 5. 被审计单位对审计师的影响模式和信息类型内涵的感知 6. 被审计单位的影响力水平 7. 被审计单位的承诺水平 8. 被审计单位对批评的宽容度 9. 审计师和被审计单位之间交流的流畅度
与环境条件存在有关的因素	10. 机构的员工和核心管理层接受审计的意愿 11. 政治意愿 12. 绩效审计的时效性 13. 被审计机构的重大重组 14. 管理层的改革 15. 被审计的活动场所和被审计机构管理的优先等级排序的建议

资料来源：Morin（2001）。

莫瑞得出结论，她所调查的六项绩效审计中的四项是不成功的。结果，她认为与一般人的观点相比，她更加支持对绩效审计影响力持怀疑态度。但是，一份调查分析的研究结果使她的语气又缓和了很多，在这份调查中，她试图对 1995 ~2002 年所进行的有关魁北克机构管理方面的绩效审计影响力进行度量。调查被送往 99 家被审计单位，它们都是绩效审计的对象。利用文献中经常引用的因素，用 10 种不同的方法对被选中的绩效审计影响力进行研究（如绩效审计的附加值、审计师所提建议的相关性）。根据被审计单位管理者的评估，作者得出结论，绩效审计的确在总体上对被审计机构的管理产生积极的影响。因此，正如魁北克政府机构 253
1995 ~2002 年实践显示的那样，绩效审计似乎至少在一定程度上带来了更好的绩效（Morin，2004）。

受莫瑞分类的启发，我们选取了 14 项绩效指标中的 12 项用于研究，在研究设计中省去两项，即“被审计单位对审计师影响尝试的反应：内化”，以及“被审计单位对审计师总体绩效的评估”。在我们研究的有限范围内，要开发一个既合理又有效的内化度量系统是不现实的。除此之外，我们认为，由于不同的绩效指标是部分重叠的，所以，某一指标可能被另一指标在某种程度上覆盖，正如“被审计单位对审计师总体绩效的评估”这一指标所显示的那样。

像埃特沃克（Etverk，2002）的研究一样，我们将2项绩效指标添加到12项指标中：从其他机构（如利益集团和高等院校）获得的关注，以及从被审计机构获得的关注。我们的选择包含第一个指标主要是因为其在荷兰环境下的重要性。正如波立特和鲍克特（Pollitt and Bouckaert，2004）在其有关新公共管理跨国比较分析中宣称的那样：“审慎、协商以及追求妥协和一致构成荷兰政治文化根深蒂固的基本特征。”除此之外，我们的目标是尽可能给读者提供一幅绩效审计影响力的完整画面，而这也是我们选择第二个指标的理由。表12-3列出了绩效指标的完整清单。

256 **表12-3　审计师和被审计单位对由莫瑞（2001）提出的绩效审计指标给出的平均分**

绩效指标	绩效审计1	绩效审计2	绩效审计3
1. 被审计单位对审计师的感受	3.25	2.50	1.67
2. 被审计单位对绩效审计师有关工作的满意度	3.25	3.00	2.33
3. 被审计单位向审计师提供的合作（从审计师角度看）	3.00	4.00	3.50
4. 对审计师影响力尝试的合法性没有怀疑	4.25	4.00	4.67
5. 被审计单位对绩效审计附加值的认知	3.00	4.00	1.67
6. 被审计单位对审计师研究成果的评价	4.00	4.00	2.00
7. 被审计单位遵循审计师建议的意愿	2.50	4.25	2.83
8. 被审计单位对有关绩效审计有用性的感知	3.00	4.00	2.33
9. 被审计单位对管理实践的改变	2.00	3.75	2.25
10. 被审计单位对绩效审计总体效果的感知	2.63	3.50	3.00
11. 来自被审计机构的关注	3.50	3.75	3.92
12. 媒体的覆盖率（按照被审计师单位的感知）	3.00	3.25	2.92
13. 来自市议会的关注	3.63	4.00	3.83
14. 来自其他机构的关注	2.38	2.25	2.67

续表

绩效指标	绩效审计 1	绩效审计 2	绩效审计 3
最高分	70.00	70.00	70.00
总分（绝对数）	43.39	50.25	39.59
总分（百分比）	61.99	71.79	56.56

注：量表的平均分数从 1 到 5 不等，5 代表最佳的结果，1 代表最差的结果。被审计单位评价的绩效指标是 1、2、4、5、6、8、10。绩效指标 3 由审计师评分。对于第 7、9、11、12、13、14 项审计指标，将被审计单位和审计师的感知都被考虑在内。

我们选择用于自身研究的成功因素，除了被审计单位对审计师当中参与式领导方式的认知，以及被审计单位对审计师影响模式和信息类型内涵的认知外，主要也是基于莫瑞的研究。像埃特沃克（Etverk，2002）的研究一样，我们用一个与审计师在绩效审计过程中所采用的角色和功能有关的指标替代了这些指标。[6]

最后，在没有参考莫瑞的研究的情况下，在我们的研究设计中包含了 5 个变量，范围更广的文献所显示，这些变量将影响绩效审计影响力：被审计单位对于绩效审计与被审计单位需要处理的问题相关程度的感知（Leviton and Hughes，1981），审计师和被审计单位之间的认知耦合程度（De Vries，2000），被审计单位对绩效审计技术质量的认知，绩效审计对现状的挑战程度（即现有的假设、实践和安排）（Weiss and Bucuvalas，1980），以及潜在间接影响力的存在（思想僵化、视野狭窄、短期行为、被审计单位动力的降低以及对被审计机构日常工作计划的干扰）（Dolmans and Leeuw，1997）。[7] 从本
段所提到的各种变量出发，我们设计了一份研究问卷。这份问卷可作为所选 254
绩效审计对审计师和被审计单位进行访谈的架构。三项由鹿特丹市审计机构进行的绩效审计被选为我们的研究对象并进行了深入探讨。为了选择一些案例，我们使用了下列准则：

- 绩效审计的时机。理想状态下，绩效审计的影响力在绩效审计进行大约三年后进行审查。这一期限提供了一个合理的保证，即短期和长期的政策影响力已经发生。
- 绩效审计的主题。理想状态下，如想要检验其影响力，审计应处理一个正在进行的政策和任务的主题。被审计单位将有机会执行审计师的建

议，但如果审计涉及的是一次性项目，情况也不总是如此。

● 被审计者的可获得性。从实际的观点来看，足够数量的被审计者仍然在为被审计机构工作是重要的。因此，审计不应发生在很久以前。

在与一位鹿特丹市审计师进行探索性访谈的基础上，我们选出了三项满足这些选择准则的审计。为了研究其影响力，我们使用了不同的研究技术。第一，进行了一次文献分析。第二，设计了与6名审计师和9家被审计单位的15项半结构化的访谈。所有访谈均已结构化。首先，被访谈者被要求在李克特（Likert）五分量表的项目上打分。其次，他们被邀请对其选择的答案给出恰当的理由并且/或者详细阐述。被访谈者可以自由地增加评论和/或说明。

此外，我们还选择管理机构内的被审计者（如公共部门负责人）而不是政治体制内的被审计者（如市长和高级市政官）进行访谈。这样做还有几个原因：

● 对鹿特丹市审计机构的审计师进行的探索性访谈显示，通常在绩效审计过程中审计师与公务员的接触要比与政客的接触多得多。自从莫瑞认为绩效审计主要是一个社会影响过程以来，根据其方法，从管理部门内选择被访谈者就成为一种合乎逻辑的结果。

● 除此之外，人们应将基层官僚主义（street-level bureaucracy）理论考
255 虑在内。这并不是因为审计师的建议在政治层面得到采纳以致这些建议实际上已经渗透到公共机构的“工作场所实践”中。因此，我们假设，与对那些在某一政治领域具有政治责任的人进行访谈相比，对那些与政策执行最接近的人员进行访谈，可能会获得一幅更加完整的绩效审计影响力的图画。

研究发现

表12－3展示了审计师和被审计单位对不同绩效指标（这些绩效指标是莫瑞为各项绩效审计提出的）所给出的平均分。该表显示，当将同样的权重因子放入每项绩效指标时，绩效审计2被认为是最成功的，绩效审计1处于第二位，而绩效审计3被认为是最不成功的。

被审计单位对绩效指标“对审计师影响力尝试的合法性没有怀疑”所

打的高分立刻引起了人们的注意。这使我们得出结论，绝大部分被审计单位认为审计师影响力尝试是合法的。此外，没有被审计单位认为它们对绩效审计的合法性持怀疑态度。相反，半结构化访谈显示，绝大部分被审计单位强力支持市审计机构的理念。

在获得被审计机构和市议会关注方面，三项绩效审计也取得了适度积极到积极的分数。大部分被审计单位声称，他们的机构认为绩效审计十分重要，特别是那些可能会对被审计部门产生某些结果的绩效审计。只有一个被审计人员宣称，他工作的机构对绩效审计关注甚少。根据此人的观点，出现这种情况有几个原因。第一，审计的结论不那么震撼。第二，他所在机构的科层组织使得审计结果无法迅速传播。从更广的范围来讲，许多被审计单位也自然地提到绩效审计所带来的额外工作负担。此外，这三项绩效审计也获得了市议会的大量关注，因为在议会委员会和全体会议上都得到了充分的讨论。

在这三项选定的绩效审计之间的另一个突出的相似之处是：它们在获得
其他机构关注方面的得分都很低。在访谈中，审计师通过若干媒体渠道使普 256
通大众知晓他们的努力。然而，他们又不得不承认，他们并不是有意识地针对进行绩效审计的政策领域的直接利益相关者采取一种积极的沟通策略。

对于其他绩效指标，可以说，它们的分数在三个案例中相差很大。表12－4提供了一个按照绩效指标类别划分的对结果的总体概述。

表12－4　　按照绩效指标类别对结果的总体概况 257

绩效指标类别	绩效审计1	绩效审计2	绩效审计3
被审计单位对有关审计师影响力尝试的感知和反应	13.75/20.00	13.50/20.00	12.17/20.00
绩效审计产生的影响力	17.13/30.00	23.50/30.00	14.08/30.00
对公共辩论的贡献	12.51/20.00	13.25/20.00	13.34/20.00
总分	43.39/70.00	50.25/70.00	39.59/70.00

根据这些结果，人们可以很容易地假设，绩效审计2较高的影响力与第二类绩效指标“绩效审计对被审计机构产生的影响力”相对较高的分数有直接关系。但是，我们应该全面公正地看待这一声明。与绩效审计2中被审计单位进行的访谈显示，对政策过程进行的变革并不是仅仅来自于绩效审计

本身，而且还来自于市政当局长期以来正在进行的范围广泛的公共管理改革。因此，被审计单位将绩效审计报告当成它们主动按照新政策路线去执行的合法性的外部来源。

此外，被审计单位自然而然地将影响力概念的定义得很宽泛，提及这一点很重要。依照被审计单位的观点，利用调查问卷，检验一下绩效审计是否与下列一些理解有关：

- 使其机构更加具有成本效益；
- 帮助其机构实现其目标；
- 帮助其机构更加以成果为导向的方式运行；
- 有助于其机构内部实现计算机电子化；
- 使政策倡议更加基于证据。

虽然一些被审计单位显示，绩效审计的确对其机构产生了影响，但是，它们对涉及上述主题的问题仅仅打了很低的分数。在半结构化访谈中，访谈者就这一问题与被审计单位进行了讨论，因为乍看之下它似乎显得自相矛盾。通过讨论绩效审计对他们关于新公共管理改革认知的积极影响，绝大多数人解释了他们看似矛盾的行为。
258 虽然他们承认这些改革的过程已经进行了很长的一段时间，但是他们指出，绩效审计带着改革的内涵第一次真正出现在他们面前。表 12－5 展示了被审计单位对莫瑞（Morin，2001）提出的不同成功因子所打的分数。

表 12－5　　审计师和被审计单位对成功指标所给出的平均分

绩效指标	绩效审计 1	绩效审计 2	绩效审计 3
1. 被审计单位对审计师合作偏好的感知	3.00	1.50	3.00
2. 被审计单位对审计师和被审计单位之间权力关系的感知（在没有权力斗争的情况下）	2.25	2.50	1.33
3. 被审计单位眼中的审计师的可信度	3.50	2.50	3.67
4. 审计师所采纳的角色和功能	3.25	1.50	1.00
5. 被审计单位的影响力程度	4.00	3.50	3.50
6. 被审计单位的承诺水平	4.00	4.00	4.00
7. 被审计对批评的容忍水平	2.00	4.00	1.50

续表

绩效指标	绩效审计 1	绩效审计 2	绩效审计 3
8. 审计师和被审计单位之间交流的流畅度	3.25	3.25	3.17
9. 被审计机构职员层和权力核心层的意愿	2.75	4.50	3.00
10. 政治意愿	2.38	4.50	2.42
11. 绩效审计的时效性	4.00	4.00	3.17
12. 被审计机构的重大重组	—	—	3.08
13. 政府层面的改革	—	—	3.00
14. 被审计活动的地位和被审计机构管理层的优先等级排序的建议	3.88	4.75	4.33
最高分	60.00	60.00	70.00
总分（绝对数）	38.26	40.50	40.17
总分（百分比）	63.77	67.50	57.39

注：量表中的平均分数从 1 到 5 不等，5 代表最佳的结果，1 代表最差的结果。由被审计单位评价的绩效指标是 1、2、3、4 和 9。成功因子 5、6 和 7 由审计师评分。成功因子 8、10、11、12、13 和 14 将被审计单位和审计师的感知都考虑在内。

值得一提的是，被审计单位给成功因子“审计师的可信度”的打分相对较低。半结构化的访谈显示，被审计单位不会自动地将这种成功因子与审计师的专业技能相联系。另一方面，在评估审计师可信度的时候，他们指的是其他方面的素质，如审计师对被审计机构的特别特征的同理心（empa- 259
thy）。针对审计师的主要批评是，他们太多地按照法律的字面意义而不是法律的精神行事。根据一些被审计单位的意见，如果审计师将进行审计的环境考虑在内，他们可能就会以一种更加积极的方式展现其某些发现。最后，有些被审计单位感觉，审计师并没有太多地关注被审计机构自己已经主动进行的改革。

除此之外，成功因子“被审计单位对审计师和被审计单位之间的权力关系的感知（在没有权力斗争的情况下）”很低的得分引人注目。虽然它们给人们的印象是绝大部分被审计单位认为在它们和审计师之间存在着权力斗争，但这一结论应该被全面考虑。毕竟，这一成功因子的得分不但在不同的情况下变化很大，而且在同一绩效审计的不同被审计单位之间也是如此。此外，所有关于成功因子“被审计单位的承诺水平”的绩效审计都得到了很高的分数。为了证实他们的观点，审计师援引了公开性和与被审计单位合作的程度，以及他们与被审计单位积极就出现的问题展开讨论这一事实。在一个案例中，他们特别提到被审计单位投入审计中的时间和精力，以及审计师和被审计单位之间的对话，根据审计师的观点，这些对话相当富有情感。

在三个所选绩效审计之间其他引人瞩目的相似之处是它们在成功因子“绩效审计的时效性”和“被审计活动的地位和被审计机构管理层的优先等级排序的建议”所获得的高分。关于后者，所有被审计单位都拥有同样的观点，即绩效审计涉及其机构的核心活动。对于前者，大多数被审计单位认为三项绩效审计的时效性对其成功具有促进作用。受访者经常用来证明绩效审计的适时性的论据是这样一个事实：绩效审计报告公布后不久就会出台新的政策计划，这样审计的结果就可以融入这一新计划之中。至于其他的成功因素，在三个案例中得分数差别很大。表 12 –6 通过对成功因素的分类展示了这些结果。

260 **表 12 –6　　按照成功因子类别对结果的总体概况**

成功因子的类别	绩效审计 1	绩效审计 2	绩效审计 3
与绩效审计过程有关的因子	25. 25/40. 00	22. 75/40. 00	21. 17/40. 00
与环境条件存在有关的因子	13. 01/20. 00	17. 75/20. 00	19. 00/30. 00
总分	38. 26/60. 00	40. 50/60. 00	40. 17/70. 00

根据这些研究成果，我们可以找出所选三项绩效审计中的每一项促成其成功的因素。表 12 –5 和表 12 –6 显示，这些因素在三项所选的绩效审计中
260 变化很大。按照莫瑞的方法，一般来说，我们可以认为，与绩效审计过程有关的因素以及与环境条件有关的因素对绩效审计 1 的影响力比率同等重要。对于绩效审计 2 和绩效审计 3，环境因素似乎发挥了更加重要的作用，尤其是在绩效审计 2 的案例中，环境因素对成功的贡献相当突出。虽然绩效审计 2 在与绩效审计过程本身有关的因素方面并不十分突出，但是，由于具有优越的环境条件，它的影响力比率还是最高的。绩效审计 3 也是如此，但在这一案例中，与环境条件存在有关的因素仅仅在较低的程度上以适度的得分弥

补了与绩效审计过程有关的因素。最后，如前所列，在莫瑞的框架之外，我们也给另外5个变量打分，根据文献的观点，这5个变量对绩效审计的影响力都产生影响。表12－7展示了被审计单位和/或审计师为这些变量所打的分数。

表12－7　由文献提出的对绩效审计影响力产生影响的其他变量的平均分 261

变量	绩效审计1 平均分所占 百分比（%）	绩效审计2 平均分所占 百分比（%）	绩效审计3 平均分所占 百分比（%）
1. 被审计单位对绩效审计与被审计机构必须要解决的问题相关性的认知	70.00	80.00	43.40
2. 审计师和被审计单位之间的认知耦合度	60.00	55.00	20.00
3. 被审计单位对绩效审计的技术质量的认知	85.00	67.50	63.33
4. 绩效审计对现状（如当前的假设、实践和安排）的挑战程度	54.38	60.00	41.67
5. 根据被审计单位的观点，可能存在的副作用（如思想僵化、视野狭隘、短期行为、被审计单位积极性的降低、对被审计机构日常工作计划的干扰）	59.00	54.00	70.67

表12－7清楚地显示，虽然被审计单位认为绩效审计1和绩效审计2具有相关性，但绩效审计3并不是这样。被审计单位通过提出下面的观点证明了其答案的合理性，即虽然他们认为审计很重要（如因为审计涉及其机构的核心活动），但他们并不认为审计师的结论和建议是改善其机构功能的有效起点。根据被审计单位的观点，这是由于审计师和被审计单位之间在审计如何进行以及政策制定和政策执行应该如何组织等方面存在分歧造成的。被审计单位特别批评审计师只关注法律的字面意义而不是法律的精神。此外，他们感到，审计师过度关注量化的目标，在他们看来，这一点在其机构积极参与的政策领域是不可能做到的。表12－7显示，这些在绩效审计3的被审
计单位和审计师之间冲突的领域也反映在审计师和被审计单位之间认知耦合 261
度的得分上。

另外，被审计单位对所有三项被选出的绩效审计的技术质量给出了非常积极的评价。然而，值得注意的是，虽然根据莫瑞的方法绩效审计2拥有最高的影响力比率，但在这一特定的特征上它没有得到最高分。这可能显示，绩效审计的技术质量不是影响力的一个重要决定因素。这一观点得到了访谈中被审计单位陈述的证实。有一个例子可以说明这一点。虽然绩效审计2的被审计单位对审计师的结论持正面的态度，但是，他们对审计进行的方式并不完全满意。除此之外，他们指出，绩效审计只能部分涵盖被审计机构积极参与的政策领域，因此，它也不能完全掌握其复杂性。绩效审计3的被审计单位承认审计师非常胜任和专业。但是，按照他们的观点，审计师同理心的缺乏伤害了审计的技术质量和结论。

262 此外，表12－7显示，在被审计单位将三项绩效审计看成是在何种程度上对现状的挑战方面，它们的得分也相当接近。大部分绩效审计1和绩效审计2的被审计单位报告说，这些审计已经对在其机构内的现有概念和假设产生了影响。为了证实这些陈述，他们主要是指作为审计结果的新公共管理的思想主体（如更具竞争力、以成果为导向和以客户为驱动的政府）可能已经坚实地融入其机构内。

最后，对于这所有三项绩效审计，我们证明了莱乌（Leeuw）在第11章已经讨论的某些潜在的间接影响力（如思想僵化、视野狭隘、短期行为、被审计单位积极性的降低、对被审计机构日常工作计划的干扰）在何种程度上在被审计单位的感知中得到自我证明。表12－7中的结果显示，间接影响力在绩效审计3的案例中得到特别的展示。根据该绩效审计所涉被审计单位的观点，存在三种间接影响力：对被审计机构日常工作计划的干扰、思想僵化和视野狭隘。绩效审计3的被审计单位声称，作为审计结果，他们感到更倾向于追求长期目标，而不再追求短期目标。对此他们更加明确地认为，作为对审计师的负面批评，他们不得不为自己及其机构辩护，这也鼓励他们更加清晰地建立机构的使命及其长期目标。

与调查绩效审计影响力和本研究局限性有关的困难

我们研究的结果似乎证实了莫瑞（Morin，2001）的研究成果。当然，因为我们仅仅研讨了三个案例，所以我们应该理性地看待这一问题。在进行这项研究的过程中，我们的研究方法以及在研究绩效审计的一般影响方面遭遇了一些局限。

第一，读者应该意识到，通过使用以上研究方法，人们不是从更好的政策和更好的公共管理方面来衡量绩效审计的影响力，而是以审计师影响力尝 263
试的成功来衡量绩效审计的影响力。应该清楚的是，我们的目标是调查绩效审计的影响力，而不是附属于这些绩效审计的政策措施的影响力。同样，通过使用这一方法，人们无法保证，实施审计师的建议能够真正地有助于产生一个更有效率、更有效果、透明度更高的政策和管理过程。

第二，应该注意的是，使用这种方法，人们无法确切地说明当审计师推荐了某些选择，而被审计机构实施了这些建议时，被审计机构只是因绩效审计而采取行动，还是由于其他事件而采取行动。例如，在半结构化的访谈中，一些被审计单位指出，机构改革的进行是由于融入市政管理中的新公共管理思维的结果，而不是某一项绩效审计的直接结果。如果想要在研究和衡量绩效审计影响力方面取得进展，未来将这些方法论问题考虑在内是非常重要的。

第三，以上应用的研究方法不能排除这样的可能性，即不是单独的一项绩效审计产生影响，而可能是几项绩效审计产生累积效果。这种可能性在我们的研究中可能没有得到考虑，因为接受访谈的被审计单位没有对鹿特丹市审计机构过去的经验。但是，将来的研究应该将绩效审计具有累积效果的可能性考虑在内，目的是确保能够得到关于绩效审计影响力的一个全面的图景。

第四，在处理因果关系时应小心。关于绩效审计影响力的文献常常假设线性的因果关系是一个前提条件。因此，其他可能的因果关系常常被事先排除。但是，正如下面的例子所示，如果用这种线性的方法处理因果关系，人们要冒错误表述绩效审计在何种程度上真正具有影响力的风险。通过利用指标“绩效审计在国会（此处指市议会）获得的注意力”以及“绩效审计受到媒体的关注度”，人们可以大致假设，绩效审计的影响力越大，获得国会的注意力就越大，受到媒体的关注度也就越高。但是，这种推理完全可以反过来进行。人们也可以这样宣称，绩效审计获得国会的注意力越大、获得媒体的关注度越高，绩效审计的影响力也就越大。

除此之外，循环因果关系也有可能出现。当因素 A 共同决定因素 B 的
条件，而因素 B 又共同决定因素 A 的条件时，循环因果关系就发生了。我
264 们可以用一个例子来说明这一抽象的陈述。例如，如果媒体和国会根据其先
前的经验，预期绩效审计将有很大的影响力，那么，很有可能他们会比在没
有这些预期的条件下对这一特定的审计给予更多的关注。从新闻界和媒体获
得的关注度可以促使绩效审计的成功，这样也就扩大了其影响力。

此外，还有一种可能性不能排除，即在绩效审计产生影响的环境下，第三方因素会影响某些自变量和因变量之间的关系。例如，有可能媒体的关注以及/或者来自国会的关注本身对绩效审计影响力不产生影响，但是，这些因素促使被审计机构紧跟绩效审计的步骤行动，这样最终促使审计更具效率。那么，绩效审计获得的来自国会以及/或者媒体的关注应该被看成是一个中间变量。它可能不会以直接的方式影响绩效审计影响力，但可能以间接的方式产生影响。

最后，根据有些学者的观点（如参见 Pollitt et al.，1999；Morin，2004），大多数有关绩效审计影响力的研究，包括本研究，没有将绩效审计产生的预防性效果考虑在内。按照他们的观点，绩效审计对于被审计的管理人员具有威慑力，因为绩效审计阻止了他们从事危险的管理活动。如果我们最终希望能够完全掌握绩效审计在多大程度上发挥影响，那么还需要对这一主题进行更多的研究。

结论

我们的探索性研究有三个主要的目标。第一，它试图探索绩效审计在何种程度上真正具有影响力。第二，它旨在揭示影响绩效审计影响力发挥程度的各种因素。第三，同样重要的是，它的目的是一方面重新开展有关绩效审计影响力的辩论，另一方面则是研究绩效审计的方法。

我们反对那些经常被最高审计机关用来确定其绩效审计工作影响力的“流行”指标，因为这些指标仅仅以有限的方式来衡量绩效审计影响力。受莫瑞（Morin，2001）研究绩效审计成功方法的启发，我们选择了由鹿特丹市审计机构所进行的三项绩效审计，同时我们将她更为综合的模型运用其

中。我们的研究结果似乎证实了莫瑞（Morin，2001）的研究成果。根据我们的研究成果和经验，我们特别指出了我们所使用的研究方法的一些局限以及在涉及绩效审计的一般影响研究方面的局限。 265

注释

1. 根据政策评估领域的流行做法，“影响力”被定义为某种政策项目、干预或措施（在本书中特指绩效审计）的影响力。“特别”的影响力是指有关直接目标群体预期的结果。“间接影响力”与出现的但不是原来希望的结果有关。

2. 在中央政府层面，参见 Brown，1980；Hatherly and Parker，1988；Johnston，1988；Van der Meer，1999；Morin 2001 and 2004；de Vries，2000；Lapsley and Pong，2000；Alon，2007；Schelker，2008；Milgrom and Schwartz，2008。在地方政府层面，参见 Johnsen et al.，2001；Torgler，2005；Torgler and Schaltegger，2006；Schelker and Eichenberger，2008。

3. 要了解对这一主题进行更加广泛讨论的文献，参见 Weets（2008）。

4. 当绩效审计所提供的信息以一种直接的和以可分配的方式使用时，就可以说它具有“工具性影响力”（例如，被被审计机构采纳的建议数量）。“概念性影响力”是指这样的情形，即绩效审计通过对政治家和管理人员的观点、参照系和思想施加影响以间接的方式影响其决策的过程。“交互式影响力”与绩效审计对管理当局、内阁部长和利益集团之间的关系所产生的影响有关，也与它对其他“知识创造者”（如智库、高等院校等）可能产生的影响力有关。绩效审计的“政治—立法影响力”可以说是指绩效审计在国会和/或媒体得到的关注。绩效审计的“策略性影响力”可以以不同的方式自我显示出来。例如，绩效审计的成果在部门和机构之间协商过程中可能被使用（或误用）。这些不同类型的影响力不是相互独立的。因此，它们并不相互排斥。

5. 要了解反对最高审计机关通常用来衡量其绩效审计工作效果性的“流行”指标更详细的论点综述，参见 Weets（2008）。

6. 要了解绩效审计师角色的详细讨论，参见 Pollitt et al.（1999）。

7. 视野狭隘与下列情形有关，即在绩效审计度量系统中被量化和被度量的现象以绩效中未被量化和未被度量的方面为代价而被过度强调了（Smith，1995；Dolmans and Leeuw，1997）。思想僵化是指下列的情形，即通过过分强调遵从程序，造成绩效审计阻碍政府的创新和改革（Leeuw，2006）。短期行为与下列情形有关，即作为绩效审计的结果，被审计单位倾向于将重点放在使组织使用的绩效指标取得良好结果上，从而忽视长期政策观点（Neely，1999；Jackson，2005）。

参考文献

Alon，G.（2007），“State audit and the media as the watchdog of democracy-a comprehensive view”，*Journal of the Office of the State Comptroller and Ombudsman of Israel*，61，55 –100.

Bowerman，M.，H. Raby and C. Humphrey（2000），“In search of the audit society：some evidence from health care，police and schools”，*International Journal of Auditing*，4，71 –100.

266 Brown，R.（1980），“Auditing and public administration：the unrealized partnership”，*Public Administration Review*，40（3），259 –65.

Dolmans，L. J. F. and F. L. Leeuw（1997），“Performance auditing. Vraagtekens bij de effectiviteit van een onderzoekstraditie”，*NIVRA*，*Naar een doelmatiger overheid. Goed georganiseerd mensenwerk*，81 –8.

Elliott，J.（2002），“The impact of intensive ‘value for money’ performance auditing in educational systems”，*Educational Action Research*，10（3），499 –506.

Etverk，J.（2002），“Measuring performance audit effectiveness：the case of Estonia”，Master Thesis，University of Tartu.

Hatherly，D. J. and L. D. Parker（1998），“Performance auditing outcomes：a comparative study”，*Financial Accountability and Management*，4（1），21 –41.

Jackson，A.（2005），“Falling from a great height：principles of good practice in performance measurement and the perils of top down determination of performance indicators”，*Local Government Studies*，31（1），21 –38.

Johnsen, A., P. Meklin and J. Vakkuri (2001), "Performance audit in local government: an exploratory study of perceived efficiency of municipal value for money auditing in Finland and Norway", *The European Accounting Review*, 10 (3), 583 -99.

Johnston, W. P. (1988), "Increasing evaluation use: some observations based on the results at the U. S GAO", *New Directions for Program Evaluation*, 39, 75 -84.

Kirkhart, K. E. (2000), "Reconceptualizing evaluation use: an integrated theory of influence", *New Directions for Evaluation*, 88, 5 -23.

Lapsley, I. and C. K. M. Pong (2000), "Modernization versus problematization: value-for-money audit in public services", *The European American Review*, 9 (4), 541 -67.

Leeuw, F. L. (2006), "Over impact en neveneffecten van performance monitoring en auditing", *Vlaams Tijdschrift voor Overheidsmanagement*, 11 (4), 37 -44.

Leviton, L. C. and E. F. X. Hughes (1981), "Research on the utilization of evaluations-a review and synthesis", *Evaluation Review*, 5 (4), 525 -48.

Milgrom, T. and R. Schwartz (2008), "Israel's auditor as policy change agent: the case of water policy", *International Journal of Public Administration*, 31 (8), 826 -77.

Morin, D. (2001), "Influence of value for money audit public administrations: looking beyond appearances", *Financial Accountability and Management*, 17 (2), 99 -118.

Morin, D. (2004), "Measuring the impact of value for money audits: a model for surveying audited managers", Canadian Public*Management*, 47 (2), 141 -64.

Morin, D. (2008), "Auditors generals' universe revisited. An exploratory study of the influence they exert on public administration through their value for money audits", *Managerial Auditing Journal*, 23 (7), 697 -720.

Neely, A. (1999), "The performance measurement revolution: why now and what next?", *International Journal of Operations and Production Management*, 19 (2), 205 –28.

Pollitt, Christopher and Gert Bouckaert (2004), *Public Management Reform: A Comprehensive Analysis*, Oxford: Oxford University Press.

Pollitt, Christopher, Xavier Girre, Jeremy Lonsdale, Robert Mul, Hilkka Summa and Marit Waerness (1999), *Performance or Compliance? Performance Audit and Public Management in Five Countries*, Oxford: Oxford University Press.

Schelker, M. (2008), "Public auditors: empirical evidence from the US States", CREMA Working Papers 2008/04, Basel: Center for Research in Economics, Management and the Arts.

267 Schelker, M. and R. Eichenberger (2008), "Rethinking public auditing institutions: empirical evidence from Swiss municipalities", CREMA Working Papers 2008/06, Basel: Center for Research in Economics, Management and the Arts.

Shore, C. and S. Wright (1999), "Audit culture and anthropology: Neoliberalism in British higher education", *Journal of the Royal Anthropological Institute*, 5 (4), 557 –75.

Smith, P. (1995), "On the unintended consequences of publishing performance data in the public sector", *International Journal of Public Administration*, 18 (2), 277 –305.

Torgler, B. (2005), "A knight without a sword or a toothless tiger? The effects of audit courts on tax morale in Switzerland", Working Paper No. 2004/06. Center for Research in Economics, Management and the Arts.

Torgler, B. and C. A. Schaltegger (2006), "The determination of political discussion: how important are audit courts and local autonomy?", in *Berkeley Program in Law and Economics, Working Paper Series*, 198, Berkeley: University of California.

Van der Meer, F. B. (1999), "Evaluation and the social construction of impacts", *Evaluation*, 5 (4), 387 –406.

Vries，G. J. de（2000），“Beleidsdynamica als sociale constructie. Een onderzoek naar de doorwerking van beleidsevaluatie en beleidsadvisering”，Delft：Uitgeverij Eburon.

Weets，K.（2008），“How effective are performance audits? A multiple case study within the local audit office of Rotterdam”，Paper presented at the 5th international conference on Accounting，Auditing and Management in Public Sector Reforms（European Institute for Advanced Studies in Management），The Netherlands：Amsterdam. 3 –5 September 2008.

Weiss，C. H.（1979），“The many meanings of research utilization”，*Public Administration Review*，39（5），426 –31.

Weiss，Carol and Michael Bucuvalas（1980），*Social Science Research and Decision – Making*，New York：Columbia University Press.

13. 在受托责任的环境中学习

杰瑞米·朗斯代尔　埃琳娜·比彻伯格
(Jeremy Lonsdale and Elena Beechberger)

268 本书强调，绩效审计的主要目标是帮助确保受托责任，但同时也强调从工作中学习的价值。有人认为（Lehtonen，2005），协调责任和学习之间的挑战可能很困难，同时其他一些学者（Bemelmans - Videc，Perrin and Lonsdale，2007）也认为，“传统的责任形式……常常被认为与学习的关系较少，而与处罚的关系较大”。有些学者也注意到，将主要注意力放在责任上造成了过分强调严谨、独立、可复制性和效率，而重点放在学习上则强调利益相关者的“认同”和一个为讨论及吸取教训留有空间的评估过程。因此，人们得出结论，“这两个目标并不一定相互排斥……但是它们有很大的差异，值得单独考虑”（OECD，2001）。

一般来说，绩效审计与问责的实践、规范的观点有关，并且常常与关注缺点和短处有关。但是，我们曾经听到过另一种观点，这一观点主要是来自从业者（本书中的Funkerhouser；Black，2000；Bourn，2007），强调他们认为的审计在提高政府绩效和帮助机构学习方面的作用。其他一些学者将注意力放在审计师对找出和推广“优秀实践”不断增长的兴趣上（Wilkins and Lonsdale，2007；Bechberger and Page，2007）。在此背景下，本章考察了绩效审计师如何协调协助政府学习的要求与他们在问责环境中的角色。特别是，它将重点放在英国国家审计署。在以前没有考虑绩效审计和学习的情况下，本章首先概括了大量评估文献认为的构成有效学习的因素。然后，本章分析了国家审计署的工作在何种程度上符合这些特点，并且探讨了在绩效审计中将责任和学习结合在一起所带来的挑战。

评估活动和学习 269

一个学习型政府被描述为“能够改进其政策措施和基本假设或政策理论”的政府（Van der Knaap，2006）。打造学习型政府可以通过以下方式实现：通过实干然后对经验的反思，通过员工参加课程的学习或与同行分享经验，通过对方法的展示或解释，通过建设性的或其他方式的挑战，通过与其他组织或在单位之间进行比较，通过外部审查、审计、检查或评估等。对于这种评估工作如何促进政府的学习，文献中有广泛的讨论。例如，豪利特和拉梅什（Howlett and Ramesh，1995）将政策评估看成是“学习过程的一部分，在此过程中，政策的发展与变化主要基于有意识的对过去的成功与失败的认识以及有意识的效仿成功、避免失败的努力”。

当然，成功地从评估中进行学习远非是自然而然的或直截了当的，它可能依赖于一系列因素，包括组织能力、使用的方法、执行评估的部门的权威、时间的恰当性、运气以及是否有阻碍学习的力量（见表 13 - 1）。

表 13 - 1　　影响评估在促进学习方面取得成功的因素

可能有助于学习的一些因素	可能阻碍学习的一些因素
• 评估结果出现的时机恰当 • 渴望学习 • 学习能力 • 既定的评估文化并且监管到位 • 评估被认为具有高质量 • 评估师和被评估单位之间保持联系	• 将评估看成是一种威胁 • 结论和建议被认为不现实 • 思想上反对 • 评估结果传播不力 • 担心潜在的困窘、声誉风险等 • 对评估者缺乏信任 • 先前评估的糟糕经历

一些评论家（如参见 Preskill and Torres，2000）强调合作方法（“对评估和研究成果的使用所采取的参与式、对话式、反思性和以探寻为导向的方法”）作为通向学习的最佳途径的重要性。这些学者强调了评估者和被评估单位之间保持联系的重要性、学习的渐进性和迭代性，以及从过去的评估中

进行学习的价值。

270 另外，可能存在一些障碍。陶特和布劳恩斯（Taut and Brauns，2003）提出了一个思考利益相关者抵制项目评估的框架，我们认为这一框架对绩效审计同样有重要意义。他们认为，对控制的基本需求可能导致对现状的维持。对正面自我形象的需求可能导致对绩效反馈的排斥和采取不合作的行为。过去的经历也会从根本上影响对评估的态度，因为人类的基本倾向是将奖赏最大化，同时尽量避免处罚。除此之外，正如罗西等（Rossi et al.，1999）提醒的那样："无论评估师对某一项目的有效性的结论如何完美地基于严谨的研究设计和经过精细分析的数据，某些利益相关者都有可能认为，评估的结果是武断的和任性的判断，因而会做出相应的反应。"

在受托责任的环境中学习

这种一般性的讨论已经确定了有利于从评估工作中学习的环境。但是，这类有益的环境可能并不存在或可能很难确保存在，相反，可能存在一系列学习的障碍。在最糟糕的情形下，可能有强行干预的痕迹记录、对动机的怀疑和对审计工作时间和范围的防范。这些环境的其中之一可能是审计工作中所包含的强烈的问责成分（Bemelmans - Videc，Lonsdale and Perrin，2007）。有关这一点我们的意思是，报告和评估信息被用于承担责任的正式目的，如向资金提供者报告，或者向国会委员会报告（绩效审计通常如此）。

对一些人来说，绩效度量和报告制度以及审计的发展是一种对学习造成问题的文化特征。有人这样认为：

> 这种文化不会导致学习型机构的发展，促使其能够对客户和公民的需求做出反应，但却建立了一种监督和审计文化。这是一件先天发育不良、后续乏力的事情，官员害怕做出创新性的决定，而管理者则是对最新的高度集中的绩效目标毕恭毕敬（Massey and Pyper，2005）。

责任环境下的评估被认为对官员具有特别的影响并由此导致某些行为。例如，有些人认为，这类工作的公共性质可能会带来问题。

主要具有责任功能的评估倾向于公开化并且常常是由外部审计师来执行。其政策、管理或执行活动接受评估的单位常常倾向于对其行为和成绩进行辩护。这就限制了从评估中进行学习的机会，而学习有可能带来改进（van der Meer and Edelenbos，2006）。 271

这与责任领域之外的评估形成对照：

案例分析和访谈文本可以隐去姓名，这样，部长、官员和地方管理者就可以坦白地承认错误并从中吸取教训。技术高超的评估者可以扮演“诚实的经纪人”，这样就能够提供一个“安全的”环境，在此环境中，决策者和从业者可以暂时将由于检查所带来的那些并非由衷的言行放在一边，以便分享那些“非正式”的洞见（Martin，2005）。

并非所有人都认为，出于问责目的的审查与学习是不相容的。韦斯（Weiss，1998）认为：“当将评估结果向决策者、出资方和公众汇报时，他们要召开一次范围广泛的听证会。由于其公开性，评估结果可能引起自适应的行动。由于知道其他人在看着他，从业者可能会更加关注公众的预期。”博文斯（Bovens，2004）也强调，责任不仅只是控制，也是预防，例如，国会对政策失效的调查可能促使“大量处于相似处境的政策管理者调整他们的政策和程序”。同时，似乎有时对与学习有关的审计作用的理解也可能发生变化。根德隆、库伯和汤利（Gendron，Cooper and Townley，2007）重点讨论了在面对质疑和反对的情况下，加拿大亚伯达省审计长办公室如何成为绩效度量方面公认的专家。该办公室通过积累专业知识和展示它关于绩效度量如何执行的观点而做到了这一点。

尽管有这些正面的评价，但我们仍然认为，在一般情况下，责任环境拥有的与学习有关的特点较少，而被看成是障碍的特点较多。对于那些追求在工作中学习的绩效审计师来说，这是一个挑战，因为它主要发生在责任环境中。

国家审计署和学习

下一节要解决由我们的分析所提出的问题，到目前为止，我们只是在英国国家审计署的特定案例环境中对这些问题进行了探讨。本节要分析下列问题：

272 (1) 我们所拥有的有关国家审计署和学习方面现有的证据；

(2) 关于在协助政府学习方面的作用，国家审计署正式地说过什么；

(3) 经验丰富的绩效审计人员有关协助创造学习机会的观点；

(4) 审计师对“好的惯例”的推广。

我们已经拥有什么样的证据?

国家审计署工作环境的许多方面似乎有利于构成对政府学习的有效贡献。例如，它具有跨政府的权限，这就使其能够对政府有一个全面的看法并且做出比较。它的资源充足并且聘用了各类专业的职员。它具有向公众发布报告的能力，包括从自身报告中综合信息的能力。除此之外，正如在第1章中提到的，审计工作可以直接为一些安排提供信息，通过这些安排，政府机构被要求解释它们采取了哪些改善绩效的行动。国家审计署的报告是公共账目委员会听证会的基础，该委员会具有强力的调查权和确保对建议采取行动的能力。

国家审计署似乎也认为应该帮助政府学习。十年前，波立特等（Pollitt et al.,）就强调了国家审计署通过发挥更多的“咨询”和顾问作用来帮助公共机构实现“物有所值”这一抱负的重要性，尽管它不如其问责职责重要。最近，威尔金斯和朗斯代尔（Wilkins and Lonsdale，2007）也强调了审计机构（包括国家审计署）向政府机构传播良好实践的工作范围日益扩大。这一点由国家审计署的公开声明得到了证实，“我们的政府审计不但要对部门和机构负责，而且要在寻求改善方面帮助和支持它们。这一直是我们的核心信念，并且建立在坚实的证据之上”（National Audit Office，2010）。

另一方面，本章前面所确认的有些与学习有关的因素似乎不存在，但存在争议的是，许多似乎阻碍学习的因素却存在。例如，国家审计署惯于对不足之处发表批评性的评论，因而被许多官员看成是具有负面的视角。作为一个审计机构，它与福如博在其为本书所写的章节中所指的“坏人”视角有紧密的关系。国家审计署是正规责任安排的一部分，这些安排被某些人士描述为咄咄逼人和吹毛求疵（Landers，1999；Lipsey，2000），而且参加委员会的听证会则成为一项为被审计单位进行的保全面子的演习（Bowerman，

1996）。这也是在政府之外而不是在政府之内（是故意而为之，目的是逃避执行），这可能缩小这类非正式的和正在进行的合作的范围，这些合作被认 273
为对从评估中学习十分重要。尽管被认为对于保护独立性十分重要，但这种疏远可能被官员解读为毫无帮助，并使他们将这一机构看成是不可能的援助来源。

国家审计署也有很广泛的管理范围，这大概限制了它过于频繁地关注同一主题的能力。结果，在回应国家审计署的报告时，有人质疑是否有足够的证据证明“审计结果中的长期改进措施已经得到执行，教训已经被广泛吸取，错误也没有重犯”（Brazier and Ram，2006）。除此之外，对审计师独立性的重要性的强调可能降低审计员工在执行建议方面发挥作用的意愿和能力，同时会减少在部门内与官员保持持续关系的机会。它的权限使它不能对政策的优点加以评论，这可能被看成是对其协助提高学习能力施加的人为限制。

最后，对国家审计署的认知可能会影响它是否被看成是一个涉及学习的机构。波立特等（Pollitt et al.，1999）为绩效审计师找到了四种可能的“角色”，包括“公共会计师”和“管理顾问”。他们认为，单个的最高审计机关不能完全适合一种“角色”。夏尔马（Sharma，2007）强调了她的观点：

在与被审计单位互动时，绩效审计师采用的话语和与公共账目委员会（PAC）互动所采用的话语之间在谈话和文本方面存在差异……一方面，他们以“咨询的角色”行事并且与各部门保持良好的工作关系（Bowerman，1996；Bowerman et al.，2003；and Gendron et al.，2001），另一方面，他们通过向委员会提供用于在听证会上向有关部门提问的关键性简报，从而设法给公共账目委员会留下良好的印象。

在这些情况下，官员们可能会得到原谅，因为他们无法确定审计师在任何特定的时间采用哪种模式进行操作，或者担心尽管审计师可能对协助改善有兴趣，但他们在国会中的盟友更关心让他们承担责任。表 13－2 将国家审计署绩效审计方法的性质与本章开头所讨论影响学习的因素进行了对比。

274 **表 13-2 国家审计署如何与影响学习的因素相匹配**

影响从评估中学习的因素	国家审计署绩效审计
使利益相关者参与到评估过程中——合作并且由对话和反思指导	传统上，保持一定距离，至多是讨论一些方法、重点等。对话常在澄清报告的正规过程中展开
继续使评估对象参与以找出“有教育意义的事件”以及学习的计划	一般情况下，先进行工作然后再转向另一个主题或机构。在某一项目的研究部分或后续工作正在展开的情况下，维持某种持续的关系
转换性学习的迭代性质确保意识到过程的哪些方面有利于或阻碍学习	审计流程通常将重点放在具有明确参与目标的具体结果（意见、报告）上
持续回归学习小组并且鼓励将学习作为完成工作的例行部分	除了后续工作外，审计通常与传统的有限参与后续报告组合在一起
当评估者在对话和反思的过程中指导项目员工时界限模糊	有关执行中的参与通常坚持严格的规则。在审计师和被审计单位之间清晰的分界得到全面确认
评估者与潜在用户维持关系的时间越长，就会看到长期使用的可能性越大	长期关系的确存在并且是追踪绩效目标和展示其影响力的激励

关于学习，国家审计署说过什么，是否随时间而变化？

现在我们根据 1988～2010 年间国家审计署年度报告的一项调查，看一看
274 国家审计署就其在学习中的作用说过一些什么，以确定有关学习的讨论的规模和性质（见表 13-3）。为此，我们对报告的文本进行了回顾，以确认其涉及超越简单地履行法定责任汇报审计结果的场合。这包括“学习”“教训”或“传播良好实践”等措辞的使用。我们也注意到了一些具体的成果或尝试。

275 **表 13-3 国家审计署年度报告（1988～2010 年）中有关学习的活动**

年份	涉及教训和学习活动	提及的学习活动
1988	0	
1989	2	良好实践指南
1990	6	研讨会和其他会议 展示和论文宣读
1991	5	补充已出版报告的单独报告 建立人力资源专门知识中心

续表

年份	涉及教训和学习活动	提及的学习活动
1992	2	根据研究出具给被审计机构的报告 论文、演讲和研讨会
1993	4	论文、演讲和研讨会 指导效益工作服务方面质量的单位
1994	3	论文、演讲和研讨会，展示 吸引人们关注来自国家审计署教训的财政部信函
1995	3	论文、演讲、研讨会和访问，展示
1996	10	对具体项目的建议 为被审计机构出具的报告 研讨会、演讲和其他活动，对学校管理机构的指导，对单个学校的报告，对资助机构的指导，借调
1997	7	研讨会、演讲和其他活动，《国家审计署关注焦点》刊物
1998	3	《国家审计署关注焦点》、研究清单，对新防务机构的指导
1999	5	建议人们如何在汽油账单上省钱的宣传单，研究清单，《国家审计署关注焦点》
2000	6	《国家审计署关注焦点》、研讨会
2001	9	有关家用电力消费的宣传单，在髋部手术前病人要问的问题，研讨会、其他会议、演讲，关注焦点，在线关注焦点，主持医院咨询小组
2002	7	会议、研讨会，《国家审计署关注焦点》，有关 HAI 的书籍，研究清单，在线关注焦点，包括良好实践的两页内容
2003	6	会议、研讨会，《国家审计署关注焦点》、在线、总结国家医疗服务体系（NHS）高级职员的服务要点
2004	10	支持审计委员会、成员论坛、最佳实践指导，私人融资计划（PFI）建议数据库，私人融资计划团队训练研习班，会议、简报 276
2005	20	良好实践指导，简报，会议，研讨会，研习班，审计师使用的 CD - ROM，病人体验的 DVD，总结有关某一主题已发表研究的小册子，自我评估工具，文章
2006	12	效率工具包，简报、会议和研讨会，良好实践手册，关于快速结案的小册子，特定目标宣传册
2007	7	选择委员会、工作小组、已建立的内部实践网络情况简介

续表

年份	涉及教训和学习活动	提及的学习活动
2008	5	公布好的惯例
2009	8	便利化的研习班，良好实践指导、工具包
2010	12	良好实践指导、指南和工具包

资料来源：国家审计署年度报告。

虽然使用了一些不可避免地试图展示正面观点的文件，但表 13－3 还是提供了一些暗示，使我们能够看到国家审计署报告的为了促进学习而采取的措施。这些就是罗西、弗里曼和利普西（Rossi，Freeman and Lipsey，1999）
276 所谓的“二次传播”（secondary dissemination）的例子，即为满足不同利益相关者的需求而交流研究成果的额外方式。其主要特点如下：

● 产生额外的产品和总结：审计团队会提供简报、指导、非正式建议和其他附加产品。其中一些专门用于特定报告，诸如在 2006 年给 22000 所学校管理者有关其角色的建议，而其他的则更加综合，诸如概述其一系列报告的《国家审计署关注焦点》（*NAO Focus*）杂志。还有一些如发表于 2010 年《结构性成本削减简要指南》，旨在将对于某一特定议题的建议汇集在一起。生产这些产品的根本原因就是国家审计署希望影响这样一些人，他们几乎没有时间阅读详细报告，需要更多易于理解的、概括性的产品，或者是为官员提供额外的、实用的信息。

277 ● 将审计报告作为对研究成果进行讨论的基础：自从 20 世纪 90 年代以来，国家审计署组织了一些会议和研讨会，最近几年特别关注特定的报告，如防务工程管理，并与第三方合作，或者特别关注一组相关报告，如 2009 年的学习和创新会议。审计员工也在相关会议上展示其审计研究成果。这样做的目的是要超越那些可能阅读审计报告的人群的限制而传播研究成果。会议的目的是将一线员工与分享学习和鼓励从业人员按照研究成果行事的目标结合在一起。

● 汇集并传播有关良好实践的资料：一个长期流传的例子关于私人融资议题的建议和政府响应的电子数据库（2003 年投放使用），这一数据库旨在与有关部门和诸如私人部门承包商及咨询师分享积累的知识，并且与公共部门项目团队的培训研习班有关联（National Audit Office，2004a）。最近，从2010年起，国家审计署网站设立了一个独立的版块“公共服务助手”（Help for public services），这个版块将所有的指导材料汇集在一起，产品超过30种，话题涉及委托和采购、效率、金融管理、工程和项目管理以及绩效度量。

• 开发工具箱：从21世纪开始，人们开发和启用了一些目标针对官员的工具箱。这些工具箱被描述为利用了国家审计署的知识，并被客户用于自我评估的目的，或是作为国家审计署进一步工作的基础。其例子包括用于评估机构效率的电子工具箱（2007）、咨询评估工具（2007）和用于开发与第三方机构金融关系的决策支持工具（2009），在过去的效益研究中所有的领域都得到了考察。

我们对国家审计署年度报告的考察产生了一系列的观察结果。

第一，与20世纪90年代早期相比，在随后的大约十几年中，国家审计署年度报告涉及学习或从其工作中吸取教训的情况有一个总体的增长（虽然近来年度报告的规模有所缩减，强调单项工作的资源也有所减少，这也许能解释这一时期末引用量减少的原因）。这或许可以被看成是对国家审计署赋予它的重要性日益提高以及如何看待这一问题的反思。

第二，在一段时间内，国家审计署对有关什么是更广泛意义上的责任变得更加直率。1989年，国家审计署年度报告几乎都在传递这样的信息，“除 278
了出具报告，1988年我们决定通过确认和公布优秀管理原则和实践来推动绩效的改进”（National Audit Office，1989）。但是，到了21世纪，它就明确宣布，“除了财务审计和绩效工作外，我们在向我们的审计客户提供建议和帮助方面也要发挥更广泛的作用。通过传播指导和最佳实践，我们能够帮助政府部门改进其业务，最终促使其为公民和纳税人带来更好的结果”（National Audit Office，2004a）。

第三，国家审计署年度报告中提到的产品范围在数量和内容上都有所增加。自20世纪80年代开始就出现了各种学术会议、研讨会、主题演讲、论文和优秀实践指南，但是，近来这些活动似乎需要付出更多的努力以及后续工作，在某些情况下要求审计师的推动。例如，在2006年与工具箱有关的论述效率的大部分文章（National Audit Office，2006a）（这些都是重要的成果）中，都要求NAO的员工组织相关官员参加的研讨会。到2010年，私人融资建议数据库包含了从80多份报告中积累的知识，涵盖了1000多份建议和相关的政府回应信息。很明显，例如与仅仅发表刊物文章相比，两者都是实质性的努力。国家审计署也表现出在某些情况下与诸如政府商务部和财政部等政府机构合作发布指南的意愿。虽然这可能被看成是对其独立性的威胁，但常见的情形是，每个机构（常常处在政府的核心层）都协同努力在共同关心的领域里加强合作。

国家审计署做这类工作的理由是可以通过描述它所使用的语言来解释。创造额外的产出显然被看成是“增加价值”。原因包括，它将“有助于公共服务质量的长期改善”“促进有益的变化”“推动公共服务的改进”“帮助公共服务管理人员提高绩效”。这样做是合理的，因为“如果我们没有充分利用这类知识、认知和更广阔的视野，那将是一种浪费”（National Audit Office，2002）。对于国家审计署来说，传播来自于审计工作的信息和见解已经成为其在审计公共机构中法定角色的一种自然延伸。在2009年，它评价道，“通过我们的审计工作，我们要帮助客户提高能力和绩效，并且帮助他们取得更好的绩效或者为公民提供更好的服务。我们已经开发了一系列工具箱和有关政府方方面面的优秀实践指南，其中我们收集了一系列证据，它们可以为那些提供公共服务的机构提供帮助”（National Audit Office，2009a）。

279 除了经验教训的二次传播外，主要产品（即发表的报告）似乎也发生了变化。过去政府官员抱怨的一直是审计报告“过于关注过去且吹毛求疵”（Lonsdale and Mayne，2005）。在过去十年左右的时间里，一些报告对下列方面进行了尝试：

- 强调成功的故事和良好实践范例，也许是在独立于正文的专栏内；
- 出具专门论述成功的报告，以强调那些促成这一结果［特别是有关成功的IT企业（National Audit Office，2006b）和中央政府创新的报告（National Audit Office，2009b）］的因素；
- 更充分地利用机构之间的比较，包括海外和私人部门的例子；
- 针对政策制定的各个方面（如协同合作是否有效、政府与第三方部门的合作有多成功、政府对研究的利用、与公民的成功协商）进行跨政府部门的研究；

- 更多地利用国家审计署的网站来登载详细的研究材料，诸如调查工具和完整的问题响应。

总而言之，本节所展示的证据有助于理解国家审计署如何解读其在学习中的作用。包括以下几点：

- 用不同的方式传播来自审计的信息和知识；
- 创造供一线员工和决策者使用的工具；
- 建立与被审计机构和重要机构更具建设性的工作关系；
- 调整一些报告的语言、语气和内容并且融入一些“成功”的例子；
- 参照由审计工作和其他来源确立最佳实践，与官员一起评估其自身的绩效；
- 推动有关重要议题的讨论。

关于他们的工作的确是有助于政府学习，审计师怎么想？

在调查了官员的观点后，本节利用与国家审计署审计师的小组讨论，探讨了以下三个问题：如何看待他们要努力实现的目标，他们认为从其工作中 280
进行学习存在哪些障碍，以及构成有效学习的要素是什么。这些讨论发生在2007年，有25名有经验的管理者和主管参加，他们进行绩效审计的经验加在一起超过了300年。

许多人在讨论中强调，国家审计署主要是一个问责机构，这一地位被认为显示出对有关学习的限制。一些人认为，他们可以以两种不同的方式操作，即审计或从事“改进的任务”，但是他们必须要清楚在任何给定的时间内他们需要从事那一项任务（“你不能同时既是驾驶员、教练又是考官”）。不过，希望审计“不仅仅只是协助追究责任”的期待得到广泛的认可；的确，审计被看成是一种“自然的发展”和“理所当然地想要帮助解决问题”。超越一个正式的角色也被看成与政府在其他方面的变革一致，当所有的公共机构必须证明其存在的合理性时，以及当“有影响的外部人士”（指政府官员，特别是常务秘书，即政府部门的首脑）被假定去评价国家审计署在何种程度上为帮助政府学习做出贡献的时候，这一点是“不可避免的”。

但是，人们还认识到有一些潜在障碍。有些人仍然怀疑审计师提供这样的帮助是否恰当，并坚信有一道审计师不该跨越的界限。有些人认为，组成一个小组去调查政府机构中实行变革的情形可能是很“不舒服的”，如果他们那样做，就会牺牲他们的独立性，并限制他们将来再次审计这一主题的能力。另外，公共账目委员会的出现也被提到，他们感觉这一委员会总是会影响官员对其工作的认知。但是，审计师所经历的困难被认为并非国家审计署所独有；对于有责任从政府内部推动变革的官方机构来说，试图影响变革也被认为十分困难。这是因为政府部门被认为是高度独立的并且常常抵制别人向它们提出意见。

审计被认为能够以多种方法协助学习，特别是通过创造一些新信息和视角。有些人认为，审计师仅仅通过发起学习就可以鼓励学习——这一行动鼓励各部门高度关注某一特别的主题——或者在报告中概述某一案例而不是必须进行复杂的分析来鼓励学习。通过这种方式，审计有助于不断关注某一部门内的一些特别的主题（也许因为已确认的绩效对高管来说是一个惊喜），但同时也能通过对某一问题的阐述将审计提高到政府的议事日程上（引自
281 2000 年起国家审计署有关医院获得的感染报告的案例）。这样做是否可能因给予某些政策领域更多的（也许是过度的）关注而可能造成的伤害没有被提及。一些接受访谈的人员感到，政府“通过灾难事件”的学习以及对问题案件的报告（即提及口蹄疫爆发的报告）能够协助客观分析发生了什么样的问题。至少，对某一问题的曝光被认为会在高管当中产生一种理念，即此事不允许再次发生。审计师在政府不同部门之间的沟通能力也被认为在协助政府从自身中学习方面很有价值，因为这被认为与单个部门中官员的孤立视角（silo-based perspective）形成鲜明的对照。

但是，一些审计师对政府机构学习的意愿和能力提出了质疑。一些人怀疑，决策是否真的是基于证据的，政府是否真的有时间等待来自试点的证据。对于官员对审计师的方法超越其正式问责角色的态度，审计师也心存担忧。因此，例如，对举办研习班跟踪一份报告提供帮助的反应一直被认为是对国家审计署的动机持怀疑态度。

审计师还被问及他们如何起草和提出建议。员工普遍承认，国家审计署应该将目标放在使用如成本—收益分析或反事实推论法展示建议可能发挥有益的效果上。虽然对于能够为这项工作付出多少努力仍有一些担心，但这符

合国家审计署发布的有关有效建议的指南。许多人承认，虽然在提出建议方面也还存在一些谨慎，因为它们可能是易于选择的方案或是更受“青睐”的方法，但是良好的客户合作使其提出建议的工作无论是在诊断问题还是在确认实际的解决方案方面都变得更容易。然而，对客户关系有不同的态度。例如，有人认为，国家审计署有时与不同的部门存在一些对抗关系是不可避免的和正常的。对于在建议中应该给出何种详细程度的信息也存在一些分歧，而许多人都认为应该让决策者决定如何实行那些相当宽泛的主张。

总之，受到咨询的审计师认识到他们处在一种模棱两可的位置上，但是，他们通常认为，在帮助机构以超越正式责任过程的各种方式进行学习方面，他们应该发挥作用。同样，鉴于其身份，他们也清楚地意识到对于他们能够做什么存在的局限。

好的惯例：对于绩效审计师来说意味着什么？ 282

上一节强调了来自审计师的不断增加的副产品，特别是所谓的“优秀实践指南”或“工具箱”。这类产品强调的要么是单个案例研究（在审计师看来一切进展极好），要么是对如何用可以被描述为“优秀”或甚至“最佳”的行事方式的一般做法进行概述。

向公共部门的官员推销优秀实践的审计师不断增加符合英国政府在过去20年里此类建议大量增加的总体趋势。这类建议有多种形式，如官方报告、宣传手册和宣传单等，而且不断地专门在因特网上公布网上指南、良好实践交流和数据库。这类建议的大量涌现至少可以部分地由20世纪90年代以来“新公共管理”思维的实施来解释（Overman and Boyd，1994）。对公共官员的影响方式从指示性控制形式转向非指示性形式是此类政府的典型特征，同时强调标杆管理和说服（Pollitt，1993；Walsh，1995）。本节探讨了“优秀实践”建议对国家审计署审计师发挥了什么样的作用，并且强调了使此类建议成为评估和学习有效要素的必要条件。

最近的研究（Bechberger and Page，2009）既分析了此类建议的流行趋势和主要特征，又分析了影响其效果性的标准。它显示在政府内各种建议不断传播，以及国家审计署在英国公共部门传播此类建议方面所发挥的巨大作用，因为中央政府所有建议中差不多有10%都出自于这一来源。[1]正如前文已经指出的那样，所发布的建议来自不同形式——单独的指导或“工具箱”——常常针对公共官员（诸如有关风险管理部门的指南，参见National Audit Office，2006b），有时甚至是范围更广的公众（诸如对学校管理者的指导，参见National Audit Office，2006c）。“优秀实践”在审计报告中也不断地被强调，而且常常与主要文本在展示方式上有所不同。它要么采用一般程序建议的形式（如进行公共部门合并的优秀实践指南清单，参见National Audit Office，2006d），要么是对审计师在收集证据和分析过程中偶然发现的特定案例研究进行简要描述，他们认为这些案例值得与更广泛的受众分享（如来自效率倡议案例研究的经验教训，参见National Audit Office，2006e）。

283 针对此类指南的制定者进行访谈不仅是为了确立他们提出这些建议的动机，而且还是为了确立支撑这些建议的更加详细的证据基础（Bechberger and Page，2009，7）。[2]对于大多数更加广泛的政府优秀实践的建议，国家审计署传播的许多建议并不是建立在“严格的科学评估”基础之上（此处的含义是，利用将结果普遍化考虑在内的随机控制尝试或抽样策略，研究者们在实践和目的性目标之间建立了一种清晰的因果联系）。相反，它常常是基于外部专家的建议或多年有关“最佳”审计专业知识的积累。它也可能是案例研究的成果，这一成果被当成绩效审计的一部分，并且审计师们已经得出结论，这方面的成功已经得到被审计单位充分的证明。

为了评估国家审计署发布的那种“优秀实践”的建议在何种程度上能够满足前文所列的成功学习的标准，强调审计师提出的“优秀实践”的建议满足很多不同的目的这一点十分重要。除了促进学习的目的（即主要涉及推动作为审计报告一部分的一般实践或程序的建议）之外，这类结果似乎也来自审计师的一种反应，他们不想在绩效审计的评价中表现得过于负面，并且不想像突出成功那样突出失败和缺点。正如我们在前文所看到的，选择优秀实践的案例研究并且在报告中加以突出是达到这一目的的做法之一。即使情况在总体上变得糟糕，在大多数情形下，至少还有一些情况进展很好的例子。最后，从其工作中得到单独的优秀实践的副产品也可当成机构的目标，因为它帮助了那些希望表现出更大的积极性并且从其工作中取得最大影响力的审计师。被访谈者确信，正如前文提到的他们在单独讨论时所做的那样，除了正规的公共账目委员会听证的路径外，他们急切希望寻求另外的影响渠道。但是，在一个被认为重要的特定领域中表现得更积极或拥有自己的见解也可能是出于更加自利的目的。

在这些情况下，在推荐的做法和效果性之间建立因果联系的“方法论的纯粹性”并不总是建议提出者主要关心的问题。在强调审计报告中单个案例研究时，这一点尤其正确。对包含此类优秀实践研究例子的效益审计报告所进行的审查显示，它们通常没有对执行提出进一步的指导，审计师也不一定会从中吸取一般性的教训。在大多数情况下，他们让读者判断展示的“最佳”实践是否能适用于其他情形或情况。方法论的质量和证据的可靠性 284
对于提供在性质上具有通用性的指导材料似乎更重要，并且这些材料常常是随同标准审计报告一起单独发布，而不是作为简短的案例包括在报告中。因此，这里有一点很重要，即当审计师在推崇某些特别的方法时，应该对他们所拥有证据的可靠性抱有信心。还有一个强有力的论据证明应将其“优秀实践”的注意力集中在他们真正具有专业知识的领域。

由比彻伯格（Bechberger）和佩奇（Page）所做的综述显示了进一步改善此类优秀实践以最大化其在鼓励学习方面成功的潜力。这特别与对研究成果更加有效的传播有关，因为发布印刷的和/或在线指导材料并不总是伴随着一种清晰的策略，能够以最佳的方式将它们传播给目标受众并对其产生影响。如果发布指导的主要目标是鼓励学习，那么，在发布此类指导前，可以在建立对此类指导的需求、更深入地理解其特殊的时间要求和特殊的目标受众等方面做出改进。

当涉及确立使“优秀实践”建议有效的更广泛的因素时，表 13 - 1 所列的一般因素就是决定性的。不仅是国家审计署委托的综述，而且范围更广的有关优秀实践和政策转换的建议都强调了建议对特定地方环境的适应性、其现实性（就其执行过程中所涉及的资源和时间而言）、证据基础的质量，以及选定的传播建议的交流渠道（特别是借助诸如专业网络等更加个人化的渠道）是决定人们是否关注那些建议以及是否接受的重要因素（参见 King and Ollerearnshaw，2000；Stone，2000；Wolman and Page，2002；Mossberger and Wolman，2003；Bardach，2004；Freeman，2007）。

有迹象显示，此类经验教训对国家审计署提出优秀实践建议具有影响力，因为20世纪末国家审计署发布此类建议的数量有所减少，同时根据2009年末启动的国家审计署战略，将其重点集中在一些特别有前途的领域和受众上。另外，国家审计署似乎从更加宽泛的指导转向了目标更加明确的策略，即寻求促进学习的额外渠道，更加直接地瞄准某些部门，这一点被认为是鼓励转变和取得绩效审计工作影响力的有效方法。

285 结论

本章旨在检验责任环境中的活动对绩效审计师促进学习的努力产生了何种影响。来自文献的证据强调了那些被认为“塑造了评估工作有助于学习”的能力的因素。再把目光转向国家审计署，我们注意到其在支持责任安排方面的极端重要性，但必须承认，尽管受到其地位的限制，它仍然不断地寻求在学习中发挥作用。对20多年来年度报告的审查显示出了已经做出的各种努力，如优秀实践指南、报告发布后召开的各种会议和研讨会，以及工具箱的开发和建议数据库的建立等。

但是，其地位的模糊性在审计师内部也引发了讨论，他们看到了自己在帮助被审计单位方面存在着很大的局限性。审计师常常不愿跨过某种界限，同时，由于受到传统审计观念的制约，在官员当中存在着对审计师提议的抵制现象。在详细审视了优秀实践材料的准备和传播后，我们发现，它常常产生于审计工作过程中发现的例子和专家建议中，而不是来自于科学调查。这引起了对有关审计工作可信度的关注。在此背景下，我们提供了一些结论性的思考。

第一，强调国家审计署提出的建议和指导是其主要责任角色的副产品，这是十分重要的。如果没有其法定的审计功能，就不会具有此类从接触和积累中获得的知识的分享。这就提醒我们，学习的角色将总是第二位的。正如福如博在第2章指出的那样，如果评估工作的主要目的是学习，那么，你就不会选择绩效审计的形式。

第二，但是，审计师认为他们的责任和咨询角色为帮助学习提供了机会，这一点似乎很清楚。这并不是一个“非此即彼”的情况。问责过程具有的优势是他们至少能确保在执行建议和考虑所收集的证据方面做一些口头文章。通过在审查其报告的正式的委员会听证会上尽可能地支持建设性的讨论，审计师们似乎把试图鼓励尽可能地从问责过程中学习看成其角色的一部分。此外，他们还为被审计机构和其他范围更广的政府机构设计一些实用的工具。

第三，我们的分析显示，对学习的关注近些年不断增加，并且由于2009 年发布的国家审计署战略而得到加强，这一战略强调了国家审计署认 286
为可以向被审计单位提供的额外价值。这一点似乎也从国家审计署网站不断突出为“帮助公共机构”而设计的材料这一事实得到了证实。但是，将自身确定为建议和指导的源头强调了传授有价值的东西的重要性，也强调了“优秀实践”和类似建议材料具有坚实基础和可靠的必要性。还有一个强有力的论据是将建议和指导的重点放在真正拥有专门知识的领域，而不是寻求对过于宽泛的主题提供建议。

第四，重要的是，所有涉及的人员都要认识到，出于保护其自身独立性的重要性，即福如博所强调的绩效审计的必要前提，审计师在协助官员方面能走多远有着明确的限制。以上描述的对学习有促进作用的一些评估形式对绩效审计师并不适合。由于审计师强调他们的可信度，因此，在审计师和接受审查的人员之间的界限模糊不会发生。审计师可以建议、指导、启发和促进讨论，但他们不能去执行。

注释

1. 本分析确认并包含了一共 951 份“优秀实践”的建议。这一分析是对 2004 年 1 月至 2007 年 3 月期间英国政府部门、国家审计署和政府商务办公室发布的文件和材料所进行的基于网络的系统研究。“优秀实践”建议被定义为下列文件：（a）提出建议；（b）可确认的一套实践；（c）坚持建议是自愿的原则；（d）可以推广，即提供给在不同机构或地区内的人员。

2. 与七个国家审计署团队进行访谈，这些团队将提出“优秀实践”建议作为其绩效报告的一部分。

参考文献

Bardach，Eugene（2004），“Presidential address – The extrapolation problem: How can we learn from the experience of others?", *Journal of Policy Analysis and Management* 23 (2): 205 –20.

Bechberger, E. and E. Page (2009), "Simply the best? Understanding the market for 'good practice' advice from government research and evaluation", Report to the National Audit Office, London School of Economics, London.

Bemelmans – Videc, Marie – Louise, Jeremy Lonsdale and Burt Perrin (2007), *Making Accountability Work: Dilemmas for Evaluation and for Audit*, New Jersey: Transaction.

287 Black, Robert (2000), *Supporting Democratic Scrutiny by Public Audit*, London: Public Management and Policy Association.

Bourn, John (2007), *Public Sector Auditing: Is it Value for Money?*, Chichester: Wiley and Sons.

Bovens, (2004), "Public accountability", in Ferlie, E., L. Lynne and C. Pollitt (eds), *The Oxford Handbook of Public Management*, Oxford: Oxford University Press.

Bowerman, M. (1996), "The rise and fall of VFM auditing", in Lapsley, I. and F. Mitchell (eds), *Accounting and Performance Measurement: Issues in the Private and Public Sectors*, London: Paul Chapman Publishing, pp. 193 –212.

Bowerman, M., C. Humphrey and D. Owen (2003), "Struggling for supremacy: The case of UK public institutions", *Critical Perspectives on Accounting*, 14, 1 –22.

Brazier, A. and V. Ram (2006), *The Fiscal Maze: Parliament, Government and Public Money*, London: Hansard Society.

Freeman, Richard (2007), "Epistemological bricolage: How practitioners make sense of learning", *Administration and Society*, 39 (4), 476 –96.

Gendron, Y., D. Cooper, and B. Townley (2001), "In the name of accountability: State auditing, independence and New Public Management", *Accounting, Auditing and Accountability Journal*, 14 (3), 278 –310.

Gendron, Y., D. Cooper, and B. Townley (2007), "The construction of auditing expertise in measuring government performance", *Accounting, Organizations and Society*, 32 (2007), 101 – 29.

Howlett, M. and M. Ramesh (1995), *Studying Public Policy*, Oxford University Press.

King, E. and S. Ollerearnshaw (2000), *The Effectiveness of Different Mechanisms for Spreading Best Practice*, London: Cabinet Office.

Landers, B. (1999), "Encounters with the public accounts committee: A personal memoir", *Public Administration*, 77 (1), 195 – 213.

Lehtonen, M. (2005), "Accounting (f) or learning?", *Evaluation*, 11 (2), 169 – 88.

Lipsey, D. (2000), *The Secret Treasury*, London, Viking.

Lonsdale, J. and J. Mayne (2005), "Neat and tidy…and 100% correct: Assuring the quality of Supreme Audit Institution performance audit work", in J. Mayne and Schwartz, R. (eds), *Quality Matters: Seeking Confidence in Evaluating, Auditing and Performance Reporting*, Transaction, New Jersey.

Lonsdale, J. (2007), "Helping government to be responsive, responsible and respected: A reaction to Jocelyne Bourgon", *International Review of Administrative Sciences*, 73 (1), 31 – 6.

Martin, S. (2005), "Evaluation, inspection and the improvement agenda", *Evaluation*, 11 (4), 496 – 504.

Massey, A. and R. Pyper (2005), *Public Management and Modernisation in Britain*, Basingstoke: Palgrave Macmillan.

Mossberger, K. and H. Wolman (2003), "Policy transfer as a form of prospective policy evaluation: Challenges and recommendations", *Public Administration Review*', 63 (4), 428 – 40.

National Audit Office (1989), *Annual Report*, London: National Audit Office.

National Audit Office (2002), *Annual Report*, London: National Audit Office.

National Audit Office (2004a), *Annual Report*, London: National Audit

Office.

National Audit Office (2004b), *Good Practice in the Application of Risk Management – Self Assessment Questions for Departments*, London: National Audit Office.

National Audit Office (2006a), *Annual Report*, London: National Audit Office.

288 National Audit Office (2006b), *Delivering Successful IT – Enabled Business Change*, London: National Audit Office.

National Audit Office (2006c), *Improving School Performance: A Guide for School Governors*, London: National Audit Office.

National Audit Office (2006d), *The Creation of Ofcom: Wider Lessons for Public Sector Mergers of Regulatory Agencies*, London: National Audit Office.

National Audit Office (2006e), *Progress in Improving Government Efficiency: Lessons from Case Studies of Efficiency Initiatives*, London: National Audit Office.

National Audit Office (2009a), *Annual Report*, London: National Audit Office.

National Audit Office (2009b), *Innovation across Central Government*, London: National Audit Office.

National Audit Office (2010), *Annual Report*, London: National Audit Office.

OECD (2001), *Background Synthesis Report*, Paris: OECD.

Overman, S. and K. Boyd (1994), "Best practice research and postbureaucratic reform", *Journal of Public Administration Research and Theory*, 4 (1), 67–83.

Pollitt, Christopher (1993), *Managerialism and the Public Service: The Anglo–American Experience*, 2nd edition, Oxford: Blackwell.

Pollitt, Christopher, Xavier Girre, Jeremy Lonsdale, Robert Mul, Hilkka Summa and Marit Waerness (1999), *Performance or Compliance? Perform-*

ance Audit and Public Management in Five Countries, Oxford: Oxford University Press.

Preskill, H. and R. Torres (2000), "The learning dimension of evaluation use", in *The Expanding Scope of Evaluation Use*, (eds) Caracelli, V. and H. Preskill, *New Directions for Evaluation*, Number 88, Winter, San Francisco: Jossey – Bass Publishers.

Rossi, P., H. Freeman and M. Lipsey (1999), *Evaluation: A Systematic Approach*, Thousand Oaks, California: Sage Publications.

Sharma, N. (2007), "Interaction and interrogations: Negotiating and performing value for money reports", *Financial Accountability and Management*, 23 (3), August.

Stone, Diane (2000), "Non-governmental policy transfer: The strategies of independent policy institutes", *Governance*, 13 (1), 45 – 70.

Taut, S. and D. Brauns (2003), "Resistance to evaluation: A psychological perspective", *Evaluation*, 9 (3), 247 – 64.

Van der Knaap, P. (2006), "Responsive evaluation and performance management: Overcoming the downsides of policy objectives and performance indicators", *Evaluation*, 12 (3), 278 – 93.

Van der Meer, F. – B. and J. Edelenbos (2006), "Evaluation in multi-actor policy processes", *Evaluation*, 12 (2), 201 – 18.

Walsh, K. (1995), *Public Services and Market Mechanisms: Competition Contracting and the New Public Management*, London: Macmillan Press Ltd.

Weiss, Carol (1998), *Evaluation*, New Jersey, Prentice – Hall, 2nd edition.

Wilkins, P. and J. Lonsdale (2007), "Public sector auditing for accountability: New directions, new tricks?", in Bemelmans – Videc, M. – L., J. Lonsdale, and B. Perrin, (eds) *Making Accountability Work: Dilemmas for Evaluation and for Audit*, New Jersey: Transaction.

Wolman, H. and E. Page (2002), "Policy diffusion among local government; An information-theory approach", *Governance*, 15 (4), 477 – 501.

14. 绩效审计的反应性：面向两个领域的最佳实践

彼得·范德克纳普
(Peter van der Knaap)

289 进步和实践必须建立在从经验中学习的基础上。

(INTOSAI, 2010, 29)

引言

在绩效审计和具有复杂性与动态性的公共政策之间有一种自然的张力。正如维塔尔·普特（Vital Put）在第4章所讨论的那样，绩效审计总是根据构成绩效判断基础的专业审计规范和准则来进行的。他们越来越多地使用政策的宗旨、目标和指标。对于绩效审计师来说，这些规范、准则、政策目标和指标结合在一起，总会成为一个持久的、十分稳定的参照标准。然而，在这个公共决策者发挥作用的复杂和不断变化的世界中，环境、知识和偏好都在持续不断地发生着变化。

具有反应性和责任性的决策制定就是跟踪这些动态的发展，因此，我们所谓的“反应式绩效审计”（responsive performance auditing）应该有助于对此的理解。此类工作需要密切关注环境、知识以及利益相关者的理念和偏好的变化，并且决定如何将这些变化融入绩效判断、结论和改进的建议之中。反应式绩效审计并不意味着审计师应该放弃传统的判断标准而仅仅成为他人解释和准则的被动接受者。相反，它应该通过将对审计动态的复杂性和变化性的深思熟虑融入更加静态的审计程序、方法和准则之中来强化审计师的全部技能。

如何才能充分利用这两个世界？我们如何才能在进行绩效审计时既保持清晰的审计准则、规范和标准连同政策目标和绩效标准所带来的利益，同时 290
也对其负面后果和适应不断变化的环境、不断进化的知识以及偏好发展的诉求保持关注？

本章探讨了更具反应性的绩效审计方法的各种进展，描述了有关公共政策复杂和动态性质的争论，并且对“静态”公共政策管理和绩效审计的一些风险进行了阐述。作为面向更深层次反应性研究的指南，本章描述了荷兰审计法院在审计实务方面的最新进展。最后，本章展示了一些结论，强调在变化的环境中绩效审计如何提供动态的而不是静态的方法促进以政策为导向的学习，以及要将重点放在审计的结果上而不是流程上。

绩效审计：开发更深层次的反应性

在20世纪80年代，英国有一部电视喜剧《是的，大臣》（*Yes Minister*），其中有一个经典的情节。在这部剧中，汉弗莱（Humphrey）爵士是一位老公务员，他与另一位老官员，卫生部长伊恩·惠特彻奇（Ian Whitchurch）爵士一起喝酒。汉弗莱爵士的部长对某一家很特别的医院的情形十分关心，这令惠特彻奇爵士感到很惊讶。正如汉弗莱爵士所解释的那样，这家医院因为没有护士所以也没有病人，并且他认为，如果到处都是病人，那么任何人都无法建造一所医院并且让它顺利运营。他让汉弗莱爵士转告他所的部长，这是“磨合期”。但是，利用无事故、无投诉等指标衡量，这家没有病人的医院的情况由于在员工满意度和总体质量方面的超高绩效而显得格外突出。

这一剧情完美地展示了可以被称为传统的、静态的绩效审计的主要陷阱之一。正如评论家所指出的那样，绩效审计师和那些审计财务报表的有缺陷的模式可能过分地强调目的、目标和准则的重要性，以及过度吹毛求疵却不屑于考虑一下那些绩效指标是否与被审计单位的实际问题有关，或者需要修改（WRR，2007）。然而，正是在这一点上反应式绩效审计可以派上用场。

反应式绩效审计可以定义为这样一种绩效审计，即审计师按照已确定的准则、规范和标准进行审计，同时：

291 （1）特意调查环境、知识和偏好是否已经发生了变化；

（2）在做出最后判断之前，权衡一下被审计单位对这些变化是否做出了恰当的反应。

因此，部分绩效审计可以应用“动态的规范”。学习及其组织的方式在这方面就十分重要。政府和机构如何知道在何种条件下才能取得最佳的效果？他们如何通过监督和评估来组织反馈？他们如何与利益相关者协商？更重要的是，他们如何将得出的经验教训转换为更好的实践？

正如我们在福如博（Furubo）所撰写的那一章所看到的，审计通常被定义为对与适用法律和规定的相符性（合规性审计）或对已执行政策项目的经济性、效益性和效果性的客观评估。在传统上意义上，绩效审计被定义为对政府事业、项目或机构的效率性和效果性所进行的独立性审查，并适当关注其经济性，目的是促进绩效的提高（INTOSAI，2010，11）。通常，与经济性、效率性和效果性有关的问题属于政策项目中相当正式的或静态的成分。例如，最高审计机构国际组织指南强调，绩效审计建立在由立法机构做出的决定和确定的目标之上。绩效审计师感兴趣的典型问题可能是：有一个清晰的绩效目标的框架，以及选择了恰当的优先顺序和工具用于公共资金的使用吗？在不同层次的权力结构中责任有明确的分配吗？有一般意义上的成本意识吗？对管理控制和报告要求有恰当的强调吗？（INTOSAI，2010，11）。

但是，人们也越来越承认需要一个更具反应性的审计。应该指出，最高审计机构国际组织指南包括审计各种活动的“实际影响力”，与作为绩效审计一部分的预期影响力进行比较（INTOSAI，2010），并且提倡面向公民需求的导向。除此之外，指南还特别强调：

> 财务审计倾向于使用相对固定的准则，而绩效审计在主题选择、审计对象、方法和意见方面则更加灵活。绩效审计不是带有格式化意见的常规的审计，它与私人审计也没有渊源。它是建立在非经常性基础之上所进行的一种独立审查。从本质上讲，它涉及范围广泛并且对判断和解释持开放态度。（……）它不是一种基于清单形式的审计。绩效审计的特别之处在于其与工作有关的问题的多样性和复杂性（INTOSAI，2010，12）。

292 与合规审计不同的是，绩效审计不应仅仅审视政策项目是否已经根据计划执行。也不应将重点狭隘地放在目标是否实现、标准是否满足和指标是否达到上。两个简单的问题可以帮助绩效审计师选择审计的角度。（1）“事情做得正确吗”；（2）“正在做正确的事情吗?”（比较 Booth and Evans，2006）第一个问题的主要目标是什么可以被称为“生产者”，涉及政策决定是否得到恰当的执行。因此，合规性审计师想要知道执行者是否已经遵守了规则和要求，而绩效审计主要涉及经营的经济性和效率性的不同方面（INTOSAI，2010）。

但是，当问起第二个问题，即是否正在做正确的事情时，分析的范围变得越来越大。这个问题是指效果性：政策措施对社会的影响力。这里，措施导致预期结果（即目标的实现）的程度将处于显著地位。绩效审计或评估的结论可能是，某一措施被证明无效或与其他更重要的目标不一致。当然效果性仍然是一个非常重要的标准：政府或公共机构是否“执行”或“提供”的问题必须与其取得的结果或帮助取得的结果有关。无论是从民主政府的视角还是在机构层次上更加注重管理责任的视角来看，早先制定的目标是关键。但是，更重要的是，“正在做正确的事情吗?”这样的问题意味着，任何政府的事业、任何项目或达到某一目标的措施都可以公开辩论。不考虑项目的效果性，问题可能是：我们真的需要这样的结果吗?我们仍然认为我们希望公共资金用在哪些项目上面是优先考虑的目标吗?

作为审计主题的公共政策：复杂性和动态性

2002 年，当一位参加竞选的政治家同事宣称某些问题由于“问题的复杂性和其环境的动态性质”而不能轻易解决时，荷兰社会学家转行成为政治家的皮姆·佛图恩（Pim Fortuyn）就指责其缺乏专业知识。尽管如此，而且佛图恩对此也心知肚明，许多现代社会问题的确十分复杂，唯一不变的因素就是变化。

荷兰政府政策科学委员会出具的一份有关“学习型政府”的报告对这 293
一观点进行了回应。委员会认为，在我们能够理解并定义社会面临的许多复杂和动态的问题之前，我们至少需要“驯服”它们（WWR，2007）。这种“定义”是必需的，因为它可以促使可能的解决方案成为民主决策的正式结构以及后续执行的一部分。科学委员会称这些复杂和动态的问题为“未经驯服的”，其特征是：它们是由“高度的认知和规范的不确定性所构成的”。根据委员会的意见，“驯服”这些问题需要的不仅仅是当事人之间民主的审议和协商，还需要一个范围更广的方法包括协商、实地实验、比较评估和研究。

委员会并没有提到审计，但是，如果绩效审计能对现实的政策成果做出贡献，他们也应该密切关注公共政策的复杂性和动态性。有若干确定这种特征的因素。有些因素可以被标注为自主的。现代西方社会在各个群体之间，连同在不同领域之间存在的相互重叠和矛盾的不同权力和势力中心有着实质性的规范性差异。信息、新技术和跨文化主义的扩展又增加了其多样性和复杂性。政府可以使用不同的工具来增加诸如对政策评估、协商、市政会议以及专家和市民专门小组等动态操作的公开性（对此可以使用 web 2.0 的应用程序）。

复杂性的其他来源其本身不是自发的，而是有关如何处理复杂性的选择的结果（Frissen，1996）。这些选择——一些选择比另一些选择更具意识性，其中许多选择实际上是我们文化遗产的一部分——属于政治权力组织的方式、公共政策的执行方式和市场的规范方式（Frissen，2007）。因此，中央政府和地方当局，或者由半官方机构、部门以及其他行政机构的执行措施之间的许多复杂关系是人为性的。

因为后者的复杂性可以更加容易地得到矫正（但同时又常常更难发现），所以，认识到自发的和人为的复杂性与动态性之间的差别十分重要。绩效审计可能在这方面起到协助的作用。审计师对具有更好的判断能力的更加以知识为导向的公共政策领域做出贡献的方式之一，就是积极推动政策试验（试点、试验项目）和研究的尝试，这些尝试是专门为以政策为导向的学习设计的。除此之外，认识到随之而来的有明确目标、指标和标准的“驯化的陷阱”（taming trap）也十分有用。这里的情况是，这些问题似乎“在控制之中”，而重要的负面后果可能被忽视了。

294 绩效管理：目标、指标和标准中“永恒志向”的优势和风险

认为社会问题是“可控的”或“可驯服的”，将政策看成是有序发展，

这自然十分诱人：它使一切变得简单，允许进行清晰的说明，诱发政治运动，并明确区分政策和执行。就驯服和顺序而言，复杂和不断变化的问题可以被描述为具有固定的目标。因此，政治家和公共部门的管理者以及绩效审计师可以很轻松地将重点放在方针、目标和标准上。

这样一种“方针和指标驱动”的方法可能带来一些优势，但也可能带来一些风险。方针、目标和标准可能会导致莱乌（Leeuw）前面所讨论的那种天真单纯、抵制变革和非期望的战略行为（博弈）。方针、目标和标准在本质上是现实的合理抽象。它们代表了一种简化版的现实，并且反映了一种规范的理念，即“监督系统应该代替在设计和提供社会及教育服务时所要求的复杂的政治—经济流程”（Schwandt，2002：9）。施万特（Schwandt）的论点很清楚：绩效指标可能永远不能做到那一点，并且甚至将扭曲我们所形成的理解。有一种风险，即方针、目标和标准的使用可能会导致对非期望的效果、变化的环境或公众的偏好视而不见。

除此之外，政策执行往往也是一个漫长的过程。在许多情况下，政府并不是一个占主导地位的参与者（即使它占主导地位，也不是全能的）。特别是，当政策应用到“指导关系”和问责系统中时，战略行为不可避免地会导致学习过程和战略性的行为反应（In't Veld，1989：28）。方针、标准和指标的使用可能导致反常的结果。

举例来说，通过展示大量的政策目标和绩效指标，行为者可能会有效掩盖一些真正利害攸关的议题。在有些政策领域，“数据倾倒”（data dumping）现象导致大量的且常常是无法理解的文件。正如一份评论指出的那样，“对于关键问题的真正的洞见仍然在过多的时候受到困扰，因为官员和管理者总是倾向于试图模糊其投机的意图和掩盖其答案。毕竟，这样可以省去他们的麻烦。但是，这对于下议院恰当地履行其职责来说肯定是一个障碍”（Ministry of Finance，2004：17）。

博文斯（Bovens）将这种现象描述为“责备博弈”（blame game）：利用说明性的、政策的或机构的策略，在万一失败时，使自己受到的指责最小化或避免受到指责，并且使成功的荣誉最大化（Bovens，2005，2009）。因 295
为存在这样的博弈，像贝恩（Behn）和帕沃（Power）这样的研究者就指出了责任和有效政府之间的紧张关系。过度强调责任以及随之而来的政策目标和绩效指标的重要性，可能导致次优的和缺乏效率的决定而不是绩效的改善。在荷兰，这种风险得到了政府科学委员会一份有影响力的报告——“良好服务提供的证明”——的强调，而这份报告认为，“专门强调可度量的绩效将会导致知识的毁灭、‘平庸的独裁’以及‘监督和责任的重叠’”（WRR，2004：4）。

指出这类缺陷未被大多数评估所补救是非常重要的。此外，如果评估被过于严格地设计而限于现有的政治目标以及/或者绩效指标，那么也可能产生类似的效果。结果，评估研究可能专注于既定政策和基本的政策理论、这些政策的目标和绩效指标（Van der Knaap，2006）。在这方面，2004 年对荷兰预算改革的评估发现，通常评估报告并不试图对政策重点的最新发展与长期目标和政策议事日程所确定的趋势相比较。报告指出，“像‘我们处在正确的道路上吗？’这样的问题很少被问到”（Ministry of Finance，2004：19）。除此之外，“为什么政府会介入某些议题”这样的基本问题并没有被评估所解决。根据报告的观点，这种“对保守主义的偏见”可能通过下列的事实得到解释，即评估被委托以及/或者执行的方式缺乏独立性。

尽管如此，使用目标和指标可以提供工作的重点。它们有助于减少复杂性，这使得决策者将注意力投到“最重要的议题”上，并对如何实现其目标形成一种清晰的、可沟通的视角。目标和指标可以被用来在以政策为导向的辩论中创造一种参照标准。他们遵循有影响的以结果为导向的管理范式的合理性，在此范式中，对政策措施及其效果的期望为管理、度量和判断有效性与效果性奠定了基础。有关目标和指标的协议一旦达成，他们就建立了集体行动的起点，在此基础上可以进行临时的调整，学习才能开展。目标和指标的优势及风险如表 14－1 所示。

表 14－1　　目标和指标的优势和风险

296

	政策目标和绩效指标的优点	挑战
政策开发	重点关注	简单化、目光短浅和僵化
以政策为导向的辩论	参照框架	简单化、目光短浅和僵化加封闭
执行	在改进或创新、判断成功或内容之间的精心选择	在错误的层次上学习：保守主义或“创新”
评估和责任	相关性、联系性	体制、防御性的惯例

绩效审计在最大化目标和指标好处的同时，在以一种明智、透明的方式 295
应对它们带来的挑战和陷阱方面发挥着重要作用。

政策评估和绩效审计文献中的反应性 296

虽然正如我们已经看到的那样，绩效审计和政策评估具有差异，但从政策评估的文献中可以吸取重要的教训（参见 Bemelmans - Videc，2007）。这些文献摇摆不定，其中政策评价的传统模式、理性客观主义者模式反复地受到挑战和维护（参见 Majone，1989；Dryzek，1993；Fisher and Forester，1993；Van der Knaap，1995）。

在过去的十年中，评估文献一直在提倡一种更具反应的、论证式的方法，在这一方法中，评估将较少用于正式的目标和指标（政策意图），而更多地关注实际的活动、态度和“真实的结果”。这样，评估者在评判结果是“成功”还是“令人失望”时就会较少受制于目标和指标。相反，研究者可能对认知、态度以及/或者行为的实际变化做出更多的反应。当对政策项目的结果进行汇报时，评估者就可能明确地参考利益相关者的意见、价值和标准，特别是在它们与官方的政策文件不同的时候（Abma，1996：63；Van der Knap，2006）。

像顾巴和林肯（Guba and Lincoln，1989）、阿伯马（Abma，1996），以及施万特（Schwandt，2001，2002）这些研究者都强调多元主义，即政府和社会相互依赖的性质。与弗里森（Frissen）和科学委员会（WRR）的观点一致，他们认为，公共政策的成功制定和执行需要许多参与者的支持、参与以及经常性的合作。除此之外，他们还目睹了现代社会问题日益复杂。论
证—反应式方法的核心是这样的理念，即通过建设性的辩论，政策的执行 297
者、网络或倡导联盟可能会就政策议题形成更佳的判断，并有望形成“更好的”政策以及制定这些政策的方法。

我认为，这种对社会变化和利益相关者视角变化的反应性对于任何希望以一种明智的、见多识广的和高度协调的方式干预社会问题的政治制度都是十分重要的（Van der Knaap，2006）。当将其应用到一个以结果为导向的预算系统中时，情况尤其如此。因为在这一系统中，政策目标和绩效指标发挥

着重要的作用，并且政策评估增加的价值应该主要体现在“对话揭示差异”的系统化的可能性上（Majone，1989）。

在评估文献中，学者们提出了很多给评估带来更多反应性的方法。也许最著名的是无目标评估模式。在此，“用于评估项目效果性的评估标准不仅来自于政策制定者的目标和意图，也包括尽可能多的利益相关者的范围广泛的议题”（Abma，2005：279；比较 Stake，2004）。总而言之，评估试图建立一个政策项目的实际效果，而不仅仅是那些由一个重要的参与者所采用的方法（Scriven，1991）。以一种没有先入之见更没有核查清单的方式观察一个项目的结果是这一方法的关键。评估者对其评估项目的重要性的描述和独立的评估是这一模式的关键。反应性评估通过引进选择性的视角、对成功和失败新的解释，以及“释放少数人的观点”而积极丰富对政策的辩论。其主要的挑战在于展示反应性方法的有效性以及开发这种研究方法所需要的技能（人际关系、交流）。

尽管有关反应性评估的优点和方法论有效性的辩论还在继续，但人们广泛地接受了下面的观点，即它为用结果导向的方法开发和提供公共政策项目增加了价值。但是，评估和审计之间还存在差异。正如林（Ling）指出的那样，除了不同的利益相关者对某一项目的绩效有不同观点外，评估者也许能够与“多种事实”共存（Ling，2007，133）。对审计师来说，这一点常常是不同的，但是在审计文献中，对反应性也给予了应有的关注。除了最高审计机构国际组织外，还有一些其他的学者指出需要承认公共部门干预的复杂性。正如贝梅曼斯—维迪克（Bemelmans－Videc）等学者指出的那样，“很少有项目或干预工作能完全独立于其他参与者的干预或其他因素的影响”（Bemelmans－Videc，Lonsdale and Perrin，2007，248）。学者们认为，在变
298 化的环境中，“反应性项目应该改变其目标，以利用机遇或者对反馈做出反应［包括来自审计和评估的反馈］”（同上，第 249 页）。他们设想了一种新型的责任，在这一责任中，公共部门审计应通过以下几种方式来发挥其作用：（1）利用动态的而不是静态的方法；（2）重点放在结果上而不是过程上；（3）强调持续性和反应性学习的必要性（同上，第 253 页；同时比较 Van der Knaap，2007）。笔者强烈支持这一观点，如何将其应用到绩效审计中是下一节的主题。

增强绩效审计的反应性：荷兰审计法院

如前所述，审计需要一种更具反应性的方法，这一点日益得到人们的认可（如 INTOSAI，2010）。像荷兰审计法院和英国审计署这样的审计机构已经试图采用更具反应性的方法并且强调学习的必要性。对此，荷兰审计法院需要考虑三个方面的问题：

- 审计主题和议题的选择：将社会相关性和风险放在选择的中心位置（参见 Put 和 Turksema 所写章节）；
- 审计流程：使用更具参与性的方法使被审计单位和利益相关者在审计流程中拥有更多的话语权；
- 后续报告：系统跟踪绩效审计的应用性和有效性。

荷兰审计法院审计流程的反应性

在其审计中，无论是在内部还是面对与其打交道的个体和组织，荷兰审计法院（NCA）都试图做到开放性和反应性。第一个目标是对绩效审计的背景和性质、方法以及审计准则和标准都保持透明。通过这种做法，荷兰审计法院试图使被审计单位和其他利益相关者免遭意外（Court of Audit，2005）。

但是，审计意图和方法的开放以及对于批评的开放态度仅仅是第一步。为了审计成果的有效性和相关性，审计师必须对被审计单位和其他利益相关者对审计问题的相关性、中间成果的意义以及潜在建议的有效性所发表的看
法做出反应。[1]2005 年，在“有效的荷兰审计法院”的标题下，荷兰审计法 299
院积极地选择了一种更具开放性和反应性的方法，包括更具参与性的方法。荷兰审计法院已经开发了“一份有效绩效审计的菜单”（Court of Audit，2005）。这份“菜单”展示了审计团队在不同的审计流程阶段可以使用的不同审计方法和活动。它建立在荷兰审计法院团队在过去有效使用这类技术的基础之上。

反应性审计方法由两个阶段组成：（1）“参与者”分析；（2）潜在方法和行动的选择。在参与者分析阶段，荷兰审计法院着手分析主要参与者和

利益相关者及其相应的利益。审计师调查主要所涉当事人、参与的政策项目、最近的交流和对即将进行的审计可能的理解。除此之外，还应考虑所涉议题的敏感性、政策领域或网络的复杂性、对问题定义的相符水平、相关价值和规范以及改进的必要性。第一阶段的结果就是关于被审计单位（如果相关的话）和其他利益相关者在下面所述两个维度上的描述：（a）信任的水平，从高到低；（b）利益的相互性，从互利到对立。如果信任程度很高且利益共享，那么更加合作的方法也许会富有成果：教训和深刻见解可能会促使管理者或利益相关者较早接受。另一方面，如果利益相左并且在审计师和被审计单位之间似乎没有什么信任可言，那么更加正规的方法可能会更好，而使用外部专家可能会有助于获得具体的深刻见解或专家的反馈。

在第二阶段，审计团队对可能采取的行动做出选择。沿着审计流程的时间主线，还要考虑和设计诸如审计开始时的会议和讨论中期结果以及潜在补救措施的头脑风暴会议。这些反应性方法的一个重要例子就是组织专家团队，邀请被审计单位和其他利益相关者讨论中期审计成果和政策项目或实施改善的可能方向。

例如，荷兰审计法院为了进行对能源节约政策项目的审计，与来自经济部和环境部的被审计单位共同组织了一次专题讨论会。除此之外，还邀请了来自造纸和塑料行业、科研机构和高等院校以及环境保护组织的代表。荷兰审计法院展示了他们的中期审计成果，分享了他们在得出结论和提出可能建
300 议时的困境，并且检验了一些关于在何种情形下哪些措施更有效的假设。在荷兰有关生态结构的另一项审计中，荷兰审计法院同样邀请了所涉部门的官员以及来自林业、自然和农业部门的利益相关者。

荷兰审计法院的“现状核实”

在 2009 年“问责日”（Accountability Day）[2]之后不久，众议院通过了佩赫托德（Pechtold）议案，该议案旨在改善政府目标的“可审计性”和责任。这促使荷兰审计法院探索新的方法。在 2009 年和 2010 年，荷兰审计法院进行了 20 次“现状核实”（reality checks）。荷兰审计法院特意使用了这个相当具有挑衅性的术语，就是为了强调政策目标和绩效指标的“检查”维度。因为政府和机构常常形成我们早些时候所说的与其他机构隔绝的

“冷酷的目标”（frozen ambitions），审计法院希望强调作为其审计的起点和参照框架的公民和企业（中小企业）观点的重要性。用荷兰审计法院院长在向国会展示审计结果时的话来说，“荷兰审计法院使用现状核实希望将公民和企业的观点带到‘议会’中”（海牙的中央政府）。

关键的问题是：从“政策接受者”（policy addressee）——正在经历特定问题的个人、企业或机构——的立场看，20 个公共政策项目在解决社会问题方面做出了什么贡献？政策对这些直接有关联的人产生了什么样的具体影响？荷兰审计法院从四个方面进行了评估，每个方面都显示了政府政策如何促进社会问题的解决。这四个方面是：

1. 人们感知到的政策项目的相关性；
2. 政策执行的目标群体所做的评估；
3. 花费实际“落实在目标”上的程度（正被用在实现政府目标上的经费）；
4. 有关所采取的政策措施效果性的信息。

对于 20 项审计中的每一项，荷兰审计法院是通过审视那些影响公民和企业以及政府打算解决或遏制的社会问题开始的。审计师调查了政府如何将这些问题转变成政策目标和措施，以及如何理解它们。他们同政策措施的接受者一起“检查”其成功率，以及如何对执行进行评判。除此之外，审计团队审视了资金实际花费在指定项目上的情形以及措施的效果。301

荷兰审计法院调查的 20 个政策项目中的大部分被认为与这些真实的问题相关，并且这些真实的问题受到措施“接受者”的关注。此外，审计师发现，在开始新的政策项目前，荷兰中央政府经常通过衡量和监督目标群体内的偏好而明确地投资于反应性的行动（见专栏 14.1）。除此之外，中央计划机构的报告和中期评估被用来确保政策措施与一些利害攸关的议题和受此影响者“保持联系”。

专栏 14.1　鼓励建设轨道交通

在经过广泛的社会协商后，制定了增加旅客乘坐荷兰公共轨道交通系统里程数的政策。旅客所提到的因素包括在项目中（如更完善的路标）。

但是，审计还发现，在中央政府与公共政策措施的末端接受者之间常常存在着多个层次。例如，对于收集所需要的信息以及政策措施的实际交付，中央政府要依靠其他一些机构，主要的是地方政府和准自治政府机构（“半官方机构”）。这种相互依赖的风险可能会使政府和政策接受者之间的距离越来越大。这种情形可能会因出于指导和责任目的的治理要求而变得更加严重：体制与制度的合理性和相关性可能会将社会的相关性和合理性抵消。另一方面，聘用这些中间机构是有道理的，因为在识别具体的、受环境约束的社会问题方面，它们可能会处于有利的地位。

在一些情形下，荷兰审计法院偶尔会遇到“猛射法”（shower-of-shot-approach）。并非总是进行基于证据的干预，且在干预和影响之间具有清晰、明确的关系，而是存在着一些例外情况，在这些情况中会做出相当鲁莽的选择：资金由公民、企业或中间机构处置。“金钱会创造奇迹”似乎是压倒性的观点，甚至在其他因素（文化因素、技术因素、司法因素）对问题的解决也发挥作用的情形下同样如此。

302 在 20 项现状核实中，关于交付的服务和产品，大部分在使用的方法与带来的绩效之间有一种清晰的关系。但是，在某些情形下，这种关系并不清晰。中央政府和地方机构的相互依赖性对与政策目标有关的资金使用的方法也具有某种影响。荷兰审计法院发现，在涉及地方政府和其他分权的或专门的机构时，经常有“公开目标支出”（open target spending）的安排（见专栏 14.2）。这包括执行机构能够在某种程度上自由选择将钱花在哪里。

专栏 14.2 儿童参与

市政府实施了一项增加儿童参与运动和其他有组织活动的政策。将预算转移到地方政府的中央政府在实际的项目中没有发言权，但是，它可以并且也的确同意鼓励市政府给一些家庭提供“有形的帮助”（如返还运动俱乐部会员费）。

在大多数公共政策领域，原因和真正的社会影响之间的联系很难建立（见专栏 14.3）。这反映在中央政府解释其效果性的方式上；部门的年报很少会对政策措施和效果之间的关系提供一个清晰的和有用的描述，更不要说它对令人失望的结果做出响应的方式了。相反，它常常会选择中间的效果。

专栏 14.3　增加大学女教授的数量

增加大学女教授数量的措施最终是有助大学的研究和教学质量的提高。虽然可以计量女教授职位的百分比，但是这不是推动学术卓越的唯一因素。

荷兰审计法院发起了将现状核实作为一项创新的项目，在这一项目中，
它特意将反应性作为其审计方法的指导原则。作为回应，财政部（如专栏 303
14.4 所示，它已经将反应性引入其工作中）认识到，洞察力对解决社会问题具有影响，因此将其引入政策之中是十分重要的。

专栏 14.4　财政部的政策审计

荷兰财政部也积极地寻求在其绩效审计中建立反应性机制。一种新的工具——即所谓的“政策审计”（policy audits），自 2006 年以来，由财政部在荷兰中央政府所有的部门实施——就是这一宏大计划的典型例子。政策审计将重点放在预算类项目的目标上，定期进行并且特别关注基本问题分析、政策目标的实际关联性，以及政府干预的原因。这些问题包括：

- 促使（或已经促使）政策出台的问题是什么？这一问题仍然是一个受关注的问题吗？

- 问题的原因是什么？
- 为什么政府认为解决问题是其责任？
- 为什么是中央政府层面的责任（而不是地方政府层面或欧盟层面的责任）？责任是如何安排的？为什么？
- 使用了什么样的政策工具？这些工具之间是什么关系？它们之间有重叠吗？对政策执行和运营管理的效率知道些什么？
- 政策工具对于制定的目标（问题解决方案）的效果如何？这些工具对其他政策领域的目标有重要影响吗？重要的正面和负面的副作用是什么？

通过影响力评估对荷兰审计法院审计的后续研究

审计报告发布后，审计建议和部长们的承诺会发生什么？建议得到执行
304 并且真的发挥了作用吗？对于任何绩效审计师来说，正如在前面芬克豪泽（Funkhouser）和维茨（Weets）所著的章节描述的那样，这些当然是重要的问题。为了找到答案，荷兰审计法院积极监督部长们落实其审计建议的后续工作，如果需要的话，会持续跟踪五年或更长的时间。

例如，在2006年，荷兰审计法院发布了一份有关“没有基本资格的失业者”的审计报告。审计调查了中央政府政策，这一政策使年龄在23岁及以上没有基本资格的失业者更有希望找到工作。三年后，在2009年，进行了一项影响力评估。荷兰审计法院将重点放在三项建议上，这三项建议涉及问题的核心，即通过培训和教育的方式对没有基本资格的失业人员进行长期重新融合，但是这项计划组织不力。荷兰审计法院发现，在推动教育、就业和长期重新融合计划领域的区域合作方面已经取得了很大进步。这种合作主要面向将工作和学习结合在一起的课程，但对合作的持续性关注不够。将工作和学习结合在一起的课程是为在职和失业人员设计的，而不是专门为没有基本资格的失业者而准备的。要影响特定的人群需要一种针对目标的方法。

审计师需要考虑两个问题：第一，“建议被执行了吗?”，第二，“这些建议的确发挥作用了吗?”这些问题显示，后续审计涉及两个方面。第一个

方面颇为直截了当：部长们做了他们承诺要做的事情吗？从以上例子看，荷兰审计法院得出结论，帮助没有基本资格的失业者的区域合作已经得到了加强。第二个方面，荷兰审计法院调查了在利害攸关的议题方面发生了哪些实际变化（不管是正面的还是负面的）。这就又提出了一些更加难以回答的问题：审计建议的后续跟踪有利于执行过程质量的提高吗？失业者得到了更好的帮助吗？社会问题在多大程度上得到了解决？他们成功地找到了新的工作吗？

影响力评估构成了使荷兰审计法院的绩效审计继续保持反应性的一个重要工具。如在上例中，荷兰审计法院得出结论，没有基本资格的失业者群体是否从已采取的步骤中实际受益还不能确定，因为这些措施并没有提供具体的行动而惠及这一目标群体。这一问题是最初审计的一部分，而荷兰审计法院审计团队三年后没有发现成功的证据，这一事实与一场持续的辩论有关，即如何最大限度地帮助没有基本资格的失业者获得找到工作的更好的前景。

结论：迈向两个领域最佳的第一步 305

在过去的几十年中，在绩效管理和以成果为导向的预算方面已经投入了大量的精力。与此并行的是，在政府和国家审计机构，绩效审计本身已经与现有规则和财务审计一起建立了稳固的基础。虽然取得了很多成绩，但也引来了一些批评，特别是那些被认为过度注重目标和指标的审计，毫无疑问地限制了我们对现实的理解。再回到电视剧《是的，大臣》，我们应该警惕这种现象，即表扬那些在某些指标上表现突出而实际上却没有病人的医院。

最近由荷兰审计法院做出的将更大规模的反应性融入绩效审计中的努力显示了在两个领域中寻找最佳的困难。除了如何有效地调查政策项目的有效性这种已有的挑战外，关于绩效审计的质量、独立性和附加值之类的新问题又产生了。然而，这些努力也表明，以更加开放和参与的方式对绩效审计进行规划、执行和系统跟踪，有助于平衡政策目标和绩效指标的优势和风险。选择与利益相关者关系密切的主题，提出有关在政策项目（再加上其目标和指标）和社会问题之间的“适合度”的基本问题，以及回顾审计的结论和建议的好处，有助于审计师和政策制定者对变化的环境和偏好保持警惕性和反应性。

这就是说，绩效审计不应该放弃其专业审计规范和准则。审计师也不应与那些否定政策目标、绩效目标和指标的人一唱一和。的确，绩效审计的传统专业基础，即谨慎应用构成绩效判断基础的规范和准则，会自动地促成一种自上而下的方法，在这一方法中，目标、准则和指标组成了对政策意图、实施做出判断的参照框架，而结果对于判断成功至关重要。然而，同时也存在着自相矛盾的情形，这一基础使得绩效审计中包含了更多的反应性。

反应性绩效审计的一个最重要的任务是使政府清醒地意识到“驯化陷阱”：这里给人的幻觉是，利用目标、指标和准则对政策解决方案进行明确
306 的描述后，问题似乎变得“可控”，而重要的负面后果可能被忽视。从荷兰以结果为导向的预算系统出发，设立一些主要的问题（我们已经取得了我们所希望的成果吗？在取得这一成果的过程中，我们已经完成了我们应该完成的任务吗？这一成果花费了我们预期的费用吗？），原则上，我们应该定期获得有关这些问题信息，因此，我们面临主要的问题应该是：

- 我们（仍然）在正确的轨道上吗？
- 我们的假设（仍然）有效吗？
- 我们重点关注的政策目标和绩效指标（仍然）代表我们必须努力实现的目标吗？
- 可以观察到哪些政策目标和绩效指标造成的负面的副作用？

对于本章作者而言，绩效审计必须为以政策为导向的学习做出贡献。因此，重要的问题是：绩效审计可以为什么样的学习做出最大的贡献？是对现有政策项目的改进，还是对有可能导致这些项目的革新甚至是放弃这些项目的讨论？（对照 Van der Knaap，2006。）

对于具有批评头脑的绩效审计师来说，这里的挑战在于将分析的重点与对各种假设和绩效指标进行持续的、批评性评价的能力结合起来。在一个以结果为导向的政策体系中，我们需要“证明”能够明显提高的现有政策理论、目标和绩效指标有效性的绩效审计。这里的矛盾之处在于，在利用目标、指标和规范的优势的同时做到这一点。通过寻求来自利益相关者（如执行机构、被审计机构）的信息和见解，反应性绩效审计可以提供涉及政策目标和绩效指标的当前见解有效性的反馈和新信息。但是，如果想象这些

问题只能由绩效审计师或政策评估者来提出就可能是错误的。相反，作为代议制民主社会的关键部分，政府有责任保持开放和发挥自身的反应性。但是，审计师既需要审计政府和政策项目的反应性；也需要将反应性作为选择审计主题和执行审计流程本身的一个重要特征包含在内。

注释

1. 正如审计法院委员会总是选择它自己的有关审计研究结果和建议的定义与措辞一样，在此笔者强调研究成果的中间性质。

2. 问责日（Accountability Day）是5月的第三个星期三，这一天，财政部长和荷兰审计法院的院长一起将每年的账目（包括绩效数据和评估结果） 307
提交给国会。接着将有一场有关政府政策项目和支出的辩论，辩论可能会导致某种政策的调整等。

进一步的信息可参见：http：//www. minfin. nl/dsresource? objectid = 80394&type = org。

参考文献

Abma，T. A.（1996），*Responsief evalueren – Discoursen，controversen en allianties in het postmoderne*（“Responsive Evaluation – Discussions，Controversies and Alliances in the Postmodern”），Delft：Eburon.

Abma，T. A.（2005），“Responsive evaluation：Its meaning and special contribution to health promotion”，*Evaluation and Program Planning*，28，279 –89.

Bemelmans – Videc，Marie – Louise，Jeremy Lonsdale，and Burt Perrin（eds）（2007），*Making Accountability Work – Dilemmas for Evaluation and for Audit*，New Brunswick：Transaction Publishers.

Bovens，Mark（2005），“Public Accountability”，in E. Ferlie，L. Lynne and C. Pollitt（eds），*The Oxford Handbook of Public Management*，Oxford：Oxford University Press，pp. 182 –208.

Bovens，Mark and Thomas Schillemans（2009），*Handboek publieke verantwoording*，Utrecht：Lemma.

Court of Audit（2005），*Essentials of Good Governance*，The Hague.

Dryzek, John S. (1993), "Policy analysis and planning: From science to argument", in Frank Fisher and John Forester (1993), *The Argumentative Turn in Policy Analysis and Planning*, London: UCL Press Limited, pp. 213 – 32

Fisher, Frank and John Forester (1993), *The Argumentative Turn in Policy Analysis and Planning*, London: UCL Press Limited.

Frissen, P. H. A. (1996), De virtuele staat, Schoonhoven: Academic Service.

Frissen, P. H. A. (2007), *De Staat van Verschil – Een kritiek van de gelijikheid*, Amsterdam: Van Gennep.

Guba, Egon G. and Yvonna S. Lincoln (1989), *Fourth Generation Evaluation*, Newbury Park: Sage.

In't Veld, R. J. (1989), De verguisde staat, The Hague: VUGA.

INTOSAI (2010), *Implementation Guidelines for Performance Auditing – Standards and Guidelines for Performance Auditing based on INTOSAI's Auditing Standards and Practical Experience*, INTOSAI.

Ling, Tom (2007), "New wine in old bottles?", in Marie – Louise Bemelmans – Videc, Jeremy Lonsdale, and Burt Perrin (eds), *Making Accountability Work – Dilemmas for Evaluation and for Audit*, New Brunswick: Transaction Publishers.

Majone, Giandomanico (1998), *Evidence, Argument, and Persuation in the Policy Process*, New Haven: Yale University Press.

Ministry of Finance (2004), *Evaluation of VBTB*, The Hague: Ministry of Finance.

Pawson, Ray and Nick Tilley (1997), *Realistic Evaluation*, London: Sage Publications.

Schwandt, T. A. (2001), *Evaluation Practice Reconsidered*, New York: Peter Lang.

Schwandt, T. A. (2002), "Democratization, globalization and performativity: Implications for learning in and from evaluation", Keynote address given at the 5th biennial meeting of the European Evaluation Society, 12 October

2002, Seville.

Scriven, M. (1991), *Evaluation Thesaurus*, Newbury Park: Sage Publications. 308

Stake, R. (2004), *Standards – Based and Responsive Evaluation*, Thousand Oaks: Sage Publications.

Van der Knaap, Peter (1995), "Policy evaluation and learning: Feedback, enlightenment or argumentation?", *Evaluation*, 1 (2), 189 – 216.

Van der Knaap, Peter (2006), "Responsive evaluation and performance management – Overcoming the downsides of policy objectives and performance indicators", *Evaluation*, 12 (3), 278 – 93.

Van der Knaap, Peter (2007), "Results-oriented budgeting and evaluation: Accountable for learning", in Marie – Louise Bemelmans – Videc, Jeremy Lonsdale, and Burt Perrin (eds), *Making Accountability Work – Dilemmas for Evaluation and for Audit*, New Brunswick: Transaction Publishers.

WRR (Wetenschappelijke Raad voor het Regeringsbeleid) [Scientific Council for Government Policy] (2004), *Bewijzen van goede dienstverlening* [Proofs of Good Service Provisions], Amsterdam: Amsterdam University Press.

WRR (Wetenschappelijke Raad voor het Regeringsbeleid) [Scientific Council for Government Policy] (2007), *Lerende overheid – Een pleidooi voor probleemgerichte politiek* [The Learning Government], Amsterdam: Amsterdam University Press.

第三部分　结　　论

15. 结论：绩效审计——困难时期的有效力量？

杰瑞米·朗斯代尔　汤姆·林　彼得·威尔金斯
(Jeremy Lonsdale, Tom Ling and Peter Wilkins)

引言 311

在《绩效还是合规：五国的绩效审计和公共管理》的结论部分，克里斯托弗·波立特（Christopher Pollitt）评论道，20 世纪 90 年代绩效审计一“到来”，就成了“治理过程中一个耳熟能详的术语、一个人人皆知的事实”。同时，他认为最高审计机关面临下列战略选择：它们采用的核心实践和准则；它们选择进行研究的议题；它们对主要受众和次要受众的定义以及与他们的关系。波立特还补充道：

用不同的方式和以不同的速度，每个最高审计机关都在经过了压力和选择的磨砺之后，开始出现在更广阔的世界中。这一出现涉及与管理者和立法者的对话、面对媒体采取更为主动的策略，以及与其他最高审计机关日益密切的合作。这一发展轨迹迟早会引起新的比较和产生新的需求……（Pollitt et al.，1992，219）

十多年后，我们有了更多有关绩效审计师发展轨迹的证据，并且可以以一种更长远的视角来看待他们所面临的压力和选择。我们也可以以超越最高审计机关世界的目光，更加全面地理解绩效审计是如何发展的。正如福如博（Furubo）所指出的那样，我们可以这样做是因为，虽然没有有关绩效审计的广泛的文献，但是，与波立特进行观察的时候相比，现在可利用的资料要多得多。本书撰稿人之一维塔尔·普特（Vital Put）一直在维护一份综合性清单，这一清单包含1979～2008年期间发表的257项有关绩效审计或相关议题的文章、书籍和论文。其中，84项（占33%）出现在2000年前，绝大部分发表在自2000年以来的8年中。本书中的许多章节对来自众多来源
312 的信息进行了综合，而其他一些章节则提供了一些新的实证证据，这样就进一步强化了证据基础。本书最后一章根据这些证据对下列各点得出结论：

- 我们发现了什么；
- 在民主政府中，绩效审计正在对责任做出哪些贡献；
- 对于绩效审计的性质，证据表明了什么；
- 我们在哪里考虑绩效审计，那些创造和使用信息以及受到这些信息影响的人将来应该将他们的注意力引导到哪里。

我们发现了什么?

总的来说，毫无疑问，绩效审计在过去的十年间不断发展。现在，在许多国家，绩效审计已经成为一门强势的学科，能够利用法律赋予的广泛权力，并且产生了影响力。正如我们在本书中看到的，绩效审计审查了各种各样的重要的、复杂的和急迫的问题，这些问题广泛分布于诸如健康、教育、国防、基础实施、再生资源、交通和环境等不同领域。审计师已经将他们的工作重点调整到新的和新兴的主题领域：私有化、私人金融的使用、公私合作关系的建立以及监管机制的使用。最近，他们已经开始就政府对经济衰退的响应（诸如对银行业的拯救措施、财政刺激和对不同行业的支持等）发表审计报告。

绩效审计已经从其他研究领域中吸取了营养而成为一项更为严谨的活动，并且形成了各种质量保证安排，这些安排与许多其他形式的评估活动相比至少一点儿也不逊色（Lonsdale and Mayne，2005）。与过去相比，审计师现在对风险及其实践和观点的不足之处更加警惕。这样，按照我们的观点，绩效审计界在理解其角色的潜能和挑战方面已经取得了很大进展，且与过去相比更加多样化，拥有更丰富的技能和专业视角。

我们可以更深入地看一看这一问题。

第一，绩效审计工作的规模和强度已经有了发展。与以往任何时候相比，现在有更多的最高审计机关从事绩效审计，而且规模也更大。例如，美国政府责任署每年大约要进行1000项绩效审计，而2005年前后国家审计署每年的主要报告从45份增加到60份。我们研究中的其他最高审计机关还在继续寻求重要的审计项目。在澳大利亚，审计机构在大部分的州和地区以及 313
在全国范围内都进行绩效审计，而加拿大则是在每个省都进行绩效审计。这些都是实质性的项目；与过去相比，许多审计都利用多重数据资源，以及更具干预性的（intrusive）、复杂的证据收集方法。

一份对美国的综合评述（Burke and Hayne，2008）认为，虽然绩效审计"不像［财务审计那样］无所不在，但它是一项广泛的和不断发展的专业活动，因为许多政府感受到了根据有效性和效果性的原则使其实际运作接受仔细审查的必要性"。芬克豪泽（Funkhouser）在其撰写的那一章里描述了绩效审计在美国各大城市不断扩展的情形，他认为，由于绩效审计工作的主要关注点——责任和改进——仍然是有关公共资金使用辩论的关键，所以，它的发展很有可能会继续下去。维茨（Weets）强调了在荷兰鹿特丹市建立一个新的绩效审计管理体制（regime）。在其他地方，我们看到了苏格兰和威尔士以授权的方式成立了审计机构，在有关授权的安排下，这些机构已经增加了英国的绩效审计数量，而且审计的方向也各不相同。许多最高审计机关已经开始在以前没有绩效审计的地方从事绩效审计，如在许多发展中国家。绩效审计的发展部分得益于诸如世界银行、欧盟、亚洲开发银行资助项目，或是受到具有健全的绩效审计制度的最高审计机关的领导。正如福如博在第2章所述，有很多人对绩效审计非常支持。

这样的发展可以被看成是迈克尔·帕沃（Michael Power）所谓的"审计爆炸"的一部分，带有相应的负面内涵，但是，有证据显示，人们对这项工作有着浓厚的兴趣，无论是来自国会、政府、媒体还是有关团体。有一项评估发现，在一些国家，如澳大利亚、新西兰和英国，政府已经找到了审计可以扮演的新角色（Wilkins and Lonsdale，2007）。邓利维等（Dunleavy et al.，2009）发现，2004～2009年，有大量的有关国家审计署报告的新闻报道，而单个的审计工作也可以激起广泛的兴趣，如审计长办公室有关加拿大联邦政府对一份与通信机构签署的合同的管理报告，就曾在加拿大引起激烈的公共辩论和政治动荡（Fraser，2007）。

但是，我们不知道绩效审计的需求到底有多大或者什么样的因素可能限制其进一步发展。最高审计机构也不能认为关注是理所当然的。尼科尔（Nichol，2007）发现，澳大利亚众议院委员会对澳大利亚审计署的绩效审计兴趣有限，而克勒拉尔（Crerar，2007）也报告称，在苏格兰的公众当
314 中，与监管和审计相比，人们更熟悉检查和投诉的处理。有迹象表明，一些最高审计机关正在减少其花在单个研究项目上的费用，并根据减少的预算进行运作。许多国家显著压缩公共部门规模的行动可能源于绩效审计的增加，迫使最高审计机关降低费用、缩减其审计领域的规模，并且鼓励人们对绩效审计是否是协助政府改进的最具成本效益的方式进行讨论。绩效审计过去十年的增加正好与经济发展和公共部门扩张的时间同步。随着我们进入一个限制和紧缩的时期，看一看绩效审计职能如何发挥作用将是十分有趣的事。

第二，我们已经看到不同的国家不断开发出大相径庭的方法，这部分是由于立法机构和政府的需要和要求、最高审计机关员工的技能、外部专家和审计机构的不同理念所驱动的。尽管对创立和普及国际准则付出了努力，但根据威尔金斯（Wilkins）和博伊尔（Boyle）的研究，绩效审计仍然以不同的形式并带着不同的重点持续出现。虽然有持续的机会从不同的最高审计机关学习，但是，没有理由期望这种情形将会导致他们在方法上更大的趋同。例如，普特（Put）引用鲍克特和哈利根（Boukaert and Halligan，2008）的研究认为，荷兰和英国的绩效审计方法几乎完全是相反的。在英国，管理问题是工作重点，而政策评估是次要的。在荷兰，他证明情形恰好相反。正如普特在第 4 章指出的那样，荷兰最高审计机关将重点放在部长们应如何制定政策并且向国会阐述，而很少关注公共管理者如何进行管理。范德克纳普（Van der Knaap）撰写的有关反应性绩效审计那一章也展示了荷兰与众不同的做法。从政府干预寻求解决社会问题出发，2009 年和 2010 年进行的“现状核实”旨在对政策措施的持续相关性进行评估。

最高审计机关为不同利益相关者赋予的权重也使他们采用不同形式的绩效审计。普特和特克斯马（Turksma）撰写的研究选择的章节指出了制度、组织和操作等方面所具有的影响力，这种影响力促使最高审计机关朝不同的方向发展，并且鼓励它们优先考虑其工作的某些方面，如需要说明财务节省

的情况，或者由于其自身风险评估的形式而促使他们将重点放在特定的主题
上。同样，威尔金斯和博伊尔在对标准和质量进行审查的过程中得出结论，
操作中不同的标准对绩效审计的不同未来提供了可能。因此，地方需要与解 315
释将保持高度影响力似乎是可能的。

第三，我们已经看到了方法和路径在不断扩大。博克和海恩（Burke and Hayne，2008）认为："从根本上说，从事绩效审计的专业人员既像艺术家又像科学家，他们用丰富的技术以及在方法和重点选择方面广泛的裁量权从事广泛的委托代理业务。"不同的方法受到不同的招聘实践、有关哪些因素构成了恰当技能的不同观点以及各种培训制度的推动。朗斯代尔（Lonsdale，2000）评论道，荷兰、瑞典、芬兰和英国四家最高审计机关的绩效审计师一直都在煞费苦心地强调，与过去相比，他们在20世纪90年代晚期更加关注对各种方法的应用。阿斯蒂尔和佩奇（Astill and Page，2006）也得出结论，英国和法国最高审计机关高层不断强调要开发自己的方法论，同时也存在"由于审计师不断开拓疆域"而来自基层的影响。在本书中，朗斯代尔更进一步，他确认了一系列影响选择和限制审计师的因素，同时也强调了一些在英国国家审计署已经展开的创新活动。影响方法选择的因素不仅包括时间、成本和证据预期的实际限制，而且也包括对团体、项目、组织和环境层面的多重影响，而这种影响又刺激了新方法的应用。沙拉施金（Scharaschkin）也强调了为什么使用适当的方法收集有力的证据十分必要，就像得出审计结论的过程，需要做出法律判断，并且强调需要审计师能够经受被审计单位对他们的发现提出的严峻挑战。

但是，对于某些绩效审计工作方法论质量的成熟度，弗兰斯·莱乌（Frans Leewu）在其撰写的那一章表达了自己的怀疑，他讨论了过去曾提到的一个话题（Roberts and Pollitt，1994；Schwartz，1999）。他强调了缺乏理论驱动的绩效审计，以及无法解决的归因问题，他还认为，绩效审计的理论基础很少能得到清晰地表述。他警告说，这造成了来自绩效审计声明有效性的问题。他的担忧与达布尼克（Dubnick，2005）（在本书中芬克豪泽所著章节中曾经提到过）担心的问题不谋而合，即没有任何文献提供了给出的陈述和绩效之间的逻辑联系。然而，在复杂的系统中建立因果关系时，并非只有绩效审计面临挑战，对所使用的方法进行的大胆改进表明，许多最高审

计机关正在勇敢地面对这些挑战。但是，他们能够走多远还有待观察，因为正如朗斯代尔所评论的那样，面对紧迫的时间表，最高审计机关面临的压力将越来越大。

316 第四个主题是对更高标准的追求。在很多方面，我们可以看到在评估界类似的争论的情形，以及最高审计机关试图寻求使他们工作的目标法典化、标准化和具有可交流性的努力。正如威尔金斯和博伊尔所讨论的，最高审计机构国际组织已经建立了绩效审计准则，因此，单个审计机构要么制定自己的准则，要么遵循已有的准则。一个尚未解决的问题是，将来准则和实践是否会更加趋于一致，还是继续存在多种方法。在美国，随着政府责任署一般公认政府审计准则（GAGAS）在 1972 年首次发布并成为国家审计的规范，州和地方政府以及高等教育机构和非营利机构接受联邦政府的援助并被要求采用一般公认政府审计准则，博克和海恩斯（Burke and Haynes，2008）已经看到“在最近几十年来一场通过立法的和官僚的行动建立共同体系的运动”。考虑到在信息立法（甚至在加拿大的法庭程序上，Fraser，2007）自由的情况下对透明度的期望不断增加，存在着一种对一致性的渴望，以及能够表明准则已经实施的需求。

审计工作中对质量的追求已经成为最高审计机关角色中不可分割的和持续具有挑战性的部分。研究设计已经被调整来为了应对政策的新变化和新趋势，甚至是流行的公共管理方式、社会中新出现的因果过程（causal process）、对承诺和绩效信息可靠性新的政治要求，以及数据收集和分析新技术的实用性。随着“数字时代治理”机构和解决方案的迅速普及，近来社会和政府信息系统的快速变化在下一个十年绝对不可能放缓（Dunleavy et al.，2006）。在有关政府和社会的绩效信息拥有许多其他来源的情况下，在绩效审计工作中维持竞争性和权威性这一责任将落在所有最高审计机关肩上。这些信息来源中的一些显然不像其他来源那样具有同样的可信性和严谨性，但仍然有助于调整公共舆论，也许是因为它们会更快地出现或者以更加容易理解的形式出现。考虑到需要展示其价值，这有可能促使最高审计机关强调其工作的质量及操作标准。

对于最高审计机关来说，另一个反应是不太关心成为绩效证据的权威来源，而更加关注根据这一证据的把自身打造成为权威的、独立判断的来源；

它们的角色可能是去理解不断增加的绩效数据。同时，我们建议最高审计机
构不要过度地沉湎于法典和准则。虽然自始至终坚持高标准显然是理想的状
态，但是，我们还不太清楚，将标准和实践进行更严格的法典化是否必然是 317
实现这一目标的最佳途径。没有明确的准则不一定就会阻碍绩效审计的发
展。例如，只是到了 2008 年英国国家审计署才建立了自己的绩效准则，
而苏格兰审计署却是在 2009 年。然而，它们却建立了完善的绩效审计工
作体系。

第五，我们已经看到最高审计机关与外部世界之间在发展绩效审计方面出现了越来越多的交流。朗斯代尔（Lonsdale，2008）认为，国家审计署效益审计工作的历史在很大程度上可以被看成是一系列外部联系的发展。特别是，这些关系已经变得：

> 比过去更加广泛（超越了传统的与国会和审计业的联系）；比过去更加深刻（从其工作意义的角度看，例如，学术质量保证和与外部信息提供者的合作）；在对国家审计署的要求方面更加复杂（各种法定的、专业的和自发的安排）；更有可能产生紧张的对峙（例如有些人鼓励保守主义，而另一些人鼓励创新）。

绩效审计师已经开始努力向其他人解释其工作。2008 年，加拿大审计长办公室为被审计部门员工准备了一份详细的文件，题为《目标：被审计单位绩效审计流程指南》，旨在：

> 鼓励在被审计单位和审计人员之间建立富有成效的和相互尊重的关系。理想的关系基调是相互尊重，并且文件确定了双方的角色和责任。审计师的目标是：
>
> - 持续不断地努力理解政府部门和机构工作的环境；
> - 促进开放的、双向的交流；
> - 以专业的和客观的态度行动。

对于利用外部评估者（来自其他审计单位或学术机构）对绩效审计质量或绩效审计功能进行评价，威尔金斯和博伊尔强调了这一问题的另一个方面。例如，爱尔兰总审计师办公室的绩效审计报告就是由外部专家审查的，这些外部专家根据（除了其他方面以外）欧洲委员会使用的 MEANS 网格（MEANS grid），以及加拿大使用的评定部门绩效报告的模型制定了评估体

系。这有助于确保有关质量和严谨性的更为广泛的视角在为最高审计机关确
318 定的期望中得到反映，使他们加入了范围更广泛的方法论的辩论中，因此，
可以从其他方面看到来自超越绩效审计界的影响。朗斯代尔有关方法论的那一章显示了国家审计署在将新方法融入其工作的过程中是如何受到评估师、管理咨询师和学者们影响的。

虽然福如博撰写的那一章提醒我们，仍然存在某种风险，即绩效审计可能仍然是一门独立的学科，并不受制于同样的自我审查，以及如评估、政治学或公共管理等理念的交流。虽然有范围广泛的有关审计机构会议和研习班的网络，但是，参与的人员往往几乎是清一色的审计师，并且其内容往往都是技术性的，而不是反省性的。许多其他形式的评估信息的增加突出了绩效审计师有必要清晰地交流其信息，并且强调其贡献的独特性。

第六个而且也是最后一个主题是，有必要解决所涉主题日益复杂的问题。范德克纳普评论说，如果绩效审计要想为有效的政府做出贡献，“它必须密切关注公共政策的复杂性和动态性”。这种复杂性包括不同的权力中心、具有不同文化遗产的不同人群、技术的发展和不断变化的行政安排。

绩效审计师认为其工作应服从其环境中的这些变化。用最高审计机构国际组织的话来说就是：

> 绩效审计师在其工作中可能面临着多样性和模糊性。他们在分析这些活动和管理实践时需要各种技巧。他们可能面临熟悉各种各样的组织环境和主题的要求。他们需要具有就有关复杂议题进行符合逻辑的和透彻的写作能力（INTOSAI，2004）。

同样，英国国家审计署指南向员工提出如下建议：

> 前面有许多挑战。现在政府本身正将过多的注意力投放在提供效益上。有关公共服务的政治辩论提高了效益工作的知名度，这就更需要我们的报告措辞精准、结论独立、无懈可击。随着公共服务提供模式的不同，以及对政府改变其独特行为的要求不断增强，而不是简单地提供服务，对效益的判断变得更加复杂。我们的利益相关者的期望现在已经变得更加复杂，对我们的工作将导致持久改善的要求也更多。现在有关政府绩效方面的信息比以往任何时候都多。有时，我们要与那些精通某一议题的人展开在争取注意力方面

的竞争。在这些情况下，对我们的效益工作的期望不断增加，而我们必须满足这些要求（National Audit Office，2008）。

绩效审计也扩展了以前没有关注过的政府活动的范围（这些活动常常 319
专业而复杂），如私人部门供应商的角色，以及他们与国家签订的合约。我们也看到，英国国家审计署在审查公用事业部门管理者的角色和绩效（有趣的是，这些经济部门不受国家审计监督，而受政府控制）、为政府工作的志愿部门的工作，以及环境审计。每一项工作都需要新技能和专业技术的应用。

我们也看到，一些审计机构现在在分析政府应对经济危机的工作。例如，2009 年 5 月，荷兰审计法院发布了其第一份有关财政部为了应对信用危机而采取的主要干预措施和安排的审计报告（Algemene Rekenkamer，2009）。2010 年 5 月，荷兰审计法院对这些干预和安排的进一步发展又提交了报告（Algemene Rekenkamer，2010）。英国国家审计署报告了北岩（Northern Rock）银行国有化的进程、对银行业更广泛的支持以及信用危机对基础实施开发的影响（National Audit Office，2010）。2009 年瑞典国家审计署发布了题为《金融危机中的国家保证》的报告，并得出结论，政府没有向国会提供全面、透明的现状报告以说明国家和纳税人面临的风险（Risksrevisionen，2009）。

事情并不总是那么容易。例如，在批评澳大利亚审计机构审查公私合伙企业的工作时，曾经有这样的看法，审计机构“可能由于要在公共部门培养‘优秀管理实践’而牺牲其独立性，从中我们可以看到这类工作的困难与风险（方法论的风险与政治风险）”（English，2007）。一份英国国家审计署有关健康服务的 IT 国家项目（一项在开发初期高度复杂和有争议的项目）也导致了对审计师的批评，媒体上也有人指控审计报告中指出的问题在压力之下被淡化了（Dunleavy et al.，2009）。

这种更大的复杂性带来的挑战和最高审计机关对此做出的反应已导致一些人对绩效审计和现有制度安排是否能够延伸得太远提出质疑（Ling，2007）。人们越来越清楚，这些结果部分是由于复杂的系统所形成的，而这一系统使人员和组织对他们缺乏有效控制的结果负责，这就可能会导致虚假的责任。不能解决是否已经取得了有价值结果的问题，以及将自己限制在公

共机构执行当时的政府政策时工作是否出色这样的领域内，这样的绩效审计
320 可能会使读者失望，特别是专家，他们可能希望绩效审计涵盖诸如适应性、反应性和有效学习等问题。但是，即使是选举的议会和他们代表的公众都希望最高审计机关能够进入一个更加复杂的领域，但最高审计机关是否总是适合来调查这些问题，这一点还不太清楚。因此，最高审计机关面临一种由于公共服务的日益复杂性所带来的困境：忽视它要冒虚假地将结果归因于行动的风险，但利用它可能使最高审计机关陷入诸如“审计师知识更新了吗?”或“审计机构有能力担当未来的角色吗?”这样的问题漩涡之中，因为支持审计判断必需的证据很难发现，并且需要得到利益相关者的认可。

绩效审计做出了什么样的贡献?

现在我们继续考虑绩效审计的变化是否对政府的质量产生了影响。特别是，我们要考虑以下两个问题：

- 是否有证据显示绩效审计对政府的绩效产生了影响；
- 绩效审计是否成为民主善治的一种力量。

这两个问题需要认真思考。第一是因为没有“反事实”让我们对某一特定政府开展和不开展绩效审计时的绩效进行比较。第二是因为除了反事实这个问题外，“民主”这一含义本身也受到质疑。

绩效审计及其对政府绩效的影响力

本书有好几章就有关绩效审计的影响力提供了相反的观点。这些不同的观点本身都是重要的。像评估活动的其他形式一样，似乎在一种环境中的绩效审计可以产生显而易见的好处，但是在另一种环境中则可能产生有限的甚至是负面的结果。这也许解释了在本书中以及在范围更广的文献中所表达观点的多样性。有些环境似乎做好了“审计准备”，并且能够吸引并得益于来自最高审计机关的经验和教训，而在其他情况下则可能无法从设计最完美的绩效审计中获益，这或许是因为机构正处于快速变化之中，或者是没有能力进行学习和适应。因此，开展绩效审计工作的部分技能就是判断什么将会增加真正的价值。

显然，“哪些因素成就了一项良好的绩效审计”以及“环境何时做好从 321
中获益的准备”是两个受到热议的问题，并将继续得到讨论。我们试图强调几种观点。例如，芬克豪泽所撰写的章节是围绕探索学术界和业界有关绩效审计价值的不同观点展开的。正如他指出的那样，如果学术界评价绩效审计，他们“会使用一系列的论据，从民主理论到广泛的实证证据来说服我们，绩效审计对公共机构的影响力最好是良性的，而最差是恶意的”。与此相反，他提到的美国各地的审计师，如国家责任署接受访谈的那些审计师（Lonsdale，2000，以及在本书第13章中），都举出一些事例来说明绩效审计所产生的效果——节省资金和改善服务。这些资料也评论了审计师的那些善意的方法以及产生他们所认为的变化的愿望。另一方面，维茨所撰写的那一章也注意到了在被审计单位当中有关审计工作价值的各种观点。她强调了那些当审计师提供审计结果时，被审计单位感到审计师的审计行为过于遵照法律条文，而不能充分考虑具体环境的情形，以及由于对管理者缺乏同理心而损害了其工作的技术质量。从维茨和沙拉施金的研究成果中可以清楚地看到，被审计单位和审计师之间的关系可能是紧张的，甚至是对抗的。朗斯代尔和比彻伯格（Bechberger）也注意到，被审计单位可能对超越被认为是审计工作正规要求的那些努力表示怀疑。所有这些证据都显示，存在一些沟通上的挑战，这些挑战涉及他们的意图，以及审计师在建立关系方面的作用。

范·洛克（Van Loocke）和普特详细地分析了现有的关于绩效审计影响力的有限的实证数据。也许并不出人意料，他们的工作显示的是喜忧参半的结果，通常影响是“缓慢而微妙的”，而有时则迅速而明显，有时又几乎难以引起注意。许多影响力是工具性的而不是概念性的。一些影响力在实现其价值方面可能是缓慢的并且以一种复杂的方式进行。他们得出结论，对于为什么有些审计工作比另一些更成功的问题依然知之甚少，但是强调了那些似乎具有影响力的因素：审计师和被审计单位之间的关系、审计结果的及时性和相关性、诸如国会和媒体等第三方的影响、被审计机构的评估文化、审计的时间巧合以及正在进行的改革项目。他们还相信，在衡量影响力时，人们更有可能低估而不是高估。

因此，我们得出结论，影响力的发生是由于进行了众多的绩效审计。但是，影响力并非总是或者经常是令人满意的。我们强调，为了最大化其影响

力，审计师需要采取一些行动：将注意力集中在审计师和被审计单位关系的
322 质量上、建立与他人的“倡议联盟”关系、精心选择议题以及努力宣传其成果。警惕审计负面影响力的风险，并在出现风险时将其化解也是很重要的。莱乌所撰写的那一章强调了各种各样的潜在影响，虽然范·洛克和普特认为，有关文献只不过是一种风险分析的形式，但毫无疑问，审计师需要警惕诸如阻碍创新、鼓励投机和抵制等风险。如果我们要为未来的研究议程设定一个优先顺序，那么更好地理解绩效审计具有或不具有影响力的环境就似乎是最重要的。

但是，相信审计工作具有影响力不应该让我们看不到下面的可能性：当前形式的绩效审计的有用性可能会走到尽头。很显然，我们已经走出了与新项目和交付机制有关的公共部门长期增长（以及偶尔紧缩）的时期。在此审查者的重点是效益的提升和建议的改善，而不是重大变化。可以想象，在未来，这类报告的受众数目将会变得有限。我们已经进入了一个更加动荡的时代，其特征是项目的削减和紧缩，可以想象，这可能需要不同的产品或分析形式。最高审计机关将需要警惕制度的惯性，因为这种惯性会使它们继续出具同样的报告，关注那些国会和政府所面临的与当前议题毫无关联的主题。审计产品的灵活性、技能的基础和适用的法律显示它们很有希望能够适应环境，但是，做到这一点需要认真的考虑，并对不断变化的环境有清醒的认识。

绩效审计与民主

如果最高审计机关想要保持其明确的目标，它们就必须对民主社会做出具体的和独特的贡献。在代议制民主中，我们看到了选举议会以使当前的政府承担责任。因为审计报告可以以不同的方式被当成国会听证或辩论的基础，所以绩效审计可以并且的确为此做出了贡献。审计机构也因此被嵌入民主的安排之中，虽然是次要的参与者，但却发挥着重要作用。它们直接改善
323 了当选议员对政府行使职责所拥有的信息和论据的质量。同时，它们也改善了利益团体、政党、媒体和公民所拥有的证据和论据的质量，以使他们能够选举、检举和指导他们的代表。有了相关的和可靠的信息，民主辩论才得以顺利进行，因为当这种公共辩论的焦点更少地涉及意识形态的差异而更多地

关乎管理绩效的时候，这一点甚至变得更加重要。

我们可以将最高审计机关和绩效审计对民主的贡献在相关性方面进一步细化：责任、信任、独立信息的可获得性，以及政府和公民之间的关系。责任是民主的一个必要的先决条件。在责任安排中绩效审计和评估所扮演的角色在别的研究中得到了详细的探讨（Bemelmans - Videc，Lonsdale and Perrin，2007）。他们认为：

责任既可以当成目的本身，又可以当成实现更大目标的手段。一个主要的目的（有些学者称之为主要功能）是实施权力的合法性，包括公共资源最合理的使用。但是这种关系并不那么简单，并且人们还有一些担忧，尽管对责任投入了越来越多的资源和关注，却常常有一种感觉，政府或政府的某些机构（如半官方机构）不是那么恪尽职守。在这种情形下，绩效审计可能在构成有效审计的相互抵触的因素之间产生分裂，特别是打破那些被认为是“合规性文化及遵循规则”及更加“强调承担有限风险、学习及不断改进的以成果为导向的方法”之间的平衡。

这一议题变得更加富有争议。例如，如果政府采取复杂的、有时是草率的干预，诸如对经济危机所做出的反应（如以很高的价格迅速招募金融顾问），而在这种干预中，对所采取行动的选择可能成为经济的灾难，那么，我们如何才能使政府对此负责呢？在形势十分不确定以及当许多人在寻找确切的答案时，那些想“实事求是”的人总是不受欢迎的。

本书认为，绩效审计的主要焦点是问责。通常，根据有关政府活动和结果的独立、可靠的信息（这些信息确定了政府的努力如何进行），以及通过提供作为立法机关及其成员用于探索和质疑的材料，审计工作在这方面取得了成功。最高审计机关已经利用其独立的地位来选择绩效审计的主题，而这些主题完全超越了纯粹合规和遵循规则，从而关注更加广泛的领域。他们已经就政策执行中的成功和失败进行了报告，揭示了一些糟糕的做法和绩效，以及在从经验中学习方面的失败。与某些看法相反的是，他们一般会设法避 324
免一些不必要的批评（正如范德克纳普、朗斯代尔和比彻伯格所建议的），并采取措施使用一种更具反应性的方法。总的来说，绩效审计在确保政府对公共资源的使用负责方面已经扮演了一个重要的角色。

绩效审计与民主政府关系的第二方面与对政府言论的信任问题有关。各种各样的评论家认为，社会的信任度在下降。奥罗拉·奥尼尔（Onora O'Neill）曾经谈到“我们当前的怀疑文化”（O'Neill，2002），政治家、各类专业人士和其他权威人士已经看到他们的地位在不断下降（Seldon，2009）。在这种情形下，那些负责报告政府绩效和为公共资金是否按照预期使用提供保证的人员，其角色就变得模棱两可。正如德兰瑟·朱尔尼斯（De Lancer Julnes，2006）指出的那样：“当前对责任和绩效计量结果的强调与美国公众日益增加的对他们的税款是如何被使用的怀疑和不满有关。”

绩效审计和信任度之间的关系也存在争议。从一方面来看，定期找出缺陷和不足的绩效审计报告削弱了我们对公共机构的信任。从另一方面来看，可以认为，绩效审计报告（将信息置于公众视野范围之内）已经帮助人们提高了对民主政府的信任（或显示了错位之处）。发布的审计报告提供了独立于政府的信息和分析，而这一功能的存在提供了一个普遍的保证，那就是有人在监督公共资金是如何被使用的。我们对信任的评价依赖于我们对公务员的评价，以及我们把他们看成是通过指导得到最佳改善的“圣人”还是需要加以控制的“流氓”。事实上，认为我们没有证据就可以信任任何人，这可能是一个奇怪的观点。我们也许认为，信任“本身”并不好，只有真正赢得信任才有意义。我们对官员的信任应该通过了解他们及其机构的所作所为，以及对他们的审查是独立进行的这样的事实而得到加强。透明的和独立的报告能够做到这一点，也有可能使信任受损，但是同时可以通过诸如阻止政府过度宣扬其成就对透明的代议制政府做出贡献。当然，公共部门绩效的局限性并不都是由于个人的过失造成的，而公共信任也与现行传递政府政策的系统是否恰当以及是否适应正在变化的需要的信息有关。通过对系统、实践以及绩效的可靠性进行报告，通过使其分析和报告能够供非专业人士使
325 用，我们认为，最高审计机关正在帮助人们提高对政府的信任，即使这会令那些承担责任的人感到不舒服。

第三个方面涉及最高审计机关在发布绩效审计报告时信息的独立性。达尔（Dahl，2000）评论道：“就像言论自由一样，有些基本的民主原则都要求能够获得可选择的和来源相对独立的信息。”他提出疑问，如果政府控制了信息的所有重要来源，那么公民如何获得他们所需要的信息以便去理解各种问题。他认为，公民必须有权获得不受政府控制或任何其他团体或观点支

配的可选择的信息来源。最高审计机关所具有的一个重要的优势是他们确保获得信息的能力，并且也能在公共部门范围之内提供他们自己的信息。他们的报告对政府的主张进行了独立的监督。例如，在2010年，英国国家审计署就对节约项目下政府部门的效益情况出具了报告。他们声称，38%显示出可持续的节约，44%可能显示出节约但是具有一些不确定性，还有18%显示没有节约，或者过分地夸大了节约（National Audit Office，2010）。

最高审计机关的任务是警惕那些对他们在执行审计工作时不够独立的指控。最高审计机关使用的方法要求对报告中的信息的可靠性和适当性进行评估。例如，国家审计署对使用第三方数据有非常严格的要求。国家审计署由于过多地（可能不加评判地）使用政府数据而一直受到外部评论家和一些议员的批评。这导致了人们更大的期待，即在报告展示进行了哪些验证，或者说明数据经过了独立质量保证检验。这就强调了最高审计机关需要避免过度依赖来自他方的数据。

最后，绩效审计在开放的政府接受公民审查方面扮演了重要的角色。通过在年度报告中提供更多数据、对照表和在地方报纸及因特网上提供信息汇总的方式，提供公共部门绩效信息的渠道越来越多。正如一位观察家所指出的那样，“现在政府试图向其选民说明他们缴纳税款后能得到什么、他们缴纳的税款是如何被有效且高效地使用，以及这些支出如何惠及选民的生活”（Callahan and Holzer，1999）。马尔根（Mulgan，2006）也认为：

> 最好的现代政府接受怀疑并不断学习……这并不是意味着无限的容忍……相反，其明确特征是容忍存在多条探索真相的道路，并且试图在自 326
> 身内部内化足够的挑战和论证，用来保护在与那些愿意面对权势说出真相的官员和顾问在一起时，自己不受自身理念的影响……国家真正的利益在于用敌人的眼光去审视。这就是公司长期以来一直应用的确保其账目真实性的原则。这一原则现在也应用于专业界和公共服务领域，特别是那些在公民和他们所依靠的人之间存在巨大的知识不对称的领域。

一些最高审计机关认为，它们是从公民的角度看问题的。例如，瑞典国家审计署宣称，“一个重要的作用……是确保民主的透明度，即向公民提供监督的机会，监督民主决定是如何制定和执行的、他们的税款是如何被使用的，以及公共管理是否遵循指令、规章制度是否实现了预定的目标”（Risksrevisionen，2010）。

总的来说，绩效审计为人们源源不断地提供了某种证据和论据的信息流。通过其基于证据和论据提供公正评价的努力，绩效审计支持一种独特的、更加慎重的关于民主生活的观点，这种观点承认多数主义的实际重要性，但却特别强调将真正的思考当成决策基础的重要性。我们可以认为，绩效审计表现最好的领域，就是其能够用非专业读者可以理解的方式传达复杂材料的领域。

绩效审计的性质和意义

在考虑了有关绩效审计的发展和影响力的证据后，我们相信，我们更加接近对绩效审计的性质和意义的解释了。福如博在第 2 章给了我们一个可行的定义，即“绩效审计是一种就有关绩效或有关绩效的信息进行评估的评价活动，其评价活动具有很高的可靠性和独立性，对于调查和报告没有任何限制，因而可以用于责任领域”，我们认为这个定义能站得住脚。本书的撰稿人已经强调了绩效审计的各个方面并且支持这一定义的构成部分。不同章节都支持这一观点，即绩效审计应该是基于证据的（即审计师必须能够实现其所言）；分析性的（即并不只是证据收集，因为审计师必须能够从其审查中推导出有意义的信息）；强调资源（即检查公共资源和资金是如何被使用的，以及有关资金使用的选择是如何做出的）；评价性的（即对绩效的评价，且不仅仅是对事实的陈述）；规定性的（即审计师应该在总体上得出结
327 论并提出建议）；有目的的（即支持责任安排并寻求促进提高）。

从本书的各个章节也可以清楚地看到，绩效审计的主要焦点是问责，而学习和绩效改进也是一个重要的目标，但还是处于次要地位。正是问责的角色为审计报告提供了地位和立场，以及做贡献的机会，使其以一种非常与众不同的方式吸引来自政府和国会的代表的注意力，并创造了独特的学习机会，即使是在可能造成紧张和对抗的领域中也是如此。尽管绩效审计通过审查、辩论和数据的曝光为被审计单位提供了直接的经验教训，但它也有对决策和政治生活做出更多和更大贡献的机会，因为有一种特别类型的信息进入了官方、专业社区和媒体。然而，我们要强调，从绩效审计中学习已经开

始，因为这种学习产生于问责的功能，而凭借其自身却得不到保证。如果管理得当，那么次要地位的学习功能就会放大并强化主要的问责作用，但这本身不是目的。正如福如博所认为的，如果审查的主要目的是学习，那么可能没有人会要求绩效审计。

这样，我们就有了如下将绩效审计与更好的结果和更好的责任联系在一起的变革理论。进行独立的、精心的审计，这些审计应关注恰当的问题。立法机构能够意识到政府中存在的问题和争议，而通过诸如内部调查是无法揭示出这些问题的。责任主体被公开要求承担责任，并公开承诺改变其行为或考虑在多大程度上改变。在许多情况下，他们的行为的确发生了改变，而在其他情况下他们是不会进行改变的。根据这种经验，在这些主体和其他那些知道绩效审计及其随后带来的变革的机构内部就会发生更广泛的学习和文化的变革。

这种对责任和学习做出贡献的组合使绩效审计变得独一无二。它意味着，最高审计机关尽管只是民主责任安排中的一个参与者，或者只是众多倡议机构改进的声音之一，但却可以做出其他机构做不到的贡献。特别是，我们考虑以下因素：

● 它们具有一种其他独立机构（不论是跨越多个政府部门的机构还是深入个体机构的机构）所不具备的非常详细的内部人知识。而且它们考虑 328
的既有绩效又有资源的使用。这种组合使它们在公共服务交付模式中有关资源的有效和恰当使用方面具有权威性，而其他评估者在这方面不是很弱就是敬而远之。

● 它们对其运作的领域有全面的理解。它们的地位、状况、获取信息的权力以及他们监督的资历都意味着它们对政府的不同部门具有独特的视角，而这一切都是建立在经验的积累之上。

● 它们是技术专家，但同时也渴望使其绩效审计工作能够更容易为非专家受众所理解，这与那些以专家间交流为特征的其他研究和评估形成对照。这样，它们就做好了准备，以便揭开那些常常对正确理解政府造成混乱的、复杂的、令人困惑的面纱。

● 它们能够提供跨政府的视角。通过其广泛的审计功能，它们通常至少每年能获得有关公共部门机构的信息并且密切监视立法和政策的变化。在理论上，它们可以涉及任何议题和机构的组合。这与许多研究范围比较狭窄的研究团体和智库形成了对照。

● 它们精通于分析我们所谓的政策灾难或政策失灵，而且常常做得比学术界更快，比内部审查更独立。当政府不愿意公开承认存在问题时，或者反过来，当媒体倾向夸大每一个弱点时，这一点尤其重要。它们能够接触文件和人员的特权、它们的客观性，以及它们能够力排众议发表报告的能力，都有助于它们在报告不同的主题方面变得得心应手。

● 它们具有灵活的立法，这应该使它们能够利用广义上相同的方法持续适应不断变化的治理形式，而较少受到不断变化的方法论或公共管理领域巨变的负面影响。

但是，同时我们认为，最高审计机关通过其绩效审计能够做出的贡献具有一定的限度和限制，并且最高审计机关在一些领域中成功的可能性较小。例如：

329 ● 它们很可能在如下所述的一些主题领域里挣扎，在这些领域中，有的目的定义不明确，有的证据基础薄弱，使其很难或不可能形成一个判断，有的期望它们回答一般性的政策问题。如果核心问题是重大渎职或腐败，它们所起的作用可能会比较小，此时由反欺诈调查员、警察或司法机关介入并提交报告会更好一些。如果问题过于政治化，绩效审计师可能会试图避开主题的重要方面或忽视一些事实的存在，因为它们太敏感。

● 如果它们的工作过于技术性和专业性，那么它们成功的可能性也会降低。它们可能会在较窄的范围内思考问题，而没有考虑更宽泛的背景，因而无法找到引发问题的主要因素。例如，将那些在匆忙之中制定的应对全球金融危机的刺激性措施作为更加传统的计划进行评估将会错失其在经济领域维护社会信心这类更高层面的目标，同时也会忽视其紧迫的时间限制。在当前关于标准性质的讨论中，还存在着采取狭隘的专业视角的风险。

除了这些限制以外，绩效审计还面临着一些威胁。第一个威胁是竞争，他们的工作常常被其他众多评论之声淹没。有时，绩效审计师可以在一个信息饱和的环境中争夺人们的注意力，这就增加了他们成为这种噪音一部分的可能性。在代议制民主中，这是一个普遍的问题，即噪音淹没了制定明智决策所需的信息。最高审计机关无法解决这个问题，但必须通过格外专注于他们所做的与众不同之事来保护自己。

绩效审计师还必须警惕那些限制公共部门绩效以及对其绩效进行报告的潜在因素。在绩效审计和绩效度量之间存在着一种相互依赖的关系。他们应该考虑绩效审计在多大程度上受到机构绩效度量质量（或缺乏质量）的影响，以及在多大程度上导致机构绩效度量的改进。需要对一个运行良好的公共部门应该是什么样子具有一幅图景，以便在长期中逐渐减少对绩效审计的需求。

他们应该避免过于实用、过于灵活和圆通，避免试图涉足过多的领域而离自己的核心领域太远。他们需要能够认识到绩效审计的局限性，并且理解 330
在何时由于时间、成本和证据的限制而使某一主题变得不可行。

未来的发展规划

在第 1 章中，我们指出，最近发生的事件强调了对政府极其重要的三个关键问题。这些问题是：关注可以从公共支出中取得的价值；公共部门绩效的责任机制；政府的可靠性和可信度以及政府提供的信息。我们认为，本书已经说明，绩效审计在解决所有这三个问题和提供解决方案方面发挥了重要的作用。然而，我们希望通过强调我们所认为的绩效审计未来的发展规划，以及那些创造、使用并受到这些信息影响的人员的规划来结束本章和本书的讨论，同时，这一规划将使最高审计机关能够进一步发挥其民主责任的角色。

1. 定义什么是绩效审计并坚持这一定义。我们认为最高审计机关专注于其核心活动——并且“成为一个真正的最高审计机关”——是至关重要的。这将使它们提供一种独一无二的证据和判断的来源。最高审计机关不应追求成为一个社会研究机构或者提供那些所谓的“通报新闻”（informed journalism）。现在已经有太多的智库和足够多的观察者对公共部门绩效进行评论，所以最高审计机关不应该通过试图同他们竞争或在他们的影响范围之内活动而分散自己的注意力。这需要他们在有些时候应该保持清醒，知道自己并非审查某一主题的最佳人选。他们必须保护自己的独立性以避免落入“管理者的圈套”和对特别利益及政策的成见或偏袒的指控之中。

为此，最高审计机关应该很清楚它们认为绩效审计是什么，永远记住它们在民主责任中的作用，并应该专注于以一种模范的方式来发挥这种作用。它们也应该懂得在什么样的环境中它们的工作可能最有效，并且能够提交最佳的绩效。从我们的绩效审计定义出发，它们应该清楚它们工作的主要目的是协助问责，而学习是第二重要目标。它们应该维护作为民主政府关键要素的透明度和责任的价值。它们还应该把重点放在评估那些特别强调资源使用
331 的公共部门的绩效上。对“资金”的关注与对“价值”的关注一样是使最高审计机关变得独特的一部分原因，特别是人们大量关注这一议题时，以及许多其他的评估活动常常关注什么有效而不太在意花费多少的时候。但是，最高审计机关还应该认识到不断创新的必要性，同时有时也需要灵活性和适应性。

2. 改进绩效审计的理论与实践。绩效审计是一门实践性的学科，旨在协助改进政府的运作。因此，承认和吸收不断出现的知识以及方法论的发展是十分重要的。本书有几章向读者推荐了更深入的学术研究以便更好地理解绩效审计的各个方面。莱乌认为，许多绩效审计“缺乏知识的深度”，因此，应该推荐有关这方面的进展，例如，应该更加关注影响决策的认知行为机制。与沙拉施金的分析一致的是，在绩效审计中，对于论证的构建还有进一步思考的空间。

3. 与此相联系的是，要开发评估和度量绩效审计工作影响力和影响的能力。每一个公共机构都需要能够解释和提供有关其工作带来的利益的证据。正如我们所看到的，当今许多围绕绩效审计的度量专注于报告的数量或“被接受的”建议的数量，而很少将注意力放在结果上，或者放在与其工作的影响相关的更广泛的思考上。由莫瑞开发和由维茨在本书中使用的模型提供了一个实现以上目标的综合性的方法。这一模型将注意力放在范围广泛的指标上，包括认知和环境条件。基于对绩效审计影响力和影响清晰的理解，需要对国会议员和更多的团体就特定时间恰当的绩效审计资源水平提供进一步的指导。

4. 与此相联系的是，要克服与绩效审计工作相关的不利之处。为了扮演一个有价值的角色，绩效审计必须要应对莱乌、范·洛克、普特和芬克豪泽在本书中详细讨论的有可能降低其效果性的大量因素。最高审计机关必须

对影响力和效果（好的或坏的）、合规的成本有一个更好的理解，并且消除重叠。需要特别关注绩效审计所提建议的作用和证据基础，以保证它们不会成为政策声明，或对于那些可供选择的解决审计所发现问题的方法缺乏充分的考虑。

5. 提高绩效审计在学习方面的作用。虽然我们的绩效审计定义将从审计工作中学习放在次要的位置上，但仍然强调了其重要性。我们很清楚，最 332
高审计机关在协助学习方面地位独特，因为它们的地位和声誉、它们跨政府的立场、它们对政府机构了解的深度、它们获取数据的优势，以及它们的分析技术和判断。这将需要对于理解产生于“优秀实践”材料之后的证据基础给予更多的明确注意，以避免仅仅宣传一些他们在“巡视中”偶尔遇到的有趣的例子，这些例子并没有多少优点值得肯定。它们还必须防止“使命偏移”（mission creep），转向其他机构能够对良好的民主政府做出更大贡献的领域。最高审计机关还应该努力使学习最大化（这种学习可能源于它们支持的问责过程），并试图使它们在思想状态、前瞻性以及要求上更具建设性。

6. 继续提高它们的反应性。这可能需要找到新的工作方法来减少所需时间，找到与不断增进的关于哪类信息对于决策者最有效的理解相一致的新报告方式（Pollitt，2006），并找到发挥其核心作用的新方法。这需要一种自我批评的心态，即承认民主审查的性质正在变化、决策者做出快速反应所承担的压力，以及人们能够从公共领域获得空前数量的信息。

7. 通过在支持问责过程和引导学习之间保持一种平衡，探索它们在自由、民主决策中的位置。这一点可以通过下面的措施来实现：

（a）专注于超越单个组织和项目的问题与议题，以便选出合作性的和跨政府的议题。

（b）促成澄清事实的讨论。例如，开展工作以协助公民更好地理解其税款被用在何处，以及不同层次的政府如何相互配合，同时解释那些当前使人们感到困惑和不友好的系统与过程。

（c）支持民主公民权。通过解释数据、鼓励客观分析、广泛传播研究成果并且使绩效审计更加容易被人们理解，形成围绕公共绩效的公共话语，以达到此目的。

(d) 提出一些刁难性的问题，以保持政府对公民的诉求做出回应。在一个对新闻进行控制的世界里，将一些难点问题引入公众的视野是一种需要明智使用的十分重要（虽然有时候会令不感到不快）的能力。

333 (e) 保持透明度。例如，提供可以增加价值的信息，争取发布最大数量的信息，并书写通俗易懂的报告。

(f) 为建立一种能够对绩效进行适当讨论的环境做出贡献。例如，最大化来自某些进展的好处，这些进展包括权责发生制会计和绩效信息，以及鼓励对政府失灵的原因展开充分讨论。

最后，绩效审计应该在政治、政策和管理的讨论中发挥作用。但是，它还应该为公民对政府的信任提供依据，提供他们需要的信息，向他们展示他们得到的服务是否是物有所值的、有效率且有响应性。在必要的时候，它还必须解释为什么这样的信心还没有建立起来。最高审计机关已经准备好继续发挥其独一无二且明确界定的作用。

参考文献

Algemene, Rekenkamer (2009), *The Financial Crisis* 2008 – 2009, The Hague: Algemene, Rekenkamer.

Algemene, Rekenkamer (2010), *Financial Crisis: Interventions and Follow – Up; Fourth Quarter of* 2009 *and First Quarter of* 2010, The Hague: Algemene, Rekenkamer.

Astill, Stuart and Ed Page (2006), "Aims, Instruments and Interaction in VFM Audit: A Cross National Study", Paper for the National Audit Office, London.

Bemelmans – Videc, Marie – Louise, Jeremy Lonsdale and Burt Perrin (eds) (2007), *Making Accountability Work: Dilemmas for Evaluation and for Audit*, New Brunswick, NJ: Transaction Publishers.

Burke, Brendan and Wendy Haynes (2008), "Performance audit", in Jack Rabin and T. Aaron Wachhaus (eds), *Encyclopaedia of Public Administration and Public Policy*, Second edition.

Callahan, K. and M. Holzer (1999), "Results-oriented government: Citizen involvement in performance measurement", in A. Halachmi (ed.), *Performance and Quality Measurement in Government. Issues and Experiences*, Burke, VA: Chatelaine Press, pp. 51 – 64.

Crerar, Lorne (2007), "The Report of the Independent Review of Regulation, Audit, Inspection and Complaints Handling of Public Services in Scotland", Edinburgh: Scottish Government, available at: www. scotland. gov. uk/Publications/2007/September (accessed 13 May 2010).

Dahl, Robert (2000), *On Democracy*, Yale: Yale University Press.

De Lancer Julnes, P. (2006), "Performance measurement: An effective tool for government accountability? The debate goes on", *Evaluation*, 12 (2), 219 – 35.

Dubnick, Melvin (2005), "Accountability and the promise of performance: In search of mechanisms", *Public Performance and Management Review*, 28 (3), 376 – 417. 334

Dunleavy, Patrick, Christopher Gilson, Simon Bastow and Jane Tinkler (2009), "The National Audit Office, the Public Accounts Committee and the risk landscape in UK public policy", The Risk and Regulation Advisory Council, available at: www. berr. gov. uk/deliverypartners/list/rrac/index. html.

English, L. (2007), "Performance audit of Australian public private partnerships: Legitimising government policies or providing independent oversight?", *Financial Accountability and Management*, 23 (3), 313 – 36.

Fraser, S. (2007), "Public scrutiny puts SAI audit practices to the test", *International Journal of Government Auditing*, January, 1 – 5.

INTOSAI (2004), *Implementation Guidelines for Performance Auditing*, International Organizational of Supreme Audit Institutions, Vienna: INTOSAI

Ling, Tom (2007), "New wine in old bottles? When audit, accountability and evaluation meet", in Marie – LouiseBemelmans – Videc, Jeremy Lonsdale and Burt Perrin (eds), *Making Accountability Work*, New Brunswick, NJ: Transaction Publishers.

Lonsdale, Jeremy (2000), "Advancing beyond regularity: Developments in VFM methods at the National Audit Office 1984 – 1999", Unpublished PhD thesis, Brunel University.

Lonsdale, Jeremy (2007), "Helping government to be responsive, responsible and respected: A reaction to Jocelyne Bourgon", *International Review of Administrative Sciences*, March, 73, 31 – 6.

Lonsdale, J. (2008), "Balancing independence and responsiveness", *Evaluation*, 14 (2), 227 – 48.

Lonsdale, J. and J. Mayne (2005), "Neat and tidy…and 100% correct: Assuring the quality of supreme audit institution performance audit work", in John Mayne and Rob Schwartz (eds), *Quality Matters: Seeking Confidence in Evaluating, Auditing and Performance Reporting*, New Jersey: Transaction.

Mulgan, G. (2006), *Good and Bad Power: The Ideas and Betrayals of Government*, London: Allen Lane.

National Audit Office (2008), *Value for Money Handbook*, London: National Audit Office.

National Audit Office (2010), *Progress with VFM Savings and Lessons for Cost Reduction Programmes*, London: National Audit Office.

Nichol, Paul (2997), *Audit in a Democracy: The Australian Model of Public Sector Audit and its Application to Emerging Markets*, Aldershot: Ashgate.

Office of the Auditor General (2008), "What to expect – An auditee's guide to the performance audit process", available at: www. oag-bvg. gc. ca/internet/English/meth_lp_e_30860. html (accessed 24 April 2010).

O'Neill, Onora (2002), Reith Lectures 2002, Lecture 1 at: www. bbc. co. uk/radio4/reith2002/lecturel. shtml.

Pollitt, C. (2006), "Performance information for democracy: the missing link?" *Evaluation*, 12 (1), 38 – 55.

Pollitt, Christopher, Xavier Girre, Jeremy Lonsdale, Robert Mul, Hilkka Summa and Marit Waerness (1999), *Performance Audit and Public Management in Five Countries*, Oxford and New York: Oxford University Press.

Riksrevisionen (2009), *Annual Report of the Auditors General* 2009, Stockholm: Riksrevisionen. 335

Riksrevisionen (2010), "The role of the Swedish NAO", available at: www. riksrevi-sionen. se/templib/pages/NormalPage_1768. aspx (accessed 25 April 2010).

Roberts, Simon and Christopher Pollitt (1994), "Audit or evaluation? A National Audit Office VFM study", *Public Administration*, 72 (4), 527 –49.

Schwartz, R. (1999), "Coping with the effectiveness dilemma: Strategies adopted by state auditors", *International Review of Administrative Sciences*, 65, 511 –26.

Seldon, Anthony (2009), *Trust: How We Lost It and How to Get it Back*, London: Biteback.

Wilkins, Peter and Jeremy Lonsdale (2007), "Public sector auditing for accountability: New directions, new tricks?", in Marie – Louise Bemelmans – Videc, Jeremy Lonsdale and Burt Perrin (eds), *Making Accountability Work: Dilemmas for Evaluation and for Audit*, New Brunswick: Transaction Publishers.

Index

索引